Dirk Ansorge (Hrsg.)

Pluralistische Identität

Dirk Ansorge (Hrsg.)

Pluralistische Identität

Beobachtungen zu
Herkunft und Zukunft Europas

Die Deutsche Nationalbibliothek verzeichnet diese Publikation
in der Deutschen Nationalbibliografie;
detaillierte bibliografische Daten sind im Internet über
http://dnb.d-nb.de abrufbar.

Das Werk ist in allen seinen Teilen urheberrechtlich geschützt.
Jede Verwertung ist ohne Zustimmung des Verlags unzulässig.
Das gilt insbesondere für Vervielfältigungen, Übersetzungen,
Mikroverfilmungen und die Einspeicherung in und Verarbeitung
durch elektronische Systeme.

© 2016 by WBG (Wissenschaftliche Buchgesellschaft), Darmstadt
Die Herausgabe des Werkes wurde durch die Vereinsmitglieder der WBG ermöglicht.
Einbandgestaltung: Peter Lohse, Heppenheim
Satz: SatzWeise GmbH, Trier
Gedruckt auf säurefreiem und alterungsbeständigem Papier
Printed in Germany

Besuchen Sie uns im Internet: www.wbg-wissenverbindet.de
ISBN 978-3-534-26820-7

Elektronisch sind folgende Ausgaben erhältlich:
eBook (PDF): 978-3-534-74171-7
eBook (epub): 978-3-534-74172-4

Inhalt

Dirk Ansorge
Europas pluralistische Identität.
Eine historische und begriffsgeschichtliche Einführung   7

Bernhard Jussen
„Abendland" – „Lateineuropa" – „Provincializing Europe":
Bemerkungen zum poströmischen Europa zwischen alten und neuen
Deutungsmustern 24

Rémi Brague
Wie weit reicht „Verschiedenheit"? 35

Daniel Krochmalnik
Schem und Japhet, oder: Morgen- und Abendland in Bibel und
in jüdischer Tradition 52

Ansgar Wucherpfennig SJ
Biblische Aufklärung als Beitrag zur Selbstwerdung Europas 59

Reinhold Glei
Die Polemik des ‚Christlichen Abendlandes' gegen Judentum und Islam . . . 68

Anna A. Akasoy
Die Selbstdefinition Europas während der Renaissance im Kontext der
Auseinandersetzung mit dem Osmanischen Reich 84

Klaus Unterburger
Von der Ambiguität zur Eindeutigkeit: Die frühneuzeitliche
Konfessionalisierung 103

Bekim Agai
Europa im Spiegel der Wahrnehmungen von Reisenden aus der
islamischen Welt 120

Heinrich Watzka SJ
Philosophische Aufklärung: Ein Beitrag zur Selbstwerdung Europas 146

Johannes Heil
Aschkenas und Lateineuropa – Der Raum Europas aus jüdischer Perspektive 162

OTTO KALLSCHEUER
Liegt der Westen im Abendland?
Zur historisch-politischen Semantik der Europäischen Union 176

RÉMI BRAGUE
„Zu alt für seine Wahrheiten und Siege"?
Ein Europa ohne „Außerhalb" verliert seine Zukunft 195

DIRK ANSORGE
Pluralität in Kirche und Welt. Eine katholisch-theologische Standort-
bestimmung 207

WOLFGANG BECK
Die Chance der Religionssatire in säkularer Gesellschaft.
Ekklesiale Kränkungen und die Sehnsüchte hinter der Rede vom
„christlichen Abendland" in pastoraltheologischer Perspektive 230

THOMAS MECKEL
Kann man mit dem „christlichen Abendland" rechtlich argumentieren? . . . 243

CHRISTOF MANDRY
Die Identität Europas im Zeitalter der Migration 263

Autorenverzeichnis 278

Namensregister 283

Europas pluralistische Identität.
Eine historische und begriffsgeschichtliche Einführung

Dirk Ansorge

„In Vielfalt geeint" *(unitas in pluralitate)* lautet der Leitspruch der Europäischen Union; die Formulierung wurde im Jahr 2004 auch in den Entwurf für einen europäischen Verfassungsvertrag aufgenommen.[1] Demnach will die Europäische Union kein *melting pot* unterschiedlicher Sprachen, Traditionen, Religionen und Kulturen sein, sondern eine Einheit, die Vielfalt zulässt, ja womöglich sogar fördert.[2]

Doch hat diese Zielvorstellung in den zurückliegenden Jahren unter dem Druck von Finanzkrisen, wirtschaftlicher Rezession und dem Zustrom von Flüchtlingen aus Dürre- und Kriegsgebieten erheblich an Strahlkraft eingebüßt. Die drängenden Herausforderungen des 21. Jahrhunderts mobilisieren nicht die Europäische Union als überstaatliche politische Einheit; vielmehr agieren die Mitgliedsstaaten zunehmend in nationalem Interesse. Europaskeptiker erzielen bei Wahlen auf regionaler wie auf nationaler Ebene erhebliche Stimmenanteile. Im Juni 2016 entschied sich eine knappe Mehrheit der Briten für den Austritt aus der europäischen Union. Unaufhaltsam scheinen jene Ideale und Werte zu erodieren, die nach der Katastrophe des Zweiten Weltkriegs Persönlichkeiten wie Robert Schuman, Alcide De Gasperi und Konrad Adenauer dazu bewegten, auf einen europäischen Staatenbund hinzuwirken.

Eingedenk der unleugbaren Erfolgsgeschichte der Europäischen Gemeinschaft nach dem Zweiten Weltkrieg fällt es schwer, eine Antwort auf die vielschichtigen Herausforderungen der Gegenwart von einer Hinwendung zu partikulären Nationalismen zu erwarten. Denn Nationalismen erscheinen angesichts der vielfältigen Herausforderungen einer zunehmend globalisierten Welt unweigerlich anachronistisch. An ihrer Stelle gälte es, politische, kulturelle, ethnische und religiöse Vielfalt als Reichtum zu würdigen und nicht als Belastung oder gar als Bedrohung tatsäch-

---

[1] Zum letzten Endes gescheiterten Verfassungsprozess vgl. Klaus Beckmann / Jürgen Dieringer / Ulrich Hufeld (Hg.), *Eine Verfassung für Europa*, Tübingen ²2005; ferner: Manfred Zuleeg / Marjolaine Savat / Jean-Philippe Derosier (Hg.), *Eine Verfassung für Europa mit 25 Mitgliedstaaten: Vielfalt und Einheit zugleich*, Baden-Baden 2005; Christoph Vedder / Wolff Heintschel von Heinegg (Hg.), *Europäischer Verfassungsvertrag. Handkommentar*, Baden-Baden 2007.

[2] Der anders akzentuierte Leitspruch der Vereinigten Staaten von Amerika „e pluribus unum" geht auf die Unabhängigkeitserklärung von 1776 zurück. Obwohl damit ursprünglich der Zusammenschluss der einzelnen Staaten Nordamerikas gemeint war, wird er oft auch auf die Pluralität der Ethnien, Weltanschauungen und Religionen in den USA bezogen. Wörtlich verstanden signalisiert die Formulierung einen geringeren Grad an Vielfalt als der Leitspruch der Europäischen Union.

licher oder vermeintlicher Identität. Erst dann wäre der Schritt von einer „pluralen" zu einer „pluralistischen Identität" Europas vollzogen.

Der Begriff „Pluralismus" reicht über den Begriff der „Vielfalt" hinaus. Für den Bereich des Rechts und des Sozialen stellt er fest, dass es in Gesellschaften unterschiedliche Individuen und Gruppen gibt, deren Weltsicht und Interessen aufeinander irreduzibel sind. In einem normativen Verständnis geht „Pluralismus" davon aus, dass gesellschaftliche Vielfalt ein erstrebenswertes Gut ist, insofern sie Alternativen zur je eigenen Weltsicht anbietet und zur Diskussion stellt. In modernen Demokratien sind solche Alternativen und Diskussionsforen konstitutionell verankert und institutionell gewährleistet.[3]

Pluralismus führt aber in einer Gesellschaft nur dann nicht zu politischen Konflikten und sozialen Verwerfungen, wenn es eine gemeinsame Grundlage gibt, auf die sich die unterschiedlichen Gruppierungen verständigen können. Worin könnte in der Europäischen Union eine solche gemeinsame Grundlage bestehen? Was macht – bei aller Diversität und Pluralität – die Einheit Europas und seine Identität aus?[4]

Die in diesem Buch versammelten Beiträge wollen Hinweise geben, wie diese Fragen womöglich zu beantworten sind. In ihrer thematischen Breite sind sie Ausdruck und Abbild jener Komplexität, welche die Geschichte und die Gegenwart Europas, seiner Völker, Nationen und Staaten, auszeichnet. Zu Wort kommen Historiker, Philologen, Philosophen und Theologen, darunter jüdische, christliche und muslimische Autoren. Sieben Beiträge wurden im Wintersemester 2015/16 im Rahmen einer Ringvorlesung der Philosophisch-Theologischen Hochschule Sankt Georgen in Frankfurt am Main zur Diskussion gestellt.[5] Zeitnah haben sich weitere Autoren dazu bereitgefunden, mit ihren Beiträgen die vielschichtige Thematik der

---

[3] Vgl. Reinhold Zippelius, „Der pluralistische Staat", in: Ders., *Allgemeine Staatslehre. Politikwissenschaft*, § 26, München [16]2010, S. 188–204.

[4] In einem Vortrag, den der damalige Präsident der Kommission der Europäischen Gemeinschaft Jacques Delors im Februar 1992 vor der *Konferenz europäischer Kirchen* (KEK) gehalten hat, spricht er von der Notwendigkeit, Europa eine Seele zu geben: „Wir betreten nun eine faszinierende Zeit […], eine Zeit, in der die Debatte über die Bedeutung des Aufbaus Europas ein wesentlicher politischer Faktor werden wird. Glauben Sie mir, wir werden mit Europa keinen Erfolg haben mit ausschließlich juristischer Expertise oder wirtschaftlichem Know-how. […] Wenn es uns in den kommenden zehn Jahren nicht gelingt, Europa eine Seele zu geben, es mit einer Spiritualität und einer tieferen Bedeutung zu versehen, dann wird das Spiel zu Ende sein. Daher möchte ich die intellektuelle und spirituelle Debatte über Europa wiederbeleben." (Zitat aus: *InfoEuropa. Informationen über den Donauraum und Mitteleuropa* 3 [2013], S. 6–8). Seither wird regelmäßig auf Delors' Ausspruch „Europa eine Seele geben" Bezug genommen, wenn es um Europas Identität und seine Herkunft und Zukunft geht.

[5] Es handelt sich dabei (in zeitlicher Abfolge) um die Beiträge von Otto Kallscheuer, Bernhard Jussen, Thomas Meckel, Ansgar Wucherpfennig SJ, Heinrich Watzka SJ, Reinhold Glei und Christof Mandry. Die Sankt Georgener Ringvorlesung im Wintersemester 2015/16 stand unter dem Titel „‚Christliches Abendland' oder pluralistische Identität? Beobachtungen zu Herkunft und Zukunft Europas" und verstand sich als eine akademische Antwort auf nationalistische, islam- und fremdenfeindliche Bewegungen in Deutschland und Europa. – Die im vorliegenden Buch abgedruckten Texte der Mitwirkenden spiegeln bisweilen den Vortrags-Stil wider, wurden aber von den Autoren für den Druck überarbeitet und mit Anmerkungen versehen.

Ringvorlesung zu ergänzen, ohne dass damit ein Anspruch auf Vollständigkeit verbunden wäre.[6]

1. Gemeinsame europäische Grundwerte?

Die Frage nach Europas Einheit und Identität wird vielfach mit dem Hinweis beantwortet, Europa sei eine „Wertegemeinschaft". Doch hilft dieser Hinweis nur bedingt weiter.[7] Zwar lenkt er den Blick weg von politischen Organisationen und rechtlichen Verbindlichkeiten auf diesen zugrunde liegende Prinzipien wie Menschenwürde, Freiheit, Gleichheit und Solidarität.[8] Nicht zuletzt die aktuellen Krisen verdeutlichen jedoch, dass die Begründung dieser Prinzipien, ihre inhaltliche Bestimmung und ihre Geltung zwischen den Mitgliedsstaaten der Europäischen Union keineswegs unumstritten sind. Immer wieder beispielsweise entzünden sich Konflikte innerhalb der Union um die Reichweite von Meinungs- und Pressefreiheit oder die Verbindlichkeit von Bürgerrechten.

Schon im Zusammenhang mit den Diskussionen um die Präambel einer künftigen Verfassung für Europa traten sehr unterschiedliche Interpretationen der europäischen Geistes-, Kultur- und Religionsgeschichte zutage. Die nach heftigem Ringen gefundene Kompromissformel spricht vom „kulturellen, religiösen und humanistischen Erbe Europas, aus dem sich die unverletzlichen und unveräußerlichen Rechte des Menschen sowie Freiheit, Demokratie, Gleichheit und Rechtsstaatlichkeit als universelle Werte entwickelt haben".[9] Insbesondere die französischen Delegierten verweigerten sich seinerzeit dem Wunsch Polens und anderer europäischer Staaten, einen expliziten Bezug auf das Christentum in die Präambel aufzunehmen.

Noch zurückhaltender formuliert die Präambel zur Grundrechte-Charta (2000/2007) die Rechtsprinzipien der Europäischen Union: „In dem Bewusstsein ihres geistig-religiösen und sittlichen Erbes gründet sich die Union auf die unteilbaren und universellen Werte der Würde des Menschen, der Freiheit, der Gleichheit und der Solidarität. Sie beruht auf den Grundsätzen der Demokratie und der Rechtsstaatlichkeit. Sie stellt den Menschen in den Mittelpunkt ihres Handelns, indem sie die Unionsbürgerschaft und einen Raum der Freiheit, der Sicherheit und des Rechts begründet."[10] Nach dieser Selbstvergewisserung wird zur faktischen Pluralität in

---

[6] Die beiden Texte von Rémi Brague sowie der Beitrag von Bekim Agai wurden vom Herausgeber aus dem Englischen ins Deutsche übersetzt und anschließend von den Autoren kritisch durchgesehen und aktualisiert.

[7] Vgl. Richard Schröder, „Europa – Eine Wertegemeinschaft?", in: Michael Hüttenhoff (Hg.), *Christliches Abendland? Studien zu einem umstrittenen Konzept*, Leipzig 2014, S. 169–186.

[8] Vgl. den umfassenden Sammelband von Hans Joas / Klaus Wiegandt (Hg.), Die kulturellen Werte Europas, Frankfurt am Main ²2005.

[9] Zitat nach Vanessa Hellmann, *Der Vertrag von Lissabon. Vom Verfassungsvertrag zur Änderung der bestehenden Verträge. Einführung mit Synopse und Übersichten*, Berlin – Heidelberg 2009, S. 103.

[10] Text der Grundrechte-Charta: Antonius Opilio, *Vertrag über die Europäische Union und der Vertrag zur Gründung der Europäischen Gemeinschaft und über die Arbeitsweise der Europäischen*

Europa festgestellt: „Die Union trägt zur Erhaltung und zur Entwicklung dieser gemeinsamen Werte unter Achtung der Vielfalt der Kulturen und Traditionen der Völker Europas sowie der nationalen Identität der Mitgliedstaaten und der Organisation ihrer staatlichen Gewalt auf nationaler, regionaler und lokaler Ebene bei."

Pluralität erscheint in dieser Perspektive nicht als ein zu überwindendes Übel, sondern als ein zu achtendes Gut. Als Gegenstandsbereiche gegebener Vielfalt werden „Kulturen" und „Traditionen" benannt; als deren Subjekte gelten die „Völker Europas". Geachtet werden sollen ferner die „nationale Identität der Mitgliedsstaaten" sowie deren Organisation staatlicher Gewalt „auf nationaler, regionaler und lokaler Ebene". Diese Zielvorgaben konkretisieren das Leitwort der Europäischen Union „Einheit in Vielfalt". Für den nachfolgenden Katalog von Grundrechten sind sie richtungsweisend.

Allerdings haben inzwischen die Wirtschafts-, Finanz- und Flüchtlingskrisen die Brüchigkeit des europäischen Wertekonsenses schonungslos zutage treten lassen. Dabei sind es vermutlich nicht einmal die Werte selbst, deren Geltung strittig ist, als vielmehr die Art und Weise, wie sie verteidigt werden können. Die jüngsten Terrorangriffe islamistischer Extremisten in europäischen Großstädten haben ein Dilemma aufgedeckt: Wie lassen sich individuelle Freiheiten oder das Recht auf Selbstbestimmung verteidigen, ohne beides durch Überwachung und Kontrolle einzuschränken? Oder – jetzt mit Blick auf nationalistische und fremdenfeindliche Parteien – wie können sich Demokratien, die auf freien Wahlen gründen, antidemokratischer Kräfte erwehren, ohne ihre eigenen Prinzipien zu verraten?

Die aktuellen Krisen der Europäischen Union unterstreichen die Dringlichkeit, Menschenrechte wie Freiheit, Demokratie, Gleichheit und Rechtsstaatlichkeit inhaltlich fortzubestimmen und ihnen durch positives Recht Geltung zu verschaffen. Tatsächlich geschieht beides auf europäischer wie auf nationaler Ebene. Doch nicht zuletzt im schier endlosen Ringen zwischen „Brüssel" und den verschiedenen Mitgliedsstaaten der Europäischen Union werden nationale Traditionen ebenso wirksam wie tagesaktuelle Pragmatik.

Dies wäre dann keineswegs beklagenswert, wenn die verschiedenen Antagonismen nicht die Handlungsfähigkeit der Europäischen Union als politischer Einheit bedrohten. Und diese Handlungsfähigkeit ist angesichts aktueller Krisen dringlicher als je. Denn das Erstarken fremdenfeindlicher und nationalistischer Kräfte in Europa kann wohl mit einigem Recht als Reaktion auf die reale oder bloß vermeintliche Wirkungslosigkeit der politischen Institutionen auf gesamteuropäischer Ebene interpretiert werden. Ein diffuses Bedrohungsszenario lässt zu Maßnahmen im nationalen oder gar regionalen Rahmen Zuflucht nehmen. Die freilich gar nicht mehr so „neue Unübersichtlichkeit" (Habermas) in einer globalisierten Welt, deren Opfer

---

Union in einer synoptischen Gegenüberstellung des Standes dieser Verträge bis 1992, ab 1992, 1997 und 2001 und des Vertrages von Lissabon 2007, Dornbirn ²2008, S. D-1. – Die europäische Grundrechte-Charta wurde am 7. Dezember 2000 in Nizza feierlich proklamiert und mit dem Vertrag von Lissabon 2007 für die Mitglieder der Europäischen Union verbindlich.

unüberhörbar an Europas Solidarität appellieren, weckt die Sehnsucht nach Sicherheit in einem überschaubaren Rahmen. Für viele wird das „christliche Abendland" zur Chiffre einer heilen Welt, die es zurückzugewinnen gilt, um in einer anscheinend aus den Fugen geratenen Welt Geborgenheit zu finden.

2. Geschichtlich gewordene Vielfalt

Die mit der Rede vom „christlichen Abendland" beschworene Vergangenheit freilich stellt in der historischen Rückschau alles andere als eine geschlossene Einheit dar. Zu keiner Zeit war Europa ein sprachlich, kulturell, rechtlich oder auch religiös homogener Raum.[11] Die Erinnerungen der europäischen Völker und Nationen markieren eine schier unüberschaubare Vielfalt historischer Erfahrungen, die zuweilen bis in das frühe Mittelalter zurückreichen. Diese Vielfalt ergibt erst dann so etwas wie eine „gesamteuropäische Geschichte", wenn die einzelnen Narrative aus einem zeitlichen Abstand heraus betrachtet und miteinander synchronisiert werden. Erst dann zeigt sich in und jenseits aller Vielfalt womöglich ein Gemeinsames und Verbindendes. Dessen gehaltvolle Bestimmung aber ist immer schon bestimmt von methodischen und inhaltlichen Vorentscheidungen.

Selbstverständlich gibt es auch gesamteuropäische Erinnerungen. Hierzu zählen die ausgedehnten Migrationsbewegungen in Spätantike und frühem Mittelalter („Völkerwanderungen"), die kriegerischen Auseinandersetzungen auf der Iberischen Halbinsel („reconquista") und auf dem Balkan, die Kreuzzüge innerhalb und außerhalb Europas, die Pestepidemien des 14. Jahrhunderts, aber auch die Konfessionskriege, die Französische Revolution oder die Industrialisierung – um nur einige wenige Beispiele zu nennen. Immer jedoch lassen sich Regionen in Europa identifizieren, für die solche Erinnerungen keine oder doch nur eine geringe Rolle spielen. Dies gilt selbst für die Reformation oder die Aufklärung. Deren Auswirkungen auf die Herausbildung einer europäischen Identität werden zwar bis heute vielfach beschworen; in Südeuropa aber fanden weder Reformation noch Aufklärung jenen Widerhall, der ihnen in der Mitte und im Norden Europas zuteil wurde.

Wenn individuelle oder kollektive Identitäten die Kontinuität von Erinnerungen voraussetzen, dann sind sie immer auch an deren sprachliche oder mediale Vermittlung geknüpft. Schon insofern ist die vor-neuzeitliche Geschichte Europas unausweichlich durch Pluralität gekennzeichnet. Zwar lieferte die lateinische Sprache der Kirche und der Wissenschaften eine tragfähige Grundlage für einen europaweiten Austausch von Wissen und Bildung. Doch erfasste dieser nur eine verschwindend kleine Gruppe von Intellektuellen. Die bis zur Reformation ausschließlich in lateinischer Sprache gefeierte Liturgie wurde von den „Laien" – den *illiterati* oder *idiotae* – vorrangig als ein ästhetisch-religiöses Ereignis, nicht aber als ein gemeinsamer Kom-

---

[11] Vgl. *Wegmarken europäischer Zivilisation*, hg. von Dirk Ansorge / Dieter Geuenich / Wilfried Loth, Göttingen 2001.

munikationsraum wahrgenommen. Unterschiedliche Mundarten, Dialekte, Sprachen, aber auch unterschiedliche Kulturen und Symbolsysteme waren über Jahrhunderte in Europa keine Ausnahme, sondern die Regel.

Und die Religion? Die Rede von einem „christlichen Abendland" immerhin scheint eine religiöse Einheit nahzulegen – wenigstens für die europäische Vergangenheit. Verbindet sich doch gerade mit dem Christentum nicht selten die sozialromantische Vorstellung von einer kulturell homogenen Gesellschaft, die, im Glauben geeint, anstehende Herausforderungen gemeinsam zu bestehen imstande und auch willens war.[12]

Doch entbehrt auch diese Vorstellung jeder historischen Grundlage. Denn nicht erst seit der Reformation zeigt sich das Christentum in Europa vielgestaltig, teils sogar zutiefst gespalten. Weit über die Spätantike hinaus stellte der Arianismus für die Anhänger des nizänischen bzw. „katholischen" Bekenntnisses eine ernstzunehmende theologische und kirchenpolitische Herausforderung dar. In den antitrinitarischen Bewegungen der frühen Neuzeit – wie etwa den Sozinianern – fand er eine wenngleich späte und überschaubare Resonanz. Dualistische Bewegungen im Mittelalter wie die der Pataraner, der Bogumilen oder der Katharer verstanden sich selbst als christlich; gleiches gilt selbstverständlich für die Hussiten. Nicht um Glaubensfragen, wohl aber um religiöse Obödienzen wurde im sog. „Großen Abendländischen Schisma" gestritten, das die europäische Christenheit im 14. und 15. Jahrhundert entzweite. Vor allem aber die Präsenz von Juden in fast ganz Europa sowie die von Muslimen in Süditalien, auf der Iberischen Halbinsel und auf dem Balkan entlarvt die Idee von einem „christlichen Abendland" als historische Fiktion.

Gleichzeitig wurde Vielfalt in Europa – religiöse Vielfalt zumal – nur selten als Bereicherung wahrgenommen. Meist galt sie als ein zu überwindendes Übel. Auf dessen Überwindung zielten gewaltsame Maßnahmen wie Kriege, Kreuzzüge oder Vertreibungen. Wiederholt wurden die Juden aus ihrer Heimat vertrieben – so etwa 1290 aus England, 1394 aus Frankreich, 1492 aus Spanien und 1496 aus Portugal. Die Zeit der „convivencia" von Juden, Christen und Muslimen in Spanien bliebt eine seltene Ausnahme, die in der Rückschau nicht selten idealisierend verklärt wird. Die Kreuzzüge, die Papst Innozenz III. im 13. Jahrhundert nicht etwa gegen Muslime, sondern gegen die Albigenser führte, die Hussitenkriege im 15. Jahrhundert oder die

---

[12] In seinem viel zitierten „Fragment" von 1799 „Die Christenheit oder Europa" beschwört der Romantiker Novalis das Ideal europäischer Einheit: „Es waren schöne glänzende Zeiten, wo Europa ein christliches Land war, wo *Eine* Christenheit diesen menschlich gestalteten Welttheil bewohnte ..." (in: Novalis, *Werke*, Bd. 2: Das philosophisch-theoretische Werk, hg. von Hans-Joachim Mähl / Richard Samuel, München – Wien 1978, Nd. Darmstadt 1999, S. 732–750, hier 732). Vgl. Winfried Becker, „Europa – Erbe des Mittelalters in den historischen Schriften von Novalis, Adam Müller und Friedrich Schlegel", in: Thomas Frenz (Hg.), *Papst Innozenz III. – Weichensteller der Geschichte Europas*, Stuttgart 2000, S. 184–203. Nach Becker sind freilich „die vielzitierten Eingangsworte zu dem Fragment ,Die Christenheit oder Europa' [...] nicht so zu verstehen, daß der Autor eine Restauration des Mittelalters empfohlen hätte" (190). Vgl. auch Philipp W. Hildmann, „Die Christenheit oder Europa oder Von Novalis lernen? Zur Relevanz eines romantischen Referenztextes im aktuellen Europadiskurs", in: *Homiletisch-Liturgisches Korrespondenzblatt. Neue Folge* 86 (2006), S. 480–491.

Pogrome gegen die Hugenotten in Frankreich (1572 „Bartholomäusnacht") illustrieren, dass von einem einigen oder geeinten „christlichen Abendland" keine Rede sein kann. Und dies nicht einmal nach außen hin: im 17. Jahrhundert unterstützte das katholische Frankreich die muslimischen Osmanen in deren Kampf gegen die katholischen Habsburger. Einerseits lassen sich in zahlreichen kriegerischen Auseinandersetzungen der frühen Neuzeit politische und religiöse Motive kaum voneinander trennen. Andererseits dominierte bisweilen eine politische Pragmatik ungeachtet aller konfessionellen oder religiösen Differenzen.

Als Europa im Zuge der weltweiten Expansion ein wachsendes Bewusstsein seiner selbst entwickelt, war es in politischer wie in konfessioneller Hinsicht alles andere als eine politische oder religiöse Einheit. Die katholischen Portugiesen und Spanier eiferten mit den protestantischen Niederländern und Engländern um Handelsplätze und Rohstoffquellen in Übersee. Zwar beherrschte in Europa das Christentum weiterhin viele Bereiche des privaten und öffentlichen Lebens. Doch sahen sich Vertreter aller Konfessionen seit dem 17. Jahrhundert zunehmend dazu genötigt, ihren jeweiligen Wahrheitsanspruch nicht nur voreinander, sondern auch gegenüber rationalistischen und religionskritischen Positionen zu rechtfertigen.

Bisweilen wird in der sozialen, politischen, ökonomischen und religiösen Vielfalt in Europa die Triebfeder jener Dynamik gesehen, welche in der Neuzeit die kulturelle und ökonomische Entwicklung ebenso beflügelt hat wie die Entfaltung der Wissenschaften und der Technologien. Wenn Unterscheidungen Vielfalt ermöglichen, so gilt dies auch für die Unterscheidungen zwischen Gott und Welt, zwischen *regnum* und *sacerdotium*, zwischen Herrschaft und Heil. Diese sich spätestens seit der Kirchenreform des 11. Jahrhunderts profilierenden Unterscheidungen wurzeln in der Mitte des Christentums. „Gerade aus der Tradition des christlichen Abendlandes kommen daher kulturell wirksame Momente, die Pluralität und Konvivenz ermöglichen", so etwa der evangelische Theologe Michael Nüchtern.[13]

Tatsächlich scheint die Erfahrung von Unterschieden und Vielfalt, von Differenz und Pluralität in Europa nicht etwa die Angst vor dem Unbekannten, sondern vielmehr die Neugier auf das noch Unerforschte geweckt zu haben.[14] Eine ursprünglich in Theologie und Philosophie beheimatete „Dynamik des Möglichen"[15] brach sich

---

[13] Michael Nüchtern, „Religiöser Pluralismus und christliches Abendland", in: *Dialog und Unterscheidung. Religionen und neue religiöse Bewegungen im Gespräch* (FS Reinhart Hummel), hg. von Reinhard Hempelmann / Ulrich Dehn, Berlin 2000, S. 11–17, hier 14.

[14] Vgl. Wolfgang Reinhard, *Die Unterwerfung der Welt. Globalgeschichte der europäischen Expansion 1415–2016*, München 2016, bes. S. 603–623.

[15] Der Historiker Walther datiert die geistesgeschichtlichen Wurzeln der europäischen Expansion ins 13. Jahrhundert zurück. Dort begegnet ein „Denken in Potentialitäten, der Möglichkeiten von Alternativen und Alteritäten, zugleich der Gedanke an eine Perfektibilität dieser Welt, die sich nicht nur durch Gottes Geschichtsplan vollzieht, sondern durch das aktive Handeln des Menschen": Helmut G. Walther, „Die Veränderbarkeit der Welt. Von den Folgen der Konfrontation des Abendlandes mit dem ‚Anderen' im 13. Jahrhundert, in: Jan Aertsen / Andreas Speer (Hg.), *Geistesleben im 13. Jahrhundert* (Miscellanea Mediaevalia 27), Berlin – New York 2000, S. 625–638, hier 637. Walther resümiert: „Im 13. Jahrhundert wurden die Fundamente für die Europäisierung der Erde gelegt" (638).

im europäischen Kolonialismus ebenso Bahn wie in den Entdeckungen der Naturwissenschaften oder in der industriellen Revolution. In der frühneuzeitlichen Emblematik wurde das sich unablässig um eine statische Achse drehende Schicksalsrad durch das Bild des von sturmgeschwellten Segeln vorwärts getriebenen Schiffes ergänzt, teils sogar ersetzt.[16] An die Stelle einer unaufhörlichen Wiederkehr des Gleichen tritt bei Kaiser Karl V. (1500–1558) der Leitspruch des „immer weiter" *(plus ultra)*: jenseits der Säulen des Herkules gilt es, für Europa – oder doch wenigstens für das Reich der Habsburger – eine „neue Welt" zu erobern.

3. Europas Grenzen

Wo eigentlich verlaufen die geographischen Grenzen Europas?[17] Schon um das Jahr 430 vor Christus hatte der griechische Schriftsteller und Geograph Herodot den Begriff „Europa" auf die Regionen nördlich des Mittelmeers sowie des Schwarzen Meers bezogen.[18] In der Römerzeit und bis ins Mittelalter hinein war der Begriff geläufig, um einen von Asien und Afrika unterschiedenen dritten Erdteil zu bezeichnen. Doch erst im 17. Jahrhundert gewann „Europa" eine dem heutigen Verständnis vergleichbare räumliche Bestimmtheit.[19] Dabei orientierte sich die Ostgrenze Europas zunächst weitgehend am Einflussbereich der ehemals lateinischen, inzwischen konfessionell zersplitterten Kirchen des Westens. Als freilich Katharina die Große im Jahr 1762 dekretierte: „Russland ist ein europäisches Land", verlegte sie damit nicht nur die geographische Grenze Europas vom Don an den Ural, sondern erklärte auch – gegen den Widerstand der russischen Slavophilen – die russisch-orthodoxe Tradition zu einem Teil europäischer Identität.[20]

Unterschieden hiervon blieb freilich der Begriff des „Abendlandes". Dieser fußt auf der antiken und mittelalterlichen Vorstellung, wonach Europa jener Erdteil ist, welcher der untergehenden Abendsonne *(occidens sol)* am nächsten liegt. Erstmalig der reformierte Theologe und Historiker Kaspar Hedio (1494–1552) gebrauchte im Jahr 1529 das deutsche Wort „Abendländer", und zwar als Gegenbegriff zu „Mor-

---

[16] Vgl. Gottfried Kirchner, *Fortuna in Dichtung und Emblematik des Barock. Tradition und Bedeutungswandel eines Motivs*, Stuttgart 1970.

[17] Aufgrund der geographischen Eigentümlichkeit Europas, eine Art „Annex" zur asiatischen Landmasse zu sein, stellt sich die Frage vorrangig mit Blick auf die Grenzen im Osten und Südosten Europas. Hinsichtlich einer Mitgliedschaft der Türkei in der Europäischen Union ist die Frage nach Europas Grenzen weiterhin virulent, und zwar sowohl in einem geographischen als auch in einem ideellen Sinn.

[18] Herodot, *Historien* IV 45 (Übers. von August Horneffer, Stuttgart ²1959, S. 269).

[19] Vgl. zur geschichtlichen Entwicklung seit der Antike: Michael Salewski / Heiner Timmermann (Hg.), *Europa und seine Dimensionen im Wandel*, Münster 2005.

[20] Vgl. Heinz Hürten, „Europa und Abendland – Zwei unterschiedliche Begriffe politischer Orientierung", in: Philipp W. Hildmann (Hg.), *Vom christlichen Abendland zum christlichen Europa. Perspektiven eines christlich geprägten Europabegriffs für das 21. Jahrhundert* (Argumente und Materialien zum Zeitgeschehen 65), München 2009, S. 9–15, hier 9.

genland", mit dem Luther das griechische Wort ἀνατολή in Mt 2,1 übersetzt hatte, aus dem nach neutestamentlicher Überlieferung die Magier kamen, um den neugeborenen König der Juden zu verehren.[21] Bis ins 18. Jahrhundert hinein wurde „Abendland" fast ausschließlich im Plural verwendet („Abendländer"), um den westlichen Teil Europas zu bezeichnen.

Der in den lateinischen Übersetzungen von Mt 2,1 gebrauchte Begriff *occidens* blieb im Mittelalter dem Einflussbereich der römisch-katholischen Kirche vorbehalten. Als „Patriarch des Abendlandes" hob sich deren Oberhaupt, der Papst, von den vier Patriarchen des Orients ab; im Westen des ehemaligen Römischen Reiches etablierte er sich als oberste kirchliche und teils auch politische Autorität.[22] In langfristiger Folge der beiden Reichsteilungen von 293 (Diokletian) und 395 (Theodosius I.) spaltete der Gegensatz zwischen der lateinisch-römischen Kirche des Westens und der griechisch-byzantinischen Kirche des Ostens Europa nicht nur kirchlich, sondern auch sprachlich und kulturell. Konflikte zwischen „Lateinern" und „Orthodoxen" entzündeten sich in Süditalien und auf dem Balkan, vor allem aber während des 4. Kreuzzuges, als im Jahr 1204 westliche Kreuzfahrer Konstantinopel eroberten und plünderten.

Nach dem Vordringen islamischer Truppen entlang der Küste Nordafrikas und auf die Iberische Halbinsel grenzte das lateinische „Abendland" seit dem 7. Jahrhundert im Osten an den Herrschaftsbereich der orthodoxen Christenheit, im Süden an den Herrschaftsbereich des Islam.[23] Erst seit dem Mauerfall 1989 und der Osterweiterung der Europäischen Union findet der Begriff „Abendland" auch auf den orthodoxen Teil Ost- und Südosteuropas Anwendung – sofern er denn überhaupt noch verwendet wird.

---

[21] Vgl. Oskar Köhler, Art. „Abendland", in: *Theologische Realenzyklopädie*, Bd. 1, Berlin – New York 1977, S. 17–42, hier S. 17. Vgl. auch Ders., Art. „Abendland", in: *Sacramentum Mundi. Theologisches Lexikon für die Praxis*, Bd. 1, Freiburg 1967, Sp. 1–11.

[22] Seit dem Ökumenischen Konzil von Chalkedon (451) zählt die Kirche fünf Patriarchate, nämlich Rom, Antiochia, Alexandria, Konstantinopel und Jerusalem („Pentarchie"). Vor allem unter Kaiser Justinian (527–565) galt der Papst als „Patriarch des Abendlandes". Als Selbstzeichnung eines Papstes erscheint „Patriarch des Abendlandes" erstmalig bei Theodor I. im Jahr 642. Papst Benedikt XVI. verzichtete im März 2006 auf diesen Titel. In einer Erklärung des Vatikan hierzu heißt es: „Heute beruft sich die Bedeutung des Begriffs ‚Abendland' auf einen kulturellen Kontext, der sich nicht nur auf Westeuropa bezieht, sondern sich von den Vereinigten Staaten von Amerika bis hin nach Australien und Neuseeland erstreckt, indem er sich so von anderen kulturellen Kontexten differenziert. Es ist offensichtlich, dass eine derartige Bedeutung des Begriffs ‚Abendland' weder ein kirchliches Territorium zu beschreiben beabsichtigt, noch als Definition eines patriarchalen Territoriums gebraucht werden kann. Wenn dem Begriff ‚Abendland' eine in der juridischen Sprache der Kirche anwendbare Bedeutung gegeben werden sollte, so könnte er nur in Bezug auf die lateinische Kirche verstanden werden." Die Erklärung deutet den Verzicht als ökumenisch hilfreich: „Der Verzicht auf den genannten Titel will einen historischen und theologischen Realismus zum Ausdruck bringen und zugleich der Verzicht auf einen Anspruch sein, der dem ökumenischen Dialog von Nutzen sein könnte" ⟨http://kath.net/news/13204⟩; (Zugriff 12.05.2016).

[23] Um den schon geographisch wenig präzisen Begriff „Abendland" zu vermeiden, sprechen manche deshalb auch etwas umständlich von „Lateineuropa".

Ungeachtet der Entscheidung Katharinas galt noch in der ersten Hälfte des 20. Jahrhunderts der orthodoxe Osten Europas nicht als Teil des „Abendlandes". Dies zeigt sich bei Oswald Spengler (1880–1936). Kurz nach dem Ersten Weltkrieg vertrat dieser in seinem kulturphilosophischen Werk *Der Untergang des Abendlandes* (1918/20) die organologisch anmutende These, dass die okzidentale Kultur Westeuropas – zu der Spengler inzwischen auch Nordamerika zählte – gleich einer verblühenden Pflanze im Zerfall begriffen sei, und dass sie im 3. Jahrtausend durch die „russische Kultur" abgelöst werde.[24] Dieser Gedanke ist offenkundig nur solange konsistent, als Russland und das Abendland voneinander unterschieden werden.

4. „Christliches Abendland"?

Der von Spengler beanspruchte, seit der deutschen Romantik emotional beladene Begriff „Abendland" (im Singular) erweist sich insofern als ein deutsches Spezifikum, als er sich kaum ohne Bedeutungsverlust in andere europäische Sprachen übersetzen lässt. Der Dichter Novalis (1772–1801) bediente sich seiner,[25] und er findet sich auch bei den Brüdern August Wilhelm Schlegel (1767–1845) und Friedrich Schlegel (1772–1829).[26] Allerdings sprachen sie alle häufiger noch von „Europa", und zwar dort, wo sie nach einem Gesamtbegriff für die europäischen Nationen suchten. Hingegen zielte der Begriff „Abendland" vorrangig auf eine geschichtsphilosophische Gesamtschau ab.[27]

Für Novalis und die Brüder Schlegel, aber auch für die Philosophen Friedrich Schelling (1775–1854) und Franz von Baader (1765–1841) stützt sich das „Abendland" wesentlich auf kulturelle Traditionen. Diese bestimmten sie als romanisch, germanisch und christlich. Angesichts der europäischen Neuordnung in der Folge des Reichsdeputationshauptschlusses von 1803 befürchteten sie, dass die vielfältigen Traditionen Europas und die sich darin ausprägende Kultur der Verschiedenheit in Europa verloren zu gehen drohte. Deshalb sei gegenüber allen Versuchen einer Vereinheitlichung die kulturelle Vielfalt Europas zu betonen.[28]

Katholiken wie Protestanten bedienten sich im 19. Jahrhundert der „Abendland"- bzw. der Europa-Idee, um sich gegenüber religionskritischen Idealen der Auf-

---

[24] Zur Rezeption Spenglers durch protestantische Theologen im frühen 20. Jahrhundert vgl. Jörg Schneider, „Oswald Spenglers ‚Der Untergang des Abendlandes' als Katalysator theologischer Kriseninterpretation zum Verhältnis von Christentum und Kultur", in: *Zeitschrift für neuere Theologiegeschichte* 10 (2003), S. 196–223.

[25] Vgl. Novalis, Fragment „Die Christenheit oder Europa" [1799], in: *Werke* 2, S. 731–750 (Anm. 11).

[26] Vgl. Friedrich Schlegel, „Signatur des Zeitalters" [1820–23], in: *Studien zur Geschichte und Politik*, eingel. und hg. von Ernst Behler (Kritische Friedrich-Schlegel-Ausgabe, Bd. 7), München 1966, S. 483–596.

[27] Vgl. Heinz Gollwitzer, „Zur Wortgeschichte und Sinndeutung von ‚Europa'", in: *Saeculum* 2 (1951), S. 161–172, hier 170.

[28] Vgl. dazu Becker, „Europa – Erbe des Mittelalters" (Anm. 9), S. 196–199.

klärung abzugrenzen. Während freilich die Katholiken eine Umgestaltung der Gesellschaft durch deren Verkirchlichung anstrebten – und in den katholischen Milieus ansatzweise auch erreichten – setzten die Protestanten auf eine Allianz von Thron und Altar.[29] Beide jedoch einte die Ablehnung der Moderne und der säkularen Gesellschaft. Wo diese auf die formale Herrschaft des Rechts setzte, beharrten Katholiken und Protestanten auf der Notwendigkeit gemeinsamer Werte.

Nach einer Zeit europäischer Nationalismen im späten 19. Jahrhundert brachte unter dem Eindruck des Ersten Weltkriegs der Rückgriff auf die Romantik in der Weimarer Republik auch eine Revitalisierung des „Abendland"-Begriffs mit sich – wiederum mit antimoderner und antisäkularer Zielsetzung. Von 1925 bis 1930 erschien in Berlin eine Zeitschrift mit dem Titel „Abendland: Deutsche Monatshefte für europäische Kultur, Politik und Wirtschaft".[30] Gegen die Erinnerung an den blutigen Weltkrieg wurde an die historische Fiktion eines friedvollen „christlichen Abendlandes" appelliert, das im Mittelalter geherrscht habe.[31] Hingegen wollten die Nationalsozialisten den „Abendland"-Begriff von christlichen Konnotationen befreit wissen. Dazu betonten sie die griechisch-römischen und – mehr noch – die „germanischen" Traditionen Europas. Die so konstruierte „arisch-abendländische Kultur" wurde nicht nur slawischen und asiatischen Kulturen entgegen gehalten, sondern vor allem auch der von den Nationalsozialisten imaginierten „jüdischen Kultur".[32]

Vergleicht man die Intention der Romantiker, die gegen die napoleonische Einheitspolitik die Vielfalt der europäischen Kulturen bewahren wollten, mit dem nationalsozialistischen Verständnis von „Abendland", so zeigt sich eine Tendenz zur Vereinheitlichung: an die Stelle einer Pluralität von Traditionen ist das Ideal einer homogenen Kultur getreten, die wesentlich durch ihre Abgrenzung gegenüber Anderen bestimmt ist. In ihrer gewaltsamen Wendung nach innen – gegen die Juden – wie nach außen – gegen den „Kapitalismus" des Westens und den „Bolschewismus" des Ostens – legitimierte das so konstruierte Selbstbild die Ermordung der Juden in Europa ebenso wie gesamteuropäische, mit militärischen Mitteln verfolgte Ordnungsphantasien.

Nach dem Ende der nationalsozialistischen Diktatur verhieß die Idee des „Abendlands" im besiegten Deutschland eine doppelte Alternative: einerseits zur westlich-individualistischen Moderne, andererseits zum östlich-kollektivistischen Kommunismus. Gegenüber national-konservativen Positionen legitimierte die Abendland-Idee die Integration Westdeutschlands in ein gegen den Warschauer Pakt vereintes Westeuropa. Nicht zuletzt die Stiftung des Aachener Karlspreises im

---

[29] Vgl. Reiner Anselm, „Abendland oder Europa? Anmerkungen aus evangelisch-theologischer Perspektive", in: *Zeitschrift für evangelische Ethik* 57 (2013), S. 272–281, bes. 272–275.

[30] Vgl. dazu Lucia Scherzberg, „Katholische Abendland-Ideologie der 20er und 30er Jahre. Die Zeitschriften ‚Europäische Revue' und ‚Abendland'", in: Michael Hüttenhoff (Hg.), *Christliches Abendland? Studien zu einem umstrittenen Konzept*, Leipzig 2014, S. 11–28.

[31] Vgl. Vanessa Conze, *Das Europa der Deutschen. Ideen von Europa in Deutschland zwischen Reichstradition und Westorientierung (1920–1970)*, München 2005, bes. S. 27–55.

[32] Vgl. ebd., S. 57–63.

Frühjahr 1950 ist Ausdruck dieses Bemühens. Im September des gleichen Jahres sprach der damalige Bundespräsident Theodor Heuss von einer dreifachen Wurzel Europas: „Es gibt drei Hügel, von denen das Abendland seinen Ausgang genommen hat: Golgatha, die Akropolis in Athen, das Capitol in Rom. Aus allen ist das Abendland geistig gewirkt, und man darf alle drei, man muss sie als Einheit sehen."[33] Diesem seither vielfach zitierten Ausspruch zufolge ist Europas Herkunft durch das biblische Menschenbild, die griechische Philosophie und das römische Recht bestimmt.[34]

Obwohl sie nicht frei von politischem Wunschdenken war und insgesamt als historisches Konstrukt gelten muss, vermochte die Abendland-Idee im westlichen Nachkriegsdeutschland die nationale und kulturelle Vielfalt in ein übernationales Ganzes zu integrieren. Vor diesem Hintergrund stellt ihre Inanspruchnahme durch nationalkonservative und rechtspopulistische Gruppierungen – darunter die 2014 entstandene Bewegung „Patriotische Europäer gegen die Islamisierung des Abendlandes" (PEgIdA) eine neuerliche – nationalistische – Verengung des Begriffs dar. Dass der Begriff im Parteiprogramm der „Alternative für Deutschland" (AfD) als Chiffre für eine wertkonservative Haltung dient, überrascht nicht. Seine inhaltliche Bestimmtheit erhält er aber nicht durch den Bezug auf europäische Werte, sondern vorrangig durch die Opposition gegenüber einem zunehmenden politischen und gesellschaftlichen Einfluss von Muslimen in Deutschland. Darin entspricht er in formaler Hinsicht der Semantik des Begriffs während der Zeit des Nationalsozialismus, als er gegen „Kapitalismus", „Bolschewismus" und die Juden gemünzt war. Aus der Perspektive heutiger Geschichtswissenschaft jedenfalls kommt dem Begriff „Abendland" keinerlei analytischer, sondern allenfalls ein zeitdiagnostischer Wert zu.[35]

5. Europas pluralistische Identität

Noch einmal also: worin besteht Europas Identität? Für den Aufklärungsphilosophen Immanuel Kant (1724–1804) ist es nicht mehr das Christentum, sondern die Akzeptanz einer einheitlichen Rechtsnorm, welche die Identität Europas begründet:

---

[33] Theodor Heuss, *Reden an die Jugend*, Tübingen 1956, S. 32.

[34] Vgl. Philippe Nemo, *Was ist der Westen? Die Genese der abendländischen Zivilisation* (Untersuchungen zur Ordnungstheorie und Ordnungspolitik 49), Tübingen 2005, bes. S. 9–43 (*Qu'est-ce que l'Occident?*, Paris 2004). Nemo verweist des Weiteren auf die „päpstliche Revolution" des 11.–13. Jahrhunderts, in der in Westeuropa die Glaubensprinzipien des Christentums politisch und sozial strukturbildend wurden. Vgl. auch Hans Waldenfels, „Christliches Abendland und die Frage nach der Identität Europas", in: Klaus Krämer / Angar Paus (Hg.), *Die Weite des Mysteriums. Christliche Identität im Dialog* (FS Horst Bürkle), Freiburg – Basel – Wien 2000, S. 626–640, bes. 627–630.

[35] Vgl. Wolfgang Benz, *Ansturm auf das Abendland? Zur Wahrnehmung des Islam in der westlichen Gesellschaft* (Wiener Vorlesungen im Rathaus 170), Wien 2013. Anders noch Köhler, Art. „Abendland" [1973]: „Der Begriff Abendland ist nicht nur nicht historisch unbrauchbar, sondern historisch unentbehrlich" (a.a.O. [Anm. 20], S. 24). Vgl. auch Friedrich W. Graf, „Ruhe, liebes Abendland. Über das Werden eines schillernden Begriffs", in: *Zeitzeichen* 16, Heft 3 (2015), S. 8–11.

„Europäisch nenne ich eine Nation, wenn sie nur [durch] den gesetzmäßigen Zwang annimmt, folglich restriction der Freyheit durch allgemeingültige Regel".[36] Weder also ist nach Kant das Christentum maßgeblich für das, was als „europäisch" gelten darf, noch entscheidet die Dominanz bestimmter kultureller Traditionen und Werte über die Zugehörigkeit zu Europa. Ausschlaggebend ist vielmehr die Geltung des Rechts. Dessen Formalität impliziert eine Kritik an jedem gemeinsamen Wertefundament; als solche wurde sie von den christlichen Kirchen im 19. Jahrhundert auch wahrgenommen – und zurückgewiesen.[37]

Die Frage, worauf die Achtung vor dem Gesetz beruht und welchen Zielen sie dient, beantwortet Kant in seinem Entwurf *Zum ewigen Frieden* (1795) wiederum formal, und zwar mit Hinweis auf die unbedingte Geltung des Sittengesetzes. Seinem Inhalt nach dient die Achtung vor dem Gesetz der Verwirklichung einer universalen Weltfriedensordnung.[38] Heutzutage ließen sich weitere Zielvorstellungen nennen – darunter die Gleichstellung von Mann und Frau vor dem Gesetz, das Recht auf freie Meinungsäußerung oder die Pressefreiheit. Manche dieser Grundrecht sind hinsichtlich ihrer universalen Geltung und ihrer konkreten rechtlichen Ausgestaltung innerhalb der europäischen Union durchaus umstritten.

Kants Versuch, die Identität des „Europäischen" durch den Hinweis auf die Geltung des Rechts zu bestimmen, trifft einen Wesenszug abendländischer Geschichte und Kultur, der über Jahrhunderte hinweg prägend war.[39] In letzter Konsequenz führt er zu einer Entgrenzung dessen, was Europas Identität bestimmt. Denn die Geltung des Rechts tendiert gerade aufgrund ihrer Formalität zur Universalisierung. Wie aber verhielte sich ein „universales Europa" zur Vielfalt der Völker, Nationen, Kulturen und Religionen in der Welt? Die Frage nach dem Verhältnis von Identität

---

[36] Immanuel Kant, Entwürfe zu dem Colleg über Anthropologie aus den 70er und 80er Jahren, Ha 31, in: *Handschriftlicher Nachlass*, Bd. 2 (Akademie-Ausgabe XV 773$_{25-27}$). Vgl. Ernst-Joachim Mestmäcker, „Kants Rechtsprinzip als Grundlage der europäischen Einigung", in: Götz Landwehr (Hg.), *Freiheit, Gleichheit, Selbständigkeit. Zur Aktualität der Rechtsphilosophie Kants für die Gerechtigkeit in der modernen Gesellschaft*, Göttingen 1999, S. 61–72; Manuel José do Carmo Ferreira, „Kant e a Constituição Europeia", in: *Revista Portuguesa de Filosofia* 61 (2005), S. 341–351.

[37] Vgl. hierzu die detailreichen Studien in: Norbert Fischer (Hg.), *Kant und der Katholizismus. Stationen einer wechselvollen Geschichte* (Forschungen zur europäischen Geistesgeschichte 8), Freiburg – Basel – Wien 2005.

[38] Immanuel Kant, *Zum ewigen Frieden. Ein philosophischer Entwurf* [1795], Kap. II: „Wenn es Pflicht, wenn zugleich gegründete Hoffnung da ist, den Zustand eines öffentlichen Rechts, obgleich nur in einer ins Unendliche fortschreitenden Annäherung wirklich zu machen, so ist der *ewige Friede*, der auf die bisher fälschlich so genannten Friedensschlüsse (eigentlich Waffenstillstände) folgt, keine leere Idee, sondern eine Aufgabe, die, nach und nach aufgelöst, ihrem Ziele (weil die Zeiten, in denen gleiche Fortschritte geschehen, hoffentlich immer kürzer werden) beständig näher kommt" (Akademie-Ausgabe VIII 386$_{27-33}$). – Vgl. dazu Matthias Lutz-Bachmann / James Bohman (Hg.), *Frieden durch Recht. Kants Friedensidee und das Problem einer neuen Weltordnung*, Frankfurt am Main 1996.

[39] Vgl. Nemo, *Was ist der Westen?* (Anm. 33), bes. S. 21–32; ferner: Axel Freiherr von Campenhausen, „Christentum und Recht", in: Peter Antes (Hg.), *Christentum und europäische Kultur. Eine Geschichte und ihre Gegenwart*, Freiburg – Basel – Wien 2003, S. 96–115.

und Pluralität, die sich bereits mit Blick auf das „Alte Europa" aufdrängt, kehrt auf globaler Ebene wieder.

Die Frage nach der Beziehung zwischen Identität und Pluralität Europas wird im Folgenden aus unterschiedlichen Blickwinkeln betrachtet. Nach zwei Beiträgen von Bernhard Jussen und Rémi Brague, in denen grundlegende Begriffe wie „Abendland", „Identität" und „Unterschiedenheit" analysiert werden, orientieren sich die weiteren Beiträge im Wesentlichen an der chronologischen Abfolge historischer Zusammenhänge, auf die jeweils schwerpunktmäßig Bezug genommen wird. In seinem abschließenden Beitrag greift Christof Mandry das Stichwort „Identität" erneut auf.

Im Anschluss an den indischen Historiker Dipesh Chakrabarty stellt der Historiker Bernhard Jussen die in der Vergangenheit vorherrschende eurozentrische Geschichtsschreibung in Frage. Insbesondere kritisiert Jussen das universalhistorische Makrokonzept einer Abfolge von Antike, Mittelalter und Neuzeit. Gleichzeitig betont Jussen, dass ein veränderter historischer Interpretationsrahmen die Grundpfeiler der europäischen Gesellschaften wie Pluralismus, Universalität der Menschenrechte oder die Trennung von Religion und Politik nicht preisgeben dürfe.

Die Unverzichtbarkeit von Grundwerten betont der Philosophiehistoriker Rémi Brague. In seinen Überlegungen zum Begriff „Verschiedenheit" plädiert er dafür, im politischen Diskurs Europas die metaphysische Dimension nicht preiszugeben. Denn nur die Metaphysik fragt nach jenen Gütern, für die mit unbedingter Entschlossenheit einzusetzen sich lohnt, und strebt ihre inhaltliche Bestimmung an. Eine bloß formale Wertschätzung von „Verschiedenheit" hingegen wäre letzten Endes gleichgültig gegenüber jenen fundamentalen Werten, die das Überleben einer Gesellschaft überhaupt erst ermöglichen.

Der Judaist Daniel Krochmalnik eröffnet den Gang durch die europäische Geschichte. Mit Blick auf die „Völkertafel" im Buch *Genesis* und deren Auslegung in der jüdischen Tradition erinnert Krochmalnik daran, dass die Unterscheidung von „Europa", „Asien" und „Afrika" biblische Wurzeln hat. Dabei werden den Bewohnern der drei Kontinente sehr unterschiedliche Eigenschaften zugeschrieben. Mit den noachidischen Geboten ist jedoch nach jüdischer Auslegung eine alle Menschen verpflichtende Grundlage gelegt, ungeachtet aller Unterschiede einander zu achten und friedlich zusammen zu leben.

Der Neutestamentler Ansgar Wucherpfennig betont die in den biblischen Schriften beider Testamente zutage tretende Dialektik von Zuwendung und Entzogenheit Gottes. Im Anschluss an Eckhard Nordhofen erkennt Wucherpfennig in dieser Dialektik Ansätze einer „biblischen Aufklärung": Angesichts der Entzogenheit Gottes muss sich jeder Versuch, gegebene Vielfalt zu vereindeutigen, als womöglich übereilte Synthese kritisieren lassen. Der „privative Vorbehalt" setzt nicht nur im Bereich des Religiösen eine Dynamik beständigen Suchens und Forschens nach der Wahrheit in Gang, sondern in allen Bereichen des gesellschaftlichen Lebens. Insofern diese Dynamik die Geschichte Europas geprägt hat, kann sie als Beitrag zu dessen Selbstwerdung interpretiert werden.

Der Philologe Reinhold Glei erinnert an die weitverbreitete Polemik christlicher Autoren sowohl des lateinischen Westens als auch des griechischen Ostens gegen Juden und Muslime im Mittelalter. Die Schwerpunkte der Polemik liegen inhaltlich auf der Christologie, methodisch auf der Schriftauslegung. Dabei fällt auf, dass christliche Autoren sich bei der Auslegung der Heiligen Schrift auf Allegorese und Typologie stützen und insofern Pluralität geltend machen, eben diese Pluralität aber ihren Gegnern bestreiten, indem sie Talmud und Koran ausschließlich auf den Literalsinn festlegen.

Mit Blick auf die Selbstdefinition Europas in der Auseinandersetzung mit der islamischen Welt in Mittelalter und Renaissance zeigt die Islamwissenschaftlerin Anna Akasoy, dass „Europa" keine natürliche Gegebenheit ist, sondern das Ergebnis historischer Prozesse, in denen unterschiedliche Ideen und Akteure wirksam wurden. Diese historische Einsicht zeigt, so Akasoy, dass eine europäische Identität nicht allein aus der Vergangenheit zu gewinnen ist. Sie ist vielmehr unter den politischen, kulturellen und sozialen Bedingungen einer jeweiligen Epoche je neu auszuhandeln.

In der europäischen Geschichte wurde gegebene Pluralität keineswegs immer als Reichtum interpretiert. Dies gilt besonders für die frühe Neuzeit. Der Kirchenhistoriker Klaus Unterburger zeigt, dass es in der Folge der Reformation auf der Ebene des Reiches zwar zu einer konfessionellen und politischen Ausdifferenzierung kam. Innerhalb der verschiedenen Reichsstände aber wurde eine Homogenisierung von Herrschaft und Bekenntnis angestrebt. Im Vergleich zum Mittelalter führte dies nicht zu einem Zuwachs, sondern zu einem Verlust politischer Vielfalt und religiöser Ambiguität. Erst mit dem Schwinden sozialer Kontrolle und staatlichen Zwangs in der Moderne wurden alternative Formen der Lebensgestaltung und Säkularität denkbar.

Wie wenig Bilder vom „Anderen" Objektivität beanspruchen können, zeigt der Islamwissenschaftler Bekim Agai in seiner Analyse von Berichten, die islamische Reisende vom 17. bis zum 19. Jahrhundert von ihren Aufenthalten in Europa verfassten. In kritischer Auseinandersetzung mit der These des Orientalisten Bernard Lewis, es gebe eine spezifisch „muslimische Weltsicht", betont Agai die Komplexität, in der Narrative vom jeweils „Anderen" entstehen und „Andersheit" konstruiert wird. In den Reiseberichten erscheint „Europa" nicht nur in einer ungewohnten Perspektive; vielmehr laden die Berichte auch dazu ein, eurozentrische Narrative in Frage zu stellen und eine Pluralität von Weltsichten zu akzeptieren.

Während mit Blick auf die geistesgeschichtlichen Wurzeln Europas ein Bezug auf das Christentum im europäischen Verfassungsentwurf nicht mehrheitsfähig war, wird der Begriff der „Aufklärung" vielfach als Identitätsmerkmal, bisweilen sogar als Zulassungsbedingung für die Europäische Union gehandelt. Worin Wesen und Zielsetzung der Aufklärung bestehen, diskutiert der Philosoph Heinrich Watzka im Anschluss an Immanuel Kant, Moses Mendelssohn und G. W. F. Hegel. Dabei wird deutlich, dass die Aufklärung – auch nach deren Ende als Epoche – prinzipiell unabschließbar ist, und dass sie deshalb auch das Risiko eines künftigen Scheiterns in sich birgt.

Dass die Anerkennung von Pluralität gerade für Minderheiten eine spezifische Herausforderung birgt, verdeutlicht der Historiker Johannes Heil mit Blick auf die Beziehung des Judentums zu Europa. Zwar war das Judentum seit dem Beginn der europäischen Geschichte auf vielfältige Weise mit der umgebenden nichtjüdischen Gesellschaft und Kultur verwoben. Doch ist nirgendwo im jüdischen Denken des 19. und frühen 20. Jahrhunderts ein Plädoyer für ein gemeinsames Verständnis der Geschichte zu erkennen. Eine gemeinsame europäische Zukunft wird aber nur dann gelingen, so Heil, wenn sich die jüdische Gemeinschaft als wesentlicher Teil der europäischen Gesellschaft verstehen kann. Dabei kann die innere Vielfalt des Judentums womöglich sogar ein Modell für ein pluralistisches Europa liefern.

Der Philosoph und Historiker Otto Kallscheuer konzentriert sich auf die Geschichte der europäischen Einigung nach dem Zweiten Weltkrieg und die dabei leitenden Ideen und Wertvorstellungen. Dabei unterscheidet er mit der „Abendland"-Idee, dem Föderalismus freier Staaten sowie der Wertschätzung geographischer, kultureller und politischer Vielfalt drei Grundmotive, die bei den verschiedenen Akteuren sehr unterschiedlich miteinander verwoben waren. Zwar sind viele in Europa entstandene Werte inzwischen zu Kennzeichen des „Westens" geworden. Der freie Westen braucht jedoch weiterhin das Gedeihen des „alten" Europa, weil hier Traditionen und Werte beheimatet sind, die eben nicht von allen Staaten des Westens geteilt werden.

In seinem zweiten Beitrag problematisiert Rémi Brague mögliche Folgen der Globalisierung für Europas Zukunft. Europa sei in der Vergangenheit durch eine „exzentrische Identität" konstituiert gewesen. Infolge seiner weltweiten politischen und auch kulturellen Expansion finde es aber zu Beginn des 3. Jahrtausends kein „Außerhalb" mehr vor, auf das es sich beziehen könnte. Damit hat es eine wesentliche Dimension seiner Identität verloren. Anstelle eines sich alles einverleibenden „Parasitismus" wäre eine Haltung wertschätzender Achtung des bleibend Unterschiedenen geboten.

Der Dogmatiker Dirk Ansorge stellt die Frage nach der Pluralismusfähigkeit der katholischen Kirche, und zwar sowohl innerkirchlich als auch in Bezug auf die „Welt". Jahrhundertelang verhinderten sowohl das Selbstverständnis der katholischen Kirche als auch ihr exklusiver Wahrheitsanspruch die Akzeptanz einer Pluralität von Weltanschauungen und religiösen Überzeugungen. Zwar hat das Zweite Vatikanische Konzil durch die Anerkennung von Gewissens- und Religionsfreiheit eine grundlegende ekklesiologische Neubestimmung vollzogen. Doch stößt die Anerkennung von Pluralität und Säkularität vielerorts immer noch auf Widerstände.

Was nationalistische Bewegungen eigentlich in Anspruch nehmen, wenn sie die Idee eines „christlichen Abendlands" für sich reklamieren, untersucht der Pastoraltheologe Wolfgang Beck. Die vermeintliche Sicherheit, die mit dieser Idee verbunden wird, hat mit dem Grundimpuls des christlichen Glaubens nur wenig zu tun. Denn im Christentum geht es nicht vorrangig um Systemstabilisierung, so Beck, sondern um eine „risikoorientierte Identität": Kirche muss Abbild eines Gottesverständnisses sein, das durch „Herablassung" (*kenosis*) charakterisiert ist. Kirchliche

„Kenopraxis" sucht Pluralität in Kirche und Gesellschaft nicht zu vermeiden, sondern weiß sie als Anstoß zu schätzen, ihrer Bestimmung zu entsprechen.

Der Kirchenrechtler Thomas Meckel widmet sich der bis zum Bundesverfassungsgericht geführten Auseinandersetzungen um das Kruzifix und das Kopftuch im öffentlichen Raum. Dabei wird deutlich, wie wenig der Hinweis auf das „christliche Abendland" einer Rechtsprechung dienlich ist, die darauf abzielt, unterschiedliche Religionen und Weltanschauungen in die Gesellschaft zu integrieren. Doch nur ein Religionsrecht, das imstande ist, die religiöse Pluralisierung in den Gesellschaften Europas aktiv zu gestalten, kann dem religiösen und gesellschaftlichen Frieden dienen.

Der Sozialethiker Christof Mandry schließlich entfaltet den vor dem Hintergrund der aktuellen Migrationsbewegungen prekär gewordenen Begriff der „Identität". Dessen individuelle, kollektive und politische Dimensionen sind konstitutiv für die mögliche Beantwortung der Frage nach einer „Identität Europas". Diese erweist sich nicht als statische Gegebenheit, sondern als von den verschiedenen Akteuren je neu zu erringende Haltung. Mandry deutet „Europa" als Chiffre für ein politisches Projekt, das in einer universalistischen Perspektive darauf abzielt, den Nationalstaat zu relativieren, um dessen Begrenzungen zu überwinden. Europa weiß sich – wenigstens im Grundsatz – dem Ideal verpflichtet, in Solidarität besonders mit den Schwachen dem Recht und der Vernunft Geltung zu verschaffen. Dieses Ideal bleibt auch in einer zunehmend globalisierten Welt gültig.

Der Autorin sowie den Autoren danke ich sehr dafür, dass sie ihre Beiträge für die Publikation in diesem Buch zur Verfügung gestellt haben. Dank gilt auch meinen Mitarbeitern Daniel Remmel und Vinzent Piechaczek für ihre Unterstützung bei der Redaktion der Manuskripte. Ferner danke ich der Stiftung der Hochschule Sankt Georgen und dem Frankfurter Bankhaus B. Metzler seel. Sohn & Co.; ihre finanzielle Unterstützung hat das Erscheinen des Buches erleichtert. Und schließlich danke ich Thomas Brockmann, dem zuständigen Lektor bei der Wissenschaftlichen Buchgesellschaft; er hat das Publikationsprojekt von Anfang an entschlossen gefördert. Es wäre dem Buch zu wünschen, wenn die darin versammelten Beiträge nicht nur dem fachlichen Diskurs Impulse gäben, sondern auch der öffentlichen Diskussion über Herkunft und Zukunft Europas eine kontruktive Dynamik verliehen. Diese nämlich erscheint angesichts nationalistischer Tendenzen in vielen Ländern Europas dringender den je.

„Abendland" – „Lateineuropa" – „Provincializing Europe": Bemerkungen zum poströmischen Europa zwischen alten und neuen Deutungsmustern

Bernhard Jussen

„Christliches Abendland" oder „pluralistische Identität" – zwei antagonistische Formeln, die in diesem Buch als Ausgangspunkt dienen für ein Nachdenken über „Herkunft und Zukunft Europas". Im Rahmen eines akademischen Diskurses bedeutet dies zunächst, dass die in den Formeln kondensierten Konzepte auf ihren Nutzen und ihre Funktion im akademischen Diskurs befragt werden müssen. Dabei versteht es sich, dass der akademische Diskurs in den Geisteswissenschaften immer und unausweichlich zugleich ein politischer Diskurs ist. Dennoch, auch dies ist selbstverständlich, unterscheiden sich die politischen Dimensionen des akademischen Diskurses von der Sprache und den Konzepten an Orten des unmittelbaren politischen Geschäfts, zum Beispiel des Parlaments. Auch wenn die Argumentation der Geisteswissenschaften notwendig politisch ist, so ist sie doch akademisch diszipliniert: Sprache und Konzepte der politischen Arenen – der Parlamente, Wahlkampfslogans oder Demonstrationszüge – sind für die akademische Diskussion zunächst einmal Beobachtungsgegenstände, nicht die eigene Sprache. Leitvokabeln wie „Abendland" oder „Identität" gehören eher zum Instrumentarium des unmittelbar politischen als des akademischen Geschäfts.

Meine Aufgabe als ein Historiker, dessen Kernbereich üblicherweise als „Mittelalter" bezeichnet wird, ist von diesen politischen Diskussionen um „Abendland", „Identität" und „christlich" zentral betroffen. Als akademische Vokabeln erzeugen sie Irritationen: „Abendland" greift ausdrücklich über die sogenannte „Neuzeit" zurück auch in jene rund eintausend Jahre des westlichen Europa, die als „Mittelalter" von der „Neuzeit" abgespalten werden (obgleich alle Fachleute wissen, dass das universalhistorische Makromodell „Antike–Mittelalter–Neuzeit" ein Haupthindernis heutiger historischer Deutungen ist).[1] Das Konzept liegt mithin quer zu dem fest institutionalisierten universalhistorischen Makromodell, das den tausend Jahren des „Mittelalters" eine epochale Andersartigkeit – oder „Alterität", wie man in den historischen Wissenschaften gerne sagt – gegenüber der „Neuzeit" seit etwa 1500 nachsagt. „Christlich" ist eine Vokabel, die mit Blick auf die Frage nach „Herkunft und

---

[1] Vgl. Bernhard Jussen, „Richtig denken im falschen Rahmen? Warum das ‚Mittelalter' nicht in den Lehrplan gehört", in: *Geschichte in Wissenschaft und Unterricht* 67 (2016), Heft 7/8.

Zukunft Europas", wenig nützt; denn auch unter jenen Kulturen, die mit dem Konzept „Abendland" ausgegrenzt werden, waren und sind christliche Kulturen. „Christlich" ist mithin nicht das zentrale Distinktionsmerkmal von „Abendland". Auch „Identität" ist ein Schlüsselwort, das seinen alltäglichen Ort weniger in der akademischen als in der politischen Diskussion hat. In den Kulturwissenschaften der letzten zwei Dekaden ist es als Konzeptwort zunehmend aussortiert worden zugunsten von Umschreibungen wie „Identifikation", „Strategien der Abgrenzung", „Konstruktion von Gemeinschaft" oder ähnlichem.

Ich werde im Folgenden zunächst diese konzeptuellen Minenfelder skizzieren und anschließend die konzeptuellen Probleme der makrohistorischen Modelle in den Blick nehmen.

1. Vokabular

1.1. „Abendland"

Die Formel „Christliches Abendland" zielt nicht auf „christlich", sie zielt auf „lateinisch christlich". In vielen Gebrauchssituationen dieser Phrase werden die griechischen Christen genau dort lokalisiert, wo auch die muslimischen Kulturen sind – im Morgenland. „Abendland", darin ist das Gros der Literatur einig, war immer ein Kampf- und Ausgrenzungsbegriff gegen die arabischen islamischen Kulturen und gegen jene Kultur, die man „Byzanz" nennt. Die Bezeichnung „Byzanz" hat sich – nach sporadischem Gebrauch seit dem 16. Jahrhundert – erst im späten 19. Jahrhundert durchgesetzt zur Bezeichnung der letzten gut tausend Jahre der Römischen Kaiserzeit (von den ersten christlichen Kaisern bis 1453), eben jener tausend Jahre nach dem Untergang der westlichen Hälfte des Imperiums im 5. Jahrhundert. In dieser langen Spätphase des Römischen Imperiums gab es weiterhin vieles, was wir mit „Rom" verbinden: Wagenrennen,[2] den Senat,[3] den „Kaiser der Römer" *(Βασιλεὺς τῶν Ῥωμαίων)* – ganz selbstverständlich die Selbstbezeichnung als „Römer" *(Ῥωμαῖοι)* und „Römisches Imperium" *(Ῥωμανία)*. Auch die Nachbarn – Perser, Türken und Araber – bezeichneten dieses Imperium am Bosporus als „Rom". In der fränkischen Welt nannte man die Nachbarn am Bosporus wegen ihrer Sprache „Griechen". Noch im 18. Jahrhundert erschien die monumentale historische Darstellung jener tausend Jahre in 27 Bänden von Charles Le Beau unter dem Titel *Histoire du Bas-Empire* („Geschichte des späten Imperiums"). Erst in der zweiten Hälfte des 19. Jahrhunderts verschwand dieses späte römische Imperium mit dem „neuen Rom" am Bosporus aus den Konzepten der Historiker und wurde nun als

---

[2] Das Hippodrom mit seinen Zirkusparteien blieb bis zum Beginn des 13. Jahrhunderts ein zentraler sozialer Ort; vgl. Gilbert Dagron, *L'hippodrome de Constantinople* (Bibliothèque des histoires), Paris 2011.

[3] Der Senat verschwand im 13. Jahrhundert; im Überblick vgl. Peter Schreiner, Art. „Senat II. (Byzanz)", in: *Lexikon des Mittelalters*, Bd. 7, München 1995, Sp. 1745f.

„Byzanz" sprachlich abgegrenzt von jenem „Abendland", das sich seinerseits auf Rom berief;[4] *othering* nennt man solche Ausgrenzungsverfahren seit der breiten Rezeption von Edward Said und Gayatri Spivak.

Es geht also nicht um „Christentum" oder „christlich", sondern um eine bestimmte Ausprägung davon, um die römisch-lateinische Kirche. Als akademischer Konzeptbegriff ist „Abendland" weitgehend ausgestorben; allenfalls als Verlagsidee oder als eine aus stilistischen Gründen eingestreute Vokabel taucht das Wort in der Mittelalterforschung nach den 1970er Jahren noch auf. Weshalb wird es überhaupt im akademischen Feld benutzt? Was fehlt, wenn man es streicht? Wenn „Abendland" aus dem akademischen Wortschatz verschwindet – als ein nicht erst durch PEgIdA („Patriotische Europäer gegen die Islamisierung des Abendlandes") und die AfD („Alternative für Deutschland") vergiftetes Wort – dann gilt es zu fragen, ob die Kulturen / Gesellschaften / Zivilisationen, die mit diesem Terminus zusammengefasst werden, auch jenseits dieses Kampfwortes etwas verbindet. Und sollte dies der Fall sein, so bleibt zu diskutieren, wie dieses Verbindende in eine akademisch (und damit auch politisch) vertretbare Sprache zu bringen ist.

Weshalb also nicht „Abendland"? Es mag hier ausreichen, die Frage mit einigen einschlägigen Zitaten zu beantworten. Das Konzept „Abendland", um mit den Worten von Wolfgang Benz zu beginnen, „steht für eine Wertegemeinschaft, die griechisch-römische Philosophie mit christlichem Denken verbindet und den Eindruck erweckt, als habe sich die Antike im Christentum vollendet. Dabei ist der Begriff immer als Kampf- oder Ausgrenzungsbegriff verwendet worden." Noch einmal Benz: „Der Geschichtsphilosoph Oswald Spengler veröffentlichte 1918/20 sein kulturpessimistisches Hauptwerk *Der Untergang des Abendlandes*. Er gilt als einer der Wegbereiter des Nationalsozialismus. Für ihn war Abendland der Gegenbegriff zu den demokratischen und kapitalistischen Staaten Frankreich und England sowie zum bolschewistischen Osten".[5] Bei Benz wie generell in der ideengeschichtlichen Forschung steht die Denkfigur „Abendland" für „antimodern", „antiliberal", „antipluralistisch". Die große Zeit des Terminus „Abendland" waren die 1950er und 1960er Jahre, also die Zeit des Kalten Krieges und der Neuorientierung nach dem Nationalsozialismus. Der Kürze halber sei diese Konjunkturzeit von „Abendland" mit Axel Schildt summiert: „Unentwegt wurde in Sonntagsreden Bonner Politiker, pathetischen Appellen von Kulturfunktionären, in Programmen von Unternehmer- und Vertriebenenverbänden ebenso wie von Professoren oder Gymnasiallehrern

---

[4] Vgl. John Hutchins Rosser, *Historical dictionary of Byzantium* (Historical dictionaries of ancient civilizations and historical eras), Lanham ²2012, S. 1 f.; zu den Bezeichnungen der Hauptstadt vgl. Demetrius John Georgacas, „The Names of Constantinople", in: *Transactions and Proceedings of the American Philological Association* 78 (1947), S. 347–367; zu den Namen „Neues / Zweites / Anderes Rom" vgl. ebd. S. 354.

[5] Christoph Arens / Wolfgang Benz, „Pegida Rhetorik. ‚Abendland' als Kampfbegriff gegen Byzanz und Islam", in: DIE WELT, 7. Jan. 2015: ⟨http://www.welt.de/geschichte/article136100030/Abendland-als-Kampfbegriff-gegen-Byzanz-und-Islam.html⟩ (Zugriff 12.05.2016).

[…] das ‚christliche Abendland' beschworen, das es gegen den ‚bolschewistischen Dämon' aus dem Osten zu verteidigen gelte."⁶

Die beiden Zitate von Benz und Schildt dienen der Abkürzung von kaum umstrittenen Deutungen. Christopher Dawsons Buch *Die Gestaltung des Abendlandes*, ein erstmals im Jahr 1932 als *The Making of Europe* publiziertes Buch, das in den 1960er Jahren in deutscher Übersetzung Furore gemacht hat, ist ein bekanntes und oft herangezogenes Beispiel für die antiliberale, antipluralistische Abendlandsemantik.⁷ Heute ist der Terminus in ganz andere, viel offensichtlichere Zusammenhänge gewandert. „Unser Kurs ist klar: Abendland in Christenhand" – mit diesem Slogan blies die FPÖ („Freiheitliche Partei Österreichs") auf Wahlplakaten im Jahr 2009 zum „Tag der Abrechnung". Rechte Versandhandel bieten schwarze Hoodies mit dem Slogan „Abendland in Christenhand" über einem großen Kreuz. Eine Rockband namens „Abendland" bietet auf Youtube „Rock against Mohammed" für die *German Defense League*, „the new movement against the Islamization of Europe".

Mehr Beispiele sind nicht nötig. Das Konzept „Abendland" kommt als akademisches Lösungsangebot für einen historischen und projektiven Entwurf Europas nicht in Frage. Ein Wort, das immer ein Kampfwort war, das seit Generationen im antimodernen, antipluralistischen, antiliberalen Diskurs zu Hause war, und dessen aktuelle Heimat im harten rechten Milieu alles andere als neu ist – vom Nationalsozialismus über die FPÖ bis PEgIdA und die *German Defence League* – ein solches Wort kommt als ernst zu nehmende akademische Deutungskategorie nicht in Frage. „Abendland" ist auch kein sinnvolles Objekt von Umsemantisierungshoffnungen. Man kann ein Wort, das so lange eindeutig in einschlägigen Milieus beheimatet war, nicht so umsemantisieren, dass es als akademisches Konzeptwort taugt – nicht einmal als Auflockerungswort im Interesse sprachlicher Abwechslung.

1.2. „Christliches…"

Das Stichwort „christlich" ist für Kulturwissenschaftler von geringem Nutzen, da sich Kulturwissenschaftler dafür interessieren, wie Kulturen, die dieselben Texte als Heilige Schriften anerkennen, sehr verschiedenen Formen religiöser und sozialer Institutionen und normativer Ordnungen hervorgebracht haben. An sich versteht

---

⁶ Axel Schildt, „Vorwort", in: Dagmar Pöpping, *Abendland. Christliche Akademiker und die Utopie der Antimoderne 1900–1945*, Berlin 2002; zu den 1950er Jahren vgl. Ders., *Zwischen Abendland und Amerika. Studien zur westdeutschen Ideenlandschaft der 50er Jahre* (Ordnungssysteme 4), München 1999.

⁷ Vgl. Christopher Dawson, *Die Gestaltung des Abendlandes. Eine Einführung in die Geschichte der abendländischen Einheit*, Frankfurt am Main – Hamburg 1961 (englische Originalausgabe: Ders., *The Making of Europe. An Introduction to the History of European Unity*, London 1932); vgl. ferner Bernhard Dietz, „Christliches Abendland gegen Pluralismus und Moderne. Die Europa-Konzeption von Christopher Dawson", in: *Zeithistorische Forschungen/Studies in Contemporary History* 9 (2012), S. 491–497.

sich, dass die im Westen sehr erfolgreich institutionalisierte religiöse Kultur der römisch-lateinischen Kirche (und später ihrer protestantischen Ausdifferenzierungen) nur eine von vielen Möglichkeiten war, den Rekurs auf das Alte und das Neue Testament als religiöse Kultur zu institutionalisieren. Das Spezifische dieser lateinischen christlichen Kultur ist nur erkennbar im Vergleich mit den vielen anderen christlichen Kulturen, die entweder als historische Varianzen entstanden und wieder verschwunden sind, oder als Minderheitenkulturen überlebt haben, oder sich ebenso wie die römisch-lateinische Kirche als religiöse Großkulturen etabliert haben – so etwa die griechisch-orthodoxe oder die äthiopisch-orthodoxe Kirche.[8] Wenigstens das Imperium am Bosporus, in dem noch über viele Jahrhunderte mit Institutionen der alten römischen Mittelmeerwelt gearbeitet wurde, ist als Dauervergleich unverzichtbar, wenn man die Geschichte des lateinischen Westens im ersten poströmischen Jahrtausend entwirft.

Derzeit allerdings spielt dieses griechischsprachige römische Imperium praktisch keine Rolle, wenn man Hand- und Lehrbücher zur Geschichte der nachrömischen Kulturen im Einflussbereich der römischen Kirche (also: zur „mittelalterlichen" Geschichte) zu Rate zieht. Unsere Studierenden lernen nicht, wie sich die Kulturen im Einflussbereich der römischen Kirche (fränkische, angelsächsische, skandinavische Welt usw.) formiert haben im Unterschied zu den Kulturen im Einflussbereich der griechischen Kirche – oder im Unterschied zu den Minderheitschristentümern im arabischen Raum.

1.3. „Identität"

Als Alternative zu „christliches Abendland" kann „pluralistische Identität" nicht gemeint sein, weil die beiden Konzepttermini auf Unterschiedliches zielen. „Abendland" erfasst einen Raum und eine Zeit, eben das lateinisches Europa in seinem Bezug auf die Vergangenheit der griechisch-römischen Mittelmeerzivilisation („Antike") und prospektiv auf die westliche Moderne. Das Wort „Identität" hingegen bezeichnet Zugehörigkeitskonzeptionen zu einem Kollektiv, das je nach Kontext „Gruppe", „Ethnie", „Volk", „Nation", „Kultur" usw. genannt wird. Eines aber haben diese beiden Worte gemein: Auch „Identität" ist wie „Abendland" wesentlich im Raum der politischen Sprechens heimisch; im akademischen Raum, wo es um analytische Termini geht, ist „Identität" seit zumindest zwei Jahrzehnten eine Problemvokabel. Mit Buchtiteln wie *Visions of Community*, *Strategies of Identifikation* oder *Strategies of Distinction* markieren Geisteswissenschaftler ihre Suche nach neuen Deutungsmodellen, um Phänomene von *community construction* oder *identification*

---

[8] Vgl. Hartmut Leppin, „Christianisierungen im Römischen Reich: Überlegungen zum Begriff und zur Phasenbildung", in: *Zeitschrift für antikes Christentum* 16 (2012), S. 245–276; vgl. dazu ferner das Leibniz-Projekt „Polyphonie des spätantiken Christentums" unter Leitung von Hartmut Leppin (Projektstart Oktober 2015).

zu fassen.⁹ Dabei geht es um ein ganzes Bündel von Konzepten, die derzeit diskutiert oder rekonfiguriert werden, um die Vergangenheit Europas in einer heute akzeptablen, nicht latein-eurozentrischen Weise zu deuten, insbesondere „Ethnizität", „Ethnos" oder „Ethnie", „Volk", „Gruppe" oder „ethnische Gruppe", „Zugehörigkeit", „Identifikation" und einige mehr. All diese Worte tauchen auf, wenn die Zugehörigkeit von Individuen zu Kollektiven diskutiert wird.

Walther Pohl und Helmuth Reimitz, die an diesen Diskussionen maßgeblich beteiligt sind, halten dennoch an dem Konzeptterminus „Identität" fest mit dem Argument, man könne die Konzepte „Identität" und „Gruppe" so definieren, dass die Konstruiertheit und Fluidität vergangener Zugehörigkeitskonzepte wissenschaftlich fassbar wird. Sie wollen einen konstruktivistischen Begriff von „Identität" durchsetzen, der es zulässt, dass ein Gote im sechsten Jahrhundert nicht einmal eine Generation brauchte, um sich „Franke" zu nennen.¹⁰ Andere, besonders Rogers Brubaker, argumentieren, dass genau damit, mit der – richtigen und notwendigen – Betonung des Konstruktivistischen, das Konzept „Identität" abgeschafft sei, folglich verschwinden müsse. Mit dem Gebrauch des Terminus „Identität" bediene man ein „essentialistisches" Konzept, könne „reifizierenden [verdinglichenden] Konnotationen" nicht entkommen, mache „Identität" gewissermaßen zu einem festen Attribut, statt Zugehörigkeit als permanent mutierendes diskursives Element zwischen Zuschreibungen, Selbstkonzeptionen und den vielen verschiedenen, kontextabhängigen Rollenzuschreibungen eines Individuums fassen.

Beide Standpunkte wollen offensichtlich etwas ähnliches, nämlich die historischen Konstruktionsweisen von sozialen oder kulturellen Zugehörigkeiten als instabile diskursive Phänomene methodisch fassen. Sie sind sich aber im Vorgehen uneins. Derzeit folgt der Wissenschaftsbetrieb eher der Argumentation Brubakers und meidet das Wort „Identität".¹¹

---

⁹ Vgl. Walter Pohl / Helmut Reimitz (Hg), *Strategies of Distinction. The Construction of Ethnic Communities, 300–800* (The Transformation of the Roman World 2), Leiden 1998; Gerda Heydemann / Walter Pohl (Hg.), *Strategies of Identification. Ethnicity and Religion in Early Medieval Europe* (Cultural encounters in Late Antiquity and the Middle Ages 13), Turnhout 2013; Andre Gingrich / Christina Lutter (Hg.), *Visions of Community. Comparative Approaches to Medieval forms of Identity in Europe and Asia* (History and anthropology Special issue 26), London 2015; Eirik Hovden / Christina Lutter / Walter Pohl (Hg.), *Meanings of Community Across Medieval Eurasia. Comparative Approaches*, Leiden – Boston 2016.

¹⁰ Zur Problematisierung vgl. Walter Pohl, „Spuren, Texte, Identitäten. Methodische Überlegungen zur interdisziplinären Erforschung frühmittelalterlicher Identitätsbildung", in: Sebastian Brather (Hg.), *Zwischen Spätantike und Frühmittelalter. Archäologie des 4. bis 7. Jahrhunderts im Westen*, Berlin – New York 2008, S. 13–26; und Helmut Reimitz, *History, Frankish Identity and the Framing of Western Ethnicity*, Cambridge 2015, S. 550–850, hier bes. in der Einleitung die Abschnitte „Reflections on Frankish identity", „Identity and processes of identification" und „Ethnicity and ethnic identity".

¹¹ Vgl. Rogers Brubaker / Frederick Cooper, „Beyond ‚identity'", in: *Theory and Society* 29 (2000), S. 1–47; Rogers Brubaker, *Ethnicity without groups*, Cambridge (Mass.) 2004; Ders., *Nationalism reframed. Nationhood and the national question in the New Europe*, Cambridge 1996; Ders., *Grounds for difference*, Harvard 2015.

2. Makrokonzepte

2.1. *„Provincializing Europe"*

An sich hat sich herumgesprochen, was „Eurozentrismus" ist, und dass es eine ebenso große wie notwendige Herausforderung ist, ihn aufzuspüren und auszutreiben. Doch dieser Eurozentrismus ist so fest institutionalisiert, dass er sich nicht ohne umfassende Reorganisation der historischen Entwürfe austreiben lässt. Das zentrale, inzwischen allgegenwärtige Stichwort, unter dem diese Aufgabe seit etwa der Jahrtausendwende neue Dringlichkeit bekommen hat, entstammt einem Buchtitel des in den USA lehrenden Inders Dipesh Chakrabarty: *Provincializing Europe*.[12] Dabei geht es darum, die Position Europas im historischen Denken zu transformieren: vom theoretischen Maßstab der Weltgeschichte zu einer von vielen Weltprovinzen. Chakrabarty greift insbesondere das von den Aufklärern im 18. Jahrhundert etablierte, allein mit Blick auf die lateineuropäische Geschichte entwickelte, gleichwohl mit universalhistorischem Anspruch vorgetragene Makromodell „Antike–Mittelalter–Neuzeit" an. Das Denkschema gilt ihm als Zeichen eines imperialen Gestus, da die (latein)europäische Geschichte durch dieses Dreierschema „im historischen Wissen als stillschweigender Maßstab fungiert", und zwar für die gesamte Weltgeschichte. „Nur ‚Europa'," so Chakrabartys inzwischen häufig zitierte Formel von 1992, „ist *theoretisch* erkennbar (das heißt kategorial, auf der Ebene der grundlegenden Kategorien, die das historische Denken prägen); alle anderen Geschichten sind Gegenstand der empirischen Forschung, die einem theoretischen Skelett, welches substantiell ‚Europa' ist, Fleisch und Blut verleiht."[13] Dieser inzwischen berühmte Satz fordert den gesamten Denkrahmen heraus, mit dem im Westen historische Deutungen strukturiert werden.

Es versteht sich zwar, dass die Geschichtswissenschaft permanent, in jeder Generation neu, mehr oder weniger fundamental die Deutungen verändert. Aber aus der Rückschau ergibt sich in der Regel der Eindruck, dass die Deutungs*rahmen* vergleichsweise stabil bleiben: die historischen Deutungen sind gefangen in einer Epochentrias, die vor 300 oder 200, auch noch vor 100 Jahren plausibel erschien. Mit *Provincializing Europe* aber wird dieser Deutungsrahmen, der vor sehr langer Zeit einmal plausibel war, selbst zum Dekonstruktionsziel intellektueller Anstrengungen.

Natürlich widerfährt dem alten Denkmodell aus den Tagen des Ancien Régime eine solche Attacke nicht zum ersten Mal. Spätestens seit den 1960er Jahren reiht

---

[12] Dipesh Chakrabarty, *Provincializing Europe. Postcolonial thought and historical difference*, Princeton New Jersey 2000 (überarb. 2008); zunächst als Aufsatz erschienen: Dipesh Chakrabarty, „Provincializing Europe. Postcoloniality and the critique of history", in: *Cultural Studies* 6 (1992), S. 337–357; modifizierte deutsche Version: „Europa provinzialisieren. Postkolonialität und die Kritik der Geschichte", in: Ders., *Europa als Provinz. Perspektiven postkolonialer Geschichtsschreibung* (Theorie und Gesellschaft 72), Frankfurt am Main 2010, S. 41–65.
[13] Zitat aus der modifizierten deutschen Version „Europa provinzialisieren", S. 42.

sich eine Fundamentalkritik an die nächste.¹⁴ Aber diesmal sind die Stimmen gewichtiger, so dass die Karawane der europäischen Forschenden, der Handbuch-, Lehr- und Schulbuchproduzenten, vielleicht auch der publikumswirksamen Großausstellungsproduzenten, nicht einfach weiterziehen kann.

Warum sind die kritischen Stimmen diesmal gewichtiger? Erstens kommen sie nicht mehr aus dem Inneren des bisherigen Deutungsrahmens, also nicht mehr aus Westeuropa, sondern aus den *Postcolonial* und *Subaltern Studies*, initiiert von Vordenkern wie Edward Said und Gayatri Chakravorty Spivak in Columbia, Homi Bhabha in Harvard oder Dipesh Chakrabarty in Chicago. Diese nicht-westlichen Stimmen saßen und sitzen inzwischen auf den prominestesten Professuren, die westliche Universitäten zu bieten haben. Und diese prominentesten Plätze sind nicht mehr in Europa. Der europäische akademische Betrieb kann also schon deshalb nicht einfach weitermachen wie bisher, weil sich das Zentrum der intellektuellen westlichen Produktivität aus Europa heraus über den Atlantik verschoben hat in die akademische Diskussionslandschaft der USA, die weit sensibler und offener ist für die Heterogenität kultureller Perspektiven als die europäische.

Was noch bis in die 1980er Jahre Frankreich gewesen sein mag, das sind heute die USA. Wenn dort, in den USA, die poströmischen, nordalpinen Kulturen im Einflussbereich der lateinischen Kirche vor Kolumbus überhaupt interessant sind, dann sicher nicht mehr lange unter ausgerechnet jenem Konzept „Mittelalter", das die postkolonialen Intellektuellen zu Recht als imperial brandmarken. Diese externen Attacken mögen mehr Druck ausüben als die lange Reihe der westeuropäischen Fundamentalkritiker, die die Absurdität dieses universalhistorischen Makromodells oft genug – und weitgehend ohne Erfolg – vorgeführt haben. Es mag als Zeichen besorgter Hilflosigkeit gedeutet werden, wenn Mediävisten in Buchtiteln wie *Why the Middle Ages matter* die Relevanz der eigenen Zunft reklamieren.¹⁵

Anders gesagt: In den westlichen Diskussionen über die Konzeption von Geschichte sind die externen Stimmen, deren Argumente sich nicht wegdiskutieren lassen, inzwischen so prominent institutionalisiert, dass die deutsch- oder französischsprachige Geschichtswissenschaft in Europa nicht einfach mit ihrem alten universalhistorischen Makromodell „Antike–Mittelalter–Neuzeit" weiterarbeiten kann. Absurd war dieses Festhalten an einem vor Jahrhunderten institutionalisierten Makromodell schon lange.

In den 1980er Jahren hat der heutige Erzbischof von Tamale in Ghana, Philip Naameh, in Münster studiert. Der Kirchenhistoriker Arnold Angenendt hat seinerzeit die Gelegenheit genutzt; er gab dem Studenten aus Ghana in jedem Semester Raum in der Vorlesung, um zu erzählen, durch welche Entscheidungsverfahren, als Philip Naameh ein kleiner Junge war, sein Stamm christlich geworden ist, wie die Missionare ihn, anders als seine Geschwister, für eine Schulbildung ausgesucht

---

¹⁴ Vgl. Jussen, „Richtig denken im falschen Rahmen?" (wie Anm. 1).
¹⁵ Vgl. Celia Martin Chazelle / Felice Lifshitz / Simon Doubleday / Amy G. Remensnyder (Hg.), *Why the Middle Ages matter. Medieval light on modern injustice*, London – New York 2012.

haben, was er in der Schule an westlichem historischen Standard erlernt hat, zum Beispiel zum „Westfälischen Frieden", und wie enttäuschend der Friedenssaal in Münster viele Jahre später war. Geschichte war für diese Kinder eines gerade „bekehrten" Stammes am Äquator ganz selbstverständlich europäische Geschichte – *Peace of Westfalia* und so weiter. Was den Studierenden der Kirchengeschichte in Münster einige Jahre lang in jedem Semester erneut exemplarisch vor Augen geführt wurde, ist heute längst kein zufälliger akademischer Erfahrungsbericht mehr; es ist ein deutlich artikulierter Stein des Anstoßes in der internationalen Geschichtswissenschaft.

Die sogenannte „Mittelalter"-Forschung arbeitet langsam, aber immerhin, daran, den Deutungsrahmen „Mittelalter" abzulegen.[16] Es versteht sich, dass dieser Versuch eine andere Art von Herausforderung ist als die *Turns*, die die historischen Wissenschaften in den letzten Jahrzehnten abgearbeitet haben. Denn ein Eingehen auf *Provincializing Europe* lässt sich nicht mehr integrieren in das institutionalisierte, dreiteilige Erzählmuster europäischer (und eben auch: globaler) Geschichte. Leicht noch ließen sich der *linguistic, spacial, iconic, cultural* usw. *turn* in das universalhistorische Makromodell der Aufklärer integrieren. Auch neue fundamentale Deutungskategorien wie *gender* oder die Emotionenforschung fanden ihren Platz im Rahmen des Epochendenkens. Die aktuelle Kritik aber, wie sie in der Formel *Provincializing Europe* gebündelt wird, wendet sich gegen den Rahmen als solchen. Die bisherigen *turns* waren politisch umkämpft, z. B. weil sie als marxistisch galten *(linguistic)*, weil sie geltende Privilegien bedrohten *(gender)*, weil sie das generell geteilte Postulat des Pluralismus einforderten *(queer)*, weil sie die Hierarchie der Wichtigkeit von Wissen herausforderten (Emotionen).

Überdies ist die Forderung *Provincializing Europe*, an der die westliche Geschichtswissenschaft nicht vorbeikommt, zugleich eine Werte-Herausforderung, eine Herausforderung besonders für die Prinzipien des Pluralismus und die Vorstellung von der Universalität der Menschenrechte. Wie also können die historischen Geisteswissenschaften die Geschichte Europas provinzialisieren und zugleich ihre Prinzipien – besonders Pluralismus, Universalität der Menschenrechte – verteidigen? Hier geraten wiederum die disziplinären Kennerschaften in Unordnung. „Das moderne, zugleich imperialistische und universalistische Europa zur Provinz der Weltgeschichte zu degradieren, bedeute nicht, einem »kulturellen Relativismus« zu verfallen, betont Chakrabarty. Aber", so hat Otto Kallscheuer das Problem formuliert, „wie soll das gehen? Nun, empirisch triftige und kulturell sensible Geschichtsschreibung der nachkolonialen Situation muss die Ambivalenzen zwischen Versprechungen des Fortschritts, religiösen Mythen, familiären Identitäten, sexuellen Stereotypen auch moralisch verstehen, statt sie als blosse Relikte einer (kapita-

---

[16] Verwiesen sei auf die jüngst von zwei „Mittelalter"-Spezialisten publizierte Annäherung an die Denkfigur „Vormoderne" in einem Buch, das immer wieder zwischen der institutionalisierten Trias und dem titelgebenden, an kaum einer Universität institutionalisierten Deutungsmodell wechselt: Klaus Ridder / Steffen Patzold (Hg.), *Die Aktualität der Vormoderne. Epochenentwürfe zwischen Alterität und Kontinuität* (Europa im Mittelalter 23), Berlin 2013.

listischen, liberalen, aufklärerischen usw.) Prämoderne von der eigenen Gegenwart abzuspalten. – Da wird es allerdings schwierig, die reine Wissenschaft postkolonialer Geschichtsschreibung von den Identitätskonflikten ihrer Autoren zu trennen".[17] Die Aufgabe, diesen Spagat (auf den ersten Blick ein Dilemma) zu bewältigen, ist von grundsätzlicher Art.

2.2. Ethnologische Wende

Die Karriere der Ethnologie zur Leitwissenschaft der Mediävistik in den 1980/90er Jahren hat zwar sehr viel verändert und nicht zuletzt die intellektuellen Werkzeuge für die aktuelle Diskussion bereitgestellt. Aber sie hat in der Breite ihrer Rezeption nicht den Referenzrahmen für die Deutung des lateinischen Europas zwischen römischer Mittelmeerwelt und Moderne (wie er in unserem Epochendenken steckt) in Frage gestellt. Im Gegenteil – durch die Aneignung ethnologischer Deutungsmuster (von „Ritual" über „Gabentausch" bis „Reinheit", „Ehre", „Face-to-face"-Gesellschaften und so weiter), konnte man die Leitideen des herrschenden Deutungsrahmens, also die Alterität des „mittelalterlichen" Europa (der Christenheit) gegenüber dem „neuzeitlichen" Europa (der Staaten), noch pointierter herausarbeiten. Die Leitdeutung „Vom frühmittelalterlichen konkreten Denken in personalen Beziehungen zum spätmittelalterlichen abstrakten Denken von politischen Institutionen" bekam durch die ethnologische Wende Futter. Vieles von dem, was man bei den Ethnologen gelernt hat, taugte zur Archaisierung der beobachteten Kultur und damit zur Stabilisierung der Denkfigur „Mittelalter".

Allerdings hatte die ethnologische Wende viele Seiten. Sie hat zwar einerseits, wie inzwischen deutlich ist, der Archaisierung der als „mittelalterlich" vorgestellten Kulturen Vorschub geleistet. Andererseits aber hat die ethnologische Wende neue Kategorien und Beobachtungsfelder geöffnet, so das Feld der Verwandtschaftssysteme.[18] Auch hat sie den Denkrahmen der historischen Diskussion verändert; es ging nun auch in der „Mittelalter"-Forschung um den globalen Vergleich statt um das lateinische Europa.[19] Insbesondere war die ethnologische Wende der deutlichste

---

[17] Otto Kallscheuer, „Die Provinzialisierung Europas. Schriften des indischen Historikers Dipesh Chakrabarty", in: NEUE ZÜRCHER ZEITUNG, 30. März 2011: ⟨http://www.nzz.ch/die-provinzialisierung-europas-1.10077489⟩ (Zugriff 12.05.2015).

[18] Zu der Diskussion der Thesen des Ethnologen Jack Goody in der Geschichtswissenschaft vgl. Bernhard Jussen, „Perspektiven der Verwandtschaftsforschung zwanzig Jahre nach Jack Goodys ‚Entwicklung von Ehe und Familie in Europa'", in: Karl-Heinz Spieß (Hg.), *Die Familie in der Gesellschaft des Mittelalters* (Vorträge und Forschungen), Ostfildern 2009, S. 275–324; Die erste Übertragung des neuen Bildes des lateineuropäischen Verwandtschaftssystems in das Format des Handbuchs bietet: Michael Mitterauer, „Geschichte der Familie. Mittelalter", in: Andreas Gestrich / Jens-Uwe Krause / Michael Mitterauer (Hg.), *Geschichte der Familie* (Europäische Kulturgeschichte, Bd. 1), Stuttgart 2003, S. 160–236.

[19] Als Beispiele seien – neben der Verwandtschaftsforschung (Anm. 18) – die Diskussion um die Gabenökonomie sowie die historisch-anthropologische Emotionenforschung genannt; zur Gaben-

Ausdruck für die Transformation des Faches in eine kulturwissenschaftliche Disziplin. Sie war auch in besonders ausgeprägter Weise selbstreflexiv und hat so (trotz der skizzierten systemstabilisierenden Effekte) die Grundlagen gelegt, um nun die Arbeit am Deutungsrahmen für die Geschichte des nachrömischen Europas zu leisten: Wie fügen sich all die Auflösungsleistungen der letzten Jahrzehnte zusammen – die Suche nach der Konstruierungslogik von Zugehörigkeit („Identität"), die Erforschung der *entagled history* oder *histoire croisée*, die Aufwertung des Kulturvergleichs, die Integration der Migrationsforschung in alle Phasen der Geschichtswissenschaft (was nicht zuletzt zur Abschaffung der „Völkerwanderungen" geführt hat),[20] die Aneignung der *Post-Imperial Studies* für die Erforschung weit zurückliegender postimperialer Räume – etwa jener nach dem Verschwinden des römischen Imperiums im Westen. Noch ist nicht absehbar, wie diese vielen Auflösungsanstrengungen zu einem neuen makrohistorischen Deutungsrahmen zusammengeführt werden, wie jene neuen Deutungsmuster der lateineuropäischen Geschichte aussehen können, die auf die außereuropäische Kritik am eurozentrischen Geschichtsdenken der Weltgeschichte eingehen, ohne die Grundpfeiler der lateinischen Gesellschaften – besonders Pluralismus, Universalität der Menschenrechte, Trennung von Religion und Politik – preiszugeben. Zu ahnen ist allerdings, welch enormen Aufwand es erfordern wird, diese Anstrengung durchzuhalten – von den fest im Sinne der alten Aufklärer zementierten Denominationen der Professuren bis auf die Ebene der Hand- und Lehrbücher, schließlich – besonders wichtig – der Schulbücher.[21]

ökonomie vgl. Gadi Algazi / Valentin Groebner / Bernhard Jussen (Hg.), *Negotiating the gift. Premodern figurations of exchange* (Veröffentlichungen des Max-Planck-Instituts für Geschichte 188), Göttingen 2003; zur historisch-anthropologischen Emotionenforschung vgl. den bahnbrechenden Band: Hans Medick / David Warren Sabean (Hg.), *Emotionen und materielle Interessen. Sozialanthropologische und historische Beiträge zur Familienforschung* (Veröffentlichungen des Max-Planck-Instituts für Geschichte 75), Göttingen 1984.

[20] Dies zeigt trotz des irreführenden Titels: Walter Pohl, *Die Völkerwanderung. Eroberung und Integration*, Stuttgart – Berlin – Köln 2002.

[21] Für eine ausführlichere Erörterung und Beispiele dafür, wie das etablierte historische Makromodell die Stoffstrukturierung und die Stoffauswahl steuert, vgl. Jussen, „Richtig denken im falschen Rahmen?" (wie Anm. 1).

Wie weit reicht „Verschiedenheit"?

Rémi Brague

„Verschiedenheit" ist in der westlichen Welt zu einem Begriff avanciert, der akademische Diskurse ebenso beherrscht wie die Politik oder den Alltag. Verschiedenheit zu achten sollte ein wesentliches Anliegen von Gerechtigkeit sein. Gleichwohl werden Bedeutung und Inhalt des Begriffs kaum jemals analysiert oder diskutiert. Nicht selten erscheint er deshalb in einer ausgesprochen engen Bedeutung. So werden beispielsweise die „Unterschiede", die mit Blick auf die geforderte Gerechtigkeit höchst bedeutsam sind, auf Rasse, Geschlecht und sexuelle Orientierung eingeschränkt. Dem gegenüber soll im Folgenden der Horizont auf eine umfassendere Perspektive hin geweitet werden.[1]

1. „Verschiedenheit" als Modewort

„Verschiedenheit" ist zu einem häufig gebrauchten Schlagwort geworden. Dieses Schicksal teilt der Begriff mit anderen Wendungen, die den positiven Wert von Vielfalt zum Ausdruck bringen. Dabei treten solche Begriffe, die eine bloße Tatsache beschreiben, zugunsten solcher Begriffe in den Hintergrund, die den gleichen Inhalt zum Ausdruck bringen, aber eine positive Bedeutungsfärbung haben. So verdrängt der positiv konnotierte Begriff „Pluralismus" den eher neutralen Begriff „Vielfalt". Auf der anderen Seite werden historische Narrative, die ursprünglich eine eher neutrale Bedeutung haben, zunehmend durch negativ konnotierte Begriffe in den Hintergrund gedrängt. Ein Beispiel hierfür ist das Zurücktreten des eher neutralen Begriffs „Kolonisierung" zugunsten des eindeutig negativ konnotierten Begriffs „Kolonialismus". Umgekehrt fehlt es im heutigen Sprachgebrauch nicht an Adjektiven, die etwas Einheitliches – das Gegenteil also von Vielfalt und Verschiedenheit – gering schätzen. Ein Beispiel hierfür ist der überwiegend negativ konnotierte Begriff „monolithisch".

„Verschiedenheit" ist vermutlich kaum mehr als das vorläufig letzte einer Vielzahl von Schlagworten, die einen kontinuierlichen Strom bilden. Noch zu Beginn des 20. Jahrhunderts hat der US-amerikanische Philosoph William James (1842–

---

[1] Der Beitrag wird auch in englischer Sprache erscheinen, und zwar in: Michael J. Sweeney (Hg.), *Justice Through Diversity? A Philosophical and Theological Debate*, Lanham (MD) 2016, Copyright © 2016. Used by permission of Rowman & Littlefield Publishing Group. All rights reserved.

1910) den Begriff „Pluralismus" im Sinne eines allgemeinen Prinzips aufgefasst.² In jüngerer Zeit haben andere – darunter der deutsche Philosoph Odo Marquard (1928–2015) – den Begriff „Polytheismus" als Symbol für gesellschaftliche Verhältnisse beansprucht, in der das Individuum frei wählen kann, was ihm oder ihr „heilig" ist.³ Marquard folgt damit dem deutschen Soziologen Max Weber (1864–1920), insofern dieser Werte metaphorisch als „Götter" bezeichnet hatte.⁴

Begriffe wie „Pluralität" oder „Pluralismus" wurden frühestens im 18. Jahrhundert geprägt. Bei Immanuel Kant (1724–1804) beispielsweise ist „Pluralismus" der Gegenbegriff zu „Egoismus" und meint das Bewusstsein, ein Weltbürger zu sein.⁵ Das gegenwärtige Verständnis von „Pluralität" oder „Pluralismus" reicht kaum mehr als einige Jahrzehnte zurück.

Gleichwohl kann die Vorstellung, die diese Begriffe zum Ausdruck bringen, mindestens bis zur Amerikanischen Revolution zurückverfolgt werden. So liest man beispielsweise bei James Madison (1750/1–1836), einem der Gründerväter der Vereinigten Staaten von Amerika: „Wenn Menschen ihre Vernunft nüchtern und frei auf eine Vielfalt unterschiedlicher Fragen anwenden, dann gelangen sie diesbezüglich unvermeidlich zu einer Vielfalt unterschiedlicher Ansichten. Wenn sie aber durch eine gemeinsame Leidenschaft beherrscht sind, dann werden ihre Meinungen – wenn sie denn überhaupt so bezeichnet werden sollten – dieselben sein".⁶ Dies klingt erstaunlich; denn näherliegend erscheint ja das genaue Gegenteil: wenn sich Menschen nüchtern über irgendetwas verständigen und wenn sie ihre Leidenschaften zügeln, dann sollten sie doch in der Lage sein, die gleichen Schlussfolgerungen zu ziehen. Madison hingegen betrachtet Leidenschaften als etwas, das eine tumbe Masse einem gemeinsamen Ziel entgegentreibt. Die Vernunft hingegen eröffnet ein breites Spektrum möglicher und gleichwertiger Optionen.

Das früheste Zeugnis für eine derart positive Einschätzung von Verschiedenheit ist womöglich jene Beschreibung, die Platon von der demokratischen Polis liefert. Diese vergleicht Platon mit einem Laden, in dem es alles zu kaufen gibt (Παντοπώλιον) – einer Art „Supermarkt" also.⁷ Platon war weit davon entfernt, der Demo-

---

² William James, *Das pluralistische Universum. Vorlesungen über die gegenwärtige Lage der Philosophie* [A Pluralistic Universe; 1909], übers. von Julius Goldstein, mit einer neuen Einführung hg. von Klaus Schubert / Uwe Wilkesmann, Darmstadt 2009 (Nachdruck der Ausgabe Leipzig 1914).

³ Vgl. Odo Marquard, „Lob des Polytheismus. Über Monomythie und Polymythie" [1978], in: Ders., *Zukunft braucht Herkunft. Philosophische Essays*, Stuttgart 2003, S. 46–71.

⁴ Vgl. Max Weber, „Wissenschaft als Beruf" [1919], in: Ders., *Gesammelte Aufsätze zur Wissenschaftslehre*, hg. von Johannes Winkelmann, Tübingen ⁵1985, S. 582–613, hier 608. Dazu Hartmann Tyrell, „»Kampf der Götter« – »Polytheismus der Werte«. Variationen zu einem Thema von Max Weber", in: *Sociologia Internationalis* 37 (1999), S. 157–187.

⁵ Immanuel Kant, *Anthropologie in pragmatischer Hinsicht* [1798], 1. Teil, 1. Buch, § 2 (Akademie-Ausgabe, Bd. VII, S. 130).

⁶ James Madison, *The Federalist*, n. 50 [February, 5th, 1788], hg. von Isaac Kramnick, London 1988, S. 317.

⁷ Platon, *Politeia*, VIII, 557d8.

kratie den Status der bestmöglichen Herrschaftsform einzuräumen. Ganz im Gegenteil: in der Alten Welt war „Demokratie" zwar kein Schimpfwort im strengen Wortsinn; allerdings schaute man auf sie gleichsam von oben herab. Wie auch Aristoteles betrachtete Platon die Demokratie als die schlechteste unter den guten und als die beste unter den schlechten Herrschaftsformen.[8] Weit verbreitet war die Vorstellung, dass nicht die Demokratie, sondern die Aristokratie die beste Herrschaftsform sei – was begrifflich übrigens eine Tautologie ist, insofern das Wort „Aristokratie" mit „Herrschaft der Besten" übersetzt werden kann.

Der erste Schriftsteller, der den Begriff „Demokratie" positiv konnotiert gebrauchte, war vermutlich der Historiker Polybios im 2. Jahrhundert v. Chr.[9] Bei Polybios meint δημοκρατία eine Herrschaftsform, die traditionelle Werte achtet und sich dadurch von den wankelmütigen Launen der Masse (ὀχλοκρατία) absetzt.

Wie auch immer: unsere heutigen Gemeinwesen ähneln zunehmend jenen gesellschaftlichen Verhältnissen, die Platon ironisch als einen bunt zusammengewürfelten Flickenteppich von Interessen und Charakteren beschrieben hat. Aber dieser Zustand wird heutzutage als positive Eigenschaft gewertet. Verschiedenheit kann nicht vermieden werden, und vielleicht sollte sie es auch gar nicht. Denn Verschiedenheit wird als Reichtum betrachtet – oder doch zumindest als ein Weg, der dazu führt. Die Achtung vor der Verschiedenheit erstreckt sich heute sogar auf nichtmenschliche Bereiche. So gilt etwa „Biodiversität" als etwas, das um jeden Preis bewahrt werden muss. Jedes Verschwinden einer Art wird als Katastrophe empfunden, ja sogar als Verbrechen, wenn dafür tatsächlich oder auch nur wahrscheinlich menschliche Technik verantwortlich ist.

2. Der edle Traum der Demokratie

Unsere Demokratien sind durch einen Blick auf die Welt geleitet, der sich von Griechenland bzw. wiederum von Platon herleitet. In dem platonischen Dialog *Protagoras* skizziert der gleichnamige Sophist, der dem Werk seinen Namen gab, wie bei den Athenern eine Volksversammlung abläuft. Immer dann, wenn es um technische Fragen geht – beispielsweise um den Schiffbau – dann würden die Athener niemandem Gehör schenken, der nicht über eine entsprechende Kompetenz verfügt. Wenn hingegen darüber debattiert wird, ob die Flotte auslaufen soll, um gegen irgendjemanden Krieg zu führen, verlieren die Experten ihre privilegierte Position. Ihnen wird dann nicht aufmerksamer zugehört als irgendwelchen anderen Leuten. Dann komme es nicht mehr darauf an, ob die Sprecher durch irgendwelche besonderen Eigenschaften ausgezeichnet seien. Technisches Wissen, aber auch Geburt und Her-

---

[8] Platon, *Politikos*, 302e-303b (Platon Werke II/4, Göttingen 2008, S. 63 f.); vgl. Aristoteles, *Politika* IV 2, 1289b 7–9 (Werke 9/III, Berlin 1996, S. 13 f.).
[9] Polybios, *Historíai* VI, 4, 4–5.

kunft, Adel, Alter usw. spielten dann keine Rolle mehr. Allein von Bedeutung seien Gewicht und Wert der Argumente.[10]

Selbstverständlich entsprach diese ideale Situation niemals vollständig der Wirklichkeit. Insbesondere schloss die griechische Demokratie alle Frauen und auch die Beisassen *(metoikoi)* von ihren Versammlungen aus. Überdies war sie eine Sklavenhaltergesellschaft. Die echte Demokratie rührt von der christlichen Menschenauffassung, daher vom Evangelium her.[11] Desungeachtet liefert die griechische Demokratie manchen zeitgenössischen Politiktheoretikern wie etwa Jürgen Habermas ein Modell für das Ideal einer vollwertigen demokratischen Gesellschaft. Demnach soll der demokratische Raum frei sein von jeder ihm vorausgehenden Hierarchie. Jedem haben Aufmerksamkeit und Gefolgschaft allein auf der Grundlage jener Argumente zu gelten, die er oder sie in den Diskurs einbringt. Jeder legitime Vorrang kann nur das Ergebnis einer freien Diskussion sein, nicht aber deren Ausgangspunkt.

Wie auch immer – um solche glücklichen gesellschaftlichen Verhältnisse herbeizuführen ist es besser, über eine breite Palette möglicher Meinungen zu verfügen – und besser noch: über eine Vielzahl von Menschen, die diesen Meinungen aufgeschlossen gegenüberstehen. Demokratie duldet, ja fördert Verschiedenheit; denn sie profitiert davon.

3. Geschichtliche Wurzeln

„Verschiedenheit" und die ihm semantisch benachbarten Begriffe sind nicht nur Gegenstand abstrakter philosophischer Reflexionen. Vielmehr sind sie das Resultat sehr konkreter historischer Ereignisse. Sie versuchen, Antworten auf Probleme zu geben, vor denen Gesellschaften zu ganz bestimmten Zeiten standen. Oft erlangten sie ihre inhaltliche Bestimmtheit in Reaktion auf wenig angenehme Herausforderungen.

Dies gilt etwa für den Begriff „Toleranz" und damit für jene Tugend, mit deren Hilfe am ehesten noch die Hoffnung verknüpft ist, die Herausforderungen der Verschiedenheit zu meistern. Die Idee der Toleranz wurzelt im späten 16. Jahrhundert und in der Mitte des 17. Jahrhunderts. Sie entstand im historischen Kontext dessen, was später – vermutlich unangemessen – „Religionskriege" genannt wurde. In Wahrheit handelte es sich dabei wohl um eine unumgängliche Etappe auf dem Weg der Herausbildung moderner Nationalstaaten. Diese fanden in den absoluten Monarchien in Frankreich und Großbritannien eine erste politische Gestalt. Voraus-

---

[10] Vgl. Platon, *Protagoras*, 319b-d (Platon Werke VI/2, Göttingen 1999, S. 24 f.).
[11] Vgl. Henri Bergson, *Die beiden Quellen der Moral und Religion*, übers. von Eugen Lerch, Jena 1932, Nachdruck Frankfurt am Main 1992, S. 281 (*Les deux sources de la morale et de la religion* [1932], cap. 4, Paris 1962, S. 300).

gegangen waren gescheiterte Versuche, die jeweiligen konfessionellen Gegner zur Konversion zu bewegen oder auch zu vertreiben.

Im Ergebnis führte die Haltung der „Toleranz" dazu, dass Leute, die voneinander die Auffassung vertraten, dass die jeweils Anderen falschen oder verkehrten Meinungen anhingen, ja dass sie gute Kandidaten für die ewige Verdammnis waren, deren Existenz akzeptieren mussten – und sei es nur deshalb, weil sie schlichtweg keine bessere Alternative hatten. Das erstmals im Jahr 1646 formulierte Prinzip, wonach die Untertanen gehalten waren, die Konfession der jeweils herrschenden Familie zu teilen *(cuius regio eius religio)*, war kaum anderes als ein unbeholfener Kompromiss und eine Notlösung, beendete aber das Blutvergießen. Gläubige, die unter einem Fürsten lebten, der einer anderen Konfession angehörte als sie selbst, standen vor der Wahl, entweder zu emigrieren oder zu akzeptieren, dass sie von den örtlichen Behörden nur „toleriert" wurden.

Das Ideal wechselseitiger Toleranz in den Vereinigten Staaten von Amerika wurzelt bekanntlich in dem Verlangen, der ungehemmten religiösen Verfolgung in Europa – insbesondere in Großbritannien – zu entrinnen. Ansteckungen waren damit freilich nicht grundsätzlich verhindert. Beispiele hierfür liefern etwa die Schlacht am Severn (1655) und das Niederbrennen katholischer Kirchen in Maryland durch Puritaner.

Um es allgemein zu formulieren: während der Begriff „akzeptieren" semantisch eher neutral und „autorisieren" semantisch eher positiv konnotiert ist, ist die Bedeutung von „tolerieren" eher negativ konnotiert. Insofern ist es nicht ohne Ironie, dass „Toleranz" im Lauf der europäischen Geschichte allmählich eine Art Tugend bezeichnete. Am Ende erscheint sie sogar als eine der lobenswertesten Tugenden, ja beinahe als die einzige Tugend, die zu propagieren und derer sich zu rühmen sich lohnt. Auf jeden Fall ist sie die einzige Tugend, deren Erwähnung unter ihrer Hörerschaft keine höhnischen Bemerkungen provoziert.

4. Zwei machtvolle Anwälte von Verschiedenheit

Was zugunsten von Verschiedenheit spricht, ist zunächst nicht mehr als eine naive Idee, die sich in dem Sprichwort „Je mehr, desto besser!" widerspiegelt. Denn Vielfalt erlaubt eine Wahl. Je mehr Möglichkeiten es gibt, umso weiter ausgefächert ist das Spektrum möglicher Auswahl. Das ist alles richtig so, aber es setzt Zweierlei voraus.

Zunächst muss das Subjekt tatsächlich in der Lage sein zu wählen. Das wiederum setzt voraus, dass alle Identitäten oder Rollen, zwischen denen er oder sie auswählen muss, hinreichend schwach sind, so dass er oder sie tatsächlich eine freie Wahl hat. Die Identitäten oder Rollen müssen eine Art „Katalog" bilden, in dem alle käuflichen Artikel auf gleicher Grundlage angeboten werden. Die diesem Bild zugrunde liegende Vorstellung ist ihrem Wesen nach eine ökonomische. Ihr Vorbild ist der Markt: eine Vielzahl von Läden, die verschiedene Annehmlichkeiten anbieten.

Pluralismus kann deshalb ein indirekter Weg für den Markt sein, sich selbst zur letztverbindlichen Instanz zu erklären.

Indem er freilich die alleinige und ausschließliche Herrschaft beansprucht, fördert der Markt das genaue Gegenteil von Pluralismus, nämlich den Monismus. Wäre der Markt ein seiner selbst bewusstes Wesen, dann wünschte er so viel Unterschiedenheit wie möglich, auf dass jedes einzelne Element geschwächt wäre und immer weniger dazu imstande, seinem Lockruf zu widerstehen. *Divide et impera* lautet der Leitspruch, den sich der Markt zweifellos bereitwillig zu eigen machte.

Die zweite Erfordernis für reale Verschiedenheit ist die Existenz einer Instanz, die hinreichend mächtig ist, zwischen den verschiedenen Elementen einer identischen Größe zu urteilen, die alle dieselbe Autorität beanspruchen. Diese Instanz, die in Extremfällen sogar in der Lage sein muss, Teilnehmende vom gesellschaftlichen Dialog auszuschließen, ist der Staat. Auch der Staat wünscht so viel Verschiedenheit wie möglich, hofft er doch, auf diese Weise dem möglichen Widerstand vermittelnder Körperschaften entgegenwirken zu können.

In den Vereinigten Staaten beispielsweise wird die Koexistenz einer großen Zahl von Individuen und Gruppen aller Schattierungen allein dadurch ermöglicht, dass es eine gemeinsame Verfassungsloyalität gibt. Toleranz ist hier eine Tugend des Individuums. Aber der Staat kann unmöglich tolerieren, was seinen Prinzipien widerspricht. Und dies nicht aufgrund irgendeiner inneren Bosheit, sondern einfach deshalb, weil er es sich nicht leisten kann, seine Existenz in Frage zu stellen. Kein Staat hat jemals die Verheißung ewigen Bestands erhalten. Insofern ist es entscheidend zu wissen, welche Art von Unterschiedenheit willkommen ist und welche mit Widerstand rechnen muss.

Ein eleganter, wenngleich letztendlich nicht tragfähiger Lösungsweg besteht darin, unter jenen Gesichtspunkten, in Bezug auf die Verschiedenheit toleriert oder gar gefördert werden sollte, solche zu wählen, die Charakteristika des Individuums sind. Zu ihnen zählen etwa Rasse, Geschlecht und sexuelle Orientierung. So wird üblicherweise Homosexualität als ein paradigmatischer Fall von Verschiedenheit betrachtet. Doch ist dies nicht frei von Ironie; denn ein homosexuelles Paar besteht aus zwei Personen, die gerade nicht verschieden sind. Ganz im Gegenteil sind sie nicht nur in Bezug auf ihre Körper, sondern auch in Bezug auf ihre Empfindsamkeit, ihre empathischen Fähigkeiten usw. einander sehr ähnlich. In jedem Fall wird Diskriminierung sorgfältig vermieden. Und falls es doch einmal dazu kommen sollte, wird sie mehr oder weniger streng bestraft.

Auf der anderen Seite werden Verschiedenheiten, die größere Gruppen betreffen, misstrauisch beäugt. Was immer dazu angetan ist, Gemeinschaften unter Kontrolle zu bringen, sie ihres gesellschaftlichen Einflusses zu berauben oder sie gar aufzulösen, wird begrüßt. Große Eisbrocken schmelzen nicht so leicht wie kleine Stückchen. Deshalb wird der Staat alles daran setzen, große soziale Einheiten weitestmöglich zu zerstückeln.

5. Was, wenn Menschen keine Verschiedenheit wollen?

„Verschiedenheit" konfrontiert mit der Herausforderung, dass die unterschiedlichen Elemente, die in einer sozialen oder politischen Einheit zusammen kommen, letztendlich irgendwie miteinander vergleichbar sein müssen. Mit anderen Worten: die Möglichkeit des Einen darf nicht die Möglichkeit der Anderen ausschließen. In metaphysischem Kontext hat Leibniz hierfür den Begriff „Kompossibilität" geprägt.[12]

Was aber tun, wenn irgendein Element in dem Ganzen sich selbst so versteht, dass es die anderen ausschließt? Dies ist insbesondere dann der Fall, wenn dieses Element beansprucht, eine Identität zu besitzen, die sich von einem Göttlichen herleitet. Konsequenterweise bedeutet dies nämlich, dass alles andere wesentlich nichtgöttlich ist. Schon insofern kann es – das Andere – innerhalb einer sozialen oder politischen Einheit keine legitimen Ansprüche erheben.

Demgegenüber gründet die politische Philosophie in der Neuzeit auf der Annahme, dass keine Stimme im Konzert irgendeine göttliche Autorität exklusiv zu ihren Gunsten beanspruchen kann. Westliche Demokratien haben deshalb verschiedene konstitutionelle Vorkehrungen getroffen. Sie reichen von der US-amerikanischen „wall of separation" bis hin zur französischen unübersetzbaren „laïcité". Dazwischen gibt es ganz unterschiedliche Modelle – darunter das britische und skandinavische Modell, das Verhältnis zwischen Kirche und Staat zu bestimmen, oder die Regulierung der Beziehungen zwischen Kirche und Staat auf der Grundlage von Konkordaten.

Religionen sind einigermaßen wachsam und auch widerstandsbereit gegenüber solchen politischen Systemen, die sie mit anderen Größen gleichsetzen wollen – seien dies nun andere Religionen oder auch eine säkulare Weltsicht. Definitionsgemäß besitzen Religionen einen Bezugspunkt, der außerhalb – und ihrer Auffassung nach oberhalb – des öffentlichen Bereiches verortet ist. Aber auf der Grundlage dieses Prinzips gelangen sie doch zu recht unterschiedlichen Schlussfolgerungen. Dies kann ein Blick auf jene drei Religionen veranschaulichen, welche beanspruchen, Abrahams Erbe zu teilen.

Das Judentum hat seit der talmudischen Zeit zwischen religiösen Geboten und zivilen Gesetzen klar unterschieden. Das Zivilrecht eines Landes gilt deshalb für die Juden, die dort leben, als bindend *(dina de-malkuta dina)*.[13]

Vor dem jüdischen Hohen Rat *(Sanhedrin)* hingegen formuliert der heilige Petrus das Prinzip: „Besser ist es, Gott zu gehorchen als Menschen" (Apg 5,29). Vor dem Hintergrund der christlichen Tradition hat deshalb in der Neuzeit Thomas Hobbes (1588–1679) die Begründung der politischen Philosophie gerade dadurch

---

[12] Vgl. Hans Poser, *Zur Theorie der Modalbegriffe bei G. W. Leibniz*, Wiesbaden 1969, S. 67 f.

[13] Vgl. *Talmudic Encyclopedia. A Digest of Halachic Literature and Jewish Law from the Tannaitic Period to the Present Time Alphabetically Arranged* [Hebräisch], t. VII, Jerusalem 1968, col. 295–308 (S. Shilo).

sicherzustellen versucht, dass er die Aussage des heiligen Petrus als implizites Ziel seiner Kritik angenommen hat. Selbstverständlich hat er sie nur ein einziges Mal zitiert.[14] Denn Hobbes identifiziert den Gehorsam gegenüber Gott mit dem Gehorsam gegenüber zivilen Behörden, die ihre Autorität unmittelbar vom Herrgott erhalten haben. Es ist jedoch eine Tatsache, dass im Christentum der Gehorsam gegenüber Gott niemals bedeutete, dass es eine direkte Intervention Gottes gegeben habe mit dem Ziel, der Gemeinschaft der Gläubigen besondere Regeln aufzunötigen.

Es gibt eine islamische Redewendung, die dem erwähnten Wort des heiligen Petrus sehr ähnlich ist. Den Satz legt die islamische Überlieferung *(hadith)* dem Propheten Muhammad in den Mund: „Kein Gehorsam, der Ungehorsam gegenüber Gott zur Folge hätte!" *(lā tāʿata fī maʿṣiyati Allah)*, oder: „Kein Gehorsam dem Geschöpf, der Ungehorsam gegenüber dem Schöpfer zur Folge hätte" *(lā tāʿata li-maḫluq fī maʿṣiyati l-ḫāliq)* oder noch: „Kein Gehorsam dem, der Gott nicht gehorcht!" *(lā tāʿata li-man ʿaṣā Allah).*[15] Das Problem ist nun folgendes: während einige islamische Verhaltensmaßregeln penibel aus dem Koran und vor allem aus dem Hadith hergeleitet werden müssen, weil sie mehrdeutig sind, sind andere Gebote klar und unmissverständlich im Koran formuliert, von dem fromme Muslime glauben, dass Gott ihn dem Propheten Muhammad wörtlich diktiert habe. Das ist der Fall mit dem Schleier, der muslimische Frauen bedecken soll. Er hat in Frankreich besonders leidenschaftliche Auseinandersetzungen verursacht und wurde in der europäischen Rechtsprechung zum Gegenstand unterschiedlicher Gerichtsurteile.[16]

6. Die innere Verschiedenheit der westlichen Kultur

Das Problem der Verschiedenheit ist eine Eigentümlichkeit der gegenwärtigen westlichen Kultur. Doch auch andere Kulturen in Vergangenheit und Gegenwart umfassen unterschiedliche Elemente. So erfand beispielsweise das alte Persien das „Imperium" als eine politische Form, die später von den griechischen Erben Alexanders des Großen übernommen werden sollte, dann von den Römern und deren Nachfolgern – bis hin zu den Briten in Indien. Darüber hinaus errichteten die Perser ein Imperium, das als der erste multikulturelle Staat gelten darf: ein filigranes Gewebe, das seiner Natur nach überwiegend rechtlich verfasst war. Es überspannte einen buntscheckigen Teppich unterschiedlicher Rassen, Sprachen und Religionen, denen es gestattet war, ihre Sitten und religiösen Überzeugungen zu bewahren. Für die

---

[14] Thomas Hobbes, *Leviathan, or The Matter, Forme, & Power of a Common-Wealth Ecclesiasticall and Civill* [1651], Buch III, Kap. 39 (Hg. von M. Oakeshott, Oxford 1960, S. 306) und Kap. 42 (ebd., S. 378); übers. von Jutta Schlösser, hg. von Hermann Klenner, Hamburg 1996. Das Zitat aus der Apostelgeschichte 5,29 findet sich in Buch II, Kap. 31 (S. 240).

[15] Vgl. Arent Jan Wensinck u. a. (Hg.), *Concordance et indices de la tradition musulmane*, Bd. 4, Leiden 1962, col. 43a.

[16] Vgl. den Beitrag von Thomas Meckel in diesem Band.

Gegenwart ist auf Brasilien hinzuweisen, ein multiethnischer Staat, in dem Afrikaner, autochthone Indianer und Asiaten mit Weißen zusammenleben, die ursprünglich aus Portugal, Deutschland usw. stammen.

Dessen ungeachtet stellt die westliche Kultur einen Sonderfall dar, und zwar deshalb, weil Verschiedenheit von Anfang an ihr Prinzip war. Verschiedenheit machte die westliche Kultur geradezu erst möglich. Insofern kann sie ein Modell für die Art und Weise liefern, wie mit Verschiedenheit umgegangen werden kann, um zu positiven Erträgen zu gelangen.

Schon die westliche Kultur als solche stellt einen Weg dar, wie eine Kultur Verschiedenheit bewältigt. Und zwar in erster Linie so, dass sie in ihrem Inneren Verschiedenheit in einem Prozess zugelassen hat, den man „Inklusion" nennen kann.[17] Üblicherweise assimilieren Kulturen fremde Elemente durch eine Art Verdauung, so dass sie ihre ursprüngliche Identität verlieren. Die ursprünglich fremden Elemente werden zu Bestandteilen jener Kultur, die sie aufnimmt. Kulturen begegnen auf diese Weise allem, was von außen her einen Einfluss auf sie ausübt. Die westliche Kultur bildet diesbezüglich keine Ausnahme.

Gleichwohl gibt es etwas, das die westliche Kultur einzigartig werden ließ. Es ist die Art und Weise, wie sie mit Andersheit verfährt – eben auf die Weise der „Inklusion". Das Bild von der „Verdauung" ist dadurch gekennzeichnet, dass es auf kulturelle Größen einen Prozess bezieht, der dem Bereich des Natürlichen zugehört. Durch Austauschbeziehungen mit der Umwelt ermöglicht er das Leben selbst *(metabolismus)*. „Inklusion" hingegen ist ein hochgradig künstlicher Prozess. Zu seinen Voraussetzungen zählt Kultur im engeren Sinne. Damit ist gemeint, dass Kultur nicht länger natürliche Phänomene nachahmt, sondern vielmehr in gewisser Hinsicht sich selbst kultiviert.

Die westliche Zivilisation stellt wesentlich eine Synthese dar. Dies ist freilich keine Ausnahme. Athen beispielsweise wurde in dem Augenblick gegründet, als sich verschiedene kleine Gemeinschaften dazu entschlossen, ihre Kräfte zu bündeln und in ein gemeinsames Abenteuer einmünden zu lassen. Von daher rührt auch der Plural des Namens der Stadt: *Athenai*. Ironischerweise ist auch der Name der anderen paradigmatischen Stadt, nämlich Jerusalem, ein Plural: *Yerushalajim* – obwohl dies niemand plausibel erklären kann. Von Athen heißt es, dass der schwierige und in keiner Weise selbstverständliche Schritt auf eine Union hin *(synoikismos)* unter dem Einfluss eines Halbgottes, nämlich Theseus, gewagt wurde. Auf sich allein gestellt wären die Menschen vermutlich der Aufgabe nicht gewachsen gewesen, einen solchen Bund auszuhandeln. Auf jeden Fall aber sprachen die Bürger jener Dörfer, aus denen Athen hervorgehen sollte, dieselbe Mundart des ionischen Dialekts, und sie verehrten gemeinsam die Göttin Athene.

Mit Blick auf die westliche Kultur fällt auf und überrascht zugleich, dass sie eine

---

[17] Vgl. Rémi Brague, „Inklusion und Verdauung. Zwei Modelle kultureller Aneignung", in: Günter Figal / Jean Grondin / Dennis J. Schmidt (Hg.), *Hermeneutische Wege. Hans-Georg Gadamer zum Hundertsten*, Tübingen 2000, S. 295–308.

Synthese von Kräften realisiert, die einander diametral entgegengesetzt sind, ja miteinander im Streit liegen. Ein verbreitetes Bild von dieser Spannung wird durch die Wendung „Athen und Jerusalem" markiert. Die Wendung ist seit dem Erscheinen eines entsprechend betitelten Buches des russischen Philosophen Lew Schestow einigermaßen abgedroschen. Schestow veröffentlichte sein Buch im Jahr 1937 zunächst in einer eigenen Übersetzung ins Französische, im Jahr 1953 auch in der russischen Originalsprache.[18] Erstmals findet sich die Vorstellung von einem Konflikt der beiden Städte in einer rhetorischen Frage des nordafrikanischen Theologen Tertullian (160–220), was Athen und Jerusalem gemeinsam haben. Dabei erwartet er offensichtlich eine negative Antwort.[19] Allerdings ist die Vorstellung von einem unversöhnlichen Gegensatz zweier Schicksalspole, zwischen denen die westliche Kultur ausgespannt ist, kaum älter als Schestow. Demnach droht der Gegensatz zwischen Athen und Jerusalem die westliche Kultur zu zerreißen, gäbe es da nicht eine hilfsbereite Kraft, die beide dazu zwänge, einander zu akzeptieren.

7. Rom als Synthese und Spannung

Eine dritte Stadt, gleichfalls mit großem Symbolwert ausgestattet, nämlich Rom, darf hier nicht unerwähnt bleiben. Dabei geht es nicht um die historische Größe dieser Stadt in Latium, die sich erfolgreich das gesamte Mittelmeerbecken unterwarf. Vielmehr ist Rom das Symbol für eine bestimmte Kulturpolitik, einen bestimmten „Weg".[20] Bisweilen wird Rom so wahrgenommen, als sei es die einigende Kraft, welche die Synthese zwischen jenen Elementen hervorgebracht oder doch wenigstens befördert hat, die durch die anderen beiden Städte – Athen und Jerusalem – repräsentiert sind. Zweifellos liegt darin ein gehöriges Stück Wahrheit. Aber man muss doch einen Schritt weiter gehen.

Zunächst ist darauf hinzuweisen, dass die Synthese keineswegs auf friedliche oder harmonische Weise zu Stande gekommen ist. Ganz im Gegenteil: als eine historische Macht hat Rom die Griechen zunächst auf dem Schlachtfeld besiegen müssen. Ungefähr dreihundert Jahre später musste es die Aufstände des jüdischen Volkes niederschlagen. Hierbei kam es zu fürchterlichem Blutvergießen und zur Zerstörung des Jerusalemer Tempels – mit denen, die gegen sie revoltierten, gingen die Römer alles andere als zimperlich um.

---

[18] Vgl. die dreisprachige Ausgabe (Französisch, Russisch, Italienisch): Lev Isaakovič Šestov, *Atene e Gerusalemme. Saggio di Filosofia Religiosa*, hg. von Alessandro Paris, Mailand 2005.

[19] Tertullian, *De praescriptione haereticorum*, 7 (Corpus Christianorum. Series Latina 1, S. 193$_{32f.}$). Vgl. Rémi Brague, „Is European Culture ‚a Tale of Two Cities'?", in: Suzanne Stern-Gillet / Maria Teresa Lunati (Hg.), *Historical, Cultural, Socio-Political and Economic Perspectives on Europe*, Lewiston 2000, S. 33–50.

[20] Vgl. Rémi Brague, *Europa, seine Kultur, seine Barbarei. Exzentrische Identität und römische Sekundarität*, Wiesbaden ²2012. Der Titel der französischen Ausgabe lautet: *Europe. La* voie *romaine* (Paris 1992).

Auf einer anderen, einer tieferen Ebene hingegen bezwangen sowohl die Griechen als auch die Juden ihre vormaligen Eroberer. Eine Zeile von Horaz wurde diesbezüglich zu einem geflügelten Wort: „Das bezwungene Griechenland bezwang den wilden Sieger" *(Graecia capta ferum victorem cepit)*. Und in einem Werk, von dem wir allein etwas wissen, weil der heilige Augustinus daraus zitiert, sagt Seneca Ähnliches über die Juden: „Die Besiegten haben den Siegern die Gesetze gegeben" *(victi victoribus leges dederunt)*.[21] Dabei ist der Subtext weit weniger positiv als die anerkennenden Worte des Horaz über die Griechen; Seneca nennt die Juden ein „höchst verbrecherisches Volk" *(sceleratissima gens)*.

Im Übrigen war die Synthese zu keiner Zeit eine konfliktfreie und friedvolle Mischung. Niemals hatte „Rom" die Macht zu erzwingen, dass „Athen" und „Jerusalem" mit der gleichen Stimme sprachen. Man mag sich sogar fragen, ob es überhaupt so etwas wie eine Synthese je gegeben hat. Ganz im Gegenteil war es so, als ob das Römische Prinzip darum bemüht wäre, die Spannung zwischen „Athen" und „Jerusalem" aufrecht zu halten. Dadurch zwang es beide Pole, ihre je eigene Originalität ausdrücklich und je neu zu bekräftigen. Der Konflikt zwischen beiden wurde auf diese Weise auf die Spitze getrieben. Dies freilich erwies sich als fruchtbarer als eine allzu leichte Versöhnung.

Die griechische Philosophie („Athen") entwickelte sich zu einer Wissenschaft von der Natur, die keinerlei Bezugnahme auf göttliche Dinge erforderte – und schon gar nicht auf den personalen Gott der Bibel. Das Christentum („Jerusalem") wurde unter dem Einfluss Roms zu einer Religion. Das ist dann keine Selbstverständlichkeit, wenn man beachtet, dass keine andere – nichtchristliche – Religion eben genau das ist: eine Religion und sonst nichts. Die griechische oder die römische Religion war eine Religion, zuzüglich einer Stadt. Das Judentum ist eine Religion, zuzüglich eines Volkes und seiner Geschichte. Der Islam ist eine Religion, zuzüglich eines Rechtssystems. Der Buddhismus ist eine Religion, zuzüglich einer Weisheitslehre. Schinto ist eine Religion, zuzüglich einer Nation, usw. Das Christentum ist die einzige Religion, die von sich beansprucht, ausschließlich eine Religion zu sein. Zumindest prinzipiell lässt es die anderen Bereiche menschlichen Bemühens hinter sich.

Im Besonderen lässt das Christentum die Wissenschaft hinter sich. Die Konflikte, die mit dem neuen kopernikanischen Weltbild entstanden, sind nichts anderes als Missverständnisse. Dies gilt für den „Fall Galilei" ebenso wie für den heutzutage in bestimmten evangelikalen Kreisen verbreiteten sogenannten „Kreationismus". Es gibt keine christliche Kosmographie in dem Sinne, dass sie die Strukturen des materiellen Universums beschriebe.[22] Zwar gab es beispielsweise sehr ausgefeilte gnostische und manichäische Kosmographien; doch Augustinus konnte sich über diese, mit denen er ja aus erster Hand vertraut war, einfach nur lustig machen.

---

[21] Horaz, *Epistulae* II, 1, 156 f. (lat./dt. Übers., Düsseldorf – Zürich 2000, 230 f.); Augustinus, *De Civitate Dei* VI, 11 (Corpus Christianorum. Series Latina 47, S. 183$_{12}$). Zitat aus: Seneca, *De superstitione*, frg. 42.

[22] Vgl. Rémi Brague, *Die Weisheit der Welt. Kosmos und Welterfahrung im westlichen Denken*, München 2006, Einleitung.

8. Der christliche Begriff des Gesetzes

Unter den Bereichen, die das Christentum unbeachtet ließ, weil sie ihrer Zielsetzung nicht entsprachen, verdient der Bereich des Rechts einen vorzüglichen Platz.[23] Das Christentum, so formulierte im 19. Jahrhundert der französische Historiker Fustel de Coulanges, ist „die erste Religion, die nicht beanspruchte, dass das Recht von ihr abhängt".[24] Ganz im Gegenteil: das Christentum begnügte sich damit, die traditionelle Moral, das, was C. S. Lewis die „großen Platitüden" nannte, zu bewahren. Man kann diese Haltung allerdings auch als Grundausstattung für das Überleben der Menschheit, als deren *survival kit*, würdigen, wie sie beispielsweise auch im Dekalog formuliert ist.

„Tue das Gute, meide das Böse!" (Ps 34,15; zitiert in 1 Petr 3,11; angespielt in Röm 11,9) ist eine Formel, die uns wegen ihrer inhaltlichen Unbestimmtheit oft verlegen schmunzeln lässt. Denn es wird ja nicht gesagt, was das Gute ist, das da anzustreben ist, und was das Böse ist, das gemieden werden soll. Viele sind deshalb versucht, präzise sittliche Anweisungen einzufordern. Als „Gutmensch" tituliert zu werden, ist heutzutage nicht unbedingt ein Kompliment. Gleichwohl eröffnet diese Unbestimmtheit einen Raum der Freiheit. Die inhaltliche Unbestimmtheit der Formel ist die Kehrseite jenes Vertrauens, das Gott dem Menschen entgegen bringt. Denn grundsätzlich ist der Mensch dazu imstande, auf der Grundlage jener Fähigkeiten, die ihm von seinem Schöpfer verliehen wurden, die besten Wege für sein Handeln aufzuspüren. Gott hat den Menschen mit der Fähigkeit ausgestattet, das Gute vom Bösen zu unterscheiden, mag dieses Vermögen nun „praktische Vernunft", „Gewissen" oder was auch immer heißen. Gott muss nicht im Einzelnen festlegen, was jeweils zu tun ist. Eher schon ist es seine Aufgabe, unserem sittlichen Handeln mit seiner Gnade beizustehen. Der heilige Augustinus hat dies in einer wunderbar prägnanten Formel so ausgedrückt: „Gib, was du befiehlst und dann befiehl, was du willst" *(da quod iubes et iube quod vis)*.[25]

All dies setzt ein bestimmtes Verständnis voraus, wonach sich das Göttliche nicht in erster Linie als „Gesetzgeber" offenbart, wie dies beispielsweise im Islam der Fall ist. Das berühmte Schreckgespenst „Anwendung der Sharia" mag dabei noch nicht einmal das Schlimmste sein. Denn – und dieses Argument wird oft vorgebracht – als eine menschliche Unternehmung ist die *Sharia* vielgestaltig. Und weil dies immer schon der Fall war, ist die *Sharia* weiterhin offen für unterschiedliche Deutungen – darunter gewiss auch solche, die freundlicher sind als jene, welche die radikalen Islamisten vertreten. Doch ist auch deren Argumentation nicht vollständig aus der Luft gegriffen. Denn hinter jedem konkreten Rechtssystem, hinter jedem

---

[23] Vgl. Rémi Brague, *La Loi de Dieu. Histoire philosophique d'une alliance*, Paris 2005.
[24] Numa Denis Fustel de Coulanges, *La Cité antique. Étude sur le culte, le droit, les institutions de la Grèce et de Rome* [1864], t. V,3, Paris 1984, S. 453.
[25] Augustinus, *Confessiones*, X, xxix, 40 (Corpus Scriptorum Ecclesiasticorum Latinorum 33, S. 256).

Versuch von Menschen, Recht wirksam zur Geltung zu bringen, steht letztendlich die Vorstellung von einer göttlichen Gesetzgebung *(šarʿ)*. Das aber heißt von Gott anzunehmen, dass er vermittels des Koran und durch das Beispiel und die Worte seines Propheten der einzige legitime Gesetzgeber ist. Er ist der einzige, der dem Volk sagen kann, was es zu tun hat; er ist der einzige, der absoluten Gehorsam einfordern kann.[26]

Um genau zu sein, muss man einräumen, dass das Göttliche auch in der westlichen moralischen Kultur irgendwie anwesend ist. Aber es manifestiert sich nicht in der Weise, dass es ein äußerliches Gesetz erließe. Vielmehr wirkt es durch das Gewissen. Paulus erklärt, wie sittsame Heiden, die keinerlei Ahnung von dem Gesetz des Mose haben, in lobenswerter Weise sittlich handeln können. Zu diesem Zweck entleiht er der stoischen Philosophie den Begriff des Gewissens ($\sigma \upsilon \nu \varepsilon \acute{\iota} \delta \eta \sigma \iota \varsigma$) und wendet seine Bedeutung zum Moralischen (vgl. Röm 2,14 f.). Indem er die Vorstellung von einer „göttlichen Stimme" oder – so Rousseau – von einem „göttlichen Instinkt" einführt, eröffnet er die Möglichkeit eines unmittelbaren Zugangs zu dem, was Gott dem Volke Israel offenbart hat. Der Ausdruck „göttlicher Instinkt" sollte womöglich wörtlicher genommen werden, als Rousseau selbst ihn verstanden wissen wollte.[27] Jedenfalls ist die letzte Instanz, die Menschen dazu anhält, moralisch zu handeln, und die darüber urteilt, ob ihren Forderungen Genüge getan ist, von göttlicher Natur. Insofern leben auch die Angehörigen der westlichen Kultur in einer Art Theokratie.[28]

9. Die Vorstellung von einem kulturellen Bereich

Was heute unter „Kultur" verstanden wird, ist etwas, das es in der Alten Welt so nicht gab. Was mit diesem Namen bezeichnet wurde, war Teil eines Ganzen, das wesentlich auch religiöse Elemente umfasste. Zum Beispiel waren dramatische Vorstellungen ein zentrales Element jenes Kultes, der dem Gott Dionysos dargebracht wurde. Sportliche Wettbewerbe fanden im Rahmen von Spielen statt, die Göttern – darunter Zeus in Olympia oder Apollo in Delphi – gewidmet waren. Philosophen wiederum waren in Gilden zusammengeschlossen, die unter dem Patronat eines Gottes oder Halbgottes standen.

So etwas wie eine profane Kultur wurde erst durch das paulinische Christentum

---

[26] Vgl. Wilfred Cantwell Smith, „The Concept of Shari'a among some Mutakallimun", in: George Makdisi (Hg.), *Arabic and Islamic Studies in Honor of H. A. R. Gibb*, Cambridge, Mass. 1965, S. 581–602.

[27] Jean-Jacques Rousseau, *Emile ou de l'éducation*, IV, in: Œuvres complètes, vol. 4. hg. von Bernard Gagnebin / Marcel Raymond, Paris 1969, S. 600 (dt. Ausgabe: Jean-Jacques Rousseau, *Emile oder über die Erziehung*, Stuttgart 2009, S. 593).

[28] Vgl. Rémi Brague, „Ist ein anderes Regime als Theokratie möglich?", in: Dietrich Gottstein / Hans Rainer Sepp (Hg.), *Polis und Kosmos. Perspektiven einer Philosophie des Politischen und einer Philosophischen Kosmologie. Eberhard Avé-Lallemant zum 80. Geburtstag*, Würzburg 2008, S. 58–73.

ermöglicht.[29] Dies bedeutet nun keineswegs, dass Menschen, die niemals die „paulinische Revolution" erfahren haben, keine Kultur hätten. Dies anzunehmen wäre nicht nur absurd; es bedeutete überdies, dass sie nicht als Menschen zu gelten hätten. Gleichwohl wurde Kultur in dem Sinne, dass sie ausschließlich Kultur ist und nichts anderes – dass sie insbesondere also religiöse Dimensionen ausschließt – erst dadurch ermöglicht, dass die griechische *Paideia* von ihren religiösen Elementen befreit wurde.

Das paulinische Christentum hat das mosaische Gesetz „hintangestellt" (καταργεῖν) – wohlgemerkt, nicht abgeschafft, sondern allegorisch gedeutet. Dadurch hat es ein folgenreiches Zurückfluten religiöser Normen verursacht, das den weiten Bereich menschlicher Normen freilegte. Aus genau diesem Grund aber musste es sich mit einem Inhalt füllen, den es von außen zu entleihen gezwungen war. Das Christentum musste in sich aufsaugen, was auf dem Marktplatz der Zivilisationen bereits verfügbar war. Genau das hat es getan – zunächst mit der römischen Kultur, d. h. mit dem römischen System von Recht und Verwaltung, und diese zusammen mit allem, was die römische Welt bereits der griechischen Wissenschaft, Literatur, Philosophie und anderen Errungenschaften entlehnt hatte.

So etwas wie „griechische Kultur" gibt es erst seit der paulinischen Revolution. Was zuvor zweifelsfrei existierte, das war die griechische Παιδεία. Dabei handelte es sich um eine die damalige Welt umspannende Lebensweise. Keine Frage: Παιδεία beinhaltete alles das, was wir „Kultur" nennen, d. h. Literatur und Kunst und selbst Körperkultur. Nach Platon sind Gymnastik und Musik untrennbar. Aber das Paket umfasste auch das, was heute „Religion" genannt wird: einen Götterkult, der für Juden – und deshalb auch für Christen – unverdaulich war.

Die „heidnische" Kultur durchlief einen Prozess der Neutralisierung. Was immer an einen absoluten Wert appellieren konnte, ohne vom einzigen Schöpfergott der Bibel abzuhängen, musste beschnitten werden. Insbesondere wurden „heidnische" religiöse Ansprüche eingeklammert. Was immer den Anspruch erhob, sakral zu sein, wurde der letztgültigen Offenbarung unterworfen. Diese Offenbarung gipfelte in Christus; das Wort wurde „Fleisch", d. h. ein menschliches Geschöpf. Als solches, als gestorben und durch die Auferstehung zu einer neuen Seinsweise erhoben, konnte Christus unmöglich sakral werden. Aber er verfügte über eine andere Gestalt von Sakralität, nämlich die Heiligkeit.

Infolge der Neutralisierung der heidnischen Kultur wurden die europäischen Eliten, darunter die christlichen Kleriker, Jahrhunderte lang dazu ausgebildet, die „klassischen", nämlich heidnischen Schriftsteller zu verstehen und zu übersetzen. Das Lateinische Mittelalter konnte Homer und Virgil schätzen, ohne die griechischen und römischen Götter zu verehren. Hierfür liefert Dante ein wunderbares Beispiel. Die Renaissance, die in Italien begonnen hatte und sich bald über ganz Europa ausbreitete, konnte es sich sogar leisten, die „heidnischen" Götter zu bewah-

---

[29] Vgl. Rémi Brague, „Jew, Greek and Christian. Some Reflections on the Pauline Revolution", in: *Expositions. Interdisciplinary Studies in the Humanities* I,1 (2007), S. 15–28.

ren. Ja, sie gab ihnen sogar ein neues Lebensrecht, doch ohne ihrem Anspruch zu genügen, irgendeinen Einfluss auf das menschliche Leben auszuüben. Die heidnischen Götter waren lediglich ästhetische Wirklichkeiten, die Malerei, Skulptur und Musik bereicherten.

10. Sind alle Lebensweisen gleich lebensfördernd?

Dieses zweifache Modell, das klassische Rom und das Christentum, lehren uns das Gleiche: es gibt keine Verschiedenheit ohne ein Prinzip, das höher ist als der Markt und der Staat. Und dieses Prinzip wird kein geringeres sein als das Leben selbst.

In seinem berühmten Buch *Über die Freiheit* prägte John Stuart Mill die Formel von den „Experimenten des Lebens" (*experiments of living*).[30] Rasch erfuhr diese Formel eine ungeheure Verbreitung. Sie lieferte vielen Leuten eine Legitimation, die darauf aus waren, die eingespurten Pfade zu verlassen und neue Lebenswege zu erkunden. Allerdings können wissenschaftliche Experimente bekanntlich fehlschlagen. Was könnte ihre entsprechenden Gegenstücke im realen Leben vor dem Scheitern bewahren? Irgendwie bewahren selbst die säkularsten Geister noch einen naiven Glauben in die Vorsehung. Von ihr erwarten sie, dass sie ihnen einen Fallschirm reicht, wenn sie sich ohne Seil von einer Klippe in die Tiefe stürzen.

Ironischerweise schrieb Mill seinen provozierenden Essay im selben Jahr 1859, als Darwins bahnbrechendes Buch *Über den Ursprung der Arten* erschien. Nun gibt es im Bereich des Sozialen ebenfalls eine Art natürlicher Selektion. Eine bestimmte Lebensweise zu wählen, ist eine Sache. Aber das Leben selbst zu wählen, das ist ein dieser Wahl vorausgehender Schritt, den niemand überspringen kann. Dabei ist es freilich so, dass es keine selbstverständliche Haltung ist, das „Leben zu wählen". Möglicherweise ist genau das der Grund, warum der Gott der Bibel die Wahl des Lebens gebieten muss (vgl. Dtn 30,19).

Jede Gruppe von Menschen ist mit einem Bündel ewiger Probleme konfrontiert, die unlösbar mit der menschlichen Natur verknüpft sind: wie sollen wir uns zu dem verhalten, was über uns ist (das Göttliche), wie zu dem, was unter uns ist (die Natur), wie zu dem, was gegen uns ist (die Feinde), wie zu dem, was neben uns ist (das andere Geschlecht), wie zu dem, was vor uns liegt (der Tod, die Nachkommenschaft, ein Leben nach dem Tod)? Alle Gruppen formulieren hierzu bestimmte Antworten. Diese bringen sie in Gestalt von Mythen, in philosophischer Reflexion oder durch verschiedene Formen des Kultes, aber auch des politischen und sozialen Lebens zur Darstellung.

Doch nicht alle Lebensweisen sind auf lange Sicht überlebensfähig. Einige Lösungsangebote für die genannten Probleme bedrohen das Überleben jener Gruppe, die sie für sich annimmt. Wenn sie nicht rechtzeitig überprüft werden, führen sie

---

[30] John Stuart Mill, *On Liberty* [1859], cap. 3 (ed. A. D. Lindsay, London 1968, p. 15); dt.: *Über die Freiheit*, hg. von Horst D. Brandt (Philosophische Bibliothek 583), Hamburg 2009, S. 78–106.

womöglich sogar zum Untergang der betreffenden Gruppe. Solche Sackgassen können durch hellsichtige Leute kritisiert werden, durch Philosophen oder Propheten etwa. Eine letzte Sicherheit gibt es aber nicht, und unpassende Antworten eliminieren sich selbst zusammen mit den Gesellschaften, die sie gewählt haben – wie auch ein absterbender Baum die Parasiten zu Tode bringt, die von ihm gezehrt haben.

Eine Stadt wie Sparta beispielsweise forderte nicht nur eine vollständige Militarisierung des Lebens und eine geradezu unmenschliche Härte gegen Sklaven, sondern verlangte von ihren Einwohnern ein solch furchtbares Maß an Einschränkung und Selbstbeherrschung, dass sie nicht länger als wenige Jahrhunderte überleben konnte. Es mag Familienmodelle geben, die es mit sich bringen, dass eine niedrige Geburtenrate angenehm für jene ist, die entsprechend leben. Unvermeidlich aber hat dieses Modell das Verschwinden der Gruppe zur Folge. Möglicherweise wird es durch andere Modelle ersetzt, die das Überleben der Gruppe eher gewährleisten – auch wenn die Familienstrukturen eher altmodisch und insbesondere für Frauen weniger fair erscheinen.

Das Schicksal der frankophonen Kanadier mag hierfür als Beispiel dienen. Ihre Gemeinschaften konnten in einer sprachlich und konfessionell fremden Umgebung nur deshalb überleben, weil ihre Fruchtbarkeitsrate höher war. Dies war nicht zuletzt eine Folge des sozialen Drucks, den die katholische Kirche auf ihre Mitglieder ausübte. Nach dem Verrat eines Teils der adligen Oberschicht, der nach der Niederlage vor den Engländern (1759) das gemeine Volk im Stich ließ und nach Frankreich zurücksegelte, stellte der katholische Klerus die einzig verbliebene Elite dar. Zweifellos sind jetzt die Geburtenkontrolle und die Möglichkeit für Frauen, Küche und Kinderzimmer zu verlassen, um einen Zugang zur höheren Bildung zu erlangen und qualifizierte Berufe zu ergreifen, begrüßenswerte Errungenschaften der Moderne. Gleichwohl tragen sie zur Verminderung der Kinderzahl bei. Letzten Endes können sie zum unaufhaltsamen Verschwinden einer Gruppe beitragen.

11. Schlussfolgerung

Lässt sich die Logik der Verschiedenheit auf die Spitze treiben, so dass schließlich beides auf einer Ebene steht: das, was zum Leben, und das, was zum Tode führt? Als Philosophen im stillen Kämmerlein können und müssen wir unterscheiden und uns darum bemühen, eher zugunsten des Lebens zu argumentieren als zugunsten des Todes. Damit würden wir uns für den Optimismus und gegen den Pessimismus erklären – eine Alternative freilich, die etwa nach G. E. Moore weiterhin unentschieden ist.[31] Intellektuelle sind dazu verpflichtet, in aller Öffentlichkeit darauf hinzuweisen, was die Polis gefährdet. Als private Bürger mögen sie wählen, welches Verhalten für sie selbst das Beste zu sein scheint. Als verantwortliche Führer aber

---

[31] George Edward Moore, *Principia Ethica* [1903], Kap. V, § 95 (Hg. von Thomas Baldwin, Cambridge 1993, S. 206; dt. von Burkhard Wisser, Stuttgart 1970, S. 223).

sind sie nachhaltig dazu angehalten, eine den jeweiligen Herausforderungen angemessene Politik zu formulieren oder doch wenigstens nach einer solchen Ausschau zu halten. Und zwar zunächst deshalb, weil das, was das Überleben einer Gesellschaft gefährdet, in der die Intellektuellen eine Führungsrolle übernehmen sollen, sich sehr langsam entwickelt – jedenfalls viel langsamer als jene Zeitspanne, in der die Politiker darauf hoffen können, die Macht zu erringen oder sie zu beeinflussen. Zweitens müssen sich Intellektuelle deshalb öffentlich äußern, weil Politiker (wenigstens in unseren demokratischen Ländern) regelmäßig neu gewählt werden; und nur wenige Wähler werden bereit sein, ihre gegenwärtigen Vorteilen zu Gunsten künftiger Generationen zu opfern. Und drittens ist ihre Stimme deshalb unverzichtbar, weil politische Kompromisse in der Moderne oft dadurch gekennzeichnet sind, dass solche Fragen, die Urteile über letzte Werte implizieren, aus dem öffentlichen Raum ausgeschlossen und in den privaten Raum verwiesen sind.

Fragen hinsichtlich des guten Lebens oder auch hinsichtlich der Güte des Lebens selbst überschreiten den Horizont demokratischer Politik. Um aber zwischen verschiedenen Lebensprojekten in einer Gesellschaft zu unterscheiden, in der Verschiedenheit herrscht, ist es überlebensnotwendig, auf eine höhere Ebene zu wechseln. Diese aber ist ihrer Natur nach eine metaphysische Ebene.[32]

---

[32] Vgl. Rémi Brague, *Les Ancres dans le ciel. L'infrastructure métaphysique de la vie humaine,* Paris 2011. Eine deutsche Übersetzung in der von Christoph Böhr herausgegebenen Reihe „Die Ordnung der Dinge" ist in Vorbereitung (Springer-Verlag).

Schem und Japhet, oder:
Morgen- und Abendland in Bibel
und in jüdischer Tradition

Daniel Krochmalnik

„PEgIdA" = „Patriotische Europäer gegen die Islamisierung des Abendlandes". Die alten Schlagwortpaare sind wieder auf der Straße: Abendland gegen Morgenland, Okzident gegen Orient, Westen gegen Osten, Europa gegen Asien, Athen gegen Jerusalem, Christentum gegen Islam, Arier gegen Semiten, Okzidentalismus gegen Orientalismus usw. Die Angst vor dem Untergang des Abendlandes – das ja per definitionem untergeht *(occido)* – hat die Sachsen ergriffen. Auf den Zinnen ihrer ostdeutschen Festung sichten die Verteidiger des Abendlandes bedrohliche Horden am Horizont, diesmal nicht Mongolen, Slawen, Bolschewiken und Juden, es sind wieder einmal Sarazenen, Muselmanen, Türken, sie stehen vor Wien, in Berlin, ja, mitten in Malschwitz; sie kommen zu Fuß, in Reisebussen, mit der Bundesbahn. Schnell, das Falltor runter! Rettet das christliche Abendland vor dem orientalischen Despotismus und religiösen Fanatismus! Bei den Verteidigern des Abendlandes, die, wie der Name schon sagt, nicht immer helle sind, hat sich noch nicht herumgesprochen, dass die Erde keine Scheibe ist; auf der Kugel lassen sich Gut und Böse nicht nach Himmelsrichtungen verorten. Nordafrika, woher angeblich die unverschämtesten Flüchtlinge stammen, liegt zum Teil westlicher als die Karnevalshochburgen, die sich bisher auch nicht durch reine Keuschheit hervorgetan haben. Außerdem ist jede christliche Kirche geostet, orientiert. Der Okzident ist mit dem Orient, dem nahen, dem mittleren, dem fernen Osten, seinen traditionellen Sehnsuchts- und Angsträumen, wie die Pole des Globus im Kinderzimmer, unlöslich verbunden.

Es sollte die christlichen Verteidiger des Abendlandes nachdenklich stimmen, dass die Bibel Morgen- und Abendland nicht als Antithese, sondern als Synthese wahrnahm. Der biblische Ort, wo diese geo- und ethnographischen Größen in den Blick kommen, ist die sogenannte Völkertafel (Gen 10,1–32).[1] Auf ihr ist der Stammbaum der Noach-Söhne Schem, Cham und Japhet verzeichnet *(Toldot Bne Noach)*, die als die einzigen Überlebenden des Weltuntergangs Urväter des ganzen nachsintflutlichen Menschengeschlechts waren. Von ihnen stammen die 70 Völker und Sprachen der Welt ab, die nach der Bibel und der Jüdischen Tradition den

---

[1] Die Abkürzungen folgen dem mehrbändigen Lexikon *Religion in Geschichte und Gegenwart*, 4. Aufl., Tübingen 2007 ff.

Inbegriff aller Völker und Sprachen überhaupt ausmachen.² Zum Leidwesen der Zahlenexegeten zählt die Völkertafel allerdings 71 Nachkommen auf, als ob sie uns sagen wollte, dass es sich hier nicht um eine symbolische Rundzahl, sondern um eine reale Völkerzählung handelt.³ Auch sonst hat die Literarkritik zahlreiche Unstimmigkeiten und Unebenheiten in der Liste ausgemacht; sie ist nichtsdestotrotz ein außerordentliches Dokument, ein im ganzen Altertum einzigartiges Panorama der gesamten Menschheit.⁴ Benno Jacob hat die theologische Absicht hinter der Völkertafel treffend charakterisiert: „Aber so weit die Menschheit auch nach Sprachen, Ländern und Völkern auseinandergegangen sein mag, so ist sie doch abstammungsgemäß eine Einheit. Alle Völker sind aus Familiengemeinschaften entstanden, die auf die drei Söhne Eines Mannes zurückgehen. Die Menschheit ist Eine, wie es nur Eine Erde, Einen Himmel und Einen Schöpfer gibt".⁵ Dass Einheit nicht Einerleiheit meint, lehrt die Bibel durch die Völkertafel selbst, mit ihrer bunten Mischung aus exotischen Namen, Sprachen, Ländern, sowie in der gleich anschließenden Erzählung vom Turmbau, dem gescheiterten Versuch einer Einheitskultur (vgl. Gen 11,1–9⁶).

Die Völkertafel gliedert die Menschheit in drei Gruppen: die Japhetiten (Vs. 2–5), die Chamiten (Vs. 6–20) und die Semiten (Vs. 21–31). Dabei folgt sie nicht etwa ethnischen, linguistischen oder gar rassistischen Gesichtspunkten, denn Völker ganz verschiedener Herkunft werden ihr zufolge vom gleichen Stammvater gezeugt: so erscheinen etwa die Ägypter und Kanaanäer als Chamiten und die Assyrer und

---

² Nach Dtn 32,7 f. und Gen 46,47; Ex 1,5; Dtn 10,22, nach *Sota* VII, 5. Vgl. auch Thomas Hieke, *Die Genealogien der Genesis* (Herders Biblische Studien 39), Freiburg – Basel – Wien 2003; Jürgen Ebach, Art. „Genealogie", in: *Handbuch religionswissenschaftlicher Grundbegriffe*, hg. von Hubert Cancik / Burkhard Gladigow / Matthias Laubscher, Bd. 2, Stuttgart u. a., S. 486–491; ferner: Daniel Krochmalnik, *Das Buch Genesis im Judentum* (Neuer Stuttgarter Kommentar. Altes Testament 33/1), Stuttgart 2001.

³ Es hat nicht an Versuchen gefehlt, die Rundzahl 70 aus der Liste zu tilgen, vgl. Benno Jacob, *Das Buch Genesis*, Berlin 1934 (Nachdr. Stuttgart 2000), S. 294–296; ferner Daniel Krochmalnik, „Die Bibel entschlüsselt. Zahlenexegese in der jüdischen Tradition und Moderne", in: Michaela Bauks / Ulrich Berges / Daniel Krochmalnik / Manfred Oeming (Hg.), *Schriftauslegung in der Moderne* (Altes Testament und Moderne 24), Berlin 2016 (im Erscheinen).

⁴ Vgl. Claus Westermann, *Genesis 1–11* (Biblischer Kommentar Altes Testament I/1), Neukirchen-Vluyn ²1976, S. 670; Frank Crüsemann, „Menschheit und Volk. Israels Selbstdefinition im genealogischen System der Genesis", in: Ders., *Kanon und Sozialgeschichte. Beiträge zum Alten Testament*, Gütersloh 2003, S. 13–27, hier 19, Anm. 25 (Genealogisches Schema: S. 15).

⁵ Jacob, *Genesis*, S. 294 f. – Die Erklärung von Benno Jacob stimmt mit der talmudischen Erklärung bSan 59b überein; vgl. Hans Kohn, *Die Idee des Nationalismus. Ursprung und Geschichte bis zur Französischen Revolution*, aus dem Engl. übers. von Günther Nast-Kolb, Heidelberg 1950, S. 785 f. (*The Idea of Nationalism. A Study in Its Origins and Background*, 1944).

⁶ Vgl. Christoph Uehlinger, *Weltreich und „eine Rede". Eine Deutung der sogenannten Turmbauerzählung (Gn 11,1–9)* (Orbis biblicus et orientalis 101), Freiburg i. Ue. 1990; Crüsemann, „Menschheit und Volk", S. 25; Daniel Krochmalnik, „Babèl. Die Buber Bibel im Renouveau juif", in: Ders. / Hans-Joachim Werner (Hg.), *50 Jahre Martin Buber Bibel. Beiträge des Internationalen Symposiums der Hochschule für Jüdische Studien Heidelberg und der Martin Buber Gesellschaft*, Berlin 2014, S. 275–316, hier 291–299.

Elamiten als Semiten. Vielmehr sind geographische und politische Kriterien ausschlaggebend.[7] Als Fixpunkt dieser Weltkarte muss man wohl die GPS-Koordinaten von Jerusalem einsetzen: 31° 46' 5.948" N 35° 12' 49.356" O, wo der mutmaßliche Autor der sog. „Priesterschrift" saß, dem man die Karte in der Bibelwissenschaft teilweise zurechnet. Die Gebiete der Japhetiten erstrecken sich von dort aus gesehen im Norden von Kleinasien nach Osten zum iranischen Hochplateau und nach Westen zu den griechischen Küstenvölkern (*Ijej HaGojim*, Vs. 5). Insbesondere die Söhne *Jawans* (= Ionien, Griechen): *Elischa* (~ Hellas, *Ijej Elischa*: Ez 27,7 ~ Kykladen, die „Perlen von Hellas"), *Kittim* (= Cyprier, *Ijej Kittim*: Ez 27,6), *D/Rodanim* (= Rhodier: 1 Chr 1,7) stehen für die ägäische Inselwelt, *Tarschisch* vielleicht sogar für Spanien (= Tartessos: Ez 27,12), von Jerusalem aus gesehen, also für den Westen und das Abendland. Interessant ist in diesem Zusammenhang die Namensgleichheit von Japhet und Ἰαπετός, dem Titan des Westens, in der griechischen Mythologie. Die Chamiten bevölkern den Süden, von Nordafrika, über Mesopotamien und Arabien. Zu ihnen zählt die Tafel aus politischen Gründen auch die Kananäer.[8] Dazwischen siedeln von Osten her die Semiten: Assyrer, Aramäer, Hebräer, deren Gebiet dem vorderen Orient entspricht, dem Morgenland.[9] Auf dieser genealogischen und geographischen Dreiteilung der Menschheit beruht die Benennung der drei bekannten Erdteile nach den drei Noach-Söhnen auf den mittelalterlichen Weltkarten: Schem = Asien, Cham = Afrika, Japhet = Europa.[10]

Allerdings sind die drei Söhne nach der Bibel keineswegs gleichwertig. Japhet und Schem, also Okzident und Orient, bilden gegenüber Cham – das sind die Völker des Südens – eine Koalition (Gen 10,21), wobei sie im Verhältnis von Herren und Knecht zueinanderstehen.[11] Diese Ungleichheit des Menschengeschlechts wird in der Erzählung der Trunkenheit Noachs begründet. Noach war nach der Bibel nicht nur der erste Winzer, sondern auch der erste Trinker: „Er trank", heißt es, „von dem Wein, war berauscht und entblößte sich *(WaJitgal)* in seinem Zelte" (9,21). Vielleicht wollte sich der Bauer von der verfluchten Ackerei erholen (Gen 3,17; 5,29) oder einfach nur die Erinnerung an die Flutkatastrophe ertränken. Seine Trunkenheit führte jedenfalls zu einer Familientragödie: „Da sah Cham, der Vater Kanaans, heißt es weiter, die Blöße *(Erwa)* seines Vaters und sagte es seinen beiden Brüdern draußen. Da nahmen Schem und Japhet das Gewand, legten es auf ihre Schulter, gingen rückwärts und bedeckten ihres Vaters Blöße. Ihr Gesicht aber war rückwärts gekehrt,

---

[7] Vgl. Gerhard von Rad, *Das erste Buch Mose. Genesis Kapitel 1–12,9* (Das Alte Testament Deutsch), Göttingen 1949, S. 116.

[8] Von Rad, *Das erste Buch Mose*, S. 118.

[9] Zur Identifikation der Völkernamen, vgl. Westermann, *Genesis*, S. 673–706.

[10] Vgl. Robert R. Wilson, *Genealogy and History in the Biblical World* (Yale Near Eastern Researches 7), New Haven 1977.

[11] Die Reihenfolge der Söhne ist nicht ganz klar. Nach den genealogischen Notizen und der Sintflut-Erzählung Gen 5,32; 6,10; 9,18 ist Schem der erste, Cham der zweite und Japhet der dritte Sohn Noachs. Die Überschrift der Völkertafel folgt dieser Reihenfolge (10,1), zählt aber in umgekehrter Reihenfolge auf: Japhet (10,2ff.), Cham 10,6 (Vs. 6ff.) und Schem (Vs. 21ff.). In den Noach-Sprüchen wird hingegen Cham/Kanaan als jüngster Sohn bezeichnet (Gen 9,24).

so dass sie ihres Vaters Blöße nicht sahen. Als Noach von seinem Rausch erwacht war, erfuhr er, was ihm sein jüngster Sohn angetan hatte. Da sprach er: Verflucht sei Kanaan! Ein Knecht der Knechte sei er seinen Brüdern! Und er sprach: Gelobt sei der Ewige, der Gott Schem's, und Kanaan sei ihnen Knecht! Gott breite Japhet aus und wohne in den Hütten Schems, und Kanaan sei ihnen Knecht!" (Gen 9,22–27).

Was war geschehen? Das bleibt hinter dem Schleier des Euphemismus verborgen *(Laschon Neqija)*. Es ist unwahrscheinlich, dass Noach nur deshalb geflucht haben soll, weil ihn sein jüngster Sohn nackt erblickt hatte. Weil die Bibel mit der Wendung „die Blöße aufdecken" *(LeGalot 'Erwa)* die Unzucht umschreibt (Lev 18,6–19), haben rabbinische Homilien einen Akt schwerwiegender Unzucht angenommen; manche sprechen gar von der Entmannung des Urvaters *(BerR 36,7; bSan 72a-b; bPes 113b; PRE 23)*, der Kastration des Uranos ähnlich, an der der Titan Japetos freilich aktiv beteiligt war. Die Verbindung von Untergang, Rausch und Unzucht kommt im ersten Buch Mose noch einmal vor. Nach dem Untergang Sodoms floh Lot mit seinen Töchtern in die Berge (Gen 19,30–38). Diese fürchten, keine Männer mehr zu bekommen, daher setzten sie den Alten, salopp gesagt, mit KO-Tropfen außer Gefecht und vergewaltigten ihn (Gen 19,31 f.). In der Blutschande sollen zwei unbeliebte Nachbarn Israels gezeugt worden sein: Moaw und Ammon, was nach der biblischen Volks-Etymologie von *Mej-Aw*, „Wasser" bzw. „Samen des Vaters", und *Ben-Ami*, „Sohn meines (nächsten) Verwandten", kommen soll. Das ist natürlich Propaganda – wie auch der Noach-Fluch: Cham, bzw. dessen Sohn Kanaan, der Urvater der Urbewohner des Landes Israel, soll – wie die sieben Völker auch sonst (Lev 18,24–30) – durch sexuelle Denunziation diffamiert werden.

Daraus erhellt schon: die Erzählungen über die *heroi eponymoi* sind keine Privatangelegenheiten. Was Urvätern in der Genesis passiert, sollen schicksalhafte Vorzeichen für sämtliche Nachkommen sein *(Ma'asse Awot Siman LaWanim)*. Ihre Namen enthalten nach dem biblischen *nomen-omen*-Prinzip *(ChiSchmo Ken-Hu:* 1 Sam 25,25) ihren genetischen Schlüssel. Der Name *Schem* bedeutet justament „Name"; welcher Name insbesondere gemeint sei, das verrät der Noach-Segen, der des „Gottes Schem's" *(Elohe Schem)*: JHWH (Gen 9,26). Schon die Vorfahren Noachs, die Schetiten, riefen seit Urzeit „im Namen JHWH" an *(BeSchem HaSchem:* Gen 4, 26); hier wird nun JHWH zum dominanten Merkmal der Schemiten, „er wohnt in ihren Zelten" *(WeJischkon BeOhale Schem:* 9,27); später wird der Schemit Abraham beauftragt, ihn wieder in die Völkerwelt zu tragen (Gen 12,3). Der Name *Japhet* wird im Noach-Segen vom Kausativ des Verbs *Patah*, weit machen, erklärt: *Japht Elohim LeJefet*, „weit mache es Gott dem Jefet", d. h. er breite ihn aus. Nach dieser Etymologie könnte man das Verhältnis der beiden Brüder Japhet und Schem mit den Kategorien Extension und Intension auf den Begriff bringen: der eine erobert die Welt, der andere verbleibt im göttlichen Zelt. Vor hellenistischem Hintergrund ergäbe das: Japhet steht für horizontale Kulturhegemonie, Schem für vertikale Kultzentralisation,[12] vor

---

[12] Zur hellenistischen Interpretation des Noach-Segens, vgl. Flavius Josephus, *Jüdische Altertümer* I, 6,3 (Übers. von Franz Kaulen, Köln ³1892, S. 13 ff.). Interessant sind für den gegenwärtigen

christlichem Hintergrund: der eine betreibt Weltmission, der andere blickt unverwandt auf das Weltziel. Schem und Japhet machen sich dabei arbeitsteilig Cham, d. h. „warm" und „heiß", zum Untertan.

Der Talmud sieht den gemeinsamen Nenner von Schem und Japhet im züchtigen Verhalten (vgl. Gen 9,23). Eine bemerkenswerte rabbinische Homilie folgert im Blick auf das bedeckende Gewand, dass Schem und Japhet sich deswegen den Gebetsmantel *(Tallit)* und den Philosophenmantel *(Pallium)* verdient hätten *(BerR 36,6).* Die religiöse und die philosophische Sittlichkeit sind mit anderen Worten dazu berufen, gemeinsam die ausschweifende Sinnlichkeit Chams zu überwinden. Die rabbinische Etymologie *(Midrasche Schmot)* hört das wiederum aus den Namen heraus. Sie leiten den Namen „Japhet" von Schönheit *(Japhjut)* ab (bMeg 9b und BerR 36), die der griechischen Sprache und Kultur auch sonst bescheinigt wird.[13] Man könnte sagen: Bruder Gottlob (Schem) und Bruder Schöngeist (Japhet) zeigen es Bruder Hitzkopf (Cham). Im 19. Jahrhundert sah Rabbiner Samson Raphael Hirsch in dieser Stelle Schillers *Briefe über die ästhetische Erziehung der Menschen* (1793/94) vorweggenommen, wonach es die Aufgabe der japhetitischen Ästhetik sei, die chamitische Sinnlichkeit in die semitische Geistigkeit überzuführen.[14]

Hier ist daran zu erinnern, dass die Antithese „Quid ergo Athenis et Hierosolymis?" nicht jüdischen Ursprungs ist; sie stammt vielmehr vom Archegeten der lateinischen *Adversus-Judaeos*-Literatur.[15] Tertullian hat dabei das den Juden verbotene Jerusalem, *Aelia Capitolina,* und Golgotha vor Augen.[16] Zwar gibt es auch in der rabbinischen Literatur reichlich Spott der Jerusalemer über die Athener, speziell über die Philosophen,[17] doch die inklusivistische Formel „Japhet und Schem" hat

---

Zusammenhang Josephus' Identifikationen von Japhet-Gebieten mit Europa. Zu Philons allegorischer Interpretation des Noach-Fluchs und Noach-Segens vgl. seine Schrift De sobrietate, §§ 30–69. Es wäre lohnenswert, Philons Deutung mit der talmudischen Deutung zu vergleichen; vgl. Maximilian Adler / Leopold Cohn (Hg.), *Philo von Alexandrien, Die Werke in deutscher Übersetzung*, Bd. 5 (1929), Berlin ²1962, S. 88–98, bes. 96, hier Anm. 1 von Isaak Heinemann.

[13] In jMeg 1,11 wird das Griechische als Sprache der Dichtung gelobt, im Unterschied zum Hebräischen, der Sprache der Rede und dem Lateinischen, der Sprache des Krieges. Griechisch wird sogar ausdrücklich dem Aramäischen (Syrischen) vorgezogen. (bSot 49b u. ö.). Zugleich wird aber auch vor der verführerischen Schönheit dieser Sprache gewarnt. Vom Erzketzer Acher heißt es: „Griechischer Gesang verstummte nie in seinem Munde" *(bHag 15b).*

[14] Samson Raphael Hirsch, *Der Pentateuch* (Hebr. u. dt.), Bd. 1, Frankfurt am Main ⁴1903, S. 156–159 (Kommentar zu Gen 9,27).

[15] Bei Tertullian, *De carne Christi* IV, 4–5 (ed. Aem. Kroymann: Corpus Christianorum. Series Latina 2, S. 873–917, hier 881). Zu seinen antijüdischen Schriften vgl. Heinz Schreckenberg, *Die christlichen Adversus-Judaeos-Texte und ihr literarisches und historisches Umfeld (1.–11. Jh.),* (Europäische Hochschulschriften XXIII, Bd. 172), 2 Bde., Frankfurt am Main ³1995, Bd. 1, S. 216–225.

[16] Tertullian, *Adversus Judaeos* 3,4–6 und 13,4 (ed. Aem. Kroymann: Corpus Christianorum. Series Latina 2, S. 1337–1398, hier 1345 und 1385); vgl. dazu Schreckenberg, *Adversus-Judaeos-Texte,* Bd. 1, S. 223.

[17] Vgl. beispielsweise die zehn Anekdoten über die Jerusalemer und Athener in EchaR 1,4: Daniel Krochmalnik, „Der »Philosoph« in Talmud und Midrasch", in: *Trumah. Zeitschrift der Hochschule für Jüdische Studien* 5 (1996), S. 137–178.

eine jüdische Wirkungsgeschichte, die von der Antike bis zur Gegenwart reicht.[18] Der Noach-Segen: „Gott breite Japhet aus und wohne in den Zelten Schems" ist allerdings nicht ganz eindeutig. Das Subjekt der zweiten Hälfte des ersten Halbverses kann wahlweise Gott oder Japhet sein: „Gott breite Japhet aus und (Gott) wohne in den Zelten Schems" (*Jub* VII,12 und T0) oder „Gott breite Japhet aus und (Japhet) wohne in den Zelten Schems" *(TPsJ)*. Interessant ist, dass der Talmud für die zweite Variante optiert (*bMeg* 9b und *BerR* 36, 8), Japhet wohnt in den Zelten Schems, nämlich in Gestalt der Septuaginta (LXX)![19]

Der Schönheitsfehler in der Segens-Formel „Japhet und Schem" ist freilich die Verfluchung Chams; es ist eine Koalition von Religion und Zivilisation, von Mission und Domination auf Kosten Afrikas, der Farbigen, der südlichen Hemisphäre, die in der europäischen Kolonialgeschichte so furchtbare Folgen haben sollte.[20] Aber das Gegenmittel ist den Noachiden gleichfalls gegeben, es sind die sieben noachidischen Gebote, die alle drei Söhne Noachs gleichermaßen verpflichten (*Schewa Mizwot Bne Noach*[21]). Menschen, die diese Gebote halten, werden „Kinder Noachs" (*Bne Noach*) genannt, gleichgültig, ob sie nun Semiten, Japhetiten oder Chamiten sind, und sie werden in der Tradition den „Kindern Israels" (*Bne Israel*), die zu 613 Geboten verpflichtet sind, im Diesseits und im Jenseits gleichgestellt. Der Heptalog – das Siebenwort – lautet nach dem Talmud: „(das Gebot der) Rechtspflege, (das Verbot der) Gotteslästerung, des Götzendienstes, der Unzucht, des Blutvergießens, des Raubs und (des Genusses) eines Gliedes von einem lebenden Tier" (nach Gen 9,3–6; *tAwSa* 8, *bSan* 56a-b, *BerR* 34,8). Das erste Gebot, das die Einsetzung von Gerichten verlangt, besagt, dass es sich bei diesen Tafeln nicht um „unvollkommene", sondern um „vollkommene" Pflichten handelt; ihnen stehen einklagbare Rechte gegenüber – Menschenrechte werden nicht nur deklariert, sie sind justiziabel. Bei den religiösen Verboten gegen Gott – Gotteslästerung und Götzendienst – ist die negative Formulierung lehrreich. Sie sagt nur, was Noachiden nicht dürfen; was sie aber sollen, wie sie Gott angemessen dienen, bleibt weise offen. So können verschiedene positive Religionen, die den negativen Kriterien genügen, den Status von noachidischen Religionen erlangen. Einem Juden ist es wohl verboten, Gott etwas hinzuzugesellen *(Schittuf)*, nicht aber einem Noachiden. Die Christen gelten deshalb trotz der Trinitätslehre als Noachiden. Aus jüdischer Sicht müssen Christen nicht Juden werden, um selig zu werden. Ja, Christen können Vorbilder der Juden sein, obwohl jene nur

---

[18] Vgl. Ze'ev Levy, *Between Yafeth and Sem. On the Relationship between Jewish and General Philosophy* (American University Studies V/21), New York u.a. 1987, S. 139; Daniel Krochmalnik, „Paradigmen jüdischer Philosophie", in: *Trumah. Zeitschrift der Hochschule für Jüdische Studien* 11 (2001), S. 89–107.

[19] Die Halacha (*mMeg* I,8) erlaubt nur die Bibelübersetzung auf Griechisch. Es gibt in der rabbinischen Literatur aber auch entgegengesetzte Bewertungen der Septuaginta.

[20] Zur ungeheuren Wirkungsgeschichte der Völkertafel in den europäischen Sprach- und Rassenlehren, vgl. Léon Poliakov, *Der arische Mythos. Zu den Quellen von Rassismus und Nationalismus* (1971), dt. von Margarete Venjakob, Wien 1977, S. 21.

[21] Vgl. Klaus Müller, *Tora für die Völker. Die noachidischen Gebote und Ansätze zu ihrer Rezeption im Christentum* (Studien zu Kirche und Israel 15), Berlin 1994.

sieben und Juden 613 Pflichten zu beobachten haben.[22] Ein mittelalterlicher jüdischer Morallehrer drückt es so aus: höher steht, wer sieben Geldstücke schuldet und sieben zurückgibt, als derjenige welcher 613 schuldet und nur 612 zurückgibt[23]. Die sozialen noachidischen Verbote des Mordes, der Unzucht und des Raubes stimmen mit den Gesetzen auf der zweiten Tafel der Zehn Gebote überein. Man hat sie als natürliche Gesetze bezeichnet, weil keine Gesellschaft ohne sie Bestand hätte, gäbe es sie nicht, wir müssten sie erfinden, oder wie der Talmud sagt: „Wären diese Dinge nicht geschrieben, so wäre zu urteilen, daß sie geschrieben werden müssen" (*D'warim ScheIlmale Lo Nichtewu Din Hu ScheJichtewu*[24]). Die noachidischen Gebote sind *nomoi agraphoi*. Nach den Pflichten gegen Gott und gegen die Menschen, wird schließlich auch eine Pflicht gegen Tiere formuliert – und als Verbot der Tierquälerei interpretiert. Noachs Arche müsste untergehen, wenn diese sieben Regeln an Bord nicht beachtet würden.

Einige Väter des modernen Natur- und Völkerrechts haben sich auf die noachidischen Gebote berufen, so John Selden (1584–1665) in seinem *De jure naturalis et gentium juxta disciplinam Ebraeorum* (1640). Zu Recht – diese Tora gilt für alle Menschen, ohne Ansehen der Herkunft, der Rasse, der Hautfarbe – sie versöhnt Schem, Japhet und Cham.

---

[22] Vgl. den mittelalterlichen *Sefer Chassidim* aus Deutschland (Ed. Parma, Nr. 532; Ed. Bologna, Nr. 358).

[23] Sinngemäß nach Bachja ibn PaqudaVgl. Daniel Krochmalnik, „In unserer Zeit – Nostra aetate jüdisch gelesen", in: Dirk Ansorge (Hg.), *Das Zweite Vatikanische Konzil. Impulse und Perspektiven* (Frankfurter Theologische Studien 70), Münster 2013, S. 248–260, hier 251.

[24] *bJom* 67b, *Sifra* XIII,10 (ed. Weiss, 86a).

Biblische Aufklärung
als Beitrag zur Selbstwerdung Europas

Ansgar Wucherpfennig SJ

Von „biblischer Aufklärung" zu sprechen mag überraschen. Denn nicht selten wurde die Bibel im geraden Gegensatz zur Aufklärung gelesen – war es doch offenbar die Verbundenheit mit biblischen Schöpfungsvorstellungen, die die katholische Kirche lange Zeit geradezu in einer Fundamentalopposition zu den in der Neuzeit aufkommenden naturwissenschaftlichen Entdeckungen hielt. Die seltsamen Unterscheidungen zwischen „rein" und „unrein", dem Gottesvolk und den Heiden, die Eingrenzung des Bundes auf ein kleines Nationalheiligtum und sein Volk, das nicht viel größer als eine bayerische Wallfahrtskirche und deren pilgernde Umgebung war, das soll zur Aufklärung gehören? Wie sollte die Bibel mit dieser Erwählungsvorstellung eines Volkes im Nahen Osten zur Selbstwerdung Europas beigetragen haben? Und selbst die Reden Jesu, in denen Augen ausgerissen und Hände abgehackt werden (vgl. Mt 5,29 f. par.), oder die bluttriefenden Visionen der Johannesoffenbarung: die Bibel scheint auf den ersten Blick unaufgeklärt, und das gilt für das Alte wie für das Neue Testament.

Diesem Problem hat sich in Bezug auf das Alte Testament schon ein Tora-Ausleger wie Philo von Alexandrien gestellt. Um die Zeitenwende bediente er sich einer ausgefeilten Auslegungsmethodik, um in den biblischen Texten jenseits ihrer literalen Bedeutung einen allegorischen Gehalt aufzuspüren, der als solcher dann universalisierbar wäre. Aber dieses Exegese-Instrumentarium ist gerade nicht der Bibel, sondern der zeitgenössischen hellenistischen Philosophie entlehnt. Auch Paulus hat, wenn auch auf ganz anderen Wegen, der Tora und den Propheten eine Bedeutung abgewonnen, die das Gesetz als universalisierbar und den Menschen von Christus her neu verstand: „Es gibt nicht mehr Jude oder Grieche, nicht mehr Sklaven oder Freien, nicht mehr männlich und weiblich, wir alle sind einer in Christus Jesus" (Gal 3,28). Philo und Paulus mögen als erste biblische Aufklärer[1] gelten – aber die Bibel selbst?

---

[1] Vgl. Ansgar Wucherpfennig, „War Paulus ein biblischer Aufklärer? Eine Antwort im Vergleich mit Robinson Crusoe", in: Martin Frühauf / Werner Löser (Hg.), *Biblische Aufklärung – die Entdeckung einer Tradition* (Sankt Georgener Hochschulschriften), Frankfurt am Main 2005, S. 25–38.

1. „Biblische Aufklärung" – Entdeckung einer Tradition

Ein Wissenschaftliches Symposion der Hochschule Sankt Georgen widmete sich im Jahr 2003 dem Thema „Biblische Aufklärung". Bei seiner Einführung führte der Religionsphilosoph Eckhard Nordhofen programmatisch aus: „Wir bekennen freimütig, dass wir [...] den Versuch unternehmen, den Begriff Aufklärung aus dem Ausschließlichkeitsanspruch einer historischen philosophischen Strömung des 18. Jahrhunderts herauszulösen und ihn wieder auf seine biblischen Wurzeln zurückzuführen. [...] Unsere leicht oxymorontische Formulierung ‚Entdeckung einer Tradition' rechnet [...] damit, dass das regierende Klischee (gemeint ist der Aufklärung als philosophiegeschichtlicher Epoche) die biblische Aufklärung nicht als solche kennt und daher auch nicht anerkennt".[2]

Nordhofen hat den Begriff „Biblische Aufklärung" im Gespräch mit Jan Assmann und daher mit Blick auf die Entstehung eines charakteristisch biblischen Monotheismus vornehmlich innerhalb des Alten Testaments gewonnen. Seine vielfältigen Anregungen sollen im Folgenden aus der Perspektive des Neuen Testaments mit einer Erwägung zum Römerbrief aufgegriffen und mit einem Gedanken zum biblischen Sprechen von Gott weitergeführt werden.

Dabei kann es nicht darum gehen, die Bibel in Form eines rationalen Kondensats nachträglich zu aufgeklärten Ehren zu bringen. Schon Heinrich Heine hat ein solches Bemühen als vergeblich betrachtet. Orthodoxe Katholiken hatte er „trotz ihrem düstern blutrünstigen Zelotismus" immer noch lieber als „die toleranten Amphibien des Glaubens und des Wissens, [...] die mit den heiligen Symbolen nur liebäugeln, aber keine ernsthafte Ehe eingehen wollen".[3] Zwar scheinen mir düstere und blutrünstige Katholiken keineswegs biblischer Aufklärung entsprungen zu sein; sie sind mir auch nicht lieb, auch dann nicht, wenn sie sich, was häufig der Fall ist, mit der Bibel besonders orthodox geben. Aber die Bibel spricht, wenn sie von Gott spricht, oft vor-reflexiv und in spontaner Metaphorik. Sie lässt viele Bilder nebeneinander stehen, auch wenn sie widerständig bleiben. Es kann kein Interesse der Suche nach einer biblischen Aufklärung sein, die vielen fremden Töne im biblischen Sprechen von Gott mit einer rationalen Hermeneutik wegzuerklären; denn gerade seine Widerborstigkeit für heutiges Verstehen ist ein Grund, warum das biblische Sprechen von Gott bis heute lebendig ist.

Es geht allerdings darum, die Bibel als einen Teil der Identität Europas zu reklamieren, einer Identität, die Europa noch nicht erlangt hat, sondern die es erst noch finden muss. Die unabgeschlossene Identitätsfindung Europas deutet auch die biblische Interpretation der Symbolik der Europaflagge an. Ihre zwölf Sterne vor dem

---

[2] Eckhard Nordhofen, „Biblische Aufklärung – die Entdeckung einer Tradition", in: Frühauf / Löser, Biblische Aufklärung, S. 9–24, hier 11f. – Nordhofen ist im Begriff, seinen Ansatz in einer Monographie zu entfalten. Vgl. auch Gerhard Lohfink, Ringen um die Vernunft. Reden über Israel, die Kirche und die europäische Aufklärung, Freiburg – Basel – Wien 2016.

[3] Heinrich Heine, „Lutetia. Anhang, Paris 8. Juli 1843", in: Heinrich Heine, Lutetia. Bericht über Politik, Kunst und Volksleben, hg. von Karl-Maria Guth, Berlin 2014, S. 231.

tiefblauen Grund nehmen die Vision der Himmelskönigin in der Mitte der Johannesoffenbarung auf (Offb 12). Der Seher der Offenbarung sieht dabei kein friedliches Bild. Dazu hat es erst die spätere marianische Ikonographie gemacht: Die Himmelskönigin ist mit der Sonne bekleidet, ihre Füße ruhen auf dem Mond als ihrem Thronschemel und um das Haupt trägt sie einen Kranz von zwölf Sternen als Krone. Aber in der Offenbarung schreit die Königin in Geburtswehen und vor Angst vor dem anderen Bild, das sich neben ihr vor dem Seher erhebt: ein vielköpfiger Drache, ein düsteres Komplexmonster, tritt der Himmelskönigin gegenüber und droht, ihr noch nicht geborenes Kind zu verschlingen. Die zwölf Sterne entsprechen der Zahl der Tierkreiszeichen und stellen damit das Urbild einer kosmischen Harmonie dar. In der Vision des Sehers der Offenbarung stehen sie aber auch für die Zwölf Stämme des Volkes Israel, sie sind unter den Lichtkörpern zur Krone der Himmelskönigin geworden, die aber ihren endgültigen Ort noch nicht gefunden hat.

2. Europa als geographische Größe

Als geographisch-politische Größe gerät Europa erst in den Spätschriften der Bibel, im Neuen Testament, in den Blick: Paulus und seine Reisebegleiter werden in der Apostelgeschichte von einem Mazedonier, der ihnen nachts erscheint, von Troas auf das griechische Festland herübergewinkt, und in Philippi treffen sie auf eine jüdische Gebetsstätte (Apg 16,6–15). Dort wird mit Lydia eine Purpurhändlerin die erste europäische Christin. Dies entspricht heutiger politischer Perspektive, die zudem hinsichtlich der Ostgrenze der Europäischen Union auch noch umstritten ist. Die Missionare um Paulus sind von der römischen Provinz Asia in die Provinz Mazedonien übergesetzt; ob sie selbst dies zusätzlich zu den geographischen Grenzen als Überschreiten in ein neues kulturell-religiöses Gebilde erfahren haben, ist nicht sicher. Auf beiden Seiten der Ägäis wurde griechisch gesprochen.

Nach der biblischen Geographie ist Europa das Siedlungsgebiet des Noah-Sohnes Japhet und seiner Nachkommen. So sieht es die Völkertafel in Genesis 10: Dem Noah-Sohn Sem und seinen Nachkommen sind Mesopotamien und Arabien zugeteilt, Ham hingegen Ägypten mit den angrenzenden Gebieten. Am westlichen Taurusgebirge, im heutigen Südwesten der Türkei, treffen die Gebiete des Noah-Sohnes Sem und seiner Nachkommen, der Semiten, und das Gebiet Japhets aufeinander. Tarsus am Fuße des Taurus, Paulus Herkunftsstadt, war also bereits das Gebiet Japhets; kein Wunder, dass er Japhet am Ende seines Lebens auch bis an seine Grenzen, nämlich bis nach Spanien bereisen wollte.

Es scheint aber, dass die paulinische Mission am Anfang einem biblischen Plan folgt. Im Buch Genesis heißt es über die Noah-Söhne (Gen 9,27): „Weiten Raum schaffe Gott für Japhet und er wohne in dem Haus Sems, Ham aber soll sein Knecht sein." Japhet, Griechenland und Europa, sind also Sem verbunden. Dieser Segen wurde schon im antiken Judentum missionarisch verstanden: Japhet – das griechisch-lateinische Europa – soll in den Lehrhäusern Sems sitzen.

In christlicher Deutung finden wir dies bei Irenäus im 2. Jahrhundert wieder: „Der Segen Jafets aber ist dieser: ‚Weiten Raum schaffe Gott für Jafet, und er wohne in dem Hause Sems, Ham aber soll sein Knecht sein' (Gen 9,27); und das soll bedeuten, dass am Ende der Zeiten Gott den Ausersehenen des Herrn aus der Berufung der Heiden eine Blütezeit erstehen lassen hat, indem er ihnen die Berufung erweitert hat. Und weiter: ‚Über die ganze Erde ist ihre Rede ausgegangen, bis an die Grenzen der Welt ihre Worte' (Ps 19,5)! ‚Weiten Raum schaffen' ist nun von der Berufung aus den Heiden zu verstehen, das heißt von der Kirche; und ‚er wohne im Hause Sems' soll heißen (er soll wohnen) in dem Erbe der Väter, in Christus Jesus die Erstgeburtsrecht empfangend".[4]

Es spricht einiges dafür, dass die Zeilen des Irenäus hier auch die Missionsstrategie des Paulus wiedergeben. Denn Paulus plant im Römerbrief seine Mission bis an die westlichen Grenzen des Gebiets Japhets, d.h. bis nach Spanien, auszudehnen. Die afrikanische Seite des Mittelmeeres von Ägypten bis nach Mauretanien liegt dagegen offenbar nicht in Paulus Aufmerksamkeit. Dies ist eine auffällige Beschränkung, zumal ja schon in der ersten Generation Christen aus den afrikanischen Mittelmeerländern kamen. Sie mag ihren Grund in dem Segensspruch der Söhne Noahs aus dem Buch Genesis haben, der Ham dem Sem nur als Knecht zuordnet.

Auf jeden Fall erscheint in der Mission des Paulus – also in den Spätschichten der Bibel – zum ersten Mal das Gebiet, das sich heute geopolitisch und kulturell als Europa versteht. Es erscheint als eine Größe, die ihre Kultur und Bildung aber nicht aus Herkunftsorten innerhalb ihrer eigenen Grenzen verdankt, sondern weit im Osten. „Licht vom Osten" lautet der Titel des 1908 erschienenen Hauptwerkes des Ökumenikers und Papyrologen Adolf Deissmann.[5] Der Titel beschreibt programmatisch Europas Perspektive auf seine biblischen Wurzeln.

3. Vorgeschichte biblischer Aufklärung

Wenn man Aufklärung nicht als Begriff für eine bestimmte Epoche versteht, sondern ideengeschichtlich, dann hat Europa den biblischen Anstoß zu seiner Aufklärung und damit zur Selbstwerdung nicht aus seinen eigenen Grenzen heraus empfangen, sondern aus jenem religiösen und kulturellen Umfeld in seinem Osten, in dem die biblischen Schriften entstanden sind. In allen europäischen Sprachen verwenden die Ausdrücke für das Verständnis der Aufklärung als Epoche eine Lichtmetaphorik: Das Französische spricht vom „Siècle des Lumières", das Englische vom „age of enlightenment", das Italienische vom „Illuminismo".[6]

Wenn wir die Schichten des späteren Monotheismus, der in der Bibel vor allem

---

[4] Irenäus von Lyon, *Darlegung der Apostolischen Verkündigung / Epideixis* 21, übers. u. eingeleitet von Norbert Brox (Fontes Christiani 8/1), Freiburg – Basel – Wien 1993, S. 46.

[5] Adolf Deissmann, *Licht vom Osten. Das Neue Testament und die neuentdeckten Texte der hellenistisch-römischen Welt*, Tübingen 1908, ⁴1923.

[6] Zur Lichtmetaphorik der Aufklärung vgl. Ulrich Im Hof, „Enlightenment, lumières, Illuminis-

in der Exilszeit bei Deuterojesaja und im Buch Deuteronomium greifbar wird, archäologisch abheben, stoßen wir ebenfalls auf die Lichtmetaphorik. In der Armana-Zeit im 14. Jahrhundert vor Christus führt der Pharao Echnaton ein prä-monotheistisches System ein, das Anleihen am Sonnenkult nimmt. Der Gott Aton bleibt der einzige Gott Ägyptens und ist als Sonnenscheibe symbolisiert, mit der sich die Gottheit ihrer Schöpfung zuwendet; er entzieht sich aber sonst jeglicher gestalthaften Darstellbarkeit. Auch im persischen Zoroastrismus werden Gottesbilder abgelehnt; allerdings brennt in Tempeln ein Feuer, also ebenfalls eine Lichtquelle, die die Gottheit symbolisiert. Aus der sonstigen Bildlosigkeit entwickelt sich die Vorstellung eines transzendenten „Hohlraums" (Kurt Rudolph)[7], aus dem die verschiedenen Dualismen von Licht und Finsternis, Wahrheit und Lüge hervorgehen. Jenseits der verschiedenen wechselnden Lichter und Dunkelheiten gibt es ein Licht, dessen ungreifbare Existenz das Hervorgehen aller anderen sich widerstreitenden Dualismen garantiert.

Wenn der Seher in der Offenbarung in der schon zitierten Vision den Zwölf-Sterne-Kranz sieht, die Sonne als Kleid der Himmelskönigin und den Mond zu ihren Füßen, dann ist dabei vorausgesetzt, dass diese Himmelslichter keine Götter sind. Die Visionen schieben sich vor den eigentlichen Pantokrator, dessen Gestalt und Aussehen auf dem Thron nicht näher beschrieben, sondern nur mit dem Strahlen von Edelsteinen verglichen wird (Offb 4,3). „In deinem Licht schauen wir das Licht" formuliert die Bibel dieses Aufklärungsprogramm in Psalm 36,10 und unterscheidet so im Wortspiel das wahrnehmbare Licht der Himmelskörper, das Gott erschafft und in seiner Existenz erhält, von dem Licht, das „sein Licht" ist. In ihm entzieht er sich selbst menschlichem Erkennen; gleichwohl und zugleich ist es Bedingung, alles geschaffene Licht zu schauen. Der Johannesprolog spricht von dem gleichen unzugänglichen Licht Gottes, wenn er sagt, dass der Logos das Licht der Menschen sei (Joh 1,4). Die Licht-Metaphorik ist also in einer Archäologie des Monotheismus mit der Entdeckung der Einzigartigkeit und der Unvergleichlichkeit Gottes verbunden.

Von daher lässt sich die Begriffsbildung einer „biblischen Aufklärung" gut begründen. Sie orientiert sich überdies am Gedanken einer vorsokratischen Aufklärung. Denn bereits die vorsokratische Aufklärung formuliert mit den Voraussetzungen ionischer Rationalität und Naturphilosophie eine frühe Religionskritik: „Doch wenn Ochsen oder Löwen Hände hätten oder vielmehr malen könnten mit ihren Händen und Kunstwerke herstellen wie die Menschen, dann würden Pferde pferdeähnlich, Ochsen ochsenähnlich der Götter Gestalten malen und solche Körper bilden, wie jeder selbst gestaltet ist. [...] Die Äthiopier malen ihre Götter plattnasig und schwarz, die Thraker blauäugig und rötlich".[8] Die Worte des Xenophanes klin-

---

mo, Aufklärung. Die ‚Ausbreitung eines besseren Lichtes' im Zeitalter der Vernunft", in: Maja Slivar (Hg.), *Und es ward Licht. Zur Kulturgeschichte des Lichts,* Bern – Frankfurt am Main 1983, S. 115–136.

[7] Vgl. Kurt Rudolph, *Die Gnosis. Wesen und Geschichte einer spätantiken Religion,* Göttingen ⁴2005, S. 302; Wolfgang Baum, *Negativität als Denkform. Die Konstitution monotheistischer Religion erklärt durch Prolegomena zur Negativen Theologie* (Habilitationsschrift 2010), Paderborn 2014, S. 34.

[8] Zitiert bei Clemens von Alexandria, *Stromateis* V 109,3 (Diels-Krantz 21 B 15); VII 22,1 (Diels-

gen wie eine Ouvertüre zur späteren Aufklärung, wenn er auch mit seiner Ablehnung der Gottesbilder zunächst weitgehend allein bleibt. Herodot bezeugt freilich, wie in Persien „Götterbilder, Tempel und Altäre" abgelehnt werden, ganz im Unterschied zu den Hellenen, wo menschenähnliche Vorstellungen von Göttern üblich seien. Dabei wird Xenophanes keineswegs zum Atheisten: „Ein einziger Gott, unter Göttern und Menschen der größte, ist weder dem Körper noch der Einsicht nach in irgendeiner Weise den Sterblichen gleich."[9]

Ganz ähnliche Texte,[10] welche die Ahnung der Existenz eines höchsten Gottes und Bildkritik miteinander verbinden, finden sich in der Bibel. Die Bibel hat also keineswegs ein Monopol auf den Monotheismus; sie steht vielmehr innerhalb einer – wohl auch vielfach vernetzten – Entwicklung, innerhalb derer ein oberstes Prinzip außerhalb des Einfluss- und Erkenntnisbereiches des Menschen entdeckt wird. Dieses höchste Prinzip allen Seins ist in Distanz zu allem, was sich in der Reichweite menschlicher Erfahrung befindet. Daher wird auch seine Abbildbarkeit abgelehnt.

4. Negative Theologie?

Wolfgang Baum hat in seiner Untersuchung *Negativität als Denkform* zu den theologischen Motiven des biblischen Monotheismus und zu seiner späteren Rezeption eine negative Theologie als wesentliches Anfangsmoment in der Erkenntnis Gottes ausfindig machen wollen: „Der Sinn eines negativ verstandenen Gottes steht einer positiven Gotteslehre nicht nur nicht entgegen, sondern begründet als Grunderfahrung vielmehr deren rationale Plausibilität. Die Erfahrung der negativen Selbstbekundung Gottes ‚als der ganz Andere' steht am Beginn der Reflexion (über Gott) und bedeutet nicht ihr Ende."[11] Für Baum ist die „Negativität als Denkform" konstitutiv für die Entstehung des biblischen Monotheismus. Dabei geht er davon aus, dass sich im Neuen Testament nur in wenigen Texten Beiträge zu dieser negativen Theologie finden. Stattdessen beruft er sich für deren Begründung vor allem auf die frühe Rezeption, in der sich das Neue Testament mit dem Mittelplatonismus verbindet. Als Ausnahmen nennt er lediglich den Johannesprolog und den Hebräerbrief.

Mit der Denkform der Negativität führt die biblische Aufklärung in das Sprechen von Gott ein grundsätzliches Moment der Kritik an allen Vorstellungen von Gott ein, das auch seine Existenz nicht ausschließt. Man kann dieses Moment der Kritik als bleibendes Moment biblischer Aufklärung sehen. Es dient der Eliminie-

---

Krantz 21 B 16): Xenophanes, *Die Fragmente*, München – Zürich 1983, S. 43 f.; ferner Jaap Mansfeld (Hg.), *Die Vorsokratiker. Griechisch/deutsch*, Stuttgart 1987, S. 222 f.

[9] Zitiert bei Clemens von Alexandria, *Stromateis* V 109,1 (Diels-Krantz 21 B 23): Xenophanes, *Fragmente*, S. 170–172; Mansfeld, *Vorsokratiker*, S. 224 f.

[10] Für weitere Beispiele vgl. Eckhard Nordhofen, *Texte zur Bildtheologie* (Klassiker Theologie, Bd. 2), Limburg 2012.

[11] Baum, *Negativität als Denkform*, S. 23.

rung gottfremder Elemente im menschlichen Denken von Gott, und daher der Annäherung an das Besondere und Einzigartige seines Geheimnisses. Die Kritik bewahrt Gott vor seiner Funktionalisierung in zweckrationalen Kausalzusammenhängen und auch vor seiner Vereinnahmung für politische Zwecke. Nordhofen hat solche Vereinnahmungen als „usurpatorische Versuchung" des Monotheismus bezeichnet.[12] Die biblische Aufklärung bleibt daher ein wichtiges Moment, das auch heute ein Kriterium der westlichen Monotheismen ist.

Hier kann die christliche Bibel einen Beitrag zu einem Trialog der drei Heiligen Schriften in Judentum, Christentum und Islam leisten. Diese Idee hat Angelika Neuwirth mehrfach vorgetragen; sie stellt den Koran in ein intertextuelles Netz mit den Grunddokumenten der europäischen Geistesgeschichte, zu denen sie nicht nur das Alte und das Neue Testament zählt, sondern auch die Traditionen der antiken bzw. spätantiken Glaubensbekenntnisse.[13] Allerdings gibt es im Grunde keine drei Heiligen Schriften; denn die hebräische Schrift ist integraler Bestandteil der christlichen Bibel. Sie ist, wenngleich in der griechischen Übersetzung der Septuaginta, in die christliche Bibel eingegangen. Die Konstitution einer negativen Denkform setzt sich im Neuen Testament fort, auch wenn dieser Begriff zu differenzieren ist.

5. Privativer Vorbehalt

Baums gründliche Recherche lässt sich mit Blick auf den Begriff „Biblische Aufklärung" noch präzisieren. Hierzu bietet sich eine Stelle an, die als *locus classicus* für eine natürliche Theologie gilt: „Denn seine unsichtbare Wirklichkeit wird seit Erschaffung der Welt an seinen Werken durch den Verstand wahrgenommen, d.h. seine ewige Macht und Gottheit, so dass sie unentschuldbar sind" (Röm 1,20). Da Paulus hier von der Erkennbarkeit Gottes ausgeht, wird diese Stelle oft als Schriftbeleg für die positive Erkennbarkeit Gottes aus seiner Schöpfung angeführt. Sie könnte also gerade als Beleg für Baums Annahme dienen, dass die Formen von Negativität als Denkform der Existenz Gottes im Neuen Testament kaum Verbreitung gefunden haben. Allerdings verwendet Paulus diese Stelle als rhetorische Schluss-Argumentation (Enthymem)[14] *gegen* die Abbildbarkeit Gottes: „Sie behaupteten zwar, weise zu sein; aber sie wurden zu Toren. Und sie tauschten die Herrlichkeit des unvergänglichen Gottes ein gegen ein Bild, das einen vergänglichen Menschen, Vögel, Vierfüßler oder Kriechtiere darstellt" (Röm 1,23).

Paulus' Schlussfolgerung aus der Erkennbarkeit Gottes dient also gerade der grundsätzlichen Kritik an allen bildhaften Vorstellungen von Gott. Sie passt daher gut in den Rahmen, den Baum für seine Rekonstruktion negativer Theologie mit

---

[12] Vgl. Nordhofen, *Biblische Aufklärung*, S. 15.

[13] Vgl. Angelika Neuwirth, *Der Koran als Text der Spätantike. Ein europäischer Zugang*, Berlin 2010.

[14] Hier und zum Folgenden vgl. John G. Cook, „The Logic and Language of Romans 1,20", in: *Biblica* 75 (1994), S. 494–517.

ihren biblischen Wurzeln abgesteckt hat. Baums Feststellung, „die neutestamentlichen *Texte* lassen daher auf *den ersten Blick* nur wenig Rückschlüsse auf die Konstitutionsleistung Negativer Theologie zu" mag zwar richtig sein, es lohnt sich allerdings ein zweiter Blick, bei dem dann aber auch die Idee einer „Negativität als Denkform" überprüft werden muss.

In diesem zweiten Blick lassen sich in dem *locus classicus* natürlicher Theologie Römer 1,20 durchaus sogenannte „negative" Momente ausmachen: Was erkennbar ist, ist Gottes unsichtbare Wirklichkeit (τὰ ἀόρατα αὐτοῦ). Paulus spielt mit dem griechischen Verb für „Sehen, Schauen" ὁράω. Gottes unsichtbare Wirklichkeit wird den Werken seiner Schöpfung ab-geschaut: καθορᾶται. Aber diese wird wiederum nur als νοούμενα, als intelligible Wirklichkeit, geschaut. Gelegentlich wird überlegt, ob hier nicht sogar ein Einfluss des platonischen Timaios vorliegt, nach dem der νοῦς die Welt schafft, indem er sie den geistigen Formen, den Ideen, des κόσμος νοητός abschaut.

Paulus geht hier also von einer Wahrnehmung aus, die Sehen und Denken kombiniert. Allerdings scheint an diesem Punkt mit Blick auf die Suche nach einer „biblischen Aufklärung" als Beitrag zu einem Selbstverständnis Europas auch Baums Idee einer negativen Theologie noch nicht ganz geeignet. Baum hat sie vor allem aus den massiven negativen Beschreibungen von Gottes Existenz in Texten gewonnen, in denen sich biblische Theologie bereits mit dem Mittelplatonismus verbindet. Hier trifft sie auch tatsächlich zu, vor allem auf negative Reihungen in gnostischen Texten wie etwa im *Tractatus Tripartitus* aus der Bibliothek von Nag Hammadi: „Was aber in seiner Existenz und Seinsweise und nach dem ihm eigenen Wesen anbelangt: kein Verstand vermag ihn zu verstehen, kein Wort kann ihm je entsprechen, kein Auge kann ihn je sehen, kein Körper kann ihn je umfassen aufgrund seiner unerreichbaren Größe, seiner unergründlichen Tiefe, seiner unermesslichen Höhe und seiner unfassbaren Ferne".[15]

Für das biblische Sprechen von Gott trifft die Beobachtung der Negativität noch nicht präzise genug. Eckhard Nordhofen hat in diesem Zusammenhang den Begriff der „privativen Vorenthaltung" geprägt. Er eignet sich besser, um zu erfassen, wie Paulus in der Spätzeit der biblischen Schriften mit der Erkennbarkeit Gottes argumentiert. Die Wahrnehmung von Gottes Existenz in seiner Schöpfung enthält noch einmal ein Moment, in dem sich Gott menschlichem Zugriff entzieht. Wahrgenommen wird eben τὰ ἀόρατα αὐτοῦ (Röm 1,20), seine unsichtbare Wirklichkeit, und sie wird nicht als Gesehenes geschaut, sondern als νοούμενα (ebd.), als geistige Form, als intelligible Wirklichkeit. Hier greifen privative Momente und assertorische Momente im Sprechen von Gott ineinander.

---

[15] *Tractatus Tripartitus* 54,14–24 (NHC I,5 nach der Übers. von Peter Nagel, *Der Tractatus Tripartitus aus N.H. Codex I (Codex Jung)*, Tübingen 1998, S. 23; eine davon abweichende Übersetzung bietet Hans-Martin Schenke, in: *Nag Hammadi Deutsch. Eingeleitet und übersetzt von Mitgliedern des Berliner Arbeitskreises für Koptisch-Gnostische Schriften*, Berlin 2007, S. 39); vgl. auch Baum, *Negativität als Denkform*, S. 205.

Solche Momente privativer Vorenthaltung finden sich nicht nur im biblischen Sprechen von Gott, sondern auch von Christus. Das *noli me tangere* ist hierfür ein treffendes Beispiel. Im Griechischen ist es nicht so scharf, wie es im Deutschen klingt, aber auch μή μου ἅπτου (Joh 20,17) will eine versuchte Berührung unterbrechen. Ob es dazu kam, lässt der Erzähler offen, ebenso wie er offen lässt, ob Thomas mit seinen Fingern in die Wundmahle der Nägel und die Seitenwunde gegangen ist. Auch hier ergibt sich ein Ineins von assertorischen Kontakt-Momenten der Begegnung und einer privativen Entzogenheit des Auferstandenen.

6. Das Ineins von Entzogenheit und Zuwendung als Beitrag zu einer fortdauernden Selbstwerdung

Die Kombination von privativer Entzogenheit Gottes und assertorischer Gegenwart ist noch charakteristischer für den Beitrag biblischer Aufklärung zur Selbstwerdung Europas als das bloße Primär-Moment einer negativen Denkform. Denn gerade das Zusammen von Gegebenheit und Entzogenheit schickt den Menschen ständig neu auf die Suche nach Wahrheit, die biblisch nicht als Besitz gedacht werden kann, sondern als beständiger Prozess neuer Ent-Deckung. Lessings berühmte Sätze über die Wahrheit, die die Hoch-Zeit der Aufklärung in Deutschland repräsentieren, denken dieses Moment biblischer Aufklärung in treffender Weise weiter: „Nicht die Wahrheit, in deren Besitz irgendein Mensch ist oder zu sein vermeinet, sondern die aufrichtige Mühe, die er angewandt hat, hinter die Wahrheit zu kommen macht den Wert des Menschen. Denn nicht durch den Besitz, sondern durch die Nachforschung der Wahrheit erweitern sich seine Kräfte, worin allein seine immer wachsende Vollkommenheit besteht. Der Besitz macht ruhig, träge, stolz."[16] Und die fiktive Wahl, die Gott Lessing am Ende anbietet, bezieht die Wahrheit in Gottes zugewandte Entzogenheit ein: „Wenn Gott in seiner Rechten alle Wahrheit und in seiner Linken den einzigen immer regen Trieb nach Wahrheit, obschon mit dem Zusatze, mich immer und ewig zu irren, verschlossen hielte und spräche zu mir: wähle! Ich fiele ihm mit Demut in seine Linke und sagte: Vater gib! Die reine Wahrheit ist ja doch nur für dich allein".[17]

---

[16] Gotthold Ephraim Lessing, „Duplik (Über die Wahrheit, 1777/8)", in: Ders., *Werke und Briefe. Theologische Schriften I: Werke 1774–1778* (Bibliothek deutscher Klassiker 45), Frankfurt am Main 1989, S. 510$_{4-10}$).
[17] Ebd. (S. 510$_{11-16}$).

Die Polemik des ‚Christlichen Abendlandes' gegen Judentum und Islam

Reinhold F. Glei

Gibt es eine Polemik des ‚Christlichen Abendlandes' gegen Judentum und Islam? Um diese Frage zu beantworten, muss zunächst festgehalten werden, was in diesem Beitrag unter ‚Polemik' zu verstehen ist. Als Literaturwissenschaftler befasse ich mich mit Texten (nicht nur mit literarischen, sondern auch mit Sachtexten, weshalb ich mich eher als Textwissenschaftler bezeichnen würde), und in der gängigen Terminologie der textwissenschaftlichen Forschung bezeichnet ‚Polemik' im Zusammenhang mit Religion(en) in erster Linie eine Textsorte, nämlich ‚polemische' Traktate, längere Abhandlungen ohne (expliziten) literarischen Anspruch, die in der Regel gegen eine, bisweilen auch gegen mehrere Religionen gerichtet sind. Davon zu unterscheiden ist die Textsorte der Dialoge, die in der Regel einen höheren literarischen Gestaltungsgrad aufweisen. Als Textsorte bezeichnet ‚Dialog' nicht die Qualität der Diskussion (im Sinne unseres heutigen, positiv besetzten Dialogbegriffs, der Toleranz und die Bemühung um ein gegenseitiges Verständnis impliziert), sondern zunächst einmal nur die Quantität: Während Traktate monologische Äußerungen sind, in die allenfalls der Leser oder ein fiktiver Gegner als Gegenüber einbezogen wird, funktionieren Dialoge im Sinne der mittelalterlichen Etymologie als ‚Dyaloge' (oder Trialoge usw.), d. h. als Austausch mindestens zweier Sprecher. Auch Dialoge können eine ‚polemische' Zielsetzung haben, nicht nur dadurch, dass die auftretenden Personen ihrerseits mehr oder weniger lange polemische Gesprächsbeiträge liefern, die bisweilen Traktatlänge erreichen können, sondern auch durch das Dialogsetting und den Dialogausgang, der in der Regel mit dem Sieg einer Partei endet.[1] Weiterhin ist festzuhalten, dass ‚Polemik' im oben skizzierten, textwissenschaftlichen Sinn nicht per se qualifizierend, d. h. nicht mit unsachlicher, böswilliger oder verunglimpfender Redeweise gleichzusetzen ist, wiewohl sich eine solche natürlich häufig findet; Polemik kann – und ist es in vielen Fällen auch – durchaus sachgeleitet sein. Ziel der Polemik ist, wie der Begriff sagt, die Bekämpfung, Widerlegung oder Überzeugung des Gegners, die Abschreckung von Zweiflern oder/und die Selbstvergewisserung der eigenen Gruppenidentität.

Wenn wir nun fragen, ob es eine spezifische Polemik des ‚Christlichen Abendlandes' gibt, ist dies eine Frage nach den Inhalten und Methoden der Argumentation. Sie impliziert zum einen die Frage, ob in der Polemik christlicher Provenienz

---

[1] Vgl. Reinhold Glei, „Religious Dialogues and Trialogues in the Middle Ages: A Preliminary Essay", in: *Medievalia et Humanistica* 38 (2012), S. 21–36.

der Begriff ‚Abendland' oder allgemeiner der Gegensatz von Orient und Okzident eine Rolle spielt, zum anderen die Unterstellung eines möglichen unterschwelligen Orientalismus, jenseits von plakativen Begriffen und pauschalen Behauptungen. Da ich nur die mittelalterlichen und frühneuzeitlichen Quellen wenigstens in Ansätzen überblicke, kann ich diese Fragen nur für einen eingeschränkten Zeitraum untersuchen, und auch hier natürlich nur exemplarisch einige Beobachtungen mitteilen. Ich werde mich aus den genannten Gründen auf einige (vorwiegend lateinisch schreibende) Autoren des 11. bis 15. Jahrhunderts konzentrieren. Mein Gegenstand sind also Traktate und gegebenenfalls Dialoge aus diesem Zeitraum, die von christlichen Autoren gegen Judentum und Islam geschrieben wurden; es geht um Themen, Methoden und Argumentationsstrategien sowie um eventuelle Gemeinsamkeiten und Unterschiede. Zahlreiche dieser Autoren haben sich sowohl zum Judentum als auch zum Islam geäußert, und diese bieten sich daher für eine vergleichende Betrachtung besonders an. Im Mittelpunkt steht hierbei die Auseinandersetzung mit dem Talmud bzw. dem Koran, die im lateinischen Christentum etwa gleichzeitig im 12. Jahrhundert einsetzt. Seitenblicke auf die byzantinische Polemik können aus Platzgründen nur wenige geworfen werden; sie sind allerdings für unsere Ausgangsfrage durchaus bedeutsam, wie wir noch sehen werden.

1. Christliche Polemik gegen das Judentum

Zunächst einige Beobachtungen zur christlichen Polemik gegen das Judentum.[2] Bis zum 12. Jahrhundert war diese fast ausschließlich von der Christologie und der damit zusammenhängenden Frage nach der Auslegung des Alten Testamentes dominiert. Nachdem die Alte Kirche gegen die Markionitische Häresie das Alte Testament prinzipiell als Offenbarungsschrift anerkannt und sich damit ein Auslegungsproblem eingehandelt hatte, musste sich die Auseinandersetzung zwischen Christentum und Judentum auf die Christologie (im Sinne einer Messianologie) konzentrieren. Kernpunkt hierbei war die Legitimität bzw. Notwendigkeit einer typologischen Exegese des Alten Testamentes. Unabhängig davon stellte die soteriologische Begründung der dogmatisch bereits in der Spätantike festgelegten trinitarischen und hypostatischen Rolle Christi ein theologisches Problem dar, das Ende des elften Jahrhunderts von Anselm von Canterbury schlagwortartig formuliert und im Sinne der sog. Satisfaktionstheorie gelöst wurde.[3] Diese hatte auch unmittelbaren Einfluss auf die Diskussion mit den Juden. In seiner wohl um 1100 entstandenen

---

[2] Zur allgemeinen Orientierung vgl. das Standardwerk von Heinz Schreckenberg, *Die christlichen Adversus-Judaeos-Texte (11.–13. Jh.). Mit einer Ikonographie des Judenthemas bis zum 4. Laterankonzil*, Frankfurt am Main 1988, ³1997.
[3] Anselms Schrift *Cur Deus homo?* (Warum [ist] Gott Mensch [geworden]?) entstand ca. 1095–1098. Textausgabe: *Anselm von Canterbury, Cur Deus homo – Warum Gott Mensch geworden. Lateinisch und deutsch*. Besorgt und übersetzt von Franciscus Salesius Schmitt OSB, Darmstadt 1956, ⁵1993.

Disputatio Judaei et Christiani referiert Gilbert Crispin (ca. 1046–1117), Abt von Westminster in London, Schüler und Freund des Anselm von Canterbury, ein Gespräch, das er von einigen Jahren mit einem aus Mainz stammenden Londoner Juden geführt haben will (Mainz war seit dem frühen 11. Jahrhundert ein Zentrum jüdischer Gelehrsamkeit). In dem Dialog[4] geht es, im Gegensatz zu früheren Auseinandersetzungen mit dem Thema, nicht in erster Linie um Schriftbeweise für die Messianität Jesu, sondern um die Möglichkeit einer *rationalen* Begründung der Inkarnation, die im Sinne der Satisfaktionstheorie Anselms gegeben wird. Gilberts Dialog verfährt dabei, wie man erwarten darf, eher apologetisch als polemisch, und der jüdische Gesprächspartner wird überdies sehr respektvoll behandelt und auch nicht zur Konversion genötigt. Ähnliches gilt für die *Disputatio cum Judaeo Leone* des Odo von Cambrai (gest. 1113), die möglicherweise ebenfalls auf ein reales Gespräch zurückgeht, das der Bischof von Cambrai 1106 auf der Durchreise mit einem Mitglied der jüdischen Gemeinde von Senlis geführt haben will.[5] Auch dieser Dialog ist primär apologetisch – eine tiefergehende Kenntnis jüdischer Argumente, wie sie etwa der berühmte zeitgenössische Bibelkommentator Rashi (R. Shlomo ben Jizchaqi, 1040–1105), der im nordfranzösischen Troyes wirkte, in polemischer Auseinandersetzung mit den christlichen *Minīm* (Häretikern) entwickelt hatte, sucht man freilich sowohl bei Gilbert als auch bei Odo vergebens.[6]

In literarischer Hinsicht ein Highlight und von kaum zu überschätzender Bedeutung in der Geschichte der christlich-jüdischen Polemik ist der *Dialogus* des spanischen Arztes Petrus Alfonsi (getauft 1106), den dieser als sog. *converso* mit seinem früheren jüdischen Ich, R. Moshe ha-Sephardi, führt. In dieser Schrift,[7] entstanden wahrscheinlich in England kurz nach dem Tode Anselms (1109) zwischen 1110 und 1115, werden erstmals rabbinische Lehren durch Zitate bzw. Übersetzungen aus dem Talmud greifbar und im christlichen Umfeld rezipiert. Alfonsi referiert auf den Talmud aber noch sehr punktuell als *Doctrina Judaeorum* (,Talmud' bedeutet ja wörtlich ,Lehre', *doctrina*), d. h. als Lehre bestimmter rabbinischer Autoritäten, darunter des auch sonst häufig zitierten und manchmal sogar als Autor des gesamten Talmud apostrophierten Gamaliel, der in der Apostelgeschichte (22,3) als Lehrer des Paulus erwähnt wird.[8] Der polemische Impetus wird vor allem dadurch bestimmt, dass Alfonsi den Talmud auf die aggadischen (also narrativ-literarischen) Elemente reduziert und die halachische Ebene (also die der Auslegung des mosai-

---

[4] Textausgabe: *Gilbert Crispin, Disputatio iudaei et christiani – Religionsgespräche mit einem Juden und einem Heiden*. Lateinisch-deutsch übers. und eingeleitet von Karl Werner Wilhelm / Gerhard Wilhelmi (Herders Bibliothek der Philosophie des Mittelalters 1), Freiburg – Basel – Wien 2005.

[5] Eine moderne Textausgabe gibt es nicht, vgl. einstweilen den Text in der *Patrologia Latina* Bd. 160, S. 1103–1112.

[6] Zur Bibelexegese vgl. den Überblick bei Aryeh Grabois, „The *Hebraica Veritas* and Jewish-Christian Intellectual Relations in the Twelfth Century", in: *Speculum* 50 (1975), S. 613–634.

[7] Vgl. *Petrus Alfonsi and his Dialogus. Background, Context, Reception*, hg. von Carmen Cardelle de Hartmann, Firenze 2014. Eine moderne Textausgabe ist in Vorbereitung.

[8] Vgl. Frans van Liere, „Gamaliel, Twelfth-Century Christian Scholars, and the Attribution of the Talmud", in: *Medieval Perspectives* 17 (2002), S. 93–104.

Die Polemik des ‚Christlichen Abendlandes' gegen Judentum und Islam

schen Gesetzes) fast vollständig ausblendet. Damit kommt eine neue, eben polemische Sichtweise auf den Talmud auf, die sich dann bei Petrus Venerabilis fortsetzt und verstärkt.

Damit wenden wir uns einer entscheidenden Figur zu: Petrus, Abt von Cluny (ca. 1092-1156). In der Polemik übte er sich bereits innerchristlich in den Jahren 1139/40, als er einen Traktat gegen die Sekte des Petrus von Bruys verfasste *(Liber contra Petrobrusianos hereticos)*.[9] Etwa gleichzeitig, sicher aber vor 1142, schrieb er einen antijüdischen Traktat (*Adversus Iudaeorum inveteratam duritiem*, „Gegen die eingefleischte Verstocktheit der Juden"), in dem er in vier Büchern die mehr oder weniger altbekannten, aus der typologischen Bibelexegese geschöpften Argumente für die Göttlichkeit und Messianität Christi wiederholte.[10] Der Traktat wäre als solcher unbedeutend geblieben, hätte Petrus nicht auf einer Visitationsreise zu den spanischen Tochterklöstern der Cluniazenser im Jahre 1142 die Schriften des Petrus Alfonsi kennengelernt und seinem Werk nunmehr ein fünftes Buch hinzugefügt.[11] Darin erwähnt er zum ersten Mal in der lateinischen Literatur den Talmud (mit diesem Wort) und setzt sich mit ihm in äußerst kritischer Weise auseinander.[12] Während die ersten vier Bücher trotz der polemischen Grundstruktur noch vergleichsweise moderat und auf eine Bekehrung der Juden, die als rationalen Argumenten prinzipiell zugänglich angesehen werden, ausgerichtet sind, ändert sich der Ton im fünften Buch erheblich:

„Ich will also jetzt das schreckliche Monster aus seiner Höhle zerren und auf der Bühne der ganzen Welt zur Schau stellen, um es im Angesicht aller Völker der Lächerlichkeit preiszugeben. Ich präsentiere dir, Jude, vor aller Augen das Monster: dein Buch, ja dein Buch, sage ich, jenen Talmud, jene herausragende Lehre, die man den Prophetenbüchern und allen authentischen Äußerungen vorziehen soll."[13]

Hier ist ein doppeltes Missverständnis zu konstatieren: Erstens unterliegt Petrus Venerabilis dem Irrtum, der Talmud sei ein Konkurrenzwerk zu den Propheten und

---

[9] Vgl. James Fearns, „Peter von Bruis und die religiöse Bewegung des 12. Jahrhunderts", in: *Archiv für Kulturgeschichte* 48 (1966), S. 311-335. Textausgabe: *Petri Venerabilis Contra Petrobrusianos hereticos*, cura et studio James Fearns, Turnholti 1968 (Corpus Christianorum. Continuatio Mediaevalis 10).

[10] Vgl. Textausgabe: *Petri Venerabilis Adversus Iudeorum inveteratam duritiem*, cura et studio Yvonne Friedman, Turnholti 1985 (Corpus Christianorum. Continuatio Mediaevalis 58).

[11] Vgl. Manfred Kniewasser, „Die antijüdische Polemik des Petrus Alphonsi (getauft 1106) und des Abtes Petrus Venerabilis von Cluny (gestorben 1156)", in: *Kairos* 22 (1980), S. 34-76; John Tolan, *Petrus Alfonsi and his Medieval Readers*, Gainesville u. a. 1993, insbes. S. 116 f.

[12] Für die philologisch Interessierten sei angemerkt, dass Petrus das hebräische Wort תלמוד als „Thalmuth" wiedergibt, was auf eine zeitgenössische bzw. lokale Aussprache ohne Dagesch sowie auf einen kaum hörbaren Unterschied zwischen den (als Frikative ausgesprochenen) Lauten *taw* und *dalet* hinweist.

[13] „Produco igitur portentuosam bestiam de cubili suo, et eam in theatro totius mundi, in conspectu omnium populorum ridendam propono. Profero tibi coram universis, Iudee, bestia⟨m⟩, librum tuum, illum, inquam, librum tuum, illum Thalmuth tuum, illam egregiam doctrinam tuam propheticis libris et cunctis sententiis autenticis praeferendam" (Petrus Venerabilis, *Contra Iudaeos* V, lin. 30-35).

anderen biblischen Büchern und er sei diesen nach jüdischem Verständnis vorzuziehen, und zweitens betrachtet er den Talmud, wie die folgenden Zitate zeigen, lediglich als ein Sammelsurium von abstrusen Erzählungen *(fabulae)*. Die halachische Komponente des Talmud, die sich natürlich auch in den Aggadot greifen lässt, aber in erster Linie in den Traktaten der Mischna zu finden ist, wird ignoriert, und Petrus ist sich nicht bewusst, dass er in den ersten vier Büchern indirekt ja genau damit, nämlich mit der rabbinischen Schriftauslegung (ohne diese zu kennen), in polemische Konkurrenz getreten ist. In Petrus' Augen ist also der Talmud gleichsam die neue Bibel der Juden. Über seine Quellen (darunter mit Sicherheit Petrus Alfonsi) verrät Petrus nichts, denn er behauptet, Christus selbst habe ihm die Geheimnisse der Juden offenbart:

„Du wunderst dich vielleicht, woher ich, der ich kein Jude bin, dieses Wort [Talmud, R. G.] kenne, woher es an meine Ohren drang, wer mir die Geheimnisse der Juden verraten hat, wer euer Innerstes und Verborgenstes entblößt hat? Nun, es war Christus, jener Christus, sage ich, den du leugnest: Er, der die Wahrheit ist, hat deine Falschheit entblößt, deine Schande aufgedeckt."[14]

Diese Rede von einer jüdischen Geheimlehre, sofern sie nicht bloße Übertreibungsrhetorik ist, spielt möglicherweise auf die hermetische Tradition im Judentum, repräsentiert vor allem durch den frühmittelalterlichen sog. *Sefer Jezirah* („Buch der Schöpfung") und die im 12. Jahrhundert aufkommende mystische Bewegung an, die später unter dem Namen Kabbala bekannt werden sollte. Das steht jedoch auf einem anderen Blatt und kann hier nicht weiter verfolgt werden.[15]

Um nun ein Beispiel der von Petrus inkriminierten „Fabeln" des Talmud zu geben, sei die erste längere Erzählung hier zitiert:

„Einstmals, sagt der Talmud, als die Juden mit Gott über die Schrift diskutierten, kam eine Frage über die verschiedenen Arten von Aussatz auf, die im Buch des Mose[16] erwähnt werden, und speziell über Alopezie[17] und einige andere Krankheiten. Als Gott sagte, Alopezie sei eine Form von Aussatz, jene Juden das aber leug-

---

[14] „Sed miraris, cum Iudeus non sim, unde michi hoc nomen innotuit, unde auribus meis insonuit, quis michi secreta Iudaica prodidit, quis intima vestra et occultissima denudavit? Ille inquam, ille, ille Christus quem negas, illa veritas denudavit falsitatem tuam, discooperuit ignominiam tuam" (Petrus Venerabilis, *Contra Iudaeos* V, lin. 35–39).

[15] Ort und Zeitpunkt der Entstehung des *Sefer Jezirah* ist unbekannt (spätestens 10. Jahrhundert). Die erste Druckausgabe (nur in lateinischer Übersetzung!) wurde von Guillaume Postel herausgebracht (Paris 1552), der hebräische Text erstmals in Mantua 1562 gedruckt. Textausgabe: Peter Hayman, *Sefer Yesira. Edition, Translation and Text-Critical Commentary*, Tübingen 2004. – Zur Einführung in die Kabbala allgemein vgl. Klaus S. Davidowicz, *Die Kabbala. Eine Einführung in die Welt der jüdischen Mystik und Magie*, Wien 2009.

[16] Gemeint ist Lev 13. Die einschlägige Stelle in der Mischna wäre der Traktat Nīgaʿīm, „Plagen / Hautkrankheiten", wo Aussatz *(plaga leprae)*, der unrein ist, von bloßem Ausschlag *(scabies)*, der rein ist *(munda est)*, unterschieden wird; dort findet sich die Erzählung aber nicht, auch nicht anhangsweise.

[17] Der Begriff Alopezie bedeutet nicht wie heute den trivialen Haarausfall, sondern die ‚Fuchsräude' (von griech. ἀλώπηξ, Fuchs) oder Krätze, eine parasitäre Hauterkrankung. Lepra dagegen ist eine bakterielle Infektionskrankheit.

neten und ihm heftig widersprachen und auf keine Weise zu einer Übereinstimmung gelangen konnten, einigte man sich nach langen Auseinandersetzungen und heftigem Streit schließlich darauf, dass man das Urteil von Rabbi Neemias akzeptieren werde, wie immer es ausfalle. Nun lebte aber Rabbi Neemias, von dem die Juden sagen, dass er bedeutender und heiliger als alle ihre anderen Lehrer gewesen sei, zu jener Zeit noch auf Erden.[18] Gott trug daher dem Todesengel auf, ihm (d. h. Rabbi Neemias) schnellstens seine Seele zu entreißen und in den Himmel zu führen. Als der Engel zu ihm kam, fand er ihn beim Studium des Talmud, jener oben erwähnten Schrift also, die die Juden für so heilig halten, dass niemand sterben kann, solange er darin liest. Als Rabbi Neemias also den Todesengel sah, fragte er ihn, wozu er gekommen sei. Er sagte, er sei wegen seiner Seele gekommen. Jener aber erschrak und beschwor ihn voller Todesangst eindringlich bei Gott selbst und bei der heiligen Schrift Talmud, die er las, nicht Hand an ihn zu legen, da er noch überhaupt nicht sterben wolle. Als der Engel sagte, es sei doch viel besser für ihn, bei Gott im Himmel zu sein, zusammen mit anderen heiligen Juden, und sich an den himmlischen Dingen zu erfreuen, und er solle ihm deshalb erlauben, seine Seele herauszuführen, ließ er sich davon keineswegs umstimmen, sondern las unablässig im Talmud, um nicht getötet werden zu können. Der Todesengel kehrte also zu Gott zurück, berichtete dies alles und sagte, Rabbi Neemias wolle auf keinen Fall sterben und lese unablässig im Talmud, weshalb er ihm nichts habe anhaben können. ‚Dann will ich dir mal einen Rat geben', sagte Gott: ‚Kehre schnell zu ihm zurück und errege in der Luft über seinem Haupt einen gewaltigen Wirbelsturm mit Hagel und Steinen, so dass du, wenn er ängstlich die Augen von der Lektüre des Talmud abgewendet hat, seine Seele rauben und hierher führen kannst.' Der Engel kehrte zurück und tat so, wie Gott ihn geheißen hatte. Als kurz darauf die Seele von Rabbi Neemias in den Himmel kam und Gott auf einem Thron sitzend mit den Juden über die genannte Frage diskutieren sah, rief er mit lauter Stimme: ‚Sie ist rein, sie ist rein!' Das heißt: ‚Du, Gott, bist in dieser Streitfrage den Juden unterlegen, weil die Alopezie keine Art von Aussatz ist, wie du behauptet hast, sondern eine Krankheit, die nach dem Gesetz nicht unrein macht.' Da errötete Gott ein wenig. Gegen die Lehrmeinung eines so bedeutenden Mannes wagte er nichts zu sagen und antwortete mit Blick auf die mit ihm diskutierenden Juden: *Nazahuni Benai.* Das heißt: ‚Meine Söhne haben mich besiegt!'".[19]

---

[18] Gemeint ist Rabbah bar Naḥamani, ein bedeutender Talmudist des 3./4. Jahrhunderts und Spezialist für Reinheitsgesetze: vgl. Art. „Rabbah bar Naḥamani", in: *Encyclopaedia Judaica* 17 (²2007), S. 9. Der Name ist bei Petrus zu *Rabbi Neemias* geworden, eine naheliegende Verwechslung mit dem Namen des Propheten Nehemias – ein Fehler, der vielleicht schon auf Petrus' Quelle zurückgeht.

[19] „Aliquando, inquit Thalmuth, conferentibus Iudaeis cum Deo de eadem scriptura incidit quaestio de diverso genere leprarum, quae in libro Moysi continentur, et de alopicia et de quibusdam aliis infirmitatibus. Ubi cum Deus diceret alopiciam lepram esse, illi autem e contra negarent et fortiter disputando ei contradicerent nec possent ullomodo concordare, post longas contentiones et iurgia gravissima in hoc convenerunt, ut quicquid inde Rabbi Neemias diceret hoc pro vero haberetur. Erat autem Rabbi Neemias adhuc vivens in seculo, quem scilicet Iudaei magnum et sanctissimum super omnes magistros suos fuisse asserunt. Praecepit ergo Deus angelo percutienti, ut cito animam eius

Man ahnt schon, dass sich Petrus im Folgenden seitenweise über die Blasphemie dieser Erzählung auslassen wird. Ohne auch nur das geringste Verständnis für den Humor und die Selbstironie der Rabbinen nimmt Petrus den Text wörtlich und belegt weitschweifig mit Schriftbeweisen aus dem Alten Testament – also durchaus mit einer inneren Logik –, dass Gott im Gegensatz zur Behauptung des Talmud allwissend und allmächtig, mithin nicht auf die Meinung des Rabbi Neemias und auf eine List, ihn in den Himmel zu holen, angewiesen sei – und irren könne Gott natürlich schon gar nicht. Was die Erzählung, wenn sie denn nicht polemisch verzerrt ist, tatsächlich bezeugt, ist das hohe Ansehen des Talmudstudiums, wie es in Europa seit dem 11. Jahrhundert in Mainz und anderen Zentren jüdischer Gelehrsamkeit etabliert worden war, und insbesondere die Notwendigkeit und Relevanz rabbinischer Auslegung des mosaischen Gesetzes: Gottes angebliche Unwissenheit wäre dann eine Metapher für die Unklarheit, d. h. die Interpretationsbedürftigkeit des Gesetzes.

Die Geschichte steht aber in dieser Form gar nicht im Talmud: Sie ist vielmehr eine Kompilation verschiedener Aggadot über Rabbah bar Naḥamani[20] und andere Gelehrte, wie Marianne Awerbuch nachgewiesen hat.[21] Es ist daher anzunehmen, dass Petrus nicht direkt auf den Talmud zurückgriff, sondern auf eine christliche Sammlung von Talmudexzerpten (nach Art der späteren sog. *Extractiones de Talmud*, 1244/45), die zu dem Zweck zusammengestellt wurde, die jüdischen Lehren lächerlich zu machen. Darüber hinaus ist es gut möglich, wie Yvonne Friedman vermutet, dass Petrus die talmudischen Legenden für seine Zwecke ausgeschmückt und ihnen bisweilen eine andere Tendenz verliehen hat, als ihnen ursprünglich eig-

---

eiciens in caelum perduceret. Qui veniens invenit eum legentem Thalmuth (supradictam scilicet scripturam, quam Iudaei adeo sanctam dicunt, ut nemo dum eam legerit mori possit). Mox ergo ut Rabbi Neemias angelum mortis vidit, ad quid venisset interrogat. Dixit se pro eius anima venisse. Ille vero exhorrescens et mori timens adiuravit eum terribiliter per ipsum Deum et per sanctam scripturam Thalmuth quam legebat, ne in eum manum mitteret, quia nullo pacto adhuc mori vellet. Angelo autem dicente, quia melius erat illi esse cum Deo in caelo et cum sanctis Iudaeis et delectari in caelestibus et ut permitteret animam suam educi, nullatenus adquievit, legens assidue Thalmuth, ne posset interfici. Reversus itaque angelus haec Deo narravit dicens Rabbi Neemiam nullomodo mori velle et assidue Thalmuth legere, unde nichil ei facere posset. Ego, inquit Deus, dabo tibi consilium. Redi cito ad eum et fac supra caput eius in aere turbinem magnum et quasi commotionem grandinis et lapidum, ut dum tremefactus oculos a lectione Thalmuth averterit, sic animam eius rapere possis et huc adducere. Rediit angelus et ita fecit ut Deus praeceperat. Mox autem, ut anima Rabbi Neemiae in caelum evecta Deum in throno sedentem et cum Iudaeis de praedicta quaestione disputantem vidit, magna voce clamare coepit: Munda est, munda est. Hoc est: victus es, Deus, in quaestione a Iudaeis, quia alopicia non est lepra sicut dixisti, sed munda infirmitas. Tunc Deus aliquantulum erubescens et contra testimonium tanti viri nichil dicere audens sic Iudaeis secum disputantibus alludendo respondit: Nazahuni Benai, hoc est: vicerunt me filii mei" (Petrus Venerabilis, *Contra Iudaeos* V, lin. 239–274). Die Umschrift des hebräischen נצחוני בני ist hier durchaus korrekt und muss bereits auf die Quelle des Petrus zurückgehen, da dieser kein Hebräisch konnte.

[20] Vgl. bTalmud, Traktat *Baba Meziʾa* 86a.

[21] Vgl. Marianne Awerbuch, *Christlich-jüdische Begegnung im Zeitalter der Frühscholastik* (Abhandlungen zum christlich-jüdischen Dialog 8), München 1980, S. 177–196.

nete.²² In der im Talmud stehenden Geschichte etwa wird die Meinung Gottes bezüglich der Reinheit/Unreinheit von Rabbah bar Naḥamani ausdrücklich bestätigt, nicht widerlegt, was einen Großteil der Polemik obsolet macht.

Die oben zitierte Talmud-Fabel und Petrus' naive ‚Widerlegung' derselben entlockt uns heute ja eher ein Schmunzeln. Andere Äußerungen des ehrwürdigen Abtes von Cluny sind dagegen von einem Ungeist geprägt, der uns das Blut in den Adern gefrieren lässt. Während in den ersten vier Büchern, wie gesagt, noch an die Vernunft der Juden appelliert wird, die Argumente für die Wahrheit der christlichen Botschaft einzusehen, spricht Petrus den Juden eingangs des fünften Buches und in dessen Verlauf immer wieder die Vernunft und damit die Menschennatur ab: „Warum nämlich soll man dich nicht ein vernunftloses Wesen nennen, warum nicht ein wildes Tier, warum nicht Vieh? [...] Hören und doch nicht verstehen wird der Esel, hören und doch nicht verstehen wird der Jude."²³

Diese und ähnliche Äußerungen haben in der Forschung die Frage aufgeworfen, ob Petrus – in der Formulierung von Yvonne Friedman – „ein Humanist des 12. Jahrhunderts oder ein Antisemit" gewesen sei.²⁴ Das ist natürlich, wie fast immer, eine Frage der Definition und berührt die hier nicht zu erörternde schwierige Debatte um Antisemitismus und Antijudaismus.²⁵ Unabhängig davon kann aber festgehalten werden, dass Petrus' Traktat in jedem Fall den Beginn eines Anti-Talmudismus markiert, der seine nächsten sichtbaren Höhepunkte in den Talmuddisputationen von Paris (1240) und Barcelona (1263) sowie den anschließenden Talmudverbrennungen hatte. Inwieweit der Talmud aber überhaupt unter Christen, die nicht konvertierte Juden waren, bekannt war, und welche Teile des Talmud wann ins Lateinische übersetzt wurden, ist erst heutzutage Gegenstand eines Forschungsprojekts.²⁶

---

²² Vgl. Friedman in der Einleitung zur Textausgabe (oben Anm. 10), S. XX.

²³ „Cur enim non dicaris animal brutum, cur non bestia, cur non iumentum? [...] Audiet nec intelliget asinus, audiet nec intelliget Iudeus" (Petrus Venerabilis, *Contra Iudaeos* V, lin. 15–20). Man sollte allerdings bedenken, dass der Eselvergleich Toposcharakter hat: vgl. auch Petrus' Schrift *Contra Petrobrusianos*, p. 17, 1, wo er den Häretikern *asinina stoliditas* vorwirft, ohne sie deshalb ‚biologistisch' als Tiere zu behandeln.

²⁴ Vgl. Yvonne Friedman, ‏פטרוס ונרבילים – ההומניסט בן המאה הי״ב או אנטישמי?‏ („Petrus Venerabilis – Humanist des 12. Jahrhunderts oder Antisemit?"), in: *Proceedings of the Seventh World Congress of Jewish Studies. History of the Jews in Europe*, Jerusalem 1981, S. 1–8. Dies., „Anti-Talmudic Invective from Peter the Venerable to Nicolas Donin (1144–1244)", in: *Le brûlement du Talmud à Paris: 1242–1244*, Paris 1999, S. 171–190; vgl. ferner Jean-Pierre Torrell, „Les Juifs dans l'œuvre de Pierre le Vénérable", in: *Cahier de civilisation médiévale* 30 (1987), S. 331–345, sowie die grundlegende Studie von Dominique Iogna-Prat, *Ordonner et exclure. Cluny et la société chrétienne face à l'hérésie, au judaisme et à l'islam (1000–1150)*, Paris 1998, ²2000, S. 265–367, hier 320–323.

²⁵ Vgl. allgemein dazu Anna Sapir Abulafia, „Twelfth-Century Renaissance Theology and the Jews", in: *From Witness to Witchcraft. Jews and Judaism in Medieval Christian Thought*, ed. by Jeremy Cohen, Wiesbaden 1996, S. 125–139, mit Bezug auf Gavin I. Langmuir, *Toward a Definition of Antisemitism*, Berkeley 1990 (Sammlung früherer Aufsätze), und dessen Buch *History, Religion and Antisemitism*, Berkeley 1990.

²⁶ Das Projekt wird an der Universität von Barcelona durchgeführt: vgl. Alexander Fidora, „The

Auf den weiteren Verlauf der antijüdischen Polemik im 13. und 14. Jahrhundert ist hier nicht detailliert einzugehen. Hervorzuheben wären insbesondere der Dominikaner Raimundus Martini und dessen Schriften *Capistrum Judaeorum* („Maulkorb für die Juden")[27] von 1267 und *Pugio fidei* („Dolch des Glaubens") von 1278.[28] Eine besonders einflussreiche Schrift des 14. Jahrhunderts, die in Hunderten von Handschriften verbreitet war, ist die *Epistola Samuelis* des Alfonsus Bonihominis, Bischof von Marokko, aus dem Jahre 1339.[29] Dabei handelt es sich um ein besonders perfides Machwerk: Es ist ein fingierter Brief eines konversionswilligen Rabbi Samuel aus Fez in Marokko an einen rechtgläubigen Rabbi Isaac. Der Autor, Bonihominis, behauptet, das Original sei ein Brief in arabischer Sprache aus dem Jahre 1072, den er gefunden und ins Lateinische übersetzt habe. Rabbi Samuel beklagt darin das nunmehr 1000jährige Exil der Juden (seit der Eroberung Jerusalems durch Titus im Jahre 70 n. Chr.), das ihm als Beweis für die Verworfenheit und Gottesferne seines Volkes gilt. Die angehäuften Schriftbeweise für die bereits erfolgte Ankunft des Messias in Jesus Christus und die falsche Erwartung der Juden auf einen noch kommenden Messias sind traditionell, neu dagegen ist die Selbstbeglaubigung des Textes als angebliche Übersetzung einer alten Handschrift und die rhetorische Überzeugungskraft eines an seinem Glauben verzweifelnden Individuums. In der Machart und in der Breitenwirkung, wenn auch nicht in den historischen Folgen, ließen sich mit der *Epistola Samuelis* nur noch die sog. Protokolle der Weisen von Zion vergleichen, eine antisemitische Fälschung aus dem frühen 20. Jahrhundert, die eine jüdische Weltverschwörung belegen sollte.[30]

Bei all dem bleibt festzuhalten, dass der Begriff oder das Konzept des Abendlandes in der Polemik gegen das Judentum zu keiner Zeit eine erkennbare Rolle spielt. Inhaltlich geht es immer um die rechte Bibelauslegung und die aus christlicher Sicht hartnäckige Weigerung der Juden, die christologisch-typologische Lesart der Bibel anzuerkennen. Auch die antitalmudische Polemik, die eine besondere Schärfe aufweist, bezieht sich nicht auf einen (angeblichen) kulturellen Gegensatz

---

Latin Talmud and its Influence on Christian-Jewish Polemic", in: *Journal of Transcultural Medieval Studies* 1 (2014), S. 337–342.

[27] Textausgabe: *Raimundi Martini Capistrum Iudaeorum*. Texto crítico y traducción di Adolfo Robles Sierra OP (2 Bände), Würzburg-Altenberge 1990, 1993.

[28] Zu dessen Edition werden ebenfalls erst jetzt internationale Anstrengungen unternommen: vgl. Görge K. Hasselhoff, „Towards an Edition of Ramon Martí's *Pugio Fidei*", in: *Bulletin de philosophie médiévale* 55 (2013), S. 45–56.

[29] Eine Edition wird zurzeit von Antoni Biosca i Bas vorbereitet und soll 2017 in der Reihe *Corpus Islamo-Christianum* erscheinen.

[30] Diese Parallele zieht Amos Funkenstein, „Basic Types of Christian Anti-Jewish Polemics in the Later Middle Ages", in: *Viator* 2 (1971), S. 373–382, bereits mit Bezug auf Petrus Venerabilis. – Zu den *Protokollen* gibt es eine reichhaltige Forschung; vgl. Norman Cohn, *Warrant for Genocide. The Myth of the Jewish World-Conspiracy and the Protocols of the Elders of Zion*, London 1967; *The Global Impact of the Protocols of the Elders of Zion: A Century-Old Myth*, ed. by Esther Webman, London 2011; *Die Fiktion von der jüdischen Weltverschwörung. Zu Text und Kontext der „Protokolle der Weisen von Zion"*, hg. von Eva Horn / Michael Hagemeister, Göttingen 2012.

zwischen Orient und Okzident, sondern auf die ‚Fabeln', d. h. letztlich die Fiktionalität des Talmud sowie auf dessen unübersichtliche Struktur und die aus christlicher Sicht blasphemischen Elemente.

2. Christliche Polemik gegen den Islam

Zurück zu Petrus Venerabilis. Er markiert nicht nur eine Wende in der antijüdischen Polemik, sondern kann auch als Initiator der antiislamischen Polemik im lateinischen Sprachraum gelten. Während seiner Visitationsreise in Spanien kam er auch mit dem Islam in Berührung und konnte einige Mitglieder der Übersetzerschule von Toledo „mit Geld und guten Worten", wie er sagt, dazu gewinnen, den Koran und andere islamische Traditionsschriften ins Lateinische zu übersetzen. Diese Sammlung gab er zusammen mit einer kurzen Einleitung, der *Summa totius haeresis Saracenorum* („Gesamtdarstellung der Häresie der Sarazenen") 1143 heraus, und dieses Corpus Cluniacense blieb für Jahrhunderte die maßgebliche Quelle für die Kenntnis des Islams im lateinischen Abendland.[31] 1543 wurde das Corpus von dem Zürcher Theologen Theodor Bibliander gedruckt und seine Wirkung dadurch für weitere Jahrhunderte prolongiert.[32] Bezeichnend ist, dass, wie schon aus dem zitierten Titel der *Summa* hervorgeht, Petrus den Islam als christliche Häresie auffasste – eine Ansicht, die auf Johannes von Damaskus (675–754) zurückgeht; dieser hatte seinem Häresienverzeichnis von 100 Häresien den Islam als ‚krönenden Abschluss' der Centurie hinzugefügt.[33] Der Grund für die Auffassung des Islams als Häresie liegt, wie Petrus in der *Summa* erläutert, in der sog. Sergius-Baḥīrā-Legende, wonach ‚Machumet' Schüler des häretischen, genauer gesagt nestorianischen Mönchs Sergius gewesen sein soll.[34] Allerdings ist der Islam in der Sicht des Petrus keine rein innerchristliche Abspaltung, sondern ein synkretistisches Gebilde, in das außer heterodoxen christlichen und apokryphen auch polytheistische und jüdische Elemente eingeflossen seien. Erstere stammten aus Machumets Herkunft aus Mekka und sei-

---

[31] Vgl. die Einleitung in: *Petrus Venerabilis, Schriften zum Islam.* Ediert, ins Deutsche übersetzt und kommentiert von Reinhold Glei (Corpus Islamo-Christianum. Series Latina 1), Altenberge 1985, S. XV-XX.

[32] *Machumetis Saracenorum principis, eiusque successorum vitae, doctrina, ac ipse Alcoran [...] opera et studio* Theodori Bibliandri, *Ecclesiae Tigurinae ministri* [...]. [Basel, Oporinus 1543]. Eine zweite Ausgabe erschien Basel 1550; zu den Unterschieden siehe *Alchoran Latinus, Volume III. Editiones Theodori Bibliandri (1543 & 1550)*, ed. Anthony John Lappin, Roma 2011, S. xi–xxi.

[33] Textausgabe: *Die Schriften des Johannes von Damaskos, IV: Liber de haeresibus. Opera polemica*, besorgt von P. Bonifatius Kotter OSB, Berlin 1981, S. 60–67; vgl. Reinhold Glei, „John of Damascus", in: *Christian-Muslim Relations. A Bibliographical History*, vol. 1 (600–900), Leiden 2009, S. 295–301.

[34] Vgl. dazu umfassend Barbara Roggema, *The Legend of Sergius Baḥīrā. Eastern Christian Apologetics and Apocalyptic in Response to Islam*, Leiden 2009. – Die Häresie-Auffassung ist im Übrigen ein weit verbreiteter Topos, vgl. z. B. Dante, *Inf.* 28, 31 ff., wo der Häretiker Maometto mit gespaltenem Körper auftritt.

ner Zugehörigkeit zum Stamm der Quraish, die Götzendiener waren (Machumet wurde ja erst im Alter von 40 Jahren zum Propheten berufen), letztere aus dem Kontakt mit den Juden, die in Yathrib, dem späteren Medina, ansässig waren.

Zunächst also, so Petrus, lebte Machumet „als Barbar unter Barbaren, als Götzendiener unter Götzendienern". Dann „schickte der Teufel den Mönch Sergius, einen Anhänger des häretischen Nestorius, der aus der Kirche ausgestoßen war, in jene Gebiete Arabiens und brachte den häretischen Mönch mit dem Lügenpropheten zusammen. So ergänzte also Sergius, was Machumet fehlte: Er legte ihm die Heiligen Schriften des Alten wie des Neuen Testamentes aus – freilich nach dem Verständnis seines Lehrers Nestorius, der ja leugnet, dass unser Heiland Gott ist, teilweise auch nach seinem eigenen Gutdünken. Zugleich trichterte er ihm die Fabeleien der apokryphen Schriften ein und machte ihn so schließlich zu einem nestorianischen Christen."[35] Auf diese Weise konnte Petrus mehrere Dinge erklären: zum einen polytheistische Überreste im Islam, als welche er im Anschluss an Johannes von Damaskus zum Beispiel die Wallfahrtsriten rund um die Kaaba in Mekka ansah;[36] zum anderen ein vermeintlich christlich-nestorianisches Grundsubstrat, das sich in der Sicht Jesu als einer zwar als Prophet herausgehobenen, aber nicht göttlichen Person manifestiert; zum dritten Elemente aus der apokryphen Tradition, wie zum Beispiel Kindheitserzählungen über Jesus aus dem Protevangelium Jakobi oder die Siebenschläferlegende. Aber etwas fehlte noch: „Um nun das Maß der geistigen Unausgewogenheit Machumets voll zu machen, traten dem Häretiker auch noch die Juden zur Seite. Sie trafen insgeheim Vorsorge, dass er kein echter Christ wurde, indem sie Machumet nicht etwa die Wahrheit der Schriften, sondern ihre Fabeln einflüsterten, von denen sie ja bis heute mehr als genug haben.[37] So belehrt von den bestmöglichen Lehrern – Juden und Häretikern –, schrieb Machumet seinen Koran, indem er ein ebenso aus jüdischen Fabeln wie häretischen Schwätzereien bestehendes Teufelswerk in der ihm eigenen barbarischen Weise zusammenstoppelte."[38]

---

[35] „[...] inter barbaros barbarus, inter idolatras et ipse idolatra habitabat [...] (Satan) Sergium monachum, haeretici Nestorii sectatorem, ab ecclesia expulsum ad partes illas Arabiae transmisit, et monachum haereticum pseudoprophetae coniunxit. Itaque Sergius coniunctus Mahumeto, quod ei deerat supplevit, et scripturas sacras tam Veteris Testamenti quam Novi secundum magistri sui Nestorii intellectum, qui salvatorem nostrum deum esse negabat, partim prout sibi visum est ei exponens simulque apocryphorum fabulis cum plenissime imbuens Christianum Nestorianum effecit" (Petrus Venerabilis, *Summa* n. 5, 5–6; n. 6, 3–12).

[36] Vgl. Reinhold Glei, „John Damascene on Islam: a Long-Term History in Byzantium", in: *Negotiating Co-Existence: Communities, Cultures and ‚Convivencia' in Byzantine Society*, ed. by Barbara Crostini / Sergio La Porta, Trier 2013, S. 31–44.

[37] Mit den *fabulae* ist ganz klar der Talmud gemeint.

[38] „Et ut tota iniquitatis plenitudo in Mahumeto confluret et nihil ei ad perditionem sui vel aliorum deesset, adiuncti sunt Iudaei haeretico, et ne verus Christianus fieret dolose praecaventes, homini novis rebus inhianti non scripturarum veritatem, sed fabulas suas, quibus nunc usque abundant, Mahumeto Iudaei insibilant. Sic ab optimis doctoribus, Iudaeis et haereticis, Mahumetus institutus Alkoran suum condidit, et tam ex fabulis Iudaicis quam ex haereticorum neniis confectam nefariam scripturam barbaro illo suo modo contexuit" (*Summa* n. 7, 1–10).

Die Anordnung des Corpus Cluniacense, dessen Originalhandschrift erhalten ist,[39] zeigt eine wohlüberlegte Lenkung des christlichen Lesers, der den Koran nicht gleichsam ungeschützt und ohne Vorwarnung lesen soll: Man könnte auch von ‚betreutem Lesen' sprechen. Auf die *Summa*, die in kritischer Weise mit den wichtigsten Glaubenslehren des Islam bekannt macht, folgt zunächst ein Brief an Bernhard von Clairvaux, in dem Petrus den befreundeten Abt für eine umfassende Widerlegung des Islam zu gewinnen sucht; danach werden drei außerkoranische islamische Schriften in Übersetzung präsentiert, die *Fabulae (!) Saracenorum* bzw. *Chronica mendosa* (Abriss der frühislamischen Geschichte), der *Liber generationis Machumet* (Herkunft und Leben Machumets vor der Berufung zum Propheten) sowie die *Doctrina Machumet* (Dialog eines gelehrten Juden mit Machumet), die jeweils ein Konglomerat aus historischen und fiktiven Informationen sowie Legenden jüdischer und anderer Provenienz enthalten. Derart eingestimmt, kann dem Leser jetzt die Koranübersetzung *(Lex Saracenorum)* zugemutet werden. Abschließend findet sich ein fiktiver Briefwechsel zwischen einem Muslim und einem Christen, in dem letzterer auf Fragen bzw. Kritikpunkte des Muslims eingeht und eine große Apologie des Christentums unternimmt, die zusammen mit ihrem negativen Pendant, der *Summa*, die Sammlung einrahmt.

Eine größere Widerlegungsschrift, wie sie Petrus von Bernhard erwartete, kam nicht zustande, und so musste Petrus sie am Ende seines Lebens selbst verfassen. Von dem ursprünglich wohl auf vier oder fünf Bücher angelegten Traktat *Contra sectam Saracenorum* wurden nur zwei Bücher ausgeführt: Das erste Buch enthält im Wesentlichen die Widerlegung des islamischen Vorwurfs der Schriftverfälschung. Der Koran erkennt zwar prinzipiell die Torah und das Evangelium als Offenbarungsschriften an, erklärt die Abweichungen vom Koran aber damit, dass Juden und Christen, die „Leute des Buches" *(ahl al-kitab)*, wie sie im Koran genannt werden, ihre Schriften verfälscht hätten und somit eine weitere, letztgültige Offenbarung notwendig geworden sei.[40] Das zweite Buch führt den Nachweis, dass Machumet im Gegensatz zu den alttestamentlichen Propheten selbst kein Prophet gewesen sei, weil er nichts Wahres vorhergesagt und keinerlei Beglaubigungswunder gewirkt habe. Das soll den Wahrheitsanspruch des Korans untergraben, der sich selbst ja als das größte (und einzige) Offenbarungswunder bezeichnet. Die restlichen Bücher von *Contra sectam* werden dann eben der Widerlegung des Korans, insbesondere der Aussagen über Christus, sowie der Apologie von Trinität und Christologie bzw. Soteriologie gewidmet gewesen sein. Bemerkenswert ist, dass Petrus im erhaltenen Teil von *Contra sectam* (ganz im Gegensatz zur *Summa*) fast jegliche Polemik gegen die Person des Propheten und die berüchtigten *fabulae* unterlassen

---

[39] Paris, Bibl. de l'Arsenal 1162; vgl. Marie-Thérèse D'Alverny, „Deux traductions latines du Coran au Moyen Âge", in: *Archives d'histoire doctrinale* 22/23 (1947/48), S. 69–131.

[40] Das ist ein ganz zentraler Punkt, weil Petrus natürlich das Instrument des Schriftbeweises gegen die Muslime – analog zur Widerlegung der Juden – einsetzen will. Vgl. allgemein: Timo Güzelmansur (Hg.), *Das koranische Motiv der Schriftverfälschung (taḥrīf) durch Juden und Christen* (CIBEDO-Schriftenreihe 3), Regensburg 2014.

hat, wenngleich er auf deren spätere Behandlung verweist. Der relativ freundliche Ton weist nicht auf eine grundsätzlich unterschiedliche Haltung des Petrus zu Juden und Muslimen hin; die einfache Erklärung liegt vielmehr darin, dass die Schrift tatsächlich an die Muslime mit dem Ziel ihrer Bekehrung gerichtet ist, wie Petrus zu Beginn des ersten Buches ausführlich darlegt: „Es scheint verwunderlich – und das ist es vielleicht auch –, dass ich, ein Mensch, der weit entfernt von euch lebt, der eine andere Sprache spricht, ein anderes Bekenntnis, fremde Sitten und Lebensgewohnheiten hat, aus einem Volk im äußersten Westen euch, die ihr in den östlichen bzw. südlichen Teilen der Welt lebt, schreibe, und dass ich Menschen, die ich niemals gesehen habe und die ich vielleicht auch nie sehen werde, mit Worten angreife. Ich greife euch an, wahrlich, aber nicht, wie es die Unsrigen oft tun, mit Waffen, sondern mit Worten, nicht mit Gewalt, sondern mit der Vernunft, nicht mit Hass, sondern mit Liebe."[41] Petrus spricht hier zwar von Westen und Osten, aber auch von Süden, und verwendet die Begriffe rein geographisch. Entscheidend ist daher hier nicht ein „christlich-abendländisches Selbstverständnis",[42] sondern die Tatsache, dass Muslime als prinzipiell verständig, vernünftigen Argumenten zugänglich und christlicher Liebe würdig angesehen werden. Der Traktat *Contra sectam* dürfte daher insgesamt in seiner Methode klassischen antihäretischen und antijüdischen Traktaten wie *Adversus Iudaeos* I-IV ähnlich gewesen sein, die ja auf eine Heimführung der verirrten Schafe setzten.[43] Das Werk *Contra sectam* blieb aber, wie gesagt, unvollendet und hat auch keine weitere Verbreitung oder Rezeption erfahren.[44] Stattdessen blieb die *Summa totius haeresis* und das Corpus Cluniacense als Ganzes für die nächsten einhalb Jahrhunderte nahezu die einzige Quelle für die Islamkenntnis im lateinischen Westen. Nur en passant sei erwähnt, dass es in Byzanz kaum anders war: Neben der knappen Darstellung der islamischen Häresie bei Johannes von Damaskus war es vor allem das rund 100 Jahre später entstandene Werk des Niketas von Byzanz (2. Hälfte des 9. Jahrhunderts), das große Teile einer byzantinischen Koranübersetzung bewahrt und im Einzelnen ‚widerlegt' hat.[45] Eine

[41] „Mirum videtur et fortassis etiam est, quod homo a vobis loco remotissimus, lingua diversus, professione seiunctus, moribus vitaque alienus, ab ultimis Occidentis hominibus in Orientis vel meridiei partibus positis scribo, et quos numquam vidi, quos numquam forte visurus sum, loquendo aggredior. Aggredior inquam vos, non, ut nostri saepe faciunt, armis sed verbis, non vi sed ratione, non odio sed amore" (Petrus Venerabilis, *Contra sectam Saracenorum* lib. I, n. 24, 1–8).

[42] So programmatisch noch Hans-Werner Goetz, *Die Wahrnehmung anderer Religionen und christlich-abendländisches Selbstverständnis im frühen und hohen Mittelalter (5.–12. Jahrhundert)*, 2 Bände, Berlin 2013.

[43] Das fünfte Buch von *Adversus Iudaeos* dagegen zeugt von einer anderen Haltung; dies wird in dem Beitrag von Tobias Georges, „Petrus Venerabilis – der antijüdische Polemiker als Botschafter des Friedens gegenüber dem Islam? Eine Untersuchung seiner Schrift *Contra sectam Saracenorum*", in: *Zeitschrift für Kirchengeschichte* 122 (2011), S. 1–19, zu wenig berücksichtigt.

[44] Es gibt nur zwei Handschriften: Douai, Bibliothèque Municipale 381, und Madrid, Biblioteca Nacional 4464 (unvollständig).

[45] Textausgabe: *Niketas von Byzanz, Schriften zum Islam*. Griechisch-deutsche Textausgabe von Karl Förstel (Corpus Islamo-Christianum. Series Graeca 7), Würzburg – Altenberge 2000. Eine Neuausgabe der Koranfragmente wird von Manolis Ulbricht (FU Berlin) vorbereitet.

Erneuerung der lateinischen (und dann indirekt auch der griechischen) Islampolemik erfolgte erst durch das Werk des Dominikaners und Orientmissionars Ricoldus de Montecrucis (ca. 1243–1320), der nach einem langen Aufenthalt in Bagdad, wo er gründlich Arabisch lernte, um 1300 nach Florenz zurückkehrte und u. a. eine große Widerlegungsschrift *Contra legem Saracenorum* (also speziell gegen den Koran) verfasste.[46] Hier führte Ricoldus das aus, was Petrus schuldig geblieben war: eine detaillierte Auseinandersetzung mit den ‚Fabeln' des Korans, die im Gegensatz zu Petrus auf echter Quellenkenntnis basierte. Im 14. Jahrhundert (vor 1373) wurde die Schrift des Ricoldus von Demetrios Kydones, einem hohen Beamten am byzantinischen Kaiserhof, ins Griechische übersetzt,[47] was wiederum Anlass zur Entstehung weiterer polemischer Werke gab, darunter der Traktate des Ex-Kaisers Johannes Kantakouzenos[48] und insbesondere der berühmten Dialoge des Kaisers Manuel II. Palaiologos mit einem Professor der islamischen Theologie *(Muterizes)*,[49] die gut 600 Jahre später von einem Professor der christlichen Theologie in einer Rede zitiert wurden und einen Sturm der Entrüstung in der islamischen Welt auslösten.[50]

Die griechische Übersetzung von Ricoldus' *Contra legem* wurde zu Beginn des 16. Jahrhunderts von Bartholomaeus Picenus ins Lateinische zurückübersetzt (ohne Kenntnis des Originals), was wiederum die Grundlage für Luthers Verdeutschung bildete.[51] Der handliche, weil kurze Traktat des Ricoldus blieb, neben der noch kürzeren *Summa* des Petrus Venerabilis, daher die Hauptquelle über den Islam in Ost *und* West, auch nachdem infolge der Eroberung Konstantinopels 1453 zahlreiche weitere Islamtraktate entstanden, die keine neuen Quellen boten, dafür im Umfang immer mehr ausuferten.[52] Wenigstens genannt seien hier: Johannes von Segovia, *De gladio divini spiritus in corda mittendo Saracenorum* (1456), „Das Schwert des Hei-

---

[46] Textausgabe: Jean-Marie Mérigoux, „L'ouvrage d'un frère prêcheur florentin en Orient à la fin du XIIIe siècle. Le ,Contra legem Sarracenorum' de Riccoldo da Monte di Croce", in: *Fede e controversia nel '300 e '500*, Pistoia 1986, S. 1–144.

[47] Eine moderne Textausgabe fehlt und wird von Martin Bauer (Graz/Innsbruck) vorbereitet. Der Text ist einstweilen in der *Patrologia Graeca*, Bd. 154, S. 1035–1170, greifbar.

[48] Textausgabe: *Johannes Kantakouzenos, Christentum und Islam. Apologetische und polemische Schriften*. Griechisch-deutsche Textausgabe von Karl Förstel (Corpus Islamo-Christianum. Series Graeca 6), Altenberge 2005.

[49] Textausgabe: *Manuel II Palaiologos, Dialoge mit einem „Perser"*, hg. von Erich Trapp, Wien 1966; Griechisch-deutsche Textausgabe von Karl Förstel (3 Bände: Corpus Islamo-Christianum. Series Graeca 4/1–3), Würzburg 1993–1996.

[50] Vgl. Benedikt XVI., *Glaube und Vernunft. Die Regensburger Vorlesung*. Vollständige Ausgabe, kommentiert von Gesine Schwan / Adel Theodor Khoury / Karl Lehmann, Freiburg – Basel – Wien 2006. Das inkriminierte Zitat S. 15 f. mit Fußnote 3.

[51] Textausgabe: *Ricoldus de Montecrucis, Confutatio Alcorani (1300). Martin Luther, Verlegung des Alcoran (1542)*. Kommentierte lateinisch-deutsche Textausgabe von Johannes Ehmann (Corpus Islamo-Christianum. Series Latina 6), Würzburg – Altenberge 1999.

[52] Vgl. Reinhold Glei, „Die lateinische Islamliteratur nach 1453 – eine Renaissance des Mittelalters?", in: *Wolfenbütteler Renaissance-Mitteilungen* 33 (2011), S. 55–75.

ligen Geistes, das in die Herzen der Sarazenen gestoßen werden soll";[53] Juan de Torquemada, *Tractatus contra principales errores perfidi Machometi* (1458/59), „Abhandlung gegen die Hauptirrlehren des Häretikers Machomet";[54] Alonso de Espina, *Fortalitium fidei* (um 1460), „Festung des Glaubens"[55] (auch gegen Juden und Häretiker gerichtet); Nikolaus von Kues, *Cribratio Alkorani* (1460/61), „Durchsiebung des Korans";[56] Pius II., *Epistola ad Mahumetem* (1461), ein Brief des Papstes an den osmanischen Sultan Mehmet II. mit dem Versuch, ihn zum Christentum zu bekehren.[57] Alle diese Schriften argumentieren auf der Basis von Schrift- und Vernunftbeweis und sehen, bei aller Polemik im Einzelnen, prinzipiell eine Chance, den Koran von häretischen und jüdischen Irrtümern zu reinigen und die Muslime auf den rechten Weg zurückzuführen. Im Gegensatz zu den als ‚verstockt' geltenden Juden, die die Wahrheit vor Augen haben, aber nicht sehen *wollen* und stattdessen eigene Fabeln (im Talmud) erfinden, sind die Muslime zwar ihrerseits weiter von der Wahrheit entfernt, aber doch eher naive Opfer der Einflüsterungen des Teufels und somit leichter zu überzeugen.

3. Fazit

Ziehen wir ein Fazit unserer Überlegungen. Es gibt in der theologischen Traktatliteratur keine Polemik gegen Judentum und Islam speziell mit dem ‚Kampfbegriff' des Christlichen Abendlandes. Es gibt eine vielfältige Polemik christlicher Autoren ohne wirklich signifikante Unterschiede zwischen dem lateinischen Westen und dem griechischen Osten (im Gegenteil, hier liegen wechselseitige Einflüsse vor, wie wir gesehen haben); spezifische Themen der Ostkirche wie der Bilderstreit spielen eine gewisse Rolle, bleiben allerdings marginal, und das große Schisma zwischen Rom und Konstantinopel (Themen wären etwa das *filioque*, der Azymitenstreit und der Primat des römischen Bischofs) schlägt sich in der Polemik gegen Judentum und Islam kaum nieder. Ähnliches gilt später für die Reformation: Es gibt beispielsweise keine grundsätzlichen Unterschiede zwischen katholischer und protestantischer Islampolemik.[58] Christliche Autoren argumentieren vielmehr stets von

---

[53] Textausgabe: *Johannes von Segovia, De gladio divini spiritus in corda mittendo Sarracenorum*. Edition und deutsche Übersetzung mit Einleitung und Erläuterungen von Ulli Roth, 2 Bände (Corpus Islamo-Christianum. Series Latina 7), Wiesbaden 2012.

[54] Eine moderne Textausgabe fehlt bisher und soll 2017 im *Corpus Islamo-Christianum* erscheinen.

[55] Eine moderne Textausgabe fehlt. Vgl. Ana Echevarría, *The Fortress of Faith. The Attitude towards Muslims in Fifteenth Century Spain*, Leiden 1999, S. 47–55.

[56] Textausgabe: *Nicolai de Cusa Cribratio Alkorani*. Edidit commentariisque illustravit Ludovicus Hagemann, Hamburgi 1986; zweisprachige Ausgabe von Ludwig Hagemann / Reinhold Glei (3 Bände), Hamburg 1989–1993.

[57] Textausgabe: *Pius II Papa, Epistola ad Mahumetem*. Einleitung, kritische Edition, Übers. von Reinhold Glei / Markus Köhler, Trier 2001.

[58] Das schließt punktuelle Instrumentalisierungen des Islams im konfessionellen Streit nicht aus;

einem universal-christlichen Standpunkt aus und legen den Schwerpunkt inhaltlich eindeutig auf die Christologie, methodisch auf Schriftauslegung bzw. Schriftbeweis einerseits und auf Talmud- und Korankritik (Stichwort *fabulae*) andererseits. Dabei wird im Übrigen grundsätzlich mit zweierlei Maß gemessen, insofern in der Bibelexegese natürlich allegorische und typologische Verfahren angewendet, Talmud und Koran dagegen grundsätzlich und ausschließlich im Literalsinn verstanden werden.[59]

Harmonisierungsversuche bleiben die große Ausnahme. Ein berühmtes Beispiel, auf das hier nur noch im Rahmen eines Ausblicks hingewiesen werden kann, ist Nikolaus' von Kues Schrift *De pace fidei*, die er unmittelbar nach dem Fall Konstantinopels verfasste.[60] Darin beschreibt Cusanus in Form einer Vision eine „im Himmel der Vernunft" *(in caelo rationis)* abgehaltene Konferenz, an der Vertreter von 17 verschiedenen Religionen teilnehmen. Unter dem Vorsitz des inkarnierten Gotteswortes beschließen sie, auch auf Erden (und zwar in Jerusalem) ein Konzil aller Religionen abzuhalten mit dem Ziel, „im Namen aller einen einzigen Glauben anzunehmen und auf ihm einen ewigen Frieden zu gründen."[61] Das klingt zunächst sehr gut und ist, in den Worten von David Nirenberg, „a pleasant fairy tale",[62] aber bei näherem Hinsehen zeigt sich auch hier „the dialectics of inclusion / exclusion".[63] Denn der Religionsfrieden funktioniert bei Cusanus nur unter christlicher Leitung und unter dem Primat der christlichen Interpretation dieser „einen Religion, die sich bloß in ihren Riten unterscheidet".[64] Man darf aber nicht vergessen, dass Cusanus hier eine eschatologische Hoffnung ausdrückt, und eine solche ist immerhin besser als gar keine.

---

vgl. Reinhold Glei, „Scripture and Tradition. Traces of Counter-Reformatory Discourse in Marracci's Work on Islam", in: *Rivista di Storia e Letteratura Religiosa* 51/3 (2015), S. 671–689.

[59] Vgl. Reinhold Glei, „Mit zweierlei Maß: Methodische Grundzüge der Islampolemik bei Juan de Torquemada OP (1388–1458)", in: *Gottes Werk und Adams Beitrag*, hg. von Thomas Honegger u. a., Berlin 2014, S. 390–400.

[60] Textausgabe: *Nicolai de Cusa De pace fidei, cum epistula ad Ioannem de Segobia*. Ediderunt commentariisque illustraverunt Raymundus Klibansky et Hildebrandus Bascour OSB, Hamburgi ²1970.

[61] „[…] omnium nominibus unam fidem acceptent et super ipsa perpetuam pacem firment" (*De pace fidei* p. 3, 3–4).

[62] David Nirenberg, *Neighboring Faiths. Christianity, Islam, and Judaism in the Middle Ages and Today*, Chicago – London 2014, S. 210.

[63] So Nirenberg in den Kapitelüberschriften S. 194 bzw. 202.

[64] Das berühmte Schlagwort *religio una in rituum varietate* (*De pace fidei* p. 10–11) wird oft im Sinne eines Religionspluralismus missverstanden; zur Interpretation vgl. Walter Andreas Euler, „Die islamtheologische Konzeption in *De pace fidei* und das Alternativkonzept von *Sermo CCXI*, in: *Cusanus und der Islam*, hg. von Walter Andreas Euler / Tom Kerger, Trier 2010, S. 14–43, hier 25.

Die Selbstdefinition Europas während der Renaissance im Kontext der Auseinandersetzung mit dem Osmanischen Reich

Anna A. Akasoy

Als Humanist beherrschte Aeneas Silvius Piccolomini (1405–1464) die Kunst des Briefeschreibens. In einem auf den 21. Juli 1453 zu Graz datierten und an Kardinal Nikolaus von Kues (1401–1464) gerichteten Schreiben verleiht er seinem Entsetzen über die osmanische Eroberung Konstantinopels Ausdruck, die sich gerade zwei Monate zuvor ereignet hatte.[1] Der damalige Bischof von Siena und zukünftige Papst Pius II. bedient sich jahrhundertealter Motive, indem er das Grauen der in die Stadt eindringenden Türken in grellen Farben beschreibt. Auf Befehl des Sultans Mehmed II. (1432–1481), so Piccolomini, sollten alle Bewohner, die älter als sechs Jahre waren, Männer wie Frauen, hingerichtet werden. Ströme von Blut flossen durch die Straßen. Obwohl Piccolomini es selbst nicht genau weiß, ist er sich doch sicher, dass Konstantinopels ehrwürdigen Sakralbauten, die bereits so viele historische Wechselfälle überstanden hatten, ein grausames Schicksal bevorstand. Die Türken würden sie entweder zerstören oder aus Hass auf die christliche Religion schänden. Wo einst Mönche ihren Dienst taten, würden fortan Huren ihrem Treiben nachgehen.[2]

Während sich dergleichen Darstellungen von muslimischer Brutalität bereits seit der Spätantike in christlichen Quellen finden lassen, verleiht Piccolomini seinem Brief einen typisch frühneuzeitlichen Geschmack, wenn er ein Europa beschwört, dessen kulturelle Wurzeln sich nun der größten Bedrohung ausgesetzt sahen. Zum einen definiert der humanistische Kirchenmann dieses Europa räumlich und strategisch, wobei er auf Nikolaus' Besuch in Konstantinopel Bezug nimmt, wo dieser sich 1437 um eine Einigung der Kirchen bemüht hatte: „Du bist keinesfalls unwissend

---

[1] Aeneas Sylvius Piccolomini, *Reject Aeneas, Accept Pius. Selected Letters of Aeneas Sylvius Piccolomini (Pope Pius II)*, eingeleitet und ins Englische übers. von Thomas M. Izbicki / Gerald Christianson / Philipp Krey, Washington 2006, Brief Nummer 75 an Nikolaus von Kues (S. 306–318).

[2] Hier sei nur am Rande erwähnt, dass die osmanischen Eroberer nicht nur keinerlei Interesse an der Entvölkerung ihrer neuen Hauptstadt hatten, sondern sich nach 1453 um die Neubesiedlung der Metropole bemühten. Zu den polemischen Motiven in der mittelalterlichen Tradition bis ins 13. Jahrhundert vgl. John Tolan, *Saracens. Islam in the Medieval European Imagination*, New York 2002. Marios Philippides und Walter K. Hanak lieferten jüngst eine ausführliche Studie mehrerer Primärquellen zur Eroberung Konstantinopels. Vgl. *The Siege and the Fall of Constantinople in 1453. Historiography, Topography, and Military Studies*, Farnham 2011.

hinsichtlich der Beziehung Griechenlands zum Rest Europas. Du bist dir der Lage Thrakiens bewusst …" Viel bedeutender jedoch ist Europa als Kulturgemeinschaft, genauer noch, als Gemeinschaft der Gelehrten. Im Gegensatz zu den Persern führten die Osmanen nicht nur Krieg gegen Menschen, sondern gegen deren Kultur. Konstantinopel, nach Piccolomini das Athen der frühen Neuzeit, war die Quelle jener griechischen Gelehrsamkeit, die sich jeder Lateiner aneignen musste. „Wer, der rechten Verstandes ist, wird nicht klagen?" fragt Piccolomini Nikolaus. „Der Strom jeder Lehren ist abgeschnitten, die Quelle der Musen versiegt. Wo können wir nun nach Poesie suchen? Wo nach Philosophie? Ich gestehe, dass an vielen Städten im lateinischen Westen das Studium der Literatur in glänzender Weise betrieben wird, so in Rom, Paris, Bologna, Padua, Siena, Perugia, Köln, Wien, Salamanca, Oxford, Pavia, und Erfurt. Jedoch stammen all diese Flüsse letztlich aus den Quellen der Griechen. Ein Fluß, der von seiner Quelle abgeschnitten wird, wird austrocknen […] Heiliger Vater, ich kann dergleichen kulturellen Untergang nur beklagen."

Schlimmer noch, führt Piccolomini fort, der christliche Glaube werde zur Zeit in eine Ecke gedrängt. Obgleich dieser einst die ganze Welt beherrschte, sei er nun aus Asien und Libyen verdrängt worden und sei selbst in Europa nicht verschont. Die Tartaren und Türken hätten sich Land jenseits von Don und Hellespont angeeignet und in Spanien hielten die Sarazenen ihr eigenes Königreich. (Piccolomini bezog sich hierbei auf Granada, das noch bis 1492 von den Nasriden regiert wurde. Dass dies nur das kleine Überbleibsel einer jahrhundertelangen muslimischen Herrschaft über weitaus größere Teile der Iberischen Halbinsel war, verschweigt der Autor geflissentlich.) Auch das Heilige Land, Zeuge der Wunder des Gottessohns, in dem Milch und Honig fließen, sei durch Ungläubige regiert, die den Tempel der christlichen Religion schändeten. Piccolomini beschwört schließlich das Erbe der mittelalterlichen Kreuzzüge. Seit Karl dem Großen hätten europäische Herrscher christliche Gebiete verteidigt oder von Muslimen zurückerobert. Letztlich jedoch seien sie an ihrer innerer Zerstrittenheit gescheitert, während die Muslime durch Einigkeit Stärke gewannen und weitere Kriegszüge Richtung Westen vorbereiten konnten. Nur ein klein wenig Land und Wasser stünden noch zwischen den Türken und ihm selbst, beklagt Piccolomini, und trotz dieser Gefahr seien die Europäer zerstritten.

1. Europa als Erfindung der Renaissance

Rom, Paris, Bologna, Padua, Siena, Perugia, Köln, Wien, Salamanca, Oxford, Pavia, und Erfurt. Die Aufzählung liest sich wie eine Werbung für das Erasmus-Programm, das heutzutage den Austausch zwischen europäischen Universitäten unterstützt. Piccolominis Landschaft europäischer Wissenskultur scheint die Meinung zu bestätigen, wonach sich während der Renaissance und im Angesicht der osmanischen Bedrohung eine zugleich säkulare, griechisch-lateinische, und religiöse, christliche, europäische Identität ausbildete.³ Die Frage, ob die auf der Iberischen Halbinsel und in Osteuropa ansässigen Muslime aufgrund ihrer geographischen Position denn auch Teil Europas seien, wäre Piccolomini vermutlich nie in den Sinn gekommen. Die These von der Funktion des orientalischen Anderen als Katalysator für die Definition des westlichen Eigenen, wie sie vor allem mit Edward Saids Buch *Orientalism* von 1978 in Verbindung gebracht wird, findet hier einen klaren Ausdruck.⁴

Um dieser These weiter auf den Grund zu gehen, werden im Folgenden zwei Fragen gestellt. Im ersten Teil steht die Diskursanalyse im Mittelpunkt: Inwieweit handelt es sich bei Piccolominis Beschreibung um einen repräsentativen Ausdruck europäischer Identität? Im zweiten Teil wird Piccolominis Kontrast zweier unterschiedlicher Wissenskulturen hinterfragt und an historischen Realitäten gemessen, die durch andere Quellen rekonstruierbar sind. Um beide Fragen zusammenzuführen, wird zudem die Frage aufgeworfen, welche Vorstellungen Piccolomini selbst von einer islamischen Wissenskultur hatte, und zwar jenseits seiner polemischen Darstellung von Muslimen als Barbaren. Eine weitere Konstante kollektiver Selbstdefinition ist schließlich nicht nur der Andere, von dem man sich unterscheiden will; vielmehr sind es auch die historischen Wurzeln der eigenen kollektiven Identität. Da derartige Bezüge auf die kollektive Selbstdefinition vergangener „Europäer" in gegenwärtigen Debatten bisweilen eine wichtige Rolle spielen, ist es hilfreich, sie in ihrem jeweiligen historischen Zusammenhang zu verstehen.

2. Rhetorische und politische Kontexte für Piccolominis Türkenpolemik

Wie jedes andere Textzeugnis auch sollte der Brief Piccolominis bei einer historischen Betrachtung grundlegenden Prinzipien der Quellenkritik unterzogen werden. Zum einen gilt es dabei zumindest festzustellen, welche Ziele der Humanist in seinem Text verfolgte, zum anderen sollte seine Darstellung der Türken hier mit früheren und zeitgenössischen Darstellungen verglichen werden.

Piccolomini erlaubt eine eindeutige Antwort auf die Frage nach dem Ziel seines Briefes. Nach einer eindringlichen Beschreibung der osmanischen Gefahr äußert er den Wunsch, Nikolaus möge doch in Rom sein, um mit Eifer Piccolominis Anliegen zu vertreten, dass nämlich die europäischen Fürsten ihre Reihen in einem Kreuzzug gegen die Türken schließen mögen. Auch als späterer Pius II. (1458–1464) ist Piccolomini wie kaum ein zweiter frühneuzeitlicher Papst für seine Kreuzzugspro-

---

³ In jüngster Zeit ist diese These vor allem von Nancy Bisaha vertreten worden. Vgl. Dies., *Creating East and West. Renaissance Humanists and the Ottoman Turks*, Philadelphia 2004; ferner Almut Höfert, *Den Feind beschreiben. „Türkengefahr" und europäisches Wissen über das Osmanische Reich 1450–1600*, Frankfurt am Main 2003. Eine kritische Darstellung von Saids Ansatz liefert Margaret Meserve, *Empires of Islam in Renaissance Historical Thought*, Cambridge 2008. Nach Meserve ist die literarische Produktion der Renaissancegelehrten zu heterogen, um sie in ein Saidsches Schema einordnen zu können.

⁴ Deutschsprachige Neu-Edition: Edward W. Said, *Orientalismus*, Frankfurt am Main 2009.

paganda bekannt. Diese betrieb er bereits auf dem Basler Konzil von 1436, siebzehn Jahre vor der osmanischen Eroberung Konstantinopels und zweiundzwanzig Jahre vor seiner Ernennung zum Papst.[5] Als Humanist bediente Piccolomini bzw. Pius sich dabei typischerweise rhetorischer Mittel. So griff er auch bei Gelegenheiten, die sich auf Reisen durch das westliche Europa ergaben, das Vorbild der mittelalterlichen Kreuzzüge auf. Beispielsweise erinnerte er an die berühmte Kreuzzugsrede Papst Urbans II., der im Jahr 1095 in Clermont ebenfalls eine Darstellung muslimischer Grausamkeiten eingesetzt hatte, um seiner Ansprache Dringlichkeit zu verleihen. Auch beschwor Piccolomini das Erbe legendärer Kreuzritter wie etwa der Anführer des Ersten Kreuzzugs Gottfried von Bouillon (1060–1100), Bohemund von Tarent (1054–1111) und Balduin I. von Boulogne (1058–1118). Wären diese gegenwärtig, so Piccolomini, würden sie nicht lange reden, sondern sich voller Leidenschaft in den Kampf gegen die Türken stürzen.[6]

Die rhetorischen Ziele und politischen Motive des Papstes erklären zu einem erheblichen Teil die Darstellung des muslimischen Gegners. Als Diskursfigur musste dieser einerseits durch seine Grausamkeit und seine Entschlossenheit, die europäisch-christliche Kultur zu zerstören, die Dringlichkeit einer militärischen Antwort unterstreichen. Darüber hinaus erlaubten es die scheinbaren oder tatsächlichen Gemeinsamkeiten zwischen spätantiken und mittelalterlichen muslimischen Eroberern und Herrschern einerseits und frühneuzeitlichen Osmanen andererseits Piccolomini umso leichter, eine Kontinuität der Kreuzzüge einzufordern: derselbe Gegner, seit Jahrhunderten, dieselbe Antwort. Seit den Anfängen ihrer Religion verstanden Muslime nur die Sprache der Gewalt, eine Sprache, derer sie sich vorrangig selbst bedienten. So zumindest die Logik von Piccolominis Rhetorik. Noch 2006 erzeugte dieser in der vormodernen christlichen Polemik beliebte Topos des Islam als vernunftfeindlicher und gewalttätiger Religion ein erhebliches öffentliches Echo, als der damalige Papst Benedikt XVI. in seiner Regensburger Vorlesung den byzantinischen Kaiser Manuel II. Palaiologus (1350–1425) mit ähnlichen Worten zitierte.[7]

---

[5] Zu Piccolominis Bemühungen um einen Kreuzzug vgl. Nancy Bisaha, „Pope Pius II and the Crusade", in: *Crusading in the Fifteenth Century. Message and Impact*, hg. von Norman Housley, London 2004, S. 39–52. Zu den Kreuzzügen der Renaissance vgl. zudem Norman Housley, *Crusading and the Ottoman Threat 1453–1505*, Oxford 2012.

[6] Susanna A. Throop hat jüngst die auch hier sehr deutlich hervortretende emotionale Sprache der Kreuzzugsliteratur untersucht unter besonderer Berücksichtigung des Motivs des religiösen Eifers. Vgl. Susanna A. Throop, „Zeal, Anger and Vengeance: The Emotional Rhetoric of Crusading", in: *Vengeance in the Middle Ages: Emotion, Religion, and the Discourse of Violent Conflict*, hg. von Susanna A. Throop / Paul R. Hyams, Burlington (VT) 2010, S. 177–201, und Dies., *Crusading as an Act of Vengeance, 1095–1216*, Farnham 2011.

[7] Das Zitat stammt aus einem „Dialog" zwischen dem Byzantiner und einem persischen Gelehrten, der von Adel Theodore Khoury herausgegeben wurde: Manuel II Paléologue, *Entretiens avec un musulman, 7ᵉ controverse*. Introduction, texte critique, traduction et notes (Sources Chrétiennes115, Paris 1966. Die auf die Regensburger Papstrede folgende Kontroverse ist mittlerweile in verschiedenen Publikationen behandelt worden, z.B. *Glaube und Vernunft. Die Regensburger Vorlesung*, Freiburg – Basel – Wien 2006.

Wie sehr diese rhetorischen und politischen Ziele Piccolominis Darstellung der Türken bestimmten, wird auch deutlich, wenn man diese mit früheren und zeitgenössischen Beschreibungen vergleicht. Zum einen wird klar, in welchem Umfang der Autor sich der polemischen Tradition bediente. In seiner zuerst 1960 veröffentlichten und mittlerweile klassischen Studie *Islam and the West. The Making of an Image* widmete Daniel Norman ein Kapitel der Rolle der Gewalt in der Ausbildung einer westeuropäischen Sicht des Islam.[8] Es handelt sich bei diesem Topos natürlich nicht um eine reine Erfindung der Polemik. Einige christliche Gelehrte berufen sich etwa auf Passagen im Koran, die Gewalt religiös legitimieren und die durch die islamische Geschichte hinweg auch immer wieder zu solchen Zwecken zitiert wurden.[9] Der Eindruck muslimischer Gewalttätigkeit mag seinen Ursprung sehr wohl in den militärischen Auseinandersetzungen seit der Zeit der ersten arabisch-muslimischen Eroberungen im frühen 7. Jahrhundert haben, entwickelte in der Folge jedoch ein Eigenleben. Dabei wurde er literarisch und ideologisch ausgebaut. Wie Piccolomini selbst eingesteht, ist die Grundlage einiger seiner Befürchtungen nicht etwa ein Wissen um die tatsächlichen Ereignisse in Konstantinopel; vielmehr sind es Erwartungen. Polemik erzeugt Polemik, Angst erzeugt Gewissheit, Befürchtungen werden zur Realität. Viele andere christliche Autoren teilten Piccolominis Haltung. Und dennoch lassen sich auch andere Stimmen finden, die bezeugen, dass es sich eben nur um eine sehr bestimmte Haltung gegenüber Muslimen handelte, die wiederum zu sehr bestimmten Zwecken eingesetzt wurde.

Piccolomini selbst reduzierte die Osmanen nicht auf ihre religiöse Identität. Insbesondere zur Zeit der Renaissance wurde das mittelalterliche Interesse an Muslimen, das sich auf deren religiöse Identität konzentrierte, durch das aus der Antike entlehnte Interesse an Geographie und Geschichte ergänzt. Wie Margaret Meserve in einer ausführlichen Studie dargelegt hat, gab es bei vielen Gemeinsamkeiten unter humanistischen Autoren auch erhebliche Unterschiede, zumal die Gelehrten, die sich mit den Osmanen auseinandersetzten, unterschiedlich gut über die Geschichte der Türken unterrichtet waren. Ein Interesse vieler Autoren etwa war die Frage, welches antike Volk die Ahnherren der Osmanen waren. Die Angelegenheit war auch für Piccolomini von Interesse, der vehement die These abstritt, dass es sich bei den Türken um die Nachfahren der Trojaner handelte.[10] Es seien vielmehr die Römer selbst, die durch ihren Ahnherr Aeneas, Piccolominis Namensvetter, Nach-

---

[8] Daniel Norman, *Islam and the West. The Making of an Image*, Oxford 1993, S. 131–157.

[9] Zur Bedeutung religiöser Texte und religiös legitimierter Gewalt vgl. jetzt auch Michael Cook, *Ancient Religions, Modern Politics. The Islamic Case in Comparative Perspective*, Princeton 2014.

[10] Vgl. Margaret Meserve, „Medieval Sources for Renaissance Theories on the Origins of the Ottoman Turks", in: *Europa und die Türken in der Renaissance*, hg. von Bodo Guthmüller / Wilhelm Kühlmann, Tübingen 2000, S. 409–436; James G. Harper hat den Umkehrschluss dieser These kunsthistorisch untersucht und die Darstellung der Trojaner als Türken analysiert; vgl. „Turks as Trojans; Trojans as Turks: Visual Imagery of the Trojan War and the Politics of Cultural Identity in Fifteenth-Century Europe", in: *Postcolonial Approaches to the European Middle Ages. Translating Cultures*, hg. von Ananya Jahanara Kabir / Deanne Williams, Cambridge 2005, S. 151–179; zu Piccolomini vgl. auch Bisaha, „Pope Pius II and the Crusade" (Anm. 5), S. 41, 46.

kommen der Trojaner seien. (Die in der Renaissance oft zitierte These, die geradezu sinnbildlich für die humanistische Faszination mit der Antike zu stehen scheint, wurde zumeist von Autoren vorgebracht, die gegen sie argumentieren.) Piccolomini selbst war davon überzeugt, dass es sich bei den Osmanen um Nachfahren der Skythen handelte, deren barbarische Traditionen wie sexuelle Zügellosigkeit oder unappetitliche Speisen nur von einem Hauch Zivilisation verhüllt waren.

Kaum einer verdeutlicht mehr als Piccolomini selbst, dass einzelne polemische Argumente, ob religiös oder ethnisch, oft nicht repräsentativ für die Haltung eines Autors waren. Deshalb werden sie am besten in einem größeren Zusammenhang verstanden. Es lässt sich nicht genau feststellen, wie gut oder wie schlecht der Humanist über die in der islamischen Welt vorherrschenden Wissenskulturen unterrichtet war. Es ist jedoch kaum plausibel, dass er keinerlei Kenntnisse des arabischen philosophischen und wissenschaftlichen Erbes hatte, das seit dem 12. Jahrhundert vor allem über die Iberische Halbinsel und Italien nach Westeuropa tradiert wurde.[11] Es war nicht zuletzt jene mittelalterliche Wissenstradition, gegen die sich die Humanisten definierten, obgleich wissenschaftliche arabische Texte bis ins 16. Jahrhundert ins Lateinische übersetzt wurden.[12] Piccolomini selbst, nunmehr Pius II., gab seine Kenntnis dieses gemeinsamen geistigen Erbes in einem Brief preis, den er 1461 an niemand anderen als den osmanischen Sultan Mehmed II. richtete.[13] Obwohl in der jüngsten wissenschaftlichen Literatur die Überzeugung vorherrscht, dass Pius II. sich in diesem Brief nicht wirklich an den Sultan richtete, sondern ihn vielmehr für einen christlich-westlichen Leserkreis schrieb, arbeitet er doch mit Annahmen über die Türken, die wesentlich von jenen abweichen, die er in dem Brief an Nikolaus von 1453 vertritt. In dem Brief an Mehmed II. beruft sich der Papst beispielsweise zumindest implizit auf eine gemeinsame Kenntnis griechischer Philosophie und ein gemeinsames Verständnis rationaler Argumente. Diese rhetorische Strategie steht im klaren Gegensatz zu der gegenüber Nikolaus von Kues getroffenen Behauptung, dass die Osmanen als Feinde griechischer und lateinischer Literatur solche fremden Bücher nicht duldeten und sie durch ihre eigenen, unzureichenden Schriften ersetzten. Acht Jahre später erklärte Pius dem osmanischen Herrscher, dass zwar der arabische Prophet Muhammad und seine sarazenischen, d.h. arabischen Anhänger gewaltsam gegen die Vernunft und die durch sie geprägte antike Literatur vorgegangen

---

[11] Einen kurzen systematischen Überblick mit einer Tabelle der übersetzten Texte liefert Charles Burnett in „Arabic into Latin: the Reception of Arabic Philosophy into Western Europe", in: *The Cambridge Companion to Arabic Philosophy*, hg. von Peter Adamson / Richard C. Taylor, Cambridge 2005, S. 370–404.

[12] Vgl. z.B. zu Francesco Petrarca (1304–1374), der seiner eigenen Aussage nach alles Arabische ablehnte: Charles Burnett, „Petrarch and Averroes: An Episode in the History of Poetics", in: *The Medieval Mind. Hispanic Studies in Honour of Alan Deyermond*, hg. von Ian MacPherson / Ralph Penny, Woodbridge 1997, S. 49–56. Dag Nikolaus Hasse hat eine ausführliche Studie der Rezeption arabischen Wissens in der frühen Neuzeit vorgelegt: *Arabic Sciences and Philosophy in the Renaissance. Motives and Techniques of Reception*, Habilitationsschrift (Freiburg im Breisgau) 2004.

[13] Aeneas Silvius Piccolomini, *Epistola ad Mahometem (Epistle to Mohammed II)*, hg. und übersetzt von Albert R. Baca, New York 1994.

seien, dass Mehmed als Türke und Nachfahre der stolzen Skythen diese Haltung jedoch keineswegs teilen müsse und stattdessen seiner Vernunft folgen und Christ werden solle. Die ethnische Differenzierung unter Bezugnahme auf die klassische geographische Tradition verrät wie manches andere an Piccolominis Stil den Humanisten. Die vermittelnde Funktion von Vernunft und Philosophie als gemeinsamer Grundlage für Dialog und Debatte zwischen Mitgliedern unterschiedlicher religiöser Gemeinschaften ist dabei an etlichen Beispielen aus dem mittelalterlichen Eurasien belegt.[14]

An die Einordnung der polemischen Motive in Piccolominis Brief an Nikolaus schließt sich eine weitere Frage an, nämlich inwiefern „Europäer" des 15. Jahrhunderts seine Sicht der Welt teilten, die schließlich durch seine eigene Lebenswelt und somit durch ein besonderes Interesse an einer besonderen Gelehrsamkeit geprägt war. Pius' Bemühungen um einen Kreuzzug jedenfalls scheiterten kläglich. Ein Gemälde von Pinturicchio in der Kathedrale von Siena zeigt den Papst kurz vor seinem Tode, als er in Ancona vergeblich auf die Ankunft von Kreuzfahrern wartete. Die europäischen Machthaber seiner Zeit ließen sich von der Dringlichkeit seines Aufrufs nicht überzeugen. Auch unter Gelehrten herrschte hinsichtlich der Kreuzzugsstrategie keineswegs Einigkeit. Nikolaus von Kues etwa, der Adressat des Schreibens von 1453, entwickelte eine ganz andere Haltung. In seinem gleichfalls in Reaktion auf die osmanische Eroberung Konstantinopels verfassten *Über den Frieden im Glauben (De Pace Fidei)* zeichnet er das Bild eines vernunftgeprägten und friedlichen Austausches zwischen Anhängern verschiedener Religionen, in dessen Schlussfolgerung freilich der christliche Glaube als der wahrste erscheint.[15] Ein weiterer prominenter Befürworter einer friedlichen Auseinandersetzung mit Muslimen war Johannes von Segovia (1395–1458).[16] Hingegen hatte sich die Haltung des älteren katalanischen Missionars Raimundus Lullus (1232–1316) im Laufe seines Lebens von einer eher pazifistischen zu einer stärker militaristischen entwickelt.[17]

Wenn wir den Kreis unserer potentiellen frühneuzeitlichen Europäer erweitern

---

[14] Für weitere Beispiele und Darlegungen zum Thema vgl. Anna Akasoy, „Mehmed II as a Patron of Greek Philosophy: Latin and Byzantine Perspectives", in: *The Renaissance and the Ottoman World*, hg. von Anna Contadini / Claire Norton, Farnham 2013, S. 245–256, und Dies., „Are we Speaking the Same Language? Translating Truths across Intellectual Traditions in al-Andalus", in: *Transcending Words. The Language of Religious Contact between Buddhists, Christians, Jews, and Muslims in Premodern Times*, hg. von Knut-Martin Stünkel / Görge Hasselhoff, Bochum 2015, S. 43–54.

[15] Vgl. Nikolaus von Kues, *Vom Frieden zwischen den Religionen*, Lateinisch-Deutsch, Übers. von Klaus Berger / Christiane Nord, Frankfurt am Main 2002.

[16] Johannes' Leben und Werk sind jüngst von Anne Marie Wolf behandelt worden, wobei die Autorin ausführlich auf den Zusammenhang zwischen seinen Bemühungen um eine Einheit der Christen und um einen Dialog mit Muslimen eingeht: *Juan de Segovia and the Fight for Peace. Christians and Muslims in the Fifteenth Century*, Notre Dame 2014.

[17] Vgl. Walter Andreas Euler, *Unitas et Pax. Religionsvergleich bei Raimundus Lullus und Nikolaus von Kues*, Würzburg ²1995; *Ramón Llull und Nikolaus von Kues. Eine Begegnung im Zeichen der Toleranz – Raimondo Lullo e Niccolò Cusano: Un incontro nel segno della tolleranza*, hg. von Ermenegildo Bidese / Alexander Fidora / Paul Renner, Turnhout 2005; Knut Martin Stünkel, *Una sit religio. Religionsbegriffe und Begriffstopologien bei Cusanus, Llull und Maimonides*, Würzburg 2013.

und jene erheblichen Mehrheiten einschließen, die nicht zu den Gelehrten zählten, ergeben sich etliche fundamentale Fragen, die sich kaum zufriedenstellend beantworten lassen. In welchen Kategorien etwa ein französischer Fischer, ein italienischer Tuchmacher oder eine spanische Bäckersfrau sich in der frühen Neuzeit definierten und was ihnen Piccolominis „Europa" bedeutete, falls ihnen der Begriff überhaupt etwas bedeutete, kann nur gemutmaßt werden. Lediglich für einige wenige Personengruppen wie etwa Händler, Söldner, Übersetzer oder Kriegsgefangene lassen sich derartige Fragen kollektiver Selbstdefinition ein wenig besser beantworten.[18] In der Tat können sich solche grenzüberschreitenden Personengruppen als äußerst aufschlussreich hinsichtlich der Kategorien kultureller und religiöser Identität erweisen. Nicht zuletzt seit Fernand Braudels erstmals Ende der 40er-Jahre veröffentlichter einflussreicher Studie über die mediterrane Welt im 16. Jahrhundert[19] erheben sich immer wieder Stimmen innerhalb wie außerhalb der Geisteswissenschaften, welche die über vermeintliche oder tatsächliche Kulturgrenzen hinaus verbindende Funktion des Mittelmeers betonen. Vieles spricht dafür, einen Schwerpunkt der Forschung auf das Regionale zu legen und den Primat religiöser Etiketten infrage zu stellen. Es ist durchaus plausibel anzunehmen, dass Bewohner der religiös diversen Iberischen Halbinsel unter muslimischer Herrschaft mehr miteinander verband als einen andalusischen Muslim mit einem Glaubensbruder aus dem östlichen Iran. Es ist im Mittelalter aber gerade auch das Mittelmeer, das verdeutlicht, an welchen Stellen religiöse Unterscheidungen mit sozialen Grenzen einhergingen. Während jüdische Händler beispielsweise im ganzen Mittelmeerraum zu finden waren und italienische Händler Kolonien in von Muslimen beherrschten Gebieten einrichteten, beschränkten muslimische Händler ihre Reisen üblicherweise auf muslimische Gebiete.[20]

3. Piccolominis Polemik und historische Realitäten

In seinem Brief an Mehmed II. bemerkt Pius II. unter anderem, dass sich der Prophet Muhammad eigenhändig mit Waffengewalt gegen die Vernunft gewandt habe. Das erste namhafte Opfer dieser Politik war nach Piccolomini die Wissenstradition Alexandrias, das nach der arabisch-muslimischen Eroberung keine Gelehrten mehr hervorbrachte. Wir wissen schon sehr lange, dass vieles an diesem Bild falsch ist. Selbst Piccolomini mag es besser gewusst haben. Das in der antiken Philosophie

---

[18] Vgl. Ella Natalie Rothman, *Brokering Empire. Trans-Imperial Subjects between Venice and Istanbul*, Ithaca 2012.

[19] Vgl. Fernand Braudel, *La Méditerranée et le monde méditerranée à l'époque de Philippe II*, Paris (1949) ²1966 (Deutschsprachige Ausgabe: *Das Mittelmeer und die mediterrane Welt in der Epoche Philipps II.*, 3 Bde., Frankfurt am Main 1990).

[20] Für einen ausgewogenen Überblick über den „Mediterranismus" und seine Grenzen als analytisches Paradigma vgl. Sarah Stroumsa, *Maimonides in his World. Portait of a Mediterranean Thinker*, Princeton 2009, S. 1–23.

beschriebene und in der arabisch-islamischen Welt seit dem 8. bzw. 9. Jahrhundert systematisch aufgegriffene Konzept der Vernunft war im Westarabien des frühen 7. Jahrhunderts kein prominentes Thema, mit dem Muhammad sich auseinandergesetzt hätte, weil es den Zeitgeist bestimmt hätte. Die vorherrschenden religiösen und gelehrten Traditionen waren andere. Der Koran selbst belegt dies. Rationalismus ist dort kein vordringliches Problem und wenn überhaupt, so lässt sich der – nach islamischer Tradition göttlichen – Offenbarung eine positive Haltung zu Vernunft entnehmen.

Dies ist nicht erst eine Sichtweise der Moderne. Ein prominenter Muslim des 12. Jahrhunderts, der Rechtsgelehrte und Aristoteles-Kommentator Ibn Rušd, in latinisierter Form als Averroës bekannt, berief sich in seinem juristischen Traktat *Faṣl al-maqāl (Die maßgebliche Abhandlung)* auf den Koran, um zu beweisen, dass das Studium von Logik und Philosophie nach religiösem Recht nicht nur nicht verboten, sondern sogar geboten war.[21] Im zweiten Vers von Sure 59 fordert Gott diejenigen, „die Einsicht haben" dazu auf, über das Beispiel von Ungläubigen „nachzudenken", die durch Gott gestraft wurden. Ibn Rušd beruft sich in seiner Verteidigung von Philosophie und Logik insbesondere auf Passagen, in denen der Mensch dazu aufgerufen wird, die göttliche Schöpfung zu betrachten: „Sehen sie (d. h. die Ungläubigen) denn nicht die Kamele (und denken darüber nach), wie sie geschaffen worden sind, den Himmel, wie er emporgehoben worden ist, die Berge, wie sie aufgestellt worden sind, und die Erde, wie sie ausgebreitet worden ist?" übersetzte Rudi Paret 1966 die Verse 17 bis 20 von Sure 88, auf die Ibn Rušd in seiner Abhandlung anspielt. Piccolominis Behauptungen hinsichtlich der frühen islamischen Geschichte speisen sich aus der polemischen Tradition. Die zu seiner Zeit bereits bekannten lateinischen Übersetzungen des Korans haben als historische Quelle bei ihm keine signifikanten Spuren hinterlassen. Dabei hatten christliche Polemiker, deren Interesse überhaupt erst den Anstoß dazu gegeben hatte, lateinische Übersetzungen anzufertigen, den Koran ohnehin als vernunftfeindlich ausgelegt.

Dass spätere Muslime, insbesondere im abbasidischen Bagdad seit dem 9. Jahrhundert ein großes Interesse an der klassischen Philosophie und Wissenschaft entwickelten ist, heutzutage weitläufig bekannt, ebenso, dass etliche griechische Texte in dieser Zeit ins Arabische übersetzt und manchmal nur so überhaupt erhalten wurden. Institutionell war jene „Übersetzungsbewegung" eng mit der Patronage der abbasidischen Kalifen verbunden, obwohl bereits unter der vorherigen Dynastie der Omajjaden Texte aus dem Griechischen ins Arabische übertragen worden waren, die Lesern im Nahen Osten des frühen Mittelalters Einblicke in die klassische Kultur gaben. Wie George Saliba für die Omajjaden und Dimitri Gutas für die Abbasiden dargelegt haben, war die Förderung dieser Aktivitäten von Seiten der jeweiligen Dynastien eng mit deren Projekten politischer Herrschaftsansprüche ver-

---

[21] Vgl. Ibn Rushd, *Maßgebliche Abhandlung*, aus dem Arabischen übersetzt und kommentiert von Frank Griffel, Frankfurt am Main 2010.

bunden.²² Unter den Omajjaden wurde Arabisch zur Verwaltungssprache und die Abbasiden bemühten sich um eine Imitation der vorislamischen Herrscher Persiens, die den heidnischen Gelehrten der griechischen Welt nach der Schließung der Platonischen Akademie durch den oströmischen Kaiser Justinian I. im Jahr 529 eine Heimat geboten hatten. Abbasidische Kalifen wie insbesondere der Herrscher al-Ma'mūn (reg. 813–833) zeigten zudem auch in Bereichen religiösen Wissens wie der Theologie ausgeprägt rationalistische Tendenzen.²³ Während man an einigen Gebieten der antiken und spätantiken Wissenschaften wie vor allem der Medizin klar einen praktischen Nutzen erkennen kann, zeigt die Übersetzung vieler anderer Texte, dass die antike griechische Gelehrsamkeit im Allgemeinen mit großem kulturellem Prestige verbunden wurde.

Dieser mittlerweile klassischen Darstellung entsprechend erfüllten die Gelehrten der islamischen Welt damit vor allem die Funktion von Bewahrern und Vermittlern des klassischen Erbes, das ab dem 12. Jahrhundert wieder nach Europa „zurückgereicht" wurde. Die populäre Faszination mit dem „Goldenen Zeitalter" des Islam zeichnet hier einen scharfen Gegensatz zum „dunklen Mittelalter" Westeuropas. Danach waren es nicht etwa die Anhänger Muhammads, die der spätantiken Wissenstradition ein Ende bereiteten, sondern die Anhänger Jesu – so auch für einen breiten Leser- bzw. Zuschauerkreis dargestellt in Umberto Ecos *Der Name der Rose* oder dem Film *Agora. Die Säulen des Himmels* (2009) von Alejandro Amenábar, der darin die Geschichte der Alexandriner Philosophin Hypatia (355–415) erzählt.²⁴

Besondere Aufmerksamkeit wird den kulturellen, religiösen und sprachlichen Kontaktgebieten gewidmet, die für die Vermittlung antiken Wissens nach Westeuropa wichtig wurden: der Iberischen Halbinsel vor allem, aber auch Süditalien und der Levante zur Zeit der Kreuzzüge. In diesen Regionen trafen Christen und Muslime wie auch arabische und lateinische Sprache aufeinander. In diesem Transmissionsprozess spielten jüdische Gelehrte und das Hebräische ebenfalls eine wichtige Rolle. Konflikte waren nur ein Teil des Kontakts und militärische Auseinandersetzungen reihten sich zeitnah an Übersetzungen und Kooperation.²⁵

---

[22] Vgl. George Saliba, *Islamic Science and the Making of the European Renaissance*, Cambridge 2007; Dimitri Gutas, *Greek Thought, Arabic Culture. The Graeco-Arabic Translation Movement in Baghdad and Early 'Abbāsid Society (2nd–4th/8th–10th Centuries)*, London 1998; Hans Daiber, *Islamic Thought in the Dialogue of Cultures. A Historical and Bibliographical Survey*, Leiden 2012.

[23] Zu diesem Herrscher vgl. Michael Cooperson, *Al-Ma'mun*, Oxford 2005.

[24] Schon Charles H. Haskins hatte in seinem 1927 erschienenen Buch über die Renaissance des 12. Jahrhunderts die Vorstellung vom „dunklen Mittelalter" aufgebrochen: vgl. Charles Homer Haskins, *The Renaissance of the Twelfth Century*, Cambridge 1927.

[25] Zu sozialen, politischen und ökonomischen Kontexten des mittelalterlichen Wissenstransfers vgl. insbesondere die Arbeiten von Felicitas Schmieder, „Pragmatisches Übersetzen. Texttransfer zum Nutzen von Handel und Mission", in: *Grenzräume und Grenzüberschreitungen im Vergleich. Der Osten und der Westen des mittelalterlichen Lateineuropa*, hg. von Klaus Herbers / Nikolas Jaspert, Berlin 2007, S. 261–276. Im gegenwärtigen Zusammenhang relevant ist auch ihr Artikel „Das Werden des mittelalterlichen Europa aus dem Kulturkontakt: Voraussetzungen und Anfänge der europäischen

Zwei Übertragungsprojekte stechen dabei hervor. Zum einen waren dies die Übersetzungsaktivitäten im 12. und 13. Jahrhundert in Toledo. Institutionell lässt sich ein enger Zusammenhang mit der Kathedrale erkennen, wobei der Archidiakon von Segovia, Dominicus Gundissalinus, eine bedeutende Rolle spielte.[26] Seine innovativen Adaptationen aristotelischer und neuplatonischer Philosophie bestätigen, dass arabische Literatur nicht nur eine vermittelnde Funktion hatte, sondern auch als Quelle origineller Ideen diente. Nach einer von Charles Burnett entwickelten These folgte das Übersetzungsprogramm in Toledo einer Einteilung der Philosophie, die der Philosoph al-Fārābī im 10. Jahrhundert in seiner Unterteilung der Wissenschaften *(Iḥṣā' al-'ulūm)* vorgelegt hatte.[27] Gundissalinus war auch mit den Ideen Ibn Sīnās (c. 980–1037) vertraut, der im Westen als Avicenna bekannt wurde und dessen Einfluss auf das Werk Thomas von Aquins ebenfalls sehr deutlich ist – etwa in der Unterscheidung zwischen Essenz und Existenz oder in der Beschreibung Gottes als notwendigerweise existierendem Sein.

Das zweite große Übersetzungsprojekt des Mittelalters, das hier erwähnt werden soll, erfreute sich der Unterstützung des Staufers Friedrichs II. (1194–1250).[28] Selbst in einer Region aufgewachsen, in der das Arabische weit verbreitet war, rief der Herrscher Philosophen und Übersetzer an seinen Hof, darunter Michael Scotus (1175–1235) oder Theodor von Antiochien (c. 1195–1250). Friedrichs Interessen waren weitreichend. Neben Philosophie fanden auch die Naturwissenschaften seine Aufmerksamkeit. Seine Leidenschaft für die Falknerei spricht aus dem von ihm selbst verfassten Buch *Von der Kunst, mit Vögeln zu jagen (De arte venandi cum avibus)*. Es ist in einer reich bebilderten und nach seinem Sohn Manfred (1232–1266) als „Manfred-Handschrift" bekannten Abschrift erhalten. Während diese Schrift wohl auf Friedrichs eigene Erkenntnisse zurückgeht, ließ der Kaiser auch Falknereiabhandlungen aus dem Arabischen übersetzen. Zumindest einer dieser Texte wurde am Hof von Friedrichs iberischem Zeitgenossen Alfons X. (1221–1284), bekannt als „Alfons der Weise", ins Kastilische übersetzt. Dabei verdient es betont zu werden, dass die erste Transmissionsphase arabischen Wissens in hohem

---

Expansion", in: *Expansionen in der Frühen Neuzeit*, hg. von Renate Dürr / Gisela Engel / Johannes Süßmann, Berlin 2005, S. 27–41.

[26] Vgl. Alexander Fidora, *Die Wissenschaftstheorie des Dominicus Gundissalinus. Voraussetzungen und Konsequenzen des zweiten Anfangs der aristotelischen Philosophie im 12. Jahrhundert* (Wissenskultur und gesellschaftlicher Wandel 6), Berlin 2003.

[27] Vgl. Charles Burnett, „The Coherence of the Arabic-Latin Translation Program in Toledo in the Twelfth Century", in: *Science in Context* 14 (2001), S. 249–288.

[28] Vgl. Johannes Fried, „... correptus est per ipsum imperatorem. Das zweite Falkenbuch Friedrichs II.", in: *Mittelalterliche Texte. Überlieferung – Befunde – Deutungen*, hg. von Rudolf Schieffer, Hannover 1996, S. 93–124; und „Kaiser Friedrich II. als Jäger oder Ein zweites Falkenbuch Kaiser Friedrichs II.?", in: *Nachrichten der Akademie der Wissenschaften in Göttingen. I, Philologisch-Historische Klasse* 4 (1996), S. 115–156. Stefan Georges hat eine Studie und Edition des aus dem Arabischen übersetzten Falkenbuches vorgelegt: *Das zweite Falkenbuch Kaiser Friedrichs II. Quellen, Entstehung, Überlieferung und Rezeption des Moamin*, Berlin 2008.

Maße von der Patronage einzelner Herrscher abhing und lateinische Übersetzungen erst an Höfen und anschließend erst an Universitäten zirkulierten.

Die Frage, inwieweit es sinnvoll ist, hier von einem „islamischen" Erbe Europas zu sprechen, erfordert eine vielschichtige Antwort. Selbst wenn es um die in der islamischen Welt verbreiteten Wissenstraditionen geht, ist die Terminologie mitunter Gegenstand der Debatte. Während die arabische medizinische Literatur die Kategorie der „Prophetenmedizin" kennt, die Behandlungen auf Grundlage des prophetischen Vorbilds empfiehlt, haben die aus der Antike entlehnten galenischen Traditionen recht wenig mit Religion zu tun. Auch bei anderen Wissensgebieten ist das Etikett „islamisch" primär in der Hinsicht erhellend, dass es Rückschlüsse auf die Region gibt, in der das Wissen adaptiert oder produziert wurde, nicht aber auf den Gegenstand des Wissens selbst oder seine textliche Verarbeitung. Es wäre in vieler Weise irreführend, spräche man von „islamischer Geographie", „islamischer Astronomie" oder „islamischer Mathematik". Dies soll nicht bedeuten, dass sich keinerlei Bezüge zwischen der islamischen Religion und diesen Wissenschaften herstellen ließen. Elemente solcher Wissenschaften konnten in religiösen Kontexten von Nutzen sein. Eher noch lässt sich argumentieren, dass sich erst durch die arabisch-islamischen Eroberungen jene kulturelle Dynamik entfaltete, die den Wissenstransfer, die Übersetzungsbewegung wie auch die eigenständige wissenschaftliche Produktion umfasste. Insbesondere im Bereich der Philosophie kann die Lage dabei durchaus kompliziert sein. Dimitri Gutas beispielsweise spricht sich klar gegen den Begriff der „islamischen Philosophie" aus, da dieser unterstelle, die entsprechenden systematischen Überlegungen seien wesentlich mehr durch die islamische Religion geprägt als dies tatsächlich der Fall war.[29] Einige muslimische Autoren jedoch versuchten durchaus explizit, aristotelische und neuplatonische Lehren einerseits und koranische Weltsicht andererseits miteinander in Einklang zu bringen. Zudem wurden philosophische Prinzipien und Begriffe von Autoren aufgegriffen, die sich nicht als Philosophen im engeren Sinne klassifizieren lassen. Das wirft die Frage auf, wo genau die Grenzen zu solchen wie auch zu anderen Wissenstraditionen gezogen werden können.

Ein weiterer Einwand gegen die Rede von „islamischen" Wissenschaften ist die Tatsache, dass auch Autoren, die nicht muslimischen Glaubens waren, Beiträge zu der entsprechenden gelehrten Literatur lieferten. Der Philosoph Yaḥyā ibn ʿAdī beispielsweise, der im Irak des 10. Jahrhunderts seine Werke auf Arabisch verfasste, war Christ. Seiner Abhandlung zur Ethik, *Tahḏīb al-aḫlāq*, ist nur an wenigen Stellen anzumerken, dass sie von einem Autoren diesen Glaubens verfasst wurde. Auch Maimonides, einer der bedeutendsten jüdischen Gelehrten, schrieb viele seiner Texte auf Judäo-Arabisch. Der Begriff der „arabischen Philosophie" scheint hier angemessener, scheint jedoch all jene Autoren auszuschließen, die sich in anderen

---

[29] Vgl. Dimitri Gutas, „The Study of Arabic Philosophy in the Twentieth Century. An Essay on the Historiography of Arabic Philosophy", in: *British Journal of Middle Eastern Studies* 29 (2002), S. 5–25.

Sprachen der islamischen Welt wie Persisch oder Türkisch an philosophischen Debatten beteiligten.

4. Neue Geschichtsbilder

Während der letzten drei Jahrzehnte hat die Forschung große Fortschritte dabei gemacht, diese Vermittlung antiken, spätantiken und mittelalterlichen Wissens über Jahrhunderte hinweg besser zu verstehen. Zu einem erheblichen Teil sind diese Fortschritte einer intensiveren interdisziplinären Arbeit geschuldet. Insbesondere die Vielzahl der in diesem Gebiet relevanten Sprachen (Griechisch, Syrisch, Arabisch, Latein, Mittelpersisch, Hebräisch, Kastilisch, Katalanisch und andere) erfordert eine Zusammenarbeit fachkundiger Philologen. Aber auch die Kooperation von Geschichtswissenschaften, Philosophie und Theologie hat sich als fruchtbar erwiesen. Im Verlauf der letzten Jahre ist dabei auch deutlich geworden, dass die Anerkennung des arabisch-islamischen Erbes in der westlichen Wissenskultur ihre eigene Legendenbildung entfaltet hat. Das „Haus der Weisheit" im abbasidischen Bagdad beispielsweise entpuppte sich bei genauerer Betrachtung eher als Bibliothek und weniger als frühmittelalterliche Akademie der Wissenschaften, obwohl sich jene romantisierende Vorstellung noch weit hält. Ebenso hartnäckig hält sich eine weitere Vorstellung, dass nämlich im 11. Jahrhundert jenes „Goldene Zeitalter" zu Ende ging und mit ihm Philosophie, Rationalismus und wissenschaftliche Innovation. Für ein solches Ende verantwortlich gemacht wird dabei oft der Gelehrte al-Ġazālī (1058–1111), der mit seinem *Tahāfut al-falāsifa* (oft übersetzt als *Inkohärenz der Philosophen*) der Philosophie in der islamischen Welt den Todesstoß versetzt haben soll. In dieses Bild scheint sich auch die Tatsache zu fügen, dass nach dem 13. Jahrhundert die Zahl der lateinischen Übersetzungen arabischer Texte rapide abzunehmen scheint, ganz als hätte sich die lateinische Welt von ihrem arabisch-islamischen Erbe emanzipiert und als würde die islamische Welt nichts mehr hervorbringen, das der Übersetzung wert gewesen wäre.

Abgesehen davon, dass es reichlich fraglich ist, ob ein einziges Buch überhaupt eine derartige Entwicklung verursachen kann, muss hier betont werden, dass al-Ġazālī sich nicht gegen alle, sondern nur gegen bestimmte unter Philosophen verbreitete Lehren wandte und dass er selbst in der rationalistischen Tradition der Philosophie einen religiös bestimmten Nutzen erkannte. Neben den Werken von al-Ġazālī gehören philosophische Entwicklungen in der islamischen Welt in der „nach-klassischen" Zeit zu den in den letzten zwei Jahrzehnten am intensivsten erforschten Gebieten.[30] Auch die Osmanen rücken dabei zunehmend in den Mittel-

---

[30] Zu al-Ġazālī selbst vgl. Frank Griffel, *Al-Ghazālī's Philosophical Theology*, Oxford 2009. Zu dem vielschichtigen Nachleben des Gelehrten vgl. die beiden Bände *Islam and Rationality. The Impact of al-Ghazali. Papers Collected on His 900th Anniversary*, Bd. 1 hg. von Georges Tamer, Leiden 2015; Bd. 2 hg. von Frank Griffel, Leiden 2016.

punkt. Bereits in seinen in den 1980er Jahren veröffentlichten Studien hatte Julian Raby darauf hingewiesen, wie sehr sich die weitreichenden Interessen Mehmeds II. in den materialen Hinterlassenschaften seiner Herrschaft spiegelten.[31] Das vielleicht bekannteste Zeugnis ist der Besuch des italienischen Malers Gentile Bellini an Mehmeds Hof, auf den das nunmehr in der National Portrait Gallery in London zu bewundernde Portrait des osmanischen Herrschers zurückzuführen ist.[32] Im Kontext von Piccolominis Polemik soll jedoch insbesondere die Tatsache erwähnt werden, dass Mehmed ein griechisches Skriptorium unterhielt und Interesse an der klassischen Literatur zeigte. Während der Eroberer Konstantinopels sich vorrangig an militärisch und politisch relevante Themen hielt, die nicht Gegenstand der griechisch-arabischen Übersetzungsbewegung waren, haben Wissenschaftler in jüngerer Zeit auch philosophische Entwicklungen in späteren Jahrhunderten osmanischer Herrschaft verstärkt untersucht.

5. Tendenzen der neueren Forschung

Auch das Bild des verebbenden Kulturtransfers wurde in jüngster Zeit korrigiert. Die „fehlenden Kapitel" zwischen dem mittlerweile relativ gut erforschten Mittelalter und der ebenfalls vergleichsweise gut erforschten Periode neuzeitlicher europäischer Expansion werden inzwischen geschrieben.[33] Etliche jüngere Veröffentlichungen beschäftigen sich etwa mit Kontakten zwischen dem Osmanischen Reich und dem westlichen Europa.[34] Wissenschaftler haben darüber hinaus auch das Islambild zur Zeit der Aufklärung und der Romantik verstärkt unter die Lupe genommen.[35]

---

[31] Vgl. Julian Raby, „A Sultan of Paradox: Mehmed the Conqueror as a Patron of the Arts", in: *Oxford Art Journal* 5/1 (1982), S. 3–8; „Pride and Prejudice. Mehmed the Conqueror and the Italian Portrait Medal", in: *Studies in the History of Art* 21 (1987), S. 171–194; „East and West in Mehmed the Conqueror's Library", in: *Bulletin du bibliophile* 3 (1987), S. 297–321; „Mehmed the Conqueror's Greek Scriptorium", in: *Dumbarton Oaks Papers* 37 (1983), 15–62.

[32] Vgl. Caroline Campbell / Alan Chong (Hg.), *Bellini and the East*, London 2005.

[33] Für Studien zur Rezeption der Lehren Ibn Rušds und dem mit ihm in Verbindung gebrachten Averroismus in der Zeit der Renaissance und darauf folgenden Jahrhunderten vgl. Anna Akasoy / Guido Giglioni (Hg.), *Renaissance Averroism and its Aftermath: Arabic Philosophy in Early Modern Europe*, Dordrecht 2013.

[34] Für einige jüngere Studien vgl. Charles Burnett / Anna Contadini (Hg.), *Islam and the Italian Renaissance*, London 1999; Jerry Brotton, *The Renaissance Bazaar. From the Silk Road to Michelangelo*, Oxford 2002; Matthew Birchwood / Matthew Dimmock (Hg.), *Cultural Encounters between East and West: 1453–1699*, Newcastle-Upon-Tyne 2005; Gerald MacLean, *Re-Orienting the Renaissance. Cultural Exchanges with the East*, New York 2005; Mustafa Soykut, *Italian Perceptions of the Ottomans. Conflict and Politics through Pontifical and Venetian Sources*, Frankfurt am Main 2011; *Christian-Muslim Relations. A Bibliographical History*, vol. 5 (1350–1500), hg. von David Thomas / Alex Mallett, Leiden 2013.

[35] Vgl. Jonathan Israel, *Enlightenment Contested. Philosophy, Modernity, and the Emancipation of Man 1670–1752*, Oxford 2006.

Aus Sicht der neueren Forschung wesentlich interessanter als der bereits in mehr als nur Grundzügen bekannte mittelalterliche Wissenstransfer sind nicht nur jene auf die Renaissance folgenden Jahrhunderte, sondern auch die Adaptation klassischer Kultur außerhalb der ebenfalls zumindest in Grundlagen sehr gut untersuchten Rezeption griechischer Literatur in der islamischen Welt des 8. bis 10. Jahrhunderts mit dem Ziel, ein vielschichtigeres Bild klassischer Kontinuitäten zu entwickeln. Zwei Beispiele mögen dies illustrieren.

Das erste Beispiel stammt aus dem Bereich der Baugeschichte. Architektur wird oftmals – und aus guten Gründen – mit sozialen, kulturellen, ökonomischen und politischen Praktiken in Verbindung gebracht. Dabei ist es plausibel anzunehmen, dass Veränderungen in diesen Gebieten ihren Eindruck in der Baulandschaft hinterlassen. Ein Blick auf die urbane Architektur des Mittelmeerraums scheint dies zu bestätigen, zumindest wenn wir uns an weit verbreitete Idealtypen halten. Mit ihren Theatern, ihren Tempeln und Foren und ihren breiten Strassen dienten die Städte der Antike als physischer Ausdruck der römischen Prinzipien öffentlichen kulturellen und politischen Lebens. Ihre freundlichen Seiten sprechen von freier Debatte und Republik. Islamische Städte hingegen könnten kaum anders aussehen. Moscheen und Zitadellen ersetzten Theater und Tempel; anstelle großer Prachtstraßen finden sich nun enge und verwinkelte Gassen. Das Leben steht im Dienst der Religion und der Herrscher, das öffentliche Leben der Männer ist strikt von dem privaten Bereich der Frauen getrennt. Der Kontrast in der Gestaltung und Nutzung von Städten scheint den von Piccolomini beschriebenen Umsturz antiker Gelehrsamkeit durch die arabisch-muslimischen Eroberer zu spiegeln.

Abgesehen davon, dass solchen Darstellungen stereotype Ideen von einer „islamischen Stadt" zu Grunde liegen, die sich bei genauerer Betrachtung nicht aufrecht erhalten lassen, muss das Bild auch hier aus zwei fundamentalen Gründen korrigiert werden. Zum einen erfuhr das antike römische Stadtbild bereits in der Spätantike und unter christlicher Herrschaft starke Veränderungen, wie Hugh Kennedy und andere vielfach betont haben.[36] Theater und Tempel passten für Christen genauso wenig in das religiöse öffentliche Leben wie für Muslime. Zum zweiten lassen sich ebenfalls bei genauerer Betrachtung einige Kontinuitäten in der Baulandschaft von römischer zu islamischer Zeit finden. Die Omajjadenmoschee in Damaskus liefert ein eindrucksvolles Beispiel der Transformation eines römischen Tempels in eine christliche Kirche und anschließend in eine Moschee. Dabei wurde Sakralbau lediglich durch Sakralbau ersetzt. Zudem stammen nicht nur einige Bäder in von Muslimen besiedelten Gebieten des Mittelmeerraums aus römischer Zeit; die islamische Badekultur insgesamt wird oft als Fortsetzung der antiken Tradition beschrieben.[37] Besonders eindrucksvoll sind die Bäder in den in der Wüste gelegenen Gebäude-

---

[36] Eine überarbeitete Fassung von Hugh Kennedys inzwischen klassischem Aufsatz („From Polis to Madina. Urban Change in Late Antique and Early Islamic Syria", *Past and Present* 106 [1985], S. 3–27) findet sich in „Inherited Cities", in: Salma Khadra Jayyusi u. a. (Hg.), *The City in the Islamic World*, Leiden 2008, S. 93–115.

[37] Vgl. Fikret Yegül, *Baths and Bathing in Classical Antiquity*, New York 1992.

komplexen im östlichen Mittelmeerraum, die von den Omajjaden unter anderem für Jagdausflüge genutzt wurden. Die Wände des Bades in dem als Quṣair ʿAmra bekannten Komplex sind darüber hinaus mit Szenen wie Sängern und Tänzerinnen gestaltet, die ebenfalls an die Kultur der klassischen Antike erinnern.[38] Auch Theorien zum Nachleben einzelner Elemente antiker Architektur kursieren in der wissenschaftlichen Literatur. Die Gestaltung der Aquädukte mit ihren charakteristischen Bögen könnte so beispielsweise in der Architektur der Omajjadenmoschee in Cordoba aufgegriffen worden sein.[39]

Ein besonders interessantes Beispiel ist zudem in jüngster Zeit von Glaire Anderson erforscht worden, die sich eingehend mit dem auf Arabisch *munya* genannten Gebäudekomplex in al-Andalus beschäftigt hat.[40] Die Architekturhistorikerin revidiert dabei die weit verbreitete Vorstellung, dass das Verschwinden der römischen Villa den Beginn des „dunklen Zeitalters" eingeläutet habe. Die *munya* sei vielmehr, so Anderson, eine von muslimischen Herrschern auf der Iberischen Halbinsel verwendete Sommerresidenz, die auch – genau wie die römische Villa – zur Landnutzung eingesetzt wurde.

Populäre Vorstellungen des Nachlebens des klassischen Altertums im muslimischen Nahen Osten konzentrieren sich zumeist auf diejenigen Bereiche, die auch in der Forschung eingehend untersucht worden sind, nämlich auf die oben skizzierte Rezeption griechischer Philosophie und Wissenschaft, jene Bereiche, die auch für Autoren der Renaissance von großem Interesse waren und auf die sie innerhalb ihrer eigenen Welt durch Texte zugreifen konnten. Auch die mittelalterliche arabische Perspektive auf das Erbe der Antike hat den Blickwinkel der modernen Forschung beeinflusst. Das grundlegende Werk von Franz Rosenthal *Das Fortleben der Antike im Islam* beispielsweise besteht vorwiegend aus einer Kompilation übersetzter mittelalterlicher arabischer Texte, die entweder selbst das griechische Erbe rezipieren oder diesen Transmissionsvorgang beschreiben.[41] Rosenthals Zusammenstellung beschäftigt sich in erster Linie mit Wissenschafts- und Philosophiegeschichte. Innerhalb des Kapitels zu Literatur und Kunst sind nur zwei Zitate der Architektur gewidmet. Die omajjadischen Gebäudekomplexe wurden erst im 19. Jahrhundert von Archäologen wiederentdeckt.

Jüngere Forschungen wie die gerade erwähnten bestätigen jedoch, dass sich die

---

[38] Zu Quṣair ʿAmra vgl. Garth Fowden, *Quṣayr ʿAmra. Art and the Umayyad Elite in Late Antique Syria*, Berkeley 2004; zum Bad vgl. ebd., S. 31–84. Ein weiterer solcher omajjadische Gebäudekomplex war das gleichfalls im heutigen Jordanien gelegene Mschatta, von dem imposante Überreste der Fassade in der Sammlung islamischer Kunst im Berliner Pergamon-Museum zu bewundern sind.

[39] Vgl. Jerrilynn D. Dodds, „The Great Mosque of Córdoba", in: *Al-Andalus. The Art of Islamic Spain*, hg. von Jerrilynn D. Dodds, New York 1992, S. 11–25. Für das vielfältige architektonische Erbe des mittelalterlichen Spanien vgl. auch Jerrilynn D. Dodds / María Rosa Menocal / Abigail Krasner Balbale, *The Arts of Intimacy. Christians, Jews, and Muslims in the Making of Castilian Culture*, New Haven 2008.

[40] Vgl. Glaire D. Anderson, *The Islamic Villa in Early Medieval Iberia. Architecture and Court Culture in Umayyad Córdoba*, Farnham 2013.

[41] Vgl. Franz Rosenthal, *Das Fortleben der Antike im Islam*, Zürich 1965.

Kultur des klassischen Altertums über Philosophie und Wissenschaft und auch über die Architektur hinaus eines weit umfangreicheren Nachlebens erfreute. Ein eindrucksvolles Beispiel etwa ist ein mythologisches Motiv in Form von zwei in einer Art Vignette eingefassten Amazonen zu Pferde, die mit einem Speer eine große Raubkatze zu Füßen ihres jeweiligen Pferdes erjagen. Das Motiv lässt sich auf Textilien finden, und die mythologische Figur der Amazone lässt sich leicht daran erkennen, dass eine Brust entblößt ist. Überraschen mag, dass die arabisch-muslimischen Eroberungen des 7. Jahrhunderts dem in der Spätantike beliebten Motiv kein Ende bereiteten. In der Sammlung islamischer Kunst des Metropolitan Museum in New York befindet sich etwa eine solche Textilvignette, in der das Amazonenmotiv mit einer arabischen Inschrift verbunden wurde, die über den Kriegerinnen prangt. Die Inschrift liest sich auf Arabisch „Im Namen Gottes".[42] Ein Schelm, wer sich fragt, wie Piccolomini diesen Gegenstand wohl interpretiert hätte, der gleichermaßen von einer Wertschätzung antiker Motive und muslimischer Religiosität spricht.

Eine weitere Richtung der Forschung, die in diesem Zusammenhang Beachtung verdient, sind Untersuchungen, die sich mit der Rezeption klassischer griechisch-römischer Kultur östlich des Nahen Ostens beschäftigen und die ebenfalls zu einem wesentlich umfangreicheren und komplexeren Bild des Nachlebens dieser Kultur außerhalb des europäischen Kontinents beitragen.[43] Der Zugang zu den archäologischen Schätzen Pakistans und Afghanistans für Wissenschaftler aus weiteren Regionen des Westens hat die bereits seit langem bekannte Präsenz hellenistischer Bildelemente in diesen Gegenden nur bestätigt.[44] Die im Nordosten Afghanistans gelegene Stadt Ai Khanoum beherbergt besonders reichhaltige Funde.[45] Seit ihrer Gründung kurz nach den Eroberungen Alexanders des Großen war Ai Khanoum eine der bedeutendsten Siedlungen der Provinz Baktrien; gegen 145 v. Chr. wurde sie allerdings durch Nomaden erobert. In Ai Khanoum findet sich das östlichste Amphitheater klassischen Stils. Es bot mehreren Tausend Besuchern Platz, was vermuten lässt, dass auch Menschen aus dem Umland in die Stadt kamen, um einem „typisch klassischen" Zeitvertreib nachzugehen. Fragmente eines Texts von Aristo-

---

[42] Zum Objekt vgl. im Internet ⟨http://www.metmuseum.org/toah/works-of-art/51.57/⟩ (Zugriff 05.04.2016).

[43] Zu Studien, die ein breites Territorium abdecken, vgl. u. a. Jakob Ozols / Volker Thewalt (Hg.), *Aus dem Osten des Alexanderreiches. Völker und Kulturen zwischen Orient und Okzident. Iran, Afghanistan, Pakistan, Indien*, Köln 1984; John Boardman, *The Diffusion of Classical Art in Antiquity*, London 1994; Warwick Ball, *Rome in the East. The Transformation of an Empire*, London 2000.

[44] Vgl. die in Verbindung mit Londoner und New Yorker Ausstellungen von Objekten aus dem Nationalmuseum in Kabul veröffentlichten Bände *Afghanistan. Crossroads of the Ancient World*, hg. von Fredrik Hiebert / Pierre Cambon, London 2011, und *Afghanistan. Forging Civilizations along the Silk Road*, hg. von Joan Aruz / Elisabetta Valtz Fino, New York 2012.

[45] Vgl. Rachel Mairs, „Greek Identity and the Settler Community in Hellenistic Bactria and Arachosia", in: *Migrations and Identities* 1 (2008), S. 19–43, und Dies., *The Archaeology of the Hellenistic Far East. A Survey*, Oxford 2011.

teles wurden in Ai Khanoum gefunden ebenso wie eine Statue des Herkules und eine Inschrift mit den Maximen des Orakels von Delphi.

Herkules und andere historische und mythologische Figuren des Altertums treten auch in den archäologischen Funden in der historischen Region Gandhara zu Tage, wo in den drei Jahrhunderten vor und nach dem Beginn unserer Zeitrechnung die buddhistische Kunst eine Blütezeit erlebte. Neben den anthropomorphen Darstellungen Buddhas und der visuellen Entfaltung eines umfangreichen buddhistischen Figurenkanons sind besonders die aus der klassischen Kunst bekannten Elemente Kennzeichen dieser Tradition. Ein besonders bemerkenswertes Beispiel soll dies verdeutlichen. Die Figur des Vajrapāṇi, der die zornige Seite des Buddhas repräsentiert, wird bisweilen mit den ikonographischen Attributen des Herkules dargestellt: dem Bart mit eng aneinandergereihten Locken, der Keule und dem Löwenfell.[46] Auch andere Kapitel griechisch-indischer Begegnung, beispielsweise in der Philosophie, sind in den letzten Jahren eingehender untersucht worden.[47]

Genauso wenig wie Piccolomini über die Rezeption klassischer Wissenschaft außerhalb der ins Lateinische übersetzten arabischen Literatur Bescheid wußte, war ihm die Präsenz klassischer Motive in Zentralasien bekannt, auch wenn wir davon ausgehen sollten, dass er mit der Historiographie der Feldzüge Alexanders des Großen und der Diadochen vertraut war. Auch im 21. Jahrhundert mangelt es an einer globalen Darstellung des Nachlebens der klassischen Antike, das Kapitel über die buddhistische Architektur Gandharas mit den persischen Alexanderlegenden, graeco-arabischer Medizin und aristotelisch-neuplatonischer Philosophie in den Sprachen des westlichen Eurasien verbinden würde. Isoliert betrachtet erscheinen sowohl der arabische Aristoteles als auch Herkules als Gefährte Buddhas als Ausnahmen, die sich eigentümlich gegenüber der breiten Rezeption klassischer Kultur in Piccolominis gelehrtem Europa ausnehmen. Im Verbund jedoch erscheinen sie mehr als Regel denn als Ausnahme – und damit verliert der exklusive Anspruch Piccolominis auf das Erbe Griechenlands an Plausibilität. Dies soll freilich nicht davon ablenken, dass die Bedeutung der klassischen Kultur für die kollektive Selbstdefinition von Gelehrten wie Piccolomini deutlich größer war als dies bei Gelehrten in anderen Gegenden Eurasiens typischerweise veranschlagt werden kann.

---

[46] Vgl. Finbarr B. Flood, „Herakles and the ‚Perpetual Acolyte' of the Buddha. Some Observations on the Iconography of the Vajrapani in Gandharan Art", in: *South Asian Studies* (London) 5/1 (1989), S. 17–27. An zumindest einer Stelle erscheint der Gefährte des Buddha in Gestalt Alexanders des Großen. Für einen Vergleich Alexanders in dieser Darstellung mit der islamischen Alexanderrezeption vgl. Anna Akasoy, „Iskandar the Prophet. Religious Themes in Islamic Versions of the Alexander Legend", in: Sonja Brentjes / Jürgen Renn (Hg.), *Globalization of Knowledge in the Mediterranean World of Post-Antiquity, 700–1500*, Burlington 2016, S. 167–204.

[47] Vgl. Pia Brancaccio / Xinru Liu, „Dionysus and Drama in the Buddhist Art of Gandhara", in: *Journal of Global History* 4 (2009), S. 219–244; Georgios T. Halkias, „When the Greeks Converted the Buddha. Asymmetrical Transfers of Knowledge in Indo-Greek Cultures", in: Peter Wick / Volker Rabens (Hg.), *Religions and Trade. Religious Formation, Transformation and Cross-Cultural Exchange between East and West*, Leiden 2013, S. 65–115; Christopher I. Beckwith, *Greek Buddha. Pyrrho's Encounter with Early Buddhism in Central Asia*, Princeton 2015.

6. Schlussfolgerungen

So banal sie sein mag, die erste Schlussfolgerung kann nicht oft genug wiederholt werden: Europa ist keine natürliche Gegebenheit, sondern das Resultat historischer Prozesse. Es ist ein kulturelles und politisches Konstrukt. Die Frage, was Europa war oder ist, ist daher in erster Linie die Frage danach, was Menschen zu einem bestimmten Zeitpunkt unter Europa verstehen. Die Gestalt des Konstrukts Europa, dies sei die zweite Schlussfolgerung, hängt daher davon ab, wer diese Gestalt bestimmt. In der Regel bestimmen unterschiedliche Menschen sie aus unterschiedlichen Gründen in unterschiedlicher Weise, wobei alle diese Unterschiede zudem historische Veränderungen durchlaufen. Was wir als europäische Identität für das 15. Jahrhundert rekonstruieren mögen, muss nicht bestimmen, wie europäische Identität heute definiert wird. Eine Konstante in kollektiver Identitätsbildung mag es sein, dass Mitglieder solcher Kollektive sich auch durch ihre historischen Wurzeln definieren. Eine andere Konstante jedoch ist die Tatsache historischen Wandels. Insofern wir Europa als historisch verwurzeltes Konstrukt begreifen wollen, müssen jegliche Aussagen zu diesem Konstrukt kritisch hinterfragt werden.

Die Geschichtswissenschaft hat hier einen wichtigen Dienst zu verrichten, indem sie den historischen Wandel kollektiver Identitäten aufzeigt und erklärt. Ihre Aufgabe ist es hingegen nicht, als wissenschaftliche Autorität Europäern eine definitive Antwort zu geben, was Europa im 21. Jahrhundert sein soll. Aus der Geschichte ergibt sich eine solche definitive Antwort ohnehin nicht. Und ein politischer, kultureller und sozialer Prozess, der alleine die Frage nach der Definition Europas beantworten kann, muss sich an den gegenwärtigen Bedingungen gleichzeitig säkularer wie multi-religiöser Realitäten orientieren.[48] In einem geographisch und weltanschaulich vielfältig verstandenen Europa haben Muslime ebenso selbstverständlich einen Platz, wie sie ihn in einem christlich definierten Europa aus Piccolominis Kreuzzugsrhetorik selbstverständlich nicht haben.

---

[48] Für eine ausführlichere Fassung meines Arguments vgl. Anna Akasoy, „Der Islam und das religiöse Erbe Europas", in: *Das religiöse Erbe Europas. Beiträge einer Fachkonferenz der Wissenschaftlichen Arbeitsgruppe für weltkirchliche Aufgaben der Deutschen Bischofskonferenz am 8./9. Juli 2009*, hg. von Bernhard Kampen / Kolja Naumann, Bonn 2011, S. 32–59.

Von der Ambiguität zur Eindeutigkeit:
Die frühneuzeitliche Konfessionalisierung

Klaus Unterburger

„Es waren schöne glänzende Zeiten, wo Europa ein christliches Land war, wo *Eine* Christenheit diesen menschlich gestalteten Erdteil bewohnte; Ein großes gemeinsames Interesse verband die entlegensten Provinzen dieses geistlichen Reichs."[1] Der geniale Novalis (1772–1801) hatte 1799 so seine berühmte Rede über Europa begonnen und ein Geschichtsbild entworfen, das bis in die Gegenwart wirkt: Das Mittelalter war die Zeit der Einheit unter dem Papst, des Friedens, der Herrschaft des geistigen Prinzips der Religion über das materielle Einzelinteresse, eine „ächtkatholische", „ächt christliche" Zeit[2]: die Neuzeit sei durch Zersplitterung, Spaltungen und Säkularisierung gekennzeichnet gewesen. Am Anfang stand die „Insurgens" der „Protestanten": Sie „trennten das Untrennbare, theilten die untheilbare Kirche und rissen sich frevelnd aus dem allgemeinen christlichen Verein"; Religion wurde den Staatsinteressen dienstbar gemacht und philologisch ausgezehrt; eine Feindschaft gegen alle Religion, alles Geheimnisvolle und Wunderbare, sei die Folge der neuzeitlichen Reflexion gewesen.[3] Die Kriege der Gegenwart in der Folge der französischen Revolution mochten dem Frühromantiker, der eine neue Zeit der Einheit ersehnte, ein Beleg in der Erfahrung für diese Sichtweise sein. Erst die Gegenwart sei wieder bereit für Poesie, Universalität und Religion.[4]

Die Romantik entwickelte in der Wendezeit um 1800 ein Geschichtsbild, nach der das Mittelalter die Zeit der Einheit und der Religion gewesen sei; seit dem Spätmittelalter sei es zu Verfall, Spaltungen und Krieg, Rationalismus und Säkularismus gekommen; die Einheit des christlichen Abendlandes sei verloren gegangen, besondere durch die von den Protestanten bewirkte Kirchenspaltung. Beim Konvertiten Friedrich Schlegel (1772–1829) vollzog sich dann die weitgehende Verschmelzung dieses inhaltlich gefüllten Europa-Begriffs mit dem in Anschluss an die Lutherbibel 1529 erstmals gebildeten Begriff „Abendland"[5], auch wenn die programmatische

---

[1] Novalis (von Hardenberg, Friedrich), „Die Christenheit oder Europa. Ein Fragment", in: *Novalis. Schriften*, hg. von Ludwig Tieck und Friedrich Schlegel, Bd. 1, Berlin 1826, S. 187–208, hier 189.

[2] Vgl. ebd., S. 192.

[3] Vgl. ebd., S. 194–199.

[4] „Die Christenheit muß wieder lebendig und wirksam werden, und sich wieder eine sichtbare Kirche ohne Rücksicht auf Landesgränzen bilden, die alle nach dem Ueberirdischen durstige Seelen in ihren Schooß aufnimmt und gern Vermittlerin, der alten und neuen Welt wird." (ebd. 208).

[5] Vgl. Klaus Behrens, *Friedrich Schlegels Geschichtsphilosophie (1794–1808). Ein Beitrag zur politischen Romantik* (Studien zur deutschen Literatur 78), Tübingen 1984, v. a. S. 171–185.

Verwendung des Abendland-Begriffs dann vor allem eine Sache des 20. Jahrhunderts war.[6] Seither bringt die Rede vom „christlichen Abendland" drei Inhalte zum Klingen: a) Es handelt sich um eine vergangene oder zu Ende gehende Periode, die es doch wert wäre, wieder erneuert zu werden; b) sie sei echt und entschieden christlich-religiös gewesen; c) durch die westliche Kirche und Kultur habe eine im Übernatürlichen fundierte Einheit geherrscht.

Christliche, mittelalterliche Einheit als Ideal: Für die katholische Geschichtssicht war dieses Modell unmittelbar anschlussfähig. Es prägte die kirchenhistorischen Lehrbücher: „Das Mittelalter als Epoche idealer Christlichkeit und speziell des Katholizismus. Dieser Idealität galt es nachzueifern."[7] Das ganzheitlich-religiöse Mittelalterbild war auch anschlussfähig für die nationale deutsche Geschichtsschreibung. Schon für das Spätmittelalter bürgerte sich die Herbstmetapher ein; bunt, schrill, voller Gegensätze, eine Epoche letzter Übersteigerung und einsetzenden Verfalls.[8] Reformation und Gegenreformation hätten diese Spaltungen nur noch vertieft. Im katholischen Bereich stand die im 20. Jahrhundert einflussreichste Deutung der Reformation durch Joseph Lortz ganz unter diesen Vorzeichen.[9] Sie prägte nicht nur geschichtsphilosophische Essays[10], sondern auch das langjährige Standardlehrbuch für katholische Kirchengeschichte von Bihlmeyer und Tüchle.[11] Es ist also kein Wunder, dass diese Geschichtssicht noch in der Gegenwart nachwirkt.

Es soll hier nicht bestritten werden, dass es einen von der lateinischen Kirche geprägten Kulturraum gegeben hat; auch muss betont werden, dass gerade zu den Zeiten der Hochkonjunktur der Rede vom „christlichen Abendland" damit auch der Versuch verbunden war, der Politik ein anderes Wertfundament zu geben als reine Machtsteigerung oder Nationalismus. Dennoch ist der seit der Romantik inhaltlich und geschichtsphilosophisch aufgeladene Begriff vom „christlichen Abendland" voller Anachronismen. An dieser Stelle muss man auf die Tatsache hinweisen, dass zum mittelalterlichen Europa das Judentum und auch der Islam gehört haben[12]; dies

---

[6] Vgl. Heinz Hürten, „Der Topos vom christlichen Abendland", in: *Katholizismus, nationaler Gedanke und Europa seit 1800*, hg. von Albrecht Langner, Paderborn 1985, S. 131–154; Vanessa Conze, *Abendland*, in: EGO. Europäische Geschichte Online ⟨http://ieg-ego.eu/de/threads/crossroads/politische-raeume/politische-raumvorstellungen/vanessa-conze-abendland⟩ (Zugriff 07.05.2016).

[7] Arnold Angenendt, *Das Frühmittelalter. Die abendländische Christenheit von 400 bis 900*, Stuttgart–Berlin–Köln 1990, S. 28.

[8] Vgl. Johan Huizinga, *Herbst des Mittelalters. Studien über Lebens- und Geistesformen des 14. und 15. Jahrhunderts in Frankreich und in den Niederlanden*, Stuttgart [10]1969.

[9] Vgl. Joseph Lortz, *Die Reformation in Deutschland. I: Voraussetzungen, Aufbruch, erste Entscheidung*, Freiburg – Basel – Wien [5]1962.

[10] Vgl. Hans Sedlmayr, *Verlust der Mitte. Die bildende Kunst des 19. und 20. Jahrhunderts als Symptom und Symbol der Zeit*, Salzburg [4]1951; Ders., *Die Entstehung der Kathedrale*, Zürich 1950.

[11] Vgl. bereits die Gliederung von Band 2: „Das Hochmittelalter (1073–1294). Blüte des religiös-kirchlichen Lebens und der kirchlichen Kultur. Höchste Machtentfaltung des Papsttums ... Das Spätmittelalter (1294–1517). Niedergang des religiös-kirchlichen Lebens und der Machtstellung des Papsttums. Der Ruf nach Reform. Vorboten der Glaubensspaltung ...". Karl Bihlmeyer, *Kirchengeschichte. Zweiter Teil: Das Mittelalter*, neubes. von Hermann Tüchle, Paderborn [18]1968, S. IX f.

[12] Vgl. Michael Borgolte, *Christen, Juden, Muselmanen. Die Erben der Antike und der Aufstieg des*

jedenfalls in stärkerem Maße als in der Frühen Neuzeit, als Judenpogrome und Reconquista-Unternehmungen vielfach eine homogenere, beinahe rein christliche Bevölkerung hergestellt hatten.

Allein diese Tatsache verweist aber auf eine noch tiefer liegende strukturelle Gesetzlichkeit, die im Folgenden herausgearbeitet werden soll. Homogenität und Einheitlichkeit sind Ideal und Produkt der frühneuzeitlichen Modernisierung. Die Konfessionalisierung der frühen Neuzeit zielte auf ein religiös zutiefst geprägtes, in einer konfessionell einheitlichen Gesellschaft aufgehobenes Individuum. Das Andere, konfessionell Fremde sollte den wahren Gottesdienst nicht behindern dürfen. Die Mittelalterbilder, die diese Form von Uniformität in das Mittelalter selbst zurückverlegen, projizieren also letztlich ein modernes Ideal in eine vergangene Epoche. Differenz, Pluralität, Andersheit prägten vormoderne Religiosität; Vereinheitlichung und Vereindeutigung sind die Ergebnisse der einsetzenden Modernisierung und Rationalisierung. Diese strukturellen Entwicklungen lassen sich (1.) am Prozess der Staatenbildung, (2.) an der denkerischen, theologischen Entwicklung, besonders aber (3.) am Wandel der Religiosität deutlich machen. Das „christliche Abendland", das in der Neuzeit verloren gegangen zu sein scheint, ist also im Wesentlichen eine Konzeption, die erst die Neuzeit hervorgebracht hat.

1. Die Entstehung des frühmodernen Staates

Das alte Mittelalterbild stützte sich auf die Kaiser-Idee, die eine universale Herrschaft in der Nachfolge des römischen Reiches beanspruchte: Es habe ein Dualismus zwischen Papst und Kaiser geherrscht. Aus dieser Perspektive musste es so aussehen, als ob seit etwa 1300 diese Einheit durch das allmähliche Entstehen der eigenständigen Königreiche, vor allem Frankreichs, geschwächt worden sei. Auch die Fürsten im Heiligen Römischen Reich schienen im Spätmittelalter nunmehr auf Kosten des einen Reichsoberhauptes zu erstarken. Die mittelalterliche Einheit schien sich zersplittert und in viele Herrschaftszentren partikularisiert zu haben.

Diese Sichtweise setzt nun aber ein anachronistisches Bild von mittelalterlicher Herrschaft voraus. Sie verbleibt einseitig auf einer ideengeschichtlichen Ebene. Von territorialer, staatlicher Herrschaft kann für das Mittelalter noch kaum gesprochen werden; eine starke territorialstaatliche Herrschaftskonzeption kann nicht einfach auf die wechselseitigen personalen Treue- und Loyalitätsbeziehungen, die die Herrschaft im Mittelalter begründeten, rückprojiziert werden. Grundsätzlich ist es ein Missverständnis, zu meinen, die Entstehung von größeren, verdichteten Herrschaftszentren sei auf Kosten einer königlichen oder kaiserlichen Zentralgewalt ge-

Abendlandes 300 bis 1400 n. Chr., München 2006; Ders. (Hg.), *Unaufgebbare Pluralität der Kulturen? Zur Dekonstruktion und Konstruktion des mittelalterlichen Europas* (Historische Zeitschrift. Beiheft N.F. 32), München 2001.

gangen.¹³ Vielmehr setzte überall ein Prozess der Herrschaftskonzentration und Herrschaftsverdichtung ein, der in der Regel zu Lasten konkurrierender kleinerer Adelsgeschlechter ging und den die Forschung „Territorialisierung" genannt hat.¹⁴ In diesem Prozess suchten Herrschaftsträger ihre Rechte systematischer zu sammeln und zu verdichten: konkurrierende Ansprüche sollten ausgeschaltet werden; neue, effektivere Formen der Verwaltung, der Besteuerung und des Gerichtswesens wurden ausgebaut. Durch Kauf, Erbfall oder mit Gewalt sollten andere Rechtsträger ausgeschaltet werden. Ziel war es, möglichst auf einem zusammenhängenden Gebiet ein Gewaltenmonopol zu erreichen, so dass ein „geschlossenes Territorium" entstand.¹⁵ Dieser Prozess, der zum frühneuzeitlichen Flächen- und Behördenstaat führte, ging aber nun eben nicht auf Kosten einer einheitlichen starken Zentralgewalt, sondern war ein Konzentrationsprozess, der auf Kosten kleinerer Herrschaftsträger ging. Diese starben vielfach aus, wurden verdrängt oder in Abhängigkeit gezwungen.¹⁶ Ein wichtiges Element für den Aufbau der Landesherrschaft war der Erwerb von Klostervogteien. Klöster waren wichtige Grundherren; auch da, wo die Stifterfamilien den Konventen eine freie Abtswahl zugestanden hatten, kam ihnen als Vogt dennoch eine wichtige Aufsichtsfunktion über den klösterlichen Besitz zu; diese Rechte konnten ebenfalls vererbt oder verkauft werden.¹⁷ Für das Spätmittelalter lässt sich zeigen, wie die entstehenden Flächenstaaten zahlreiche dieser Vogteien als Grundlage ihrer territorialen Herrschaft gesammelt haben.

Bereits aus diesem Umstand wird klar, dass auch nicht davon die Rede sein kann, dass die entstehenden Staaten mit ihren Gerichten und ihren Steuern in eine bisherige autonome kirchliche Rechtssphäre eingegriffen hätten. Die Wirklichkeit

---

[13] „Jene Territorien, die sich durch Glück und Geschick im Laufe der Entwicklung aus den anderen Machtkomplexen herausheben konnten ... mußten eine möglichst große Zahl solcher Vogteien in ihre Hand bekommen. Sie wurden, mit wenigen Ausnahmen, den Klöstern nicht aufgedrängt, sondern den bisherigen Vogtdynastien durch Heirat, Erbschaft, Verkauf, Tausch oder Gewalttätigkeit abgenommen. Dies war keine Kirchenpolitik, wenn wir darunter die Ordnung der Beziehungen zwischen geistlicher und weltlicher Gewalt verstehen. Es war reine Territorialpolitik. Eine ‚Zunahme' der staatlichen Befugnisse über die Kirche könnten wir dann konstatieren, wenn mit der Übernahme auch die Ansprüche zugenommen hätten. Wer die Rechtsstellung kennt, die einem Haus- oder Dynastenkloster im Mittelalter unter der Vogtei der Stifterfamilie zukam, wird dies nicht behaupten". Rudolf Reinhardt, „Bemerkungen zum geschichtlichen Verhältnis von Kirche und Staat", in: *Theologie im Wandel. Festschrift zum 150jährigen Bestehen der katholisch-theologischen Fakultät an der Universität Tübingen 1817–1967*, München – Freiburg 1967, S. 155–178, hier 167.

[14] Vgl. Klaus Unterburger, *Das bayerische Konkordat von 1583. Die Neuordnung der päpstlichen Deutschlandpolitik nach dem Konzil von Trient und deren Bedeutung für das Verhältnis von weltlicher und geistlicher Gewalt* (Münchener Kirchenhistorische Studien 10), Stuttgart 2006, S. 100–102.

[15] Vgl. Ernst Schubert, *Fürstliche Herrschaft und Territorium im späten Mittelalter* (Enzyklopädie Deutscher Geschichte 35), München 1996, S. 1–49; Wolfgang Reinhard, *Geschichte der Staatsgewalt. Eine vergleichende Verfassungsgeschichte Europas von den Anfängen bis zur Gegenwart*, München ²2000, S. 125–209.

[16] Vgl. Reinhardt, „Bemerkungen" (wie Anm. 13), S. 167.

[17] Vgl. Dieter Stievermann, *Landesherrschaft und Klosterwesen im spätmittelalterlichen Württemberg*, Sigmaringen 1989, S. 26.

seit dem Frühmittelalter war durch ein Patronatswesen geprägt, das sich in der Praxis oft nur unwesentlich vom Eigenkirchenwesen unterschied. Die Stifterfamilien übten so Kontrolle und Vollmachten über Klöster und andere kirchliche Benefizien aus. Der Anspruch der Kirche seit der Gregorianischen Reform, welche die Laieninvestitur verboten hatte und eine Gerichts- und Steuerimmunität für geistliche Personen und Sachen forderte, bestand vielfach nur in der Theorie. Zwar gingen im Spätmittelalter auch in dieser Beziehung viele kleinere Herrschaftsträger in größeren auf, die ihre Rechte systematisierten und nun auch flächendeckende Steuern einführen wollten. Dies heißt aber noch nicht, dass die Abhängigkeit von vorherigen kleineren Inhabern der Patronats- und Vogteirechte in der Praxis nicht weniger drückend gewesen wäre.[18] In gewisser Weise parallel dazu suchten auch die Städte und kleineren Gemeinwesen die Patronats- und Aufsichtsrechte über die Kirche auf ihrem Gebiet zu konzentrieren, ein Prozess, der in der Forschung als „Kommunalisierung" bezeichnet wird und hinter dem fiskalische Interessen ebenso standen wie Frömmigkeit und christliche Heilsverantwortung.[19]

In unserem Zusammenhang ist es entscheidend, dass diese Entwicklungen um 1500, am Vorabend der Reformation, bereits weit vorangeschritten waren. Es ist nicht so, dass erst die Reformation die Kirche dem „landesherrlichen Kirchenregiment" ausgeliefert hätte. Vielmehr konnte die Forschung zu zahlreichen deutschen Flächenstaaten zeigen, dass bereits Ende des 15. Jahrhunderts die Kirchenhoheit ein wesentlicher Bestandteil der Landeshoheit gewesen ist.[20] So kam den Landesherren, aber auch dem Rat in den Reichsstädten, vielfach die Entscheidung zu, welches Bekenntnis im Territorium gelten sollte. Dabei standen die katholischen Landesherrn mit ihrer Aufsicht über die Kirche dem Kirchenregiment ihrer evangelischen Standesgenossen kaum nach, auch wenn man die Klöster nicht nur als Einheiten der Grundherrschaft, sondern auch als geistliche Konvente bestehen ließ. Es gilt somit: Nicht die Glaubensspaltung hat die Pluralität von Landesherrschaften auf dem Reichsgebiet hervorgebracht, sondern die territorialen Herrscher entschieden sich für das Bekenntnis. Es ist nicht so, als ob es im Mittelalter bereits eine potente, alles durchdringende Zentralgewalt gegeben hätte, sondern diese entstanden erst im Prozess der Territorialisierung als moderne bürokratische Flächenstaaten, im Reich vor allem auf der Ebene der Herzöge und Fürsten, in Frankreich eher als zentrale Königsgewalt. Der Prozess ging also von der Vielheit und der lokalen Ebene zum Einheitsstaat und nicht umgekehrt. Dieser Umstand hatte aber auch auf der Ebene von Religiosität und Frömmigkeit erhebliche Konsequenzen.

---

[18] Vgl. Unterburger, *Konkordat* (wie Anm. 14) S. 101 f.
[19] Vgl. Bernd Moeller, *Reichsstadt und Reformation* (Schriften des Vereins für Reformationsgeschichte 180), Gütersloh 1962; Peter Blickle, *Gemeindereformation. Die Menschen des 16. Jahrhunderts auf dem Weg zum Heil*, München 1987.
[20] Vgl. Helmut Rankl, *Das vorreformatorische landesherrliche Kirchenregiment in Bayern (1378–1516)* (Miscellanea Bavarica Monacensia 34), München 1971; Stievermann, *Landesherrschaft* (wie Anm. 17); Christoph Volkmar, *Reform statt Reformation. Die Kirchenpolitik Herzog Georg von Sachsens (1488–1525)* (Spätmittelalter, Humanismus, Reformation 41), Tübingen 2008.

2. Theologischer Disput und normative Orthodoxie

Wechselt man von der institutionellen, machtpolitischen Ebene zu derjenigen der Theorie und Kognition, so lassen sich dort ähnliche Prozesse ausmachen. Die Theologie als Wissenschaft ist zu einem großen Teil Ergebnis des Bemühens der *magistri* seit dem 12. Jahrhundert, die durch Boethius und Aristoteles geprägte Logik und Sprachphilosophie auf die Rede von den christlichen Glaubensgeheimnissen anzuwenden.[21] Die neuere Forschung hat gezeigt, dass gerade die scheinbar paradoxale Komplexheit der Mysterien der Trinität, der Inkarnation und der Eucharistie Stimulus war für die Ausbildung einer Theologie als strenger *scientia*, aber auch für den Disput über die Logik und deren Weiterentwicklung.[22] So erfuhr die Theologie im 12. und 13. Jahrhundert einen enormen Professionalisierungsschub, der durch die Ausbildung der mittelalterlichen Universitäten schließlich institutionalisiert und abgesichert wurde.[23] Das allmähliche Bekanntwerden des Gesamtwerkes des Aristoteles war dann Maßstab, aber auch eine enorme inhaltliche Herausforderung für die mittelalterliche universitäre Theologie.

Die scholastische Theologie an den Universitäten war dabei allerdings alles andere als uniform. Vielmehr bildete sich eine Pluralität von theologischen Schulen aus, die den Fortgang der Theologie in den nächsten Jahrhunderten bestimmten. Für die Theologie bestanden bedeutende Freiräume. Für die Formation von Schulrichtungen wurde das Jahr 1277 wichtig, als Thomas von Aquin und seine Aristoteles-Rezeption unter Häresieverdacht gerieten, was eine Solidarisierung im Dominikanerorden zur Folge hatte. Nicht alle dominikanischen Gelehrten folgten.[24] Dennoch sind die Verteidigungsschriften zugunsten des Aquinaten ein Zeichen des „Selbstbewußtsein[s] einer sich bildenden Schule".[25] Franziskaner wie Wilhelm de la Mare (gest. um 1290) kritisierten Thomas.[26] Im 14. Jahrhundert wirkte Johannes Duns Scotus (ca. 1266–1308) schulbildend für viele Franziskaner, der in Auseinandersetzung mit Heinrich von Gent (vor 1240–1293) eine eigene Konzeption der

---

[21] Vgl. Alain De Libera, „Die Rolle der Logik im Rationalisierungsprozeß des Mittelalters", in: *Das Licht der Vernunft. Die Anfänge der Aufklärung im Mittelalter*, hg. von Kurt Flasch / Udo Reinhold Jeck, München 1997, S. 110–122, hier 113.

[22] „Es ist an der Zeit, die Mythen der Geschichtsschreibung endlich zu vergessen: Das Mittelalter ist nicht die Epoche eines massiven Gegensatzes von Glaube und Vernunft; es ist vielmehr ein Zeitalter der extremen Rationalisierung der christlichen Kultur. Durch den Kontakt mit der Logik erneuert sich die Theologie, und im Kontakt mit theologischen Problemen wird die Logik weiterentwickelt. Das Mittelalter ist die Epoche der fruchtbaren Begegnung von logischer Rationalität und theologischer Sinnsuche." (ebd., S. 111).

[23] Vgl. Volker Leppin, *Theologie im Mittelalter* (Kirchengeschichte in Einzeldarstellungen I/11), Leipzig 2007, S. 54–57, 81–100.

[24] Vgl. Jean-Pierre Torrell, *Magister Thomas. Leben und Werk des Thomas von Aquin*, aus dem Franz. übers. von Katharina Weibel in Zusammenarbeit mit Daniel Fischli / Ruedi Imbach, Freiburg – Basel – Wien 1995, S. 322–329.

[25] Ebd., S. 320.

[26] Vgl. Ulrich G. Leinsle, *Einführung in die scholastische Theologie*, Paderborn – München – Wien – Zürich 1995, S. 159–163.

Theologie als praktischer Wissenschaft entworfen hatte.²⁷ Die Theologie des 14. Jahrhunderts bekannte sich vielfach zur *via moderna*, die sich um sprachliche Präzision bemühte und gegen den „aristotelischen Nezessitarismus" die Freiheit Gottes gegenüber der Schöpfung betonte.²⁸ Neben Duns Scotus kann hier sein franziskanischer Ordensmitbruder Wilhelm von Ockham (ca. 1285–1347) angeführt werden. Ockham beschränkte die Möglichkeit metaphysischer Erkenntnis weitgehend auf den kreatürlichen Bereich, um einen Raum für die Theologie als Glaubenswissenschaft zu ermöglichen.²⁹ Andere Universitätsfakultäten hielten an der *via antiqua* fest.³⁰ Zwischen den Schulen strittig waren dabei nicht scholastische Spitzfindigkeiten; vielmehr konkurrierten jeweils ganz spezifische Konzeptionen des Verhältnisses von Vernunft und Glaube und damit vom Wesen und der Methode der Theologie. Uneinigkeit herrschte insbesondere hinsichtlich der Möglichkeit und Reichweite der Gotteserkenntnis sowie der anthropologischen Bestimmung des Menschen.

Noch im Spätmittelalter waren wesentliche Glaubenslehren der heutigen katholischen Kirche Gegenstand freier Schuldebatten. Musterbeispiel ist etwa die *nova opinio* der „Unbefleckten Empfängnis Mariens".³¹ Ähnliches gilt aber auch für die Sakramentenlehre, die Lehre vom Purgatorium, die Lehre vom Ablass und für fast alle ekklesiologische Fragen. Einige dieser Fragen suchten Unionskonzilien mit den Kirchen des Ostens schließlich im westlichen Sinn festzuschreiben; doch blieb deren Status schon deshalb prekär, da viele dieser Kirchenunionen keinen längerfristigen Bestand hatten. Vor allem die Lehre von der Kirche wurde überhaupt erst am Ende des Mittelalters zu einer theologischen Domäne, die nicht mehr länger allein den Kanonisten überlassen werden sollte.³² Die Gegensätze zwischen konziliaristischen und papalistischen Positionen indizieren auch hier die Spannweite des damals Vertretenen.

Im Mittelalter bürgerte sich die Unterscheidung zwischen einem pastoralen Lehramt der Päpste und Bischöfe und einem theologischen Lehramt ein; letzterem

---

²⁷ Vgl. ebd., S. 197–201; Giovanni Lauriola, „Historischer Abriss des Scotismus", in: *Duns-Scotus-Lesebuch*, hg. von Herbert Schneider / Marianne Schlosser / Paul Zahner (Veröffentlichungen der Johannes-Duns-Skotus-Akademie für franziskanische Geistesgeschichte und Spiritualität 26), Mönchengladbach 2008, S. 94–105.
²⁸ Vgl. Leppin, *Theologie* (wie Anm. 23), S. 133–136, 160–164.
²⁹ Vgl. Volker Leppin, *Geglaubte Wahrheit. Das Theologieverständnis Wilhelms von Ockham* (Forschungen zur Kirchen- und Dogmengeschichte 63), Göttingen 1995.
³⁰ Vgl. Leinsle, *Einführung* (wie Anm. 26), S. 175–181, 208–212.
³¹ Ulrich Horst, *Die Diskussion um die Immaculata Conceptio im Dominikanerorden. Ein Beitrag zur Geschichte der theologischen Methode* (Veröffentlichungen des Grabmann-Institutes zur Erforschung der Mittelalterlichen Theologie und Philosophie. N.F. 34), Paderborn u. a. 1987; Ders., *Dogma und Theologie: Dominikanertheologen in den Kontroversen um die Immaculata Conceptio* (Quellen und Forschungen zur Geschichte des Dominikanerordens. N.F. 16), Berlin 2009.
³² Vgl. Ulrich Horst, *Juan de Torquemada und Thomas de Vio Cajetan. Zwei Protagonisten der päpstlichen Gewaltenfülle* (Quellen und Forschungen zur Geschichte des Dominikanerordens. NF 19), Berlin 2012, S. 25.

kam es zu, den Glauben zu durchdenken, zu begründen und gegen Angriffe zu verteidigen.[33] Hierin und besonders bei der Wahl der Methoden und Argumente waren die Theologen frei; die theologischen Fakultäten übten auch eine eigene Zensurtätigkeit bis weit in die Neuzeit aus. Was die endgültige Definition von Glaubenslehren anging, so kam den Konzilien die entscheidende Stellung zu, zudem auch dem Papst, dem die meisten Theologen den Jurisdiktionsprimat über die Kirche zusprachen. Dennoch nahm die mittelalterliche Kanonistik ein Notstandsrecht auch gegen päpstliche und konziliare Entscheidungen an: Zwar galt der Satz, dass der Papst von niemandem gerichtet werde, aber nur mit dem Zusatz *nisi deprehendatur a fide devius*.[34] Das Mittelalter rechnete mit der Möglichkeit eines häretischen Papstes, wobei der Begriff von Häresie weit gefasst wurde und auch Fälle von Schisma, Reformunwilligkeiten und anderem schwer kirchenschädigendem Verhalten einschloss. Umgekehrt stand für das Mittelalter fest, dass ein ökumenisches Konzil letztverbindlich den Glauben lehren könne. Doch auch hier eröffnete die Unsicherheit aller Faktizität Spielräume für ein Notstandsrecht: War die konkrete Konzilsentscheidung wirklich die eines ökumenischen Konzils oder handelte es sich dabei viel mehr um ein *conciliabulum*, ein *latrocinium*? Schon die Kriterien, wann ein Konzil ökumenisch ist, waren nicht unumstritten; vor allem aber ermöglichte die Unsicherheit, ob diese Kriterien faktisch auch wirklich erfüllt waren, Raum, seinem Gewissen zu folgen und bei aller prinzipiellen Bejahung eines ökumenischen Konzils an konkreten Entscheidungen zu zweifeln.[35]

So kannte die mittelalterliche Theologie inhaltlich und in der Frage der Verbindlichkeit der entscheidenden Instanzen größere Freiheitsspielräume als die Neuzeit. Die Kontroversen um Jan Hus (ca. 1369–1415), zwischen Konziliarismus und Papalismus und nicht zuletzt die Glaubensspaltung des 16. Jahrhunderts hatten als Reaktion ein verstärktes Sicherheitsstreben zur Folge, dem vor allem der neu entstehende Traktat „Ekklesiologie" Rechnung tragen sollte.[36] Kontroverse Fragen sollten eindeutig und verbindlich entschieden werden; Entscheidungen von Papst und Konzil sollten Sicherheit generieren. Die Berufung auf ein Notstandsrecht sollte sukzessive eliminiert werden. So kann es auch nicht verwundern, dass der Streit um Martin Luther und die Wittenberger Theologie als Theologendisput begann, dann aber zur Kirchenspaltung führte. Luther wandte sich als Augustiner gegen die Ablassverkündigung des Dominikaners Johann Tetzel (um 1460–1519). Die wohl wichtigsten Protagonisten des römischen Prozesses gegen Luther waren dann erneut

---

[33] Vgl. Klaus Unterburger, *Vom Lehramt der Theologen zum Lehramt der Päpste? Pius XI., die Apostolische Konstitution „Deus scientiarum Dominus" und die Reform der Universitätstheologie*, Freiburg – Basel – Wien 2010, S. 107–111.

[34] Vgl. Thomas Prügl, „Der häretische Papst und seine Immunität im Mittelalter", in: *Münchener Theologische Zeitschrift* 47 (1996), S. 197–215.

[35] Vgl. Remigius Bäumer, *Nachwirkungen des konziliaren Gedankens in der Theologie und Kanonistik des frühen 16. Jahrhunderts* (Reformationsgeschichtliche Studien und Texte 100), Münster 1971.

[36] Vgl. Yves Congar, *Die Lehre von der Kirche. Vom Abendländischen Schisma bis zur Gegenwart* (Handbuch der Dogmengeschichte III/3d), Freiburg – Basel – Wien 1971, S. 1–39.

Dominikaner, Sylvester Prierias (1456–1523) und Thomas de Vio Cajetan (1469–1534). Deshalb konnte Luther in seinem Prozess den Versuch der thomistischen Schulrichtung sehen, eine konkurrierende theologische Richtung mittels der Zensur auszuschalten.[37] Dahinter steckte mehr als die Rivalität zweier Orden. Luthers Theologie war getragen von einer spätmittelalterlichen Orientierung an Augustinus (354–430) als dem Lehrer der Gnade: Eigene Werke können uns nicht gerecht machen; es ist allein die Gerechtigkeit Christi, auf die wir vertrauen können und damit allein die Gnade. Er kämpfte für Augustinus und gegen den Einfluss des Aristoteles auf die Theologie: Nicht durch gute Werke bekomme man die Tugend als *habitus* und werde so ein guter Mensch; der in sich verkrümmte Mensch könne gar keine wahrhaft guten Werke vollbringen.[38] Vielmehr müsse man erst gut, gerechtfertigt sein, um gut handeln zu können. Die Dominikaner sah Luther als Thomisten und damit als Aristoteliker und Gegner. Umgekehrt waren die meisten Dominikaner und ganz besonders diejenigen, die an seinem Prozess maßgeblich mitwirkten, Anhänger des papalen Standpunktes, die den Konziliarismus und die „böhmische Häresie" des Jan Hus bekämpften; sie sahen Luther durch diese Brille.[39] Was in Wittenberg also vor allem als Theologie- und Universitätsreform begann[40], entwickelte sich zunehmend zur Glaubensspaltung; Luther wurde exkommuniziert; dieser sah im Papsttum seit dem Mittelalter institutionell den Antichrist, also eine Macht, die strukturell darauf angelegt war, den Menschen Werkgerechtigkeit und Leistungsdenken zu imprägnieren, um sich durch Ablassgelder und Gebühren zu finanzieren.

Dass es aber wirklich zu einer Kirchenspaltung kam und nicht zur Reform der einen Kirche, war dennoch ein längerer Prozess. Am Kaiserhof war man lange Zeit – so auch noch Kaiser Maximilian II. (1564–1576) – überzeugt, auf dem Wege von Religionsgesprächen und disziplinarischen Reformen die Einheit bewahren zu können[41]; auch die *Confessio Augustana* erklärte ja den wohlverstandenen katholischen

---

[37] Vgl. Martin Luther, *Resolutiones disputationum de indulge[n]tiarum virtute* [1518]: „Etiam si Papa cum magna parte Ecclesiae sic vel sic sentiret nec etiam erraret, adhuc non est peccatum aut haeresis, contrarium sentire, praesertim in re non necessaria ad salutem, donec fuerit per Concilium universale alterum reprobatum, alterum approbatum. Quod, ne multis agam, illo unico probatur, quod Ecclesia Romana etiam cum Concilio universali Basiliensi ac tota ferme Ecclesia sentit, B. Virginem sine peccato conceptam, Et tamen, quia altera pars non est reprobata, non sunt haeretici qui contrarium sapiunt" (Weimarer Ausgabe, Bd. 1, S. 530–628, hier 583$_{5-12}$).

[38] Vgl. Klaus Unterburger, *Unter dem Gegensatz verborgen. Tradition und Innovation in der Auseinandersetzung des jungen Martin Luther mit seinen theologischen Gegnern* (Katholisches Leben und Kirchenreform im Zeitalter der Glaubensspaltung 74), Münster 2015, S. 78–82.

[39] Vgl. ebd., S. 109–119; Anselm Schubert, „Libertas Disputandi. Luther und die Leipziger Disputation als akademisches Streitgespräch", in: *Zeitschrift für Theologie und Kirche* 105 (2008), S. 411–442.

[40] Vgl. Karl Bauer, *Die Wittenberger Universitätstheologie und die Anfänge der Deutschen Reformation*, Tübingen 1928; Jens-Martin Kruse, *Universitätstheologie und Kirchenreform. Die Anfänge der Reformation in Wittenberg 1516–1522* (Veröffentlichungen des Instituts für Europäische Geschichte Mainz 187), Mainz 2002.

[41] Vgl. Jochen Birkenmeyer, *Via regia. Religiöse Haltung und Konfessionspolitik Kaiser Maximilian II. (1527–1576)*, Berlin 2008.

Glauben zu lehren.[42] Die Bekenntnisse, die im 16. Jahrhundert aufgestellt wurden, sollten teilweise auch Brücken schlagen. Vorherrschend wurde aber der Aspekt der Identitätsvergewisserung und damit der Abgrenzung. Zahlreiche Katechismen wurden verfasst, die Ausbildung der Seelsorger sukzessive akademisiert. Ergebnis war einerseits eine forcierte Internalisierung einer christlichen Identität, auf der anderen Seite aber der konfessionellen Differenz. In einem längeren Prozess waren einander sich exkludierende Konfessionen entstanden.

3. Glaubenspraxis und christliche Eindeutigkeit

Kann als Resultat der bisherigen Ausführungen festgehalten werden, dass ein starker Einheitsbegriff mit Blick auf den mittelalterlichen Staat und die christliche Theologie eine Rückprojektion neuzeitlicher Vorstellungen auf die mittelalterliche Welt ist, so bleibt die christliche Glaubenspraxis: Die früh- und hochmittelalterliche Mission hat Europa zu einem christlichen Kontinent gemacht.[43] Mag damit also kein starker Einheitsstaat verbunden gewesen sein und mag die christliche Theologie noch viel pluraler als in späteren Zeiten Position bezogen haben, so könnte man doch immerhin sagen, dass es sich um relativ geschlossen christliche, katholische oder orthodoxe, Gesellschaften gehandelt hat. Doch auch hier hat die jüngere Forschung andere Akzente gesetzt: „Christliches Mittelalter – diese Überschrift führt nur dann nicht in die Irre, wenn man aus ihr nicht eine Verwurzelung christlicher Glaubenslehren in den Köpfen der meisten Menschen ableitet. Eine solche Verwurzelung hätte einen systematisch ausgebildeten Pfarrklerus vorausgesetzt – den aber hat erst die Reformation bzw. in der katholischen Kirche die Gegenreformation geschaffen", so der Göttinger Mediävist Hartmut Boockmann.[44] Die Vorstellungs- und Glaubenswelten der Bevölkerung im Mittelalter zu erfassen ist dabei quellenmäßig ein schwieriges Unterfangen. Schriftliche Quellen sind ja nur von einer gebildeten Schicht der Gelehrten verfasst worden; ihre Sichtweise kann nicht einfach auf die illiterate Mehrheit der Bevölkerung übertragen werden. Selbst wenn die Schriftquellen in seltenen Fällen einmal diese Gruppe in den Blick nehmen, so sind deren Vorstellungswelten immer von gelehrten Schreibern gedeutet und damit tendenziell deren christlich-orthodoxer Weltsicht angeglichen.

Als der am meisten Erfolg versprechende Weg, an populäre, nicht unbedingt orthodoxe, Glaubenswelten der illiteraten Schicht in der Vormoderne heran zu kommen, hat sich dabei die Analyse von Inquisitionsakten und Gerichtsprotokollen

---

[42] Vgl. Vinzenz Pfnür, *Einig in der Rechtfertigungslehre? Die Rechtfertigungslehre der Confessio Augustana (1530) und der Stellungnahme der katholischen Kontroverstheologie zwischen 1530 und 1535* (Veröffentlichungen des Instituts für Europäische Geschichte. Abt. Abendländische Religionsgeschichte 60), Wiesbaden 1970.

[43] Vgl. Lutz Padberg, *Christianisierung im Mittelalter*, Darmstadt 2006.

[44] Vgl. Hartmut Boockmann, *Einführung in die Geschichte des Mittelalters*, München ⁸2007, S. 118.

etabliert. Natürlich waren auch dort die Schreiber Gebildete und Agenten einer rechtgläubigen Obrigkeit. Doch war es gerade das Ziel, abweichendes Verhalten und heterodoxe Glaubenswelten zu dokumentieren und festzuhalten. Auch hier stellt sich das Problem, ob die Deutungen, die die Gerichte diesen gaben, jene Sinnzuschreibungen waren, die die Befragten selbst mit dem Gesagten verbanden. Immerhin eröffnen sich aber von hier aus Zugänge zu populären Vorstellungswelten und Praktiken, die in der mittelalterlichen Geschichtsschreibung und Theologie selbst keine Rolle spielten.

Eine der Pioniere dieser Forschungsrichtung, die sich auf die Vorstellungswelten und Selbstzuschreibungen der Opfer der Inquisitionsprozesse konzentrierten, ist Carlo Ginzburg gewesen. Er konnte zeigen, wie im Friaul noch im 17. Jahrhundert in der ländlichen Vorstellungswelt alte magische Praktiken, Vorstellungen von Hexerei und dem notwendigen nächtlichen Kampf gegen den Teufel und zahlreiche agrarisch-kultische Praktiken Realität waren und sich mit der katholischen gottesdienstlichen Praxis synkretistisch mischten.[45] Andere Studien arbeiteten heraus, wie sehr die Frömmigkeit in Süditalien zur selben Zeit noch von agrarisch-magischen Vorstellungswelten durchdrungen gewesen ist.[46] Die Hexenverfolgungen in Europa haben bereits eine lange Forschungsgeschichte. Hier führte vor allem die anfänglich als merkwürdig empfundene Tatsache, dass es vielfach weniger das Interesse der Obrigkeiten, sondern der Druck der Bevölkerung war, der zu Verfolgungswellen führte, dazu, sich mit den Vorstellungswelten der Opfer und Täter genauer zu beschäftigen. Ethnologische Forschungen zeigten eine relative Konstanz der Motive und Vorstellungskomplexe in ganz unterschiedlichen Kulturen und Zeiten, so dass von einer „anthropologischen Konstante" gesprochen werden kann, die freilich nicht überall und in gleicher Weise und auf jeder Kulturstufe anzutreffen ist.[47] Der gemeinsame Nenner solcher Vorstellungen und Praktiken ist ein magisches Weltbild. Durch magische Praktiken konnte das Übernatürliche rituell beeinflusst werden, so dass als intendierte Folge irdische Vorteile oder Schaden bewirkt werden konnten.[48] Hier war also faktisch ein Weg zu aktivem Handeln eröffnet. Die Forschung konnte weiter zeigen, dass die Strafverfolgung die Ausnahme, die Koexistenz die Regel war, die vormodernen Gesellschaften also die Magie selbst regulierten; Schadenszauber wurde also dabei mit Gegenzauber und Abwehrmagie in Bann gehalten.[49]

Während vorchristliche Gesellschaften in der Regel zwischen guter und schlechter Magie unterscheiden, bedeutete Christianisierung, dass magische Praktiken von

---

[45] Vgl. Carlo Ginzburg, *Die Benandanti. Feldkulte und Hexenwesen im 16. und 17. Jahrhundert*, Frankfurt am Main 1980. – Die italienische Erstausgabe erschien 1966.

[46] Vgl. Gabriele De Rosa, *Vescovi, popolo e magia del Sud. Ricerche di storia socio-religiosa dal XVII al XIX secolo*, Neapel 1971.

[47] Vgl. Wolfgang Behringer, *Hexen. Glaube, Verfolgung, Vermarktung*, München ³2002, S. 7–11.

[48] Vgl. Christoph Daxelmüller, *Aberglaube, Hexenzauber, Höllenängste. Eine Geschichte der Magie*, München 1993.

[49] Vgl. Behringer, *Hexen* (wie Anm. 47), S. 27.

der Kirche grundsätzlich als schlecht abgelehnt werden; bis zum Hochmittelalter lehnten christliche Gelehrte die Wirksamkeit von Zauberei ab, werteten aber den Versuch dazu als Sünde, die einer Bußstrafe bedürfe. Gleichzeitig bot die Kirche aber eine Fülle von Riten, Weihen, Segensformeln, Prozessionen und Sakramentalien an, die zumindest synkretistisch-magisch uminterpretiert werden konnten. Subjektiv stand die Magie nicht im Widerspruch zur Kirche.[50] Magische Vorstellungswelten wurden also integriert und christianisiert, zugleich lebte uralte vorchristliche Religiosität im Christentum fort.

Christianisierung im Mittelalter bedeutete also zunächst einmal das Verschmelzen des Christentums mit einer archaischen Kultur und Religiosität; das Christentum wurde formal übernommen, integrierte aber eine urtümlich-einfache Religiosität, die durch die Betonung von Ritus und ritueller Reinheit, magischer Beeinflussbarkeit des Übernatürlichen, dem prinzipiellen Funktionieren eines *do-ut-des*-Prinzips und der Notwendigkeit sühnender materieller Opfer geprägt war.[51]

Diese allgemeine Charakteristik prägte das europäische christliche Mittelalter und bildet die Voraussetzung für Prozesse der Individualisierung, Ethisierung, Intellektualisierung und Verinnerlichung christlicher Religiosität, vor allem in den Klöstern und in den Städten im Hoch- und Spätmittelalter.[52] Dieser Synkretismus hatte die nichtintendierte Nebenfolge, dass viele Handlungen und Verhaltensweisen, die in der Neuzeit eindeutig-christliche Identitätsmarker wurden, noch mehrdeutig *(ambiguus)* konnotiert waren.

Für ein Verständnis vormoderner islamischer Gesellschaften hat Thomas Bauer von der Psychologie den Begriff der „Ambiguitätstoleranz" übernommen.[53] „Kulturelle Ambiguität […] durchtränkt unseren gesamten Alltag, wenn auch nicht immer mit der gleichen Komplexität. Sprache, Gesten und Zeichen lassen Eindeutigkeit vermissen, Handlungen müssen interpretiert, Normen ausgelegt werden, einander widersprechende Werte müssen miteinander versöhnt oder unversöhnt nebeneinander toleriert werden."[54] Die bei Bauer konstatierte konfliktfreie Koexistenz scheinbar nicht kompatibler Theorien, Sinnzuschreibungen und Verhaltensweisen hat in ihrer konkreten Ausprägung sicher islamisch-arabische Eigenheiten. Erst durch die Begegnung mit dem kolonialen Westen wurden dessen Streben nach Eindeutigkeit übernommen und in die dortige Kultur implementiert.[55]

Alles spricht dafür, dass analog auch die christlich geprägte Kultur des Mittelalters uneindeutige Sinnebenen in sich integrierte, die erst durch das in der Frühen Neuzeit einsetzende Streben nach Einheit, Ordnung und Eindeutigkeit sukzessive zurückgedrängt wurden. Dass sich auch an die christliche Religion vielfältige Bedürfnisse und Sinnebenen anlagerten ist ebenso klar wie die Tatsache, dass keine

---

[50] Vgl. ebd., S. 26.
[51] Vgl. Arnold Angenendt, *Geschichte der Religiosität im Mittelalter*, Darmstadt 1997, S. 1–44.
[52] Vgl. ebd., S. 44–88.
[53] Vgl. Thomas Bauer, *Die Kultur der Ambiguität. Eine andere Geschichte des Islams*, Berlin 2011.
[54] Ebd., S. 17.
[55] Vgl. ebd., S. 376–405.

Instanz die Mittel besaß, disziplinierend umfassende Einheits- und Eindeutigkeits-Purismen systematisch durchzusetzen.

4. Konfessionsbildung und Konfessionalisierung

Das christliche mittelalterliche Europa hat – jedenfalls wenn man die seit der Romantik damit gefassten Bedeutungsinhalte damit verbindet – so nicht existiert, zu sehr war das Christentum durchdrungen von archaisch-vorchristlichen Vorstellungsformen und Vorstellungspraktiken, zu uneindeutig und offen die theologische Diskussion, zu wenig ausgebildet die Staaten und staatlichen Institutionen, die Einheit erst schaffen und dann garantieren konnten. Dies ändert sich seit dem Spätmittelalter in einem Prozess, in dem auch die Reformation bzw. die Glaubensspaltung zu verorten ist. Paradox kann man also formulieren: Gerade zu der Zeit, als eine klar normierte christliche Theologie mit Hilfe des frühmodernen Staates erstmals daran ging, Denken und Verhalten der Untertanen umfassend zu normieren, zerfiel die lateinische Christenheit in drei sich gegenseitig bekämpfende Konfessionen.

Die Reformation knüpfte beim Heilsverlangen einer christlichen Elite an, die nach Heilsgewissheit und authentischem Christsein strebte. Prediger insbesondere aus den Mendikantenorden hatten vor allem in den Städten und an den Fürstenhöfen eine christliche Schicht geschaffen, die vielfach zum wichtigsten Träger des reformatorischen Gedankenguts wurde. Den Boden hatte eine massive Unzufriedenheit mit dem Klerus bereitet, der den gesteigerten Ansprüchen vielfach nicht mehr genügen konnte und als geldgierig, ungebildet und im Widerspruch zu den eigenen Standesnormen lebend galt.[56] Die Wurzel des Übels wurde dabei meist im Papsttum ausgemacht, das mit dem Jurisdiktionsprimat ein umfassendes Stellenbesetzungs- und Finanzsystem ausbaute, dessen Einnahmen wiederum benötigt wurden, um den Primat praktisch tatsächlich ausüben zu können.[57] Die tatsächliche konfessionelle Ausrichtung einer Stadt oder eines Territoriums war dann jeweils in hohem Maße von außenpolitischen Loyalitäten oder Gegnerschaften mit motiviert. Jedenfalls bereiteten die allmähliche Ausbildung des frühmodernen Staates sowie das Streben einer christlichen Elite nach einem normierten wahrhaft christlichen Gemeinwesen und nach Heilswissen und Heilssicherheit die reformatorische Neuorientierung vor. Umgekehrt verstärkten sowohl das Luthertum wie der reformierte

---

[56] Vgl. Unterburger, *Konkordat* (wie Anm. 14), S. 110–132; Hans-Jürgen Goertz, *Pfaffenhaß und groß Geschrei. Die reformatorischen Bewegungen in Deutschland 1517–1529*, München 1987; Ders., „Antiklerikalismus und Reformation. Ein sozialgeschichtliches Erklärungsmodell", in: Ders., *Antiklerikalismus und Reformation. Sozialgeschichtliche Untersuchungen*, Göttingen, 1995, S. 7–20.

[57] Vgl. Klaus Unterburger, „‚Reform der ganzen Kirche'. Konturen, Ursachen und Wirkungen einer Leitidee und Zwangsvorstellung im Spätmittelalter", in: Andreas Merkt / Günther Wassilowsky / Gregor Wurst (Hg.), *Reformen in der Kirche. Historische Perspektiven* (Quaestiones Disputatae 260), Freiburg – Basel – Wien 2014, S. 109–137.

Protestantismus diese Tendenzen. Doch auch die katholisch gebliebenen Gebiete waren von ähnlichen Modernisierungsprozessen geprägt; auch hier verstärkte die Konfession diese Prozesse, auch wenn gerade der katholische Bereich tendenziell wohl noch länger durch Vollzugsdefizite geprägt gewesen ist.[58]

Auf allen drei bisher analysierten Ebenen, der Herausbildung des frühmodernen Staates, distinkter und bestimmter theologischer Orthodoxien und einer christlich normierten und disziplinierten, vereinheitlichten Untertanenschaft kam es seit dem Spätmittelalter also zu Umbruchsprozessen, die die Forschung unter dem Theorem der „Konfessionalisierung" analysiert und diskutiert hat. Bei allen berechtigten Einwänden – etwa was die Diskrepanz von Norm und Vollzug betrifft – kann als Kern des Paradigmas doch festgehalten werden, dass die sich immer mehr voneinander abgrenzenden Konfessionen einen wichtigen Beitrag zur Ausbildung des modernen Staates und einer diesem korrespondierenden sozialdisziplinierten christlichen Bevölkerung geleistet haben.[59]

Wichtige Akteure der Konfessionalisierung sind demnach die frühneuzeitlichen Staaten gewesen; dass sich die Herrscher für den rechten Kult der Untertanen verantwortlich fühlten, entsprach dabei durchaus dem Herkommen. Modernisiert hat sich aber die Staats- und Behördenstruktur. Moderne Zentralbehörden entstanden; zudem wurde das Territorium immer dichter mit einem Netz an Mittel- und Unterbehörden durchdrungen. Für den religiösen Bereich wurden nicht nur im Protestantismus mit den Konsistorien eigene staatliche Leitungsinstanzen geschaffen; im katholischen Bereich sollten die „geistlichen Räte" teilweise analoge Funktionen wahrnehmen, auch wenn hier der Dualismus zum Episkopat nicht eliminiert wurde.[60] Das sich modernisierende Besteuerungswesen erfasste auch die Kirchen und Klöster. Im evangelischen Bereich wurde deren Vermögensmasse in der Regel für andere „fromme Zwecke" wie Schule, Seelsorge oder Armenfürsorge verwendet; bei den Katholiken sollten die Prälatenorden mit ihrem Grundbesitz an der Finanzierung der Staatsaufgaben beteiligt werden. Wichtig wurde, dass die frühneuzeitlichen Staaten zahlreiche Universitäten und höhere Lehranstalten gründeten, nicht zuletzt, um Positionen in der Staatsverwaltung und der Kirche besetzen zu können.[61] Katholischerseits spielten bischöfliche Priesterseminare für die Hebung der Klerikerausbildung kaum eine Rolle; wichtig wurden hingegen die Jesuitenkollegien, die meist staatlich fundiert wurden.[62]

---

[58] Vgl. Walter Hartinger, „Konfessionalisierung des Alltags in Bayern unter Maximilian I.", in: *Zeitschrift für bayerische Landesgeschichte* 65 (2002), S. 123–165; Peter Hersche, *Muße und Verschwendung. Europäische Gesellschaft und Kultur im Barockzeitalter*, 2 Bände, Freiburg – Basel – Wien 2006.

[59] „Die wichtigste und im wesentlichen unbestrittene Grundtatsache der Konfessionalisierung ist ihre enge Verflechtung mit dem Territorialstaat, sowohl formal und räumlich als auch inhaltlich-funktional.": Heinrich Richard Schmidt, *Konfessionalisierung im 16. Jahrhundert* (Enzyklopädie Deutscher Geschichte 12), München 1992, S. 86.

[60] Vgl. ebd., S. 14–21, 30–41, 48–53.

[61] Vgl. ebd., S. 23 f., 43 f., 54.

[62] Vgl. Otto Krammer, *Bildungswesen und Gegenreformation. Die Hohen Schulen der Jesuiten im katholischen Teil Deutschlands vom 16. bis 18. Jahrhundert*, Würzburg 1988.

Von der Ambiguität zur Eindeutigkeit

Auf theologischer Ebene setzte sich das Modell des exklusiven Konfessionsstaates in den allermeisten Fällen durch. Zahlreiche Bekenntnisschriften wurden auf evangelischer Seite als Lehrgrundlage entwickelt; katholischerseits definierte das Konzil von Trient (1545–1563) viele Glaubenslehren in antiprotestantischer Frontstellung neu. Christliche Identität wurde so umfassender theologisch festgelegt und spezifischer abgegrenzt; Katechismen und andere Formen von Vermittlung führten zu einer allmählichen konfessionellen Imprägnierung des Bewusstseins der Bevölkerung, entsprachen aber dabei durchaus auch einem Bedürfnis „von unten". Durch Mandate versuchte der obrigkeitliche Staat umfassend das religiöse und damit auch das sittliche Verhalten der Untertanen zu normieren und zu kontrollieren. Die Visitation war ein wichtiges Mittel zur Disziplinierung vor allem der Geistlichkeit, mittelbar aber damit auch der Laien.[63] Ein besonderes Augenmerk wurde hier auch auf den Kampf gegen Aberglauben gelegt; kein Zufall ist es, dass nunmehr – und eben nicht schon im Mittelalter, wie oft unterstellt – die Hexenprozesse vielerorts ihren Höhepunkt erreichten. Aus Synkretismus sollte christliche Eindeutigkeit werden. Natürlich wird man jeweils mit längerfristigen Prozessen und auch mit Vollzugsdefiziten zu rechnen haben, aber allmählich bildete sich ein konfessionell gereinigtes und normiertes Christentum aus.[64] Katholischerseits setzte man nach Trient die österliche Pflichtbeichte durch, auf der Seite der Reformierten wuchs der Kirchenzucht eine erhebliche Bedeutung zu.

Trotz der faktischen konfessionellen Spaltung der lateinischen Christenheit vertrat dabei jede Konfession durchaus einen universalen Wahrheitsanspruch. Die Verantwortlichen in Kirche und Gemeinwesen waren vor allem auch für die wahre Verehrung Gottes zuständig, an dessen Segen alles gelegen war. Nicht nur Gotteslästerung, Hexerei und Fluchen mussten deshalb möglichst eliminiert werden, sondern auch Häresie galt als Beleidigung Gottes. Seit dem Spätmittelalter bekamen dies die jüdischen Gemeinden massiv zu spüren; bei Pogromen und Vertreibungen wurde die Reinerhaltung der Gottesverehrung als ideologischer Legitimationsgrund angeführt.[65] In Spanien wurden überdies die letzten Muslime zur Konversion oder Auswanderung gezwungen. Im Reich hielt Kaiser Karl V. (1500–1558) deshalb bis zum Schluss daran fest, dass es nur eine wahre *religio* geben könne; die Nichtanerkennung der kaiserlichen Religionsmandate durch die „Protestanten" also illegitim sei. Als dann nach dem Fürstenaufstand und dem Passauer Vertrag 1552 klar war, dass sich dies faktisch nicht mehr durchsetzen ließ, zog er sich schrittweise zuguns-

---

[63] Vgl. Wolfgang Reinhard, „Zwang zur Konfessionalisierung? Prolegomena zu einer Theorie des konfessionellen Zeitalters", in: *Zeitschrift für Historische Forschung* 10 (1983), S. 257–277; Peter Thaddäus Lang, „Die Bedeutung der Kirchenvisitation für die Geschichte der frühen Neuzeit. Ein Forschungsbericht", in: *Rottenburger Jahrbuch für Kirchengeschichte* 3 (1984), S. 207–212.

[64] Vgl. *Konfessionelle Ambiguität. Uneindeutigkeit und Verstellung als religiöse Praxis in der Frühen Neuzeit*, hg. von Andreas Pietisch / Barbara Stollberg-Rilinger (Schriften des Vereins für Reformationsgeschichte 214), Heidelberg 2013.

[65] Vgl. Martin H. Jung, *Christen und Juden. Die Geschichte ihrer Beziehungen*, Darmstadt 2008, S. 107–118.

ten seines Bruders Ferdinand I. (1503–1564) von der Herrschaft zurück.[66] Doch auch der Augsburger Religionsfriede von 1555 gestand zwar den Anhängern der *Confessio Augustana* unter den Reichsständen erstmals ihren Glauben auf Dauer reichsrechtlich zu: Dennoch sollte dies nur gelten bis zur Wiedervereinigung im Glauben; der eine wahre Glaube, dem sich das Reich verpflichtet wurde, war also noch mitnichten aufgegeben.[67] Zudem ist zu bedenken, dass die *Confessio Augustana* ja gerade keine neue Konfession begründen, sondern die eine wahre katholische Konfession authentisch deuten wollte, so dass der Streit eher als Differenz in der Auslegung der einen wahren Konfession gedeutet wurde. Über Jahrzehnte hinweg wurde im Reich ein Religionskrieg so vermieden, auch wenn sich die konfessionelle Differenz verfestigte. Anders war die Situation in Frankreich, den Niederlanden und dann auch in England, wo schwere kriegerische Auseinandersetzungen zwischen den Konfessionen einsetzten.[68] Doch auch im Reich spitzen sich seit Ende des 16. Jahrhunderts die konfessionellen Spannungen immer mehr zu, eine Entwicklung, die schließlich in den Dreißigjährigen Krieg führte. Als dieser mit der Westfälischen Friedensordnung 1648 beendet wurde, war zwar die Wiedervereinigung im Glauben noch immer ein Fernziel. Dennoch hatte sich die religiöse Spaltung vertieft. Neben Katholizismus und Luthertum wurden nunmehr die Reformierten als dritte Konfession im Reich anerkannt; das fürstliche Reformationsrecht wurde zugunsten der Normaljahresregelung außer Kraft gesetzt; die Untertanen selbst bekamen erstmals das Recht auf ein *exercitium religionis privatum*. Man kann sagen, dass die Leitidee der einen religiösen Wahrheit ein Stück weit zugunsten der faktischen Vielfalt zurückstehen musste.[69]

---

[66] Vgl. Axel Gotthard, *Der Augsburger Religionsfrieden* (Reformationsgeschichtliche Studien und Texte 148), Münster 2004, S. 171–239.

[67] „§ 25. Und nachdem ein Vergleichung der Religion und Glaubenssachen durch zimliche und gebührliche Wege gesucht werden soll und aber ohne beständigen Frieden zu Christlicher, freundlicher Vergleichung der Religion nicht wol zu kommen, so haben Wir, auch der Churfürsten Räth an Statt der Churfürsten, erscheinende Fürsten, Stände und der Abwesenden Bottschafften und Gesandten, geistliche und weltliche, diesen Fried-Stand, von geliebts Friedens wegen das hochschädlich Mißvertrauen im Reich aufzuheben, diese löbliche Nation vor endlichem, vorstehendem Untergang zu verhüten, und damit man desto ehe zu Christlicher, freundlicher und endlicher Vergleichung der spaltigen Religion kommen möge bewilligt, solchen Frieden in allen obgeschriebenen Articuln biß zu Christlicher, freundlicher und endlicher Vergleichung der Religion und Glaubens-Sachen stät, fest und unverbrüchlich zu halten und demselben treulich nachzukommen. Wo dann solche Vergleichung durch die Wege des General-Conciliums, National-Versammlung, Colloquien oder Reichs-Handlungen nicht erfolgen würde, soll alsdann nicht destoweniger dieser Friedstand in allen oberzehlten Puncten und Articuln bey Kräfften biß zu endlicher Vergleichung der Religion und Glaubens-Sachen bestehen und bleiben und soll also hiemit obberührter Gestalt und sonst in alle andere Wege ein beständiger, beharrlicher, unbedingter, für und für ewig währender Fried aufgericht und beschlossen seyn und bleiben": Johann Jacob Schmauß (Hg.), *Corpus iuris publici S. R. Imperii academicum*, Leipzig 1745, S. 175; auch: ⟨http://www.lwl.org/westfaelische-geschichte/portal/Internet/finde/langDatensatz.php?urlID=739&url_tabelle=tab_quelle⟩ (Zugriff 12.05.2016).

[68] Vgl. *Religionskriege im Alten Reich und in Alteuropa. Begriff, Wahrnehmung, Wirkmächtigkeit*, hg. von Franz Brendle / Anton Schindling, Münster 2006.

[69] Vgl. Gotthard, *Der Augsburger Religionsfrieden* (wie Anm. 66), S. 461–494.

5. Schlussreflexion

Am Ende steht somit ein paradoxes Resultat: Gerade als in der frühen Neuzeit 1) christliche Staaten entstanden waren, 2) eine christliche Identität reflexiv und distinkt ausgebildet war und 3) eine christliche gereinigte Glaubenspraxis der Bevölkerung erreicht war, zerfiel die glaubensmäßige Einheit des von der lateinischen Kirche geprägten Europa. Ein einheitliches christliches Abendland im strengen Sinn hat es also weder vor noch nach der Glaubensspaltung gegeben; vorher nicht, weil eine christliche Identität und Exklusivität in jenem bestimmten Sinn, den man seit der Romantik damit verbindet, dem Mittelalter noch fremd war; danach nicht, weil eine solche Konzeption und die zu deren Umsetzung nötigen Mittel zwar weitgehend ausgebildet waren, es aber nunmehr faktisch zur konfessionellen Spaltung gekommen ist und die Einheit unrealisierbar war. Das Bewusstsein, dass mit dem Christentum dennoch eine tiefgehende Gemeinsamkeit gegeben war, dürfte mit der explosionsartigen Vermehrung der Kenntnisse über andere religiöse Traditionen seit den großen Entdeckungen einhergegangen sein. Der moderne Religionsbegriff, der *religio* nicht als subjektive Pflicht, sondern als das objektiv irgendwie Gemeinsame verschiedener Kulte sah, entstand ja nicht zufällig im 17. Jahrhundert.[70]

Ein komplexes Problem ist es schließlich, wann und warum die erreichte „Christlichkeit" Europas wieder verloren ging, wann also und warum der Prozess der Säkularisierung einsetzte. Dass eine solche Fragestellung nicht einfach zu beantworten ist, versteht sich. Aus den obigen Ausführungen kann aber immerhin auf folgenden Faktor hingewiesen werden: Die beschriebene „Verchristlichung" seit dem Spätmittelalter bedeutete vor allem, dass ein bewussteres, gereinigtes Christsein immer mehr von Ambiguität befreit wurde; christliche Praxis sollte also immer mehr um ihrer selbst willen geschehen und nicht synkretistisch gleichzeitig materielle oder andere Bedürfnisse stillen. Je größere Eindeutigkeit also bewusst angestrebt wurde, umso mehr fielen Zusatzmotivationen weg, umso fordernder war das Christentum. Verchristlichung trug so den Keim der Säkularisierung in sich. Als staatlicher Zwang immer mehr entfiel und alternative Formen der Lebensgestaltung präsenter wurden, kam es deshalb zum Rückgang an kirchlicher Partizipation, jedenfalls dort, wo kein kirchliches Milieu entstand, das einen sozialmoralischen Konformitätsdruck vorübergehend substituierte.[71] Die letzte stabile Phase des katholischen Milieus in Deutschland fällt deshalb nicht zufällig zusammen mit dem Höhepunkt einer anachronistischen Beschwörung der Tradition eines christlichen Abendlandes.

---

[70] Vgl. Ernst Feil, *Religio. Geschichte eines neuzeitlichen Grundbegriffs*, 4 Bände (Forschungen zur Kirchen- und Dogmengeschichte 36, 70, 79, 91), Göttingen 1986, 1997, 2001, 2007.

[71] Vgl. Karl Gabriel, *Christentum zwischen Tradition und Postmoderne* (Quaestiones disputatae 141), Freiburg – Basel – Wien ⁷2000.

Europa im Spiegel der Wahrnehmungen von Reisenden aus der islamischen Welt

Bekim Agai

Seit dem Aufkommen des Islam gab es in unterschiedlichem Umfang kulturelle Begegnungen zwischen Personen des Nahen und Mittleren Ostens einerseits und Europas andererseits.[1] Obwohl dem politische, geographische oder auch religiöse Hindernisse entgegenstanden, wurden Handelsgüter, Ideen und Wissen ausgetauscht. Reisende überwanden Grenzen, während diese immer wieder ihren Verlauf änderten. Menschen gerieten unter wechselnde Herrschaften oder flohen auf die jeweils andere Seite. Bestand an den Grenzen also immer ein gewisses Maß an Durchlässigkeit, so nahm diese ab dem 19. Jahrhundert noch einmal beträchtlich zu. Dies geschah vor allem aus zwei Gründen. Zum einen ließen Entwicklungen auf den Gebieten der Infrastruktur und des Transportwesens, wie Eisenbahnen und Dampfschiffe, die bisherigen Entfernungen beträchtlich schrumpfen. Zum anderen gingen diese Entwicklungen Hand in Hand mit politischen Veränderungen. Der Nahe und Mittlere Osten wurde immer mehr zu einem Teil der europäischen Einfluss-Sphäre; gleichzeitig wurden die Beziehungen zu den europäischen Staaten für die nah- und mittelöstlichen Zentren in politischer, ökonomischer und kultureller Hinsicht zunehmend bedeutsam.

Wie wurde Europa in diesem Zusammenhang von Reisenden aus der islamischen Welt wahrgenommen? War für sie – wie vielfach angenommen – die Religion das ausschlaggebende Kriterium, das ihre Urteile über die politischen, sozialen und kulturellen Eigentümlichkeiten Europas bestimmte? Welche Rolle spielten der Islam und die traditionellen Positionen des islamischen Rechts tatsächlich in der Wahrnehmung des „Selbst" und des „Anderen"?

Wiederholt hat der US-amerikanische Islamwissenschaftler Bernard Lewis die These vertreten, dass kulturelle Begegnungen von Muslimen mit Europa maßgeblich durch deren „muslimische Weltsicht" *(Muslim worldview)* geprägt waren, die auf islamischen Grundüberzeugungen beruhe und keinem kontextuellen Wandel unterworfen sei. Anders als bei Europäern sei die Religion für Muslime die entscheidende Kategorie bei der Bestimmung der eigenen Identität. Zugleich haben nach Lewis traditionelle Positionen des Islam die Möglichkeiten kultureller Begegnungen mit

---

[1] Leicht gekürzte und modifizierte Version des auf Englisch erschienen Beitrags: Bekim Agai, „Religion as a determining factor of the Self and the Other in travel literature. How Islamic is the Muslim worldview? Evliya Çelebi and his successors reconsidered", in: Bekim Agai / Olcay Akyıldız / Caspar Hillebrand (Hg.), Venturing beyond borders. *Reflections on genre, function and boundaries in Middle Eastern travel writing*, Würzburg 2013, S. 101–129.

Europa schon in der Vergangenheit eingeschränkt und schränken sie auch weiterhin ein.

Es soll im Folgenden gezeigt werden, dass diese Annahme falsch ist. Es ist nämlich keineswegs so, als sei „der Islam" (verstanden als normative religiöse Tradition) im Kontext kultureller Begegnung die alles andere beherrschende Kategorie für „den Muslim" (verstanden als historische und soziale Größe). Hierzu wird zunächst der theoretische Rahmen skizziert, innerhalb dessen sich die Frage nach Identität, Alterität und jenen Mechanismen stellt, die bei der Vorstellung des Selbst und des Anderen wirksam werden. Indem Identität und Alterität als durch beide Seiten des Kulturkontakts bestimmte Eigenschaften ihrer Beziehung zueinander aufgefasst werden, wird erst verständlich, in welchem Umfang muslimische Reisende in ihrer Wahrnehmung Europas durch religiöse Ideen bestimmt sind – oder eben auch nicht. Vor diesem theoretischen Hintergrund werden anschließend vier Reiseberichte analysiert, welche die Zeit vom 17. bis zum 20. Jahrhundert überspannen. In diesen Berichten geht es unter jeweils veränderten historischen Umständen um eine kulturelle Begegnung mit Europa. Welche Konstanten in den Wahrnehmungen Europas zeichnen sich dabei ab, was verändert sich?

Ausgangspunkt der Analyse ist der Bericht, den Evliyā Çelebi über seine Reise nach Wien im Jahr 1665 verfasst hat. Es folgen die Berichte der Reisen von Yirmisekiz Mehmed Çelebi (1720/21) und Rifāʿa Rāfiʿ aṭ-Ṭahṭāwī nach Frankreich (1826–31) sowie die Berichte des Jungtürken Şerefeddin Mağmumi von seinen verschiedenen Reisen durch Europa Ende des 19. und zu Beginn des 20. Jahrhunderts. Die beiden Frankreich-Berichte sind Meilensteine in der Gattung der Reiseliteratur, die ihre Leserschaft über Generationen hinweg beeinflusst haben. Heutzutage können sie unter veränderten theoretischen Voraussetzungen neu gelesen werden. Die Reiseberichte Şerefeddin Mağmumis lassen danach fragen, wie sich eine „muslimische Weltsicht" im Licht säkularer Ideen – sowohl innerhalb des Osmanischen Reiches als auch in Europa – verändert haben mag. Darüber hinaus geht es um die Frage, in welchem Ausmaß Selbstwahrnehmungen durch Wahrnehmungen des Anderen geprägt werden. Diese Wahrnehmungen sowie die darin implizierten Beschreibungen von Identität und Alterität sind entgegen der These von Lewis keineswegs allein durch unveränderliche religiöse Kategorien bestimmt. Sie unterliegen vielmehr geschichtlichen Wandlungen, indem sie in unterschiedlichen historischen Kontexten ebenso unterschiedliche Dimensionen der Begegnung wie des Konflikts umfassen.

1. Eine „muslimische Weltsicht"?

Lewis' Idee einer „muslimischen Weltsicht", die Raum und Zeit transzendiert und einen unveränderlichen Bestand an Werten und Werturteilen über sich und andere beinhaltet, unterstellt, dass Muslime als soziale Individuen vor allem durch religiöse Vorstellungen geprägt sind. Entsprechend sind die Wahrnehmungen, die Muslime von sich selbst und von den Anderen, vom Nahen und vom Fernen haben, wesentlich durch islamische Traditionen bestimmt. Diese Idee und den Begriff einer „muslimischen Weltsicht" *(Muslim worldview)* hat Bernard Lewis vor allem in seinem 1982 erschienenen und schon kurz darauf ins Deutsche übersetzten Buch *Die Welt der Ungläubigen* vorgestellt und entfaltet.[2] In seinem 2002 erschienenen Buch *Der Untergang des Morgenlandes*[3] kommt Lewis auf seine These zurück, indem er für die von ihm attestierte Rückständigkeit des Nahen und Mittleren Ostens wiederum die „muslimische Weltsicht" verantwortlich macht und ihr damit eine geradezu deterministische Qualität verleiht. Dabei kommt er auch ausführlich auf die Reiseliteratur zu sprechen.

Lewis' Ausgangspunkt – wie auch der anderer Autoren – ist eine Auswertung kanonischer islamischer Texte, in denen von der Beziehung zwischen dem Islam bzw. den Muslimen und den „Anderen" die Rede ist. Vor allem geht es dabei um die begriffliche Unterscheidung zwischen einem „Bereich des Islam" *(dār al-islām)* und einem „Bereich des Krieges" *(dār al-ḥarb)*.[4] Während der eine Bereich durch die Herrschaft islamischen Rechts bestimmt sei, umfasse der andere die restliche Welt.[5] Lewis ist der Überzeugung, dass diese religiöse und zugleich rechtliche Unterscheidung die Weltsicht von Muslimen nicht nur in der Vergangenheit maßgeblich geprägt hat, sondern auch weiterhin prägt. Sie hindere Muslime nicht nur daran, islamisch beherrschtes Territorium zu verlassen, sondern lasse auch das Streben nach kultureller Begegnung wenig attraktiv erscheinen. Diese werde vielmehr allein dann in Kauf genommen, wenn eine „äußerste Notwendigkeit" vorliege – etwa, wenn es um den Freikauf von Gefangenen geht.[6] Lewis folgert hieraus ein allgemeines Desinteresse von Muslimen an allem, was jenseits des Bereiches des Islam anzutreffen sei. Hierzu zähle auch Europa, das nach Lewis den Muslimen als ein einheitlicher Bereich von „Ungläubigen" vor Augen stand.[7]

Lewis zufolge sind die Grenzen kultureller, politischer und ökonomischer Begegnung wesentlich durch islamische Vorstellungen von diesen Grenzen geprägt, und diese Vorstellungen wiederum beruhen auf kanonischen Texten. Auf den ersten Blick mag das einleuchten; allerdings ist die Möglichkeit nicht auszuschließen, dass die Vorstellungen ihrerseits politische Gegebenheiten widerspiegeln, die ihr Gegenüber auch auf der anderen – der europäischen – Seite haben. Lewis selbst deutet

---

[2] Bernard Lewis, *Die Welt der Ungläubigen. Wie der Islam Europa entdeckte* Frankfurt am Main 1983 (Orig.: *The Muslim Discovery of Europe*, New York 1982).

[3] Bernard Lewis, *Der Untergang des Morgenlandes. Warum die islamische Welt ihre Vormacht verlor*, Bergisch Gladbach 2002 (Orig.: *What went wrong? The Clash Between Islam and Modernity in the Middle East*, New York 2002).

[4] Vgl. zu diesen Konzepten Armand Abel, Art. „Dār al-ḥarb", in: *The Encyclopaedia of Islam. New Edition*, Bd. 2, Leiden ⁴1991, S. 126; sowie Armand Abel, Art. „Dār al-islām", ebd., S. 127 f.

[5] „In der islamischen Weltsicht teilt sich die Menschheit maßgeblich in das Haus des Islam (Dār al-Islām) und das Haus des Krieges (Dār al-Ḥarb). Das eine besteht aus all jenen Ländern, in denen das Gesetz des Islam herrscht, umfaßt also weitgehend das moslemische Reich; das andere ist die übrige Welt" (Lewis, *Die Welt der Ungläubigen*, S. 59).

[6] Vgl. Lewis, *Die Welt der Ungläubigen*, S. 60.

[7] Vgl. ebd., S. 61 f.

diese Möglichkeit an, wenn er schreibt: „Im allgemeinen entsprach der christliche Widerwille, moslemische Untertanen zu tolerieren, dem moslemischen Widerwillen, sich mit der christlichen Herrschaft abzufinden".[8]

Nimmt man diesen Kommentar ernst, dann verkehrt sich die Argumentationskette geradezu in ihr Gegenteil. Dann nämlich entsprechen die islamischen Rechtsvorschriften und das Verhalten von Muslimen der Art und Weise, wie sich Muslime seitens der Europäer behandelt sahen. Der Islam ist somit nicht ursächlich verantwortlich für bestimmte Einstellungen und „Weltsichten", sondern spiegelt, in rechtlicher Perspektive, eine bestimmte Art der Beziehung wider. Die Vorstellung freilich, dass islamische Rechtsvorschriften aus bestimmten Beziehungskonstellationen hervorgegangen und nicht einfach so gegeben sind, findet sich bei Lewis nirgendwo. Die Dichotomie zwischen dem „Land der Gläubigen" und dem „Land der Ungläubigen", das zu bekämpfen ist, wurde nicht allein von Muslimen behauptet, sondern war auch Bestandteil der Politik und des intellektuellen Diskurses auf europäischer Seite. Beide Seiten konnten jedoch auch darüber hinwegsehen, wenn es bestimmten politischen Zielen oder Erfordernissen diente. Solange der „Bereich des Krieges" für den Reisenden, den Soldaten oder den Kriegsgefangenen eine politische Realität darstellte, kann nicht geschlussfolgert werden, dass er das Produkt einer „islamischen Weltsicht" war. Auch die Vorstellung einer einheitlichen islamischen Welt in dem neuzeitlichen Sinne einer territorialen Einheit, die Reisenden im Inneren keine Grenzen entgegen stellt, muss infrage gestellt werden.

Betrachtet man die Epoche nach der Französischen Revolution, als man die Grenzen zwischen Vertragspartnern respektierte, teilweise in Bündnissen schützte, und der aufkeimende Säkularismus Muslimen einen Aufenthalt in Europa ermöglichte, scheint die Vorstellung von einer „muslimischen Weltsicht" ins Leere zu gehen. Bereits zuvor gab es in Europa Staaten, die dem Osmanischen Reich näher standen als ihren christlichen Nachbarn. Dies gilt im ausgehenden 17. Jahrhundert beispielsweise für Frankreich, das damals gegen Österreich Krieg führte. Schon insofern ist es höchst fragwürdig, ausschließlich die Religionen für Konzepte politischer Nähe oder Ferne verantwortlich zu machen.

Zwar interpretiert Lewis die Berichte muslimischer Reisender durchaus in diesem Sinne. Sein Fehler aber ist es, zu sehr auf dem Wortlaut der Texte zu bestehen und dabei zugleich von den sozialen und politischen Kontexten abzusehen, in denen ihre Verfasser lebten und schrieben. Lewis beachtet diese Kontexte ebenso wenig wie die von den Autoren adressierte Leserschaft oder ihre möglichen Zielsetzungen und Implikationen. Er versteht die Texte als wahre Tatsachenbeschreibungen, nicht aber als Konstruktionen einer Welt, die der Erzähler für ein bestimmtes Publikum geschaffen hat. Zweifellos spielt dabei auch der Islam eine Rolle, insofern er wesentlicher Bestandteil der Identität der Autoren ist. Offen aber ist die Frage, in welchem Maße er die Identität der Verfasser bestimmt, und welche nichtreligiösen Faktoren an seine Seite treten.

---

[8] Ebd., S. 65.

Die mit diesen knappen Bemerkungen nur angedeuteten, letztendlich höchst komplexen hermeneutischen und identitätstheoretischen Zusammenhänge können hier nicht vertieft werden.[9] Identitätstheoretisch entscheidend ist die Einsicht, dass sich individuelle ebenso wie kollektive Identitäten unvermeidlich in der Abgrenzung gegenüber dem „Anderen" herausbilden, ohne dass diese Abgrenzungen ein für alle Mal fixiert sein müssen. Flexibilität ist gefordert, um veränderten geschichtlichen Konstellationen Rechnung zu tragen, ohne den Verlust der je eigenen Identität zu riskieren.

Reiseberichte können vor diesem Hintergrund als eine literarische Gattung interpretiert werden, der es um Identitätsstiftung geht. Sie sind angemessen weder rein real noch rein fiktional zu verstehen, sondern verknüpfen verschiedene Funktionen auf unterschiedlichen Ebenen miteinander.[10] Sie besitzen eine individuelle und zugleich eine kollektive Dimension, indem sie reale Erfahrungen mit vorausgehendem Wissen verbinden. Sie erzeugen neues Wissen und bleiben dabei doch an etablierte Erzählformen und epistemische Voraussetzungen ihrer Leserschaft gebunden. Und auch die Wahrnehmungen ihrer Autoren sind durch deren Wissen, durch kulturelle Kategorien und Bilder sowie durch literarische Traditionen präfiguriert. Schon bevor der Reisende den ersten Schritt tut, ist seine Aufmerksamkeit in eine bestimmte Richtung gelenkt.[11]

Zwar bestimmen Kultur und religiöse Überzeugungen denjenigen Teil des „Anderen", der für den Reisenden zunächst sichtbar und verstehbar ist und seine Aufmerksamkeit auf sich zieht. Was aber das Selbst in eine Beziehung zum Anderen setzt, sind letztendlich die individuelle Verfassung und der allgemeine Kontext, ebenso wie die Reaktionen des Anderen auf das Selbst. Die individuelle Reisemotivation ist ebenso entscheidend wie der spezifische historische Kontext, Krieg oder Frieden, die Reisebedingungen und der vergleichende Blick auf die je eigene Kultur. Alles dies prägt den Blick auf den „Anderen". Es gibt schlichtweg keine objektive Beobachtung. Denn zum einen ist die beobachtete Wirklichkeit immer komplexer als die individuelle Wahrnehmung. Zum anderen verändert der Reisende unvermeidlich die von ihm beobachtete Szenerie; er wird geradezu Mitakteur in dem von ihm erzählten Spiel. Wie das Beobachtete den Beobachter verändert, so verändert der Beobachter das Beobachtete; keine von beiden Seiten bleibt am Ende das, was sie am Anfang war.

Entsprechendes wiederholt sich nach der Rückkehr bei der Abfassung eines

---

[9] Vgl. Harold Noonan, *Personal identity*, London 2005; William Maker, „Identity, difference, and the logic of otherness", in: Philip T. Grier (Hg.), *Identity and difference. Studies in Hegel's logic, philosophy of spirit, and politics*, New York 2007, S. 15–30.

[10] Vgl. Matías Martínez / Michael Scheffel, *Einführung in die Erzähltheorie*, München 2009.

[11] Vgl. Ansgar Nünning, „Zur mehrfachen Präfiguration/Prämediation der Wirklichkeitsdarstellung im Reisebericht", in: Marion Gymnich / Ansgar Nünning / Vera Nünning / Elisabeth Wåghäll Nivre (Hg.), *Points of Arrival: Travels in Time, Space, and Self*, Tübingen 2008, S. 12–19. Nünning unterscheidet im Erzählen drei Schritte: die „Präfiguration" oder auch „Prämediation", die „Konfiguration" sowie die „Refiguration".

Reiseberichts. Mit diesem sucht der Autor nicht nur seinen erinnerten Wahrnehmungen zu entsprechen, sondern auch den Erwartungen seiner Leserschaft. Sein Schreiben muss auf die literarischen Normen jener Kultur Bezug nehmen, in die hinein er seine Wahrnehmungen vermitteln will; zugleich verändert er diese Normen im Akt des Schreibens selbst, modifiziert graduell Meinungen des Lesers. Dabei bleibt zunächst ganz offen, welches Bild ein Autor von sich selbst gerade dadurch zeichnen will, dass er vom Anderen schreibt. Auslassungen oder Betonungen beispielsweise dienen oft mehr dem projizierten Selbstbild des Autors gegenüber seiner Leserschaft, als dass sie der zuvor beobachteten Wirklichkeit Rechnung tragen. Der Autor selbst wiederum wird in seinem Text nur als Protagonist und Erzähler greifbar, nicht aber als jene individuelle Person, die sich aufgemacht hat, ein fremdes Land zu bereisen.

Obwohl also Reiseberichte das Bild von fremden Kulturen bisweilen über Jahrhunderte nachhaltig prägen, sind sie in vielfältiger Weise mit den kulturellen, politischen, sozialen und auch literarischen Kontexten verwoben, innerhalb derer sie entstanden sind. Mit Blick auf die Berichte muslimischer Reisender nach Europa bedeutet das, dass das Osmanische Reich und die arabischen Herrschaftsbereiche wechselvolle Beziehungen zu Europa unterhielten. Teils waren diese friedlicher, teils feindlicher Natur. Gleiches gilt für die Beziehungen innerhalb der islamisch geprägten Welt. Entsprechend veränderten sich auch unablässig die Bedingungen, unter denen die Reiseberichte entstanden und unter denen ihre Lektüre erfolgte. Entsprechend veränderten sich aber auch die Vorstellungen vom „Selbst" und von den „Anderen", von Identität und Alterität, die in den Reiseberichten wirksam werden.

2. Evliyā Çelebis Reise nach Wien (1665)

Der Bericht, den der welterfahrene osmanische Reisende Evliyā Çelebi[12] von seinem Besuch in Wien im Jahr 1665 verfasst hat, ist ein frühes und zugleich wegweisendes Dokument für den kulturellen Kontakt zwischen dem Osmanischen Reich und dem Reich der Habsburger. Dabei konnten die Umstände für eine solche Reise schlechter kaum sein. Der Pulverqualm des letzten Krieges hatte sich noch nicht ganz verzogen und der Friedensvertrag, den die Gesandtschaft unterzeichnen sollte, zu der Evliyā gehörte, sollte nicht sehr lange halten. Die Grenze zwischen Österreich unter der Herrschaft der Habsburger (*nemse* oder *nemçe* bei Evliyā Çelebi) und dem Osma-

---

[12] Zu Evliyās Biographie und der umfangreichen Forschung zu seinem Werk vgl. einführend Robert Dankoff, *An Ottoman mentality. The world of Evliyā Çelebi*, Leiden ²2006; Klaus Kreiser, „Evliyā Çelebi (b. 1611; d. > 1683)", in: *Historians of the Ottoman Empire*, hg. von Cemal Kafadar / Hakan Karateke / Cornell Fleischer, o. O. 2005, ⟨https://ottomanhistorians.uchicago.edu/⟩, (Zugriff 23.03.2016); Robert Dankoff / Semih Tezcan, *An Evliyā Celebi Bibliography*, 4th ed. September 2015, ⟨lucian.uchicago.edu/blogs/ottomanturkish/files/2015/09/Evliya-Celebi-Bibliography.September-2015.pdf⟩ (Zugriff 23.03.2016); Tezcan Nuran (Hg.), *Çağının sıradışı yazarı Evliyā Çelebi*, İstanbul 2009; und Nuran Tezcan / Kadir Atlansoy (Hg.), *Evliyā Çelebi, ve Seyahatname*, Gazimağusa 2003.

nischen Reich war keine vage Einbildung zwischen dem „Bereich des Islam" und dem „Bereich des Krieges". Sie war vielmehr eine nur allzu wirkliche Grenze zwischen zwei unterschiedlichen Größen, die sich nicht nur in religiöser Hinsicht voneinander unterschieden. Die Grenze existierte auf politischer, ökonomischer, kultureller, religiöser und sprachlicher Ebene. Sie war nicht bloß ein Konstrukt muslimischen Denkens, sondern eine greifbare materielle Wirklichkeit, die von beiden Seiten errichtet und zugleich in Frage gestellt wurde. Diese Gegebenheiten strukturierten bereits im Voraus die Bedingungen jeder kulturellen Begegnung. Für jede Seite war der imaginierte Andere zugleich die Negation von allem, wofür das Selbst einstand. Anders als die Christen auf der osmanischen Seite, die Untertanen des Reiches waren, wurden die Habsburger von den Osmanen als Feinde betrachtet, und zwar nicht im Sinne ihrer religiösen Präferenz (die Mehrheit der osmanischen Untertanen auf dem Balkan war christlichen Glaubens), sondern in politischer und militärischer Hinsicht. Ein Leben unter der Herrschaft der Habsburger war zudem für Osmanen nicht nur undenkbar, sondern für Muslime schlichtweg unmöglich. Denn die Eroberung osmanischen Territoriums durch die Habsburger hatte dort regelmäßig das Ende muslimischen Lebens zur Folge.

Lewis ignoriert diese sehr konkreten Vorbedingungen kultureller Begegnung vollständig. Infolgedessen missdeutet er auch die Begriffe *gavur* und *kāfir*, mit denen Evlyiā die Österreicher charakterisiert. Auf den ersten Blick scheint diese Unterscheidung zwischen dem muslimischen Selbst und dem ungläubigen Anderen die Dichotomie zwischen „Bereich des Islam" und „Bereich des Krieges" zu stützen, die Lewis in Anschlag bringt. Anscheinend bestimmt die „muslimische Weltsicht" den Blick auf den Anderen, und dieser wird negativ konnotiert. Die Betonung des pejorativen Sinns der Begriffe, mit denen der Andere belegt ist, könnte die Schlussfolgerung nahe legen, Evlyiā sei am Anderen gar nicht interessiert. Betrachtet man den Kontext der Begegnung zwischen den Osmanen und den Habsburgern genauer, dann wird klar, dass Evlyiā klare Grenzen zieht, die auf einer religiösen Terminologie gründen. Freilich: In der prä-säkularen Welt ist eine religiöse Dichotomie zugleich eine weltliche. Innerhalb eines Rahmens religiöser Bezüge, die Staat und Gesellschaft in prä-säkularen Epochen errichten, wird der Andere als Widerpart des Selbst unvermeidlich in religiösen Begriffen verstanden – und dies von beiden Seiten. Denn auch der Kaiser des „Heiligen römischen Reiches Deutscher Nation" betrachtete sich ja als religiös legitimiert, und in seiner Perspektive waren nicht nur die Muslime, sondern auch die nichtkatholischen Christen „Ungläubige". Evlyiā hingegen dürfte sich der Dichotomie zwischen „Gläubigen" und „Ungläubigen" wohl auch deshalb bedient haben, um angesichts der realen politischen Verhältnisse von seinen Lesern Zustimmung dafür zu erheischen, wenn er ihnen seine Wahrnehmungen zumutete, die er von dem Erzfeind des Osmanischen Reiches gewonnen hatte.[13]

Gleichwohl haben die auf diese Weise klar gezogenen Grenzen Evlyiā nicht davon abgehalten, genauer hinzusehen. Ganz im Gegenteil: Bei der Lektüre seines

---

[13] Vgl. Suraiya Faroqhi, *The Ottoman Empire and the world around it*, London 2004, S. 178–181.

Reiseberichtes gewinnt man den Eindruck, als habe es ihm gerade seine Distanz gegenüber dem Anderen erlaubt, auch positive Eigenschaften wahrzunehmen. Mehr noch: Stellt der Andere eine bloße militärische Herausforderung dar und verkörpert er als „Ungläubiger" geradezu das Gegenteil der eigenen Normen und Werte, dann kann er kaum als Herausforderung für die eigene Identität dort wahrgenommen werden, wo er ähnlich oder positiv ist. Sind klare Grenzen vorausgesetzt, dann verlieren entsprechende Aspekte des Anderen ihren das Eigene bedrohenden Charakter. Stellt aber der Andere die eigene Identität nicht in Frage, dann kann leichter von ihm gelernt werden. Mehr noch: Der Andere kann dann als Gegenstand der Projektion herhalten, und sei es sogar in einer ausgefallenen oder positiven Weise.

So beschreibt Evliyā des Öfteren technologische Entwicklungen, Kunst und Medizin, aber auch politische Maßnahmen ausgesprochen positiv, wenn er auf das Leben im Feindesland zu sprechen kommt. Einige seiner Geschichten sind in vorteilhafter Weise übertrieben oder sogar fiktional. Sie erzählen *mirabilia* (*'aǧā'ib*)[14], die zwar typisch für die Gattung der Reiseliteratur sind, in dem konkreten Fall aber ein überraschend positives Licht auf die Österreicher werfen – so etwa dann, wenn er detailliert die medizinischen Künste eines Zahnarztes beschreibt.[15] Diese überzeugen ihn so sehr, dass er drei seiner eigenen Zähne behandeln lässt, so dass sie anschließend „fest wie Stahl" sind und Evliyā mit ihnen in der Lage ist, selbst Haselnüsse oder Walnüsse zu knacken. Die ausgesprochen wohlwollend erzählte Geschichte erscheint umso bemerkenswerter, als die Medizin im Osmanischen Reich hoch angesehen war und ähnliche „Wunder" auch bei anderen Gelegenheiten über den Feind berichtet werden.[16] Aber auch in anderen Bereichen der Wissenschaften erscheinen die ungläubigen Österreicher überraschend geschickt: Sie konstruieren beispielsweise erstaunliche Maschinen, die auf vollkommene Weise Gegenstände ohne die Hilfe von Pferden oder Ochsen zu bewegen vermögen.[17]

Für ein Publikum, das mechanische Erfindungen wie Uhren oder Spieluhren hoch zu schätzen wusste, waren solche oder ähnliche (fiktionale) Beschreibungen von den erstaunlichen mechanischen Fähigkeiten der Österreicher zweifellos eindrucksvoll. Doch Evliyā schildert nicht nur positive *mirabilia*, von denen seine Leserschaft einige womöglich sogar als frei erfunden beargwöhnt hat. Vielmehr berichtet er auch über positive Aspekte des Alltags im Land der „Ungläubigen": So sind die Straßen dort sauber, die Frauen sind sehr anmutig, und einige Errungen-

---

[14] Vgl. César E. Dubler, Art. „'Adjā'ib", in: *The Encyclopaedia of Islam. New Edition*, Bd. 1, Leiden 1986, S. 203 f.

[15] Vgl. Evliyā Çelebi, *Im Reiche des Goldenen Apfels. Des türkischen Weltenbummlers Evliyâ Çelebi denkwürdige Reise in das Giaurenland und in die Stadt und Festung Wien anno 1665*, übers. und erläutert von Richard F. Kreutel, stark vermehrte Ausg. besorgt von Erich Prokosch / Karl Teply, Graz u. a. 1987, S. 177 f. (*Evliyā Çelebi Seyahatnāmesi, 7. Kitap. Topkapı Sarayı Kütüphanesi Bağdat 308 numaralı yazmanın transkripsiyonu – dizini*, hg. von Yücel Dağlı / Seyit Ali Kahraman / Robert Dankoff, Istanbul 2003, S. 109 f.).

[16] Vgl. *Evliyā Çelebi Seyahatnāmesi*, S. 100, 107–111.

[17] Vgl. Evliyā Çelebi, *Im Reiche des Goldenen Apfels*, S. 143 f. (*Evliyā Çelebi Seyahatnāmesi*, S. 100).

schaften der Baukunst sind geradezu unvergleichlich. Dies gilt selbst von den Kirchen.[18] Hier sind Analyse und Erklärung der positiven Fähigkeiten der Anderen umso bemerkenswerter, als sie sich nicht auf *mirabilia* beziehen, sondern auf Eigenschaften, Neigungen, Fähigkeiten und Kenntnisse, die zum innersten Kern des Selbst zählen. Dennoch stellt all dies das Selbst nicht infrage, sondern dient als Ansporn – umso mehr, als der Andere ja eigentlich der Feind ist.

Es gibt aber andere Eigenschaften und Charakterzüge, die für das Selbst einzigartig sind und nicht geteilt werden können. Deshalb werden in dem Reisebericht auch einige Grenzen betont und bekräftigt. Auch solche Stellen können angemessen nur in dem umfassenden Horizont verstanden werden, der einleitend skizziert wurde. Dies gilt etwa für eine zentrale Passage in Evliyās Bericht, die geradezu als eine Momentaufnahme der Identität von Selbst und Andersheit gelten kann, indem sie die Funktion von Nähe und Distanz aufdeckt. Evliyā vergleicht darin die Österreicher mit den Ungarn, welche als deren besiegte Feinde porträtiert werden: „Aber wenn man sie mit den Ungarn vergleicht, sind die Nemçe [also die Österreicher] um nichts besser als die Juden. Sie haben keinen Mut im Leibe und kämpfen nicht als kühne Reiter, die vom Sattel aus die Klinge schwingen. Die unberittenen Musketiere der Nemçe allerdings sind wahrhaftige Feuerspeier. Am Gürtel tragen sie aber bloß einen Stoßdegen. Wenn sie schießen, legen sie die Muskete auf eine hölzerne Gabel und feuern so; frei aus der Schulter, wie die Osmanen, schießen sie nicht, und wenn sie ihre feuerspuckenden Musketen abdrücken, pressen sie fest die Augen zu. Sie tragen große schwarze Hüte und langgespitzte Schuhe mit hohen Absätzen, und es fällt ihnen gar nicht ein, jemals ihre Handschuhe abzulegen – ob es nun Winter ist oder Sommer."[19]

In diesem Abschnitt spricht Evliyā den Österreichern die zentralen Eigenschaften der Mannhaftigkeit und der Tapferkeit ab. Sie werden mit den Juden verglichen, die im Osmanischen Reich keinen Militärdienst leisteten. Den Österreichern gehen die Fähigkeiten der osmanischen Soldaten ab, ihnen fehlen deren Mut und praktische Fertigkeiten wie der Kampf Mann-gegen-Mann mit dem Schwert in der Hand auf dem Rücken eines Pferdes. Die Österreicher können nur „schießen", und selbst dann müssen sie die Augen schließen und auf gut Glück abdrücken. Ihre äußere Erscheinung wird als lächerlich beschrieben.

Offensichtlich errichtet Evliyā eine Grenze zwischen dem osmanischen Selbst und dem österreichischen Anderen. Aber er geht noch weiter, indem er auch die Ungarn in einen Gegensatz zu den Österreichern bringt. Sie, die Feinde der Österreicher, werden in großer Nähe zum Selbstbild der Osmanen gezeichnet: „Die Ungarn hingegen sind zwar in ihrer Staatsmacht geschwächt, aber sie halten gute Küche, üben Gastfreundschaft und sind fleißige Bauern in einem fruchtbaren Land. Wie die Tataren streifen sie mit je zwei Pferden in die umliegenden Gebiete, haben jeder fünf bis zehn Flinten und am Gürtel ihre Säbel. Sie [...] gehen sauber einher

---

[18] Vgl. *Evliyā Çelebi Seyahatnāmesi*, S. 86–87, 100, 111.
[19] Evliyā Çelebi, *Im Reiche des Goldenen Apfels*, S. 90 (*Evliyā Çelebi Seyahatnāmesi*, S. 87).

und essen sauber und wissen ihren Gast zu ehren. Ihre Gefangenen quälen sie nicht, wie das die Nemçe tun, und die Klinge verstehen sie zu führen wie die Osmanen. Kurz und gut – beide sind sie Giauren ohne den wahren Glauben, aber die Ungarn sind wohlgeartete, saubere Ungläubige".[20] Im Grunde will Evliyā sagen: Anders als die Österreicher sind die Ungarn „wie wir" – mit Ausnahme eben der Religion. Der Islam gestattet es, bei aller Ähnlichkeit in Charakter und Lebensführung die Überlegenheit des osmanisch-muslimischen Selbst zu wahren. Und dieses Selbst zeichnet sich durch alle Tugenden aus, die auch den Ungarn zugeschrieben werden: Sauberkeit, Gastfreundlichkeit, zivilisiertes Auftreten, soldatischer Mut und echte kämpferische Mannestugenden. In diesen Beschreibungen spiegeln sich nicht zunächst die wahrgenommene Wirklichkeit, sondern vielmehr das Selbstbild des Autors und das von ihm vermutete Selbstbild seiner Hörerschaft.

Die erzählerische Abfolge, dass Evliyā zunächst recht unvoreingenommen die Sitten der von ihm besuchten Länder beschreibt, um anschließend doch immer wieder die unterscheidenden Grenzen hervorzuheben, begegnet in seinem Reisebericht wiederholt – so etwa, wenn er von den österreichischen Frauen, den Geschlechterverhältnissen oder seiner Begegnung mit einem blonden Jungen schreibt.[21] Auf diese Weise kann der Autor zunächst die Neugier der Leserschaft befriedigen, ohne durch das Andere die eigenen Werte und Normen grundsätzlich in Frage stellen zu müssen.

Das Bemühen, einen Ausgleich herbeizuführen zwischen der Bestätigung der eigenen Identität und dem Wunsch, Bemerkenswertes zu berichten, zeigt sich in besonderer Weise dort, wo Evliyā den religiösen Bereich betritt. Seine Beschreibung des Wiener Stephansdomes ist durch pure Bewunderung für dessen Architektur charakterisiert. Diese wird freilich nicht als eine spezifisch christliche, sondern als eine allgemeine Errungenschaft gewürdigt. Der Dom wird als ein „Wunder" (ʿağā'ib) vorgestellt; Evliyā preist seine Bauweise und seine Bibliothek. Trotz – oder gerade wegen – seiner Verwendung der Dichotomie zwischen „Wir" (den Gläubigen) und „Sie" (den „Ungläubigen") schreibt er: „Alle zusammen werden sie [die Wiener Kirchen] aber in den Schatten gestellt von dem sogenannten Stephansdom, der genau in der Mitte der Stadt steht. Niemals ist in der Türkei, Arabien oder Persien, im übrigen Giaurenreiche oder sonstwo in den sieben Zonen unserer Erde ein derartig riesenhafter Bau und ein solch altehrwürdiges Kunstwerk errichtet worden und wird auch niemals mehr errichtet werden. Alle Reisenden der Länder und Meere meinen, daß diese Kirche in der ganzen bewohnten Welt ihresgleichen nicht hat. Und das stimmt wahrhaftig."[22]

Selbst die Orgel wird als außergewöhnlich gepriesen und mit David (Davūd) in Verbindung gebracht, der in der islamischen Tradition für eine Affinität zur Musik bekannt ist. Auf diese Weise wird ihre eindrucksvolle Wirkung in islamischen Kate-

---

[20] Vgl. ebd.
[21] Vgl. ebd., S. 99, 231 (ebd., S. 89, 124).
[22] Ebd., S. 152 (ebd., S. 103).

gorien zum Ausdruck gebracht.²³ Dabei wird nicht einfach das architektonische Können oder die Kunst des Instrumentenbaus gewürdigt; Evliyā bedient sich darüber hinaus der positiven Beschreibung des Feindes, um die Situation zu Hause zu kritisieren und die Leserschaft in Verlegenheit zu bringen. Je klarer die grundsätzliche Abgrenzung, je negativer einige seiner zentralen Beschreibungen, bei gleichzeitiger Anerkennung für dessen positive Errungenschaften, desto größer das Schamgefühl, das bei der Leserschaft hervorgerufen werden soll. So bemerkt er bei der Beschreibung der Bibliothek von Sankt Stephan: „Was ich aber, lieber Leser, mit meinen langen Ausführungen eigentlich sagen und bekunden wollte, das ist der Umstand, daß die Giauren bei all ihrem Giaurentum sich wohl bewußt sind, daß Wort und Schrift von Gott kommen, und daß sie demgemäß auch etwa siebzig oder achtzig eigene Wärter angestellt haben, alle ihre Bücher einmal in der Woche säuberlich abzustauben und abzuwischen. Bei uns hingegen – nun, da gibt es zu Alexandria in Ägypten eine große Moschee, die heißt Câmiʿ al-ʿAttârîn; obwohl diese mit einer großen Zahl von Stiftungsbauten wie Kaufläden, Karawansereien, Bädern und Lagerhäusern und Armenküchen bedacht ist, ist die Moschee selbst teilweise eingestürzt und verfallen, so daß der Regen, der himmlische Segen, dort in die Bibliothek dringt und dadurch viele Tausende von unschätzbaren Büchern und so kostbare Schriften wie Korane […] durchnäßt werden und verfaulen. Und all die Muslims, die einmal in der Woche zum Freitagsgebet in diese Moschee kommen, hören das Rascheln der Motten und Würmer und Ratten, die diese Schriften mit dem Wort Allahs zerfressen, aber keinem fällt es ein, etwa zu sagen: ‚Hier gehen so viele Bücher mit Allahs Wort zugrunde – laßt uns etwas dagegen tun!' Sie bringen eben den Büchern Gottes nicht so viel Liebe entgegen wie die Giauren. Möchten sie doch endlich einmal jene Moschee so schön ausgestalten wie diese Christenkirche, und möchten doch ihre Verwalter und Betreuer diese arme, verwaiste Moschee mit den Augen des Erbarmens ansehen!"²⁴ Auch hier ist die Zielsetzung der Beschreibung offensichtlich: Evliyā, selbst ein Gelehrter, bedient sich einer positiven Beschreibung des Feindes mit dessen „falschem Glauben", um sein eigenes Anliegen zu vertreten. Der muslimische Leser soll sich beschämt fühlen und dazu bewegt werden, die Verhältnisse zu Hause zu verändern.²⁵

Die letzte Episode dieses Abschnitts seiner Beschreibung funktioniert in umgekehrter Weise. Sie zeigt, wie sorgfältig und bedachtsam Evliyā seine Erzähltechniken verändert, um in ein Gespräch mit der Leserschaft einzutreten. Dieses Mal beginnt er mit einer Bestätigung des Selbst, um anschließend eine höchst anerkennende Beschreibung figürlicher Darstellungen zu liefern, die von einem normativen islamischen Standpunkt her zu verurteilen sind. Unter der Überschrift „Von den Gemälden im Dom zu Wien" bietet er folgende Beschreibung einer Situation, die für

---

[23] Vgl. ebd., S. 158–160 (ebd., S. 105).
[24] Vgl. ebd., S. 155 f. (ebd., S. 103 f.).
[25] Vgl. zu dieser Strategie auch Robert Dankoff, „Did Evliyâ Çelebi ‚fall in love' with the Europeans?", in: *Cahiers balkaniques* 41 (2013), S. 15–26.

bilderfeindliche islamische Leser hochgradig herausfordernd ist: „In dieser Kirche befinden sich so viele Bildnisse, Gemälde und Menschendarstellungen und so viele verschiedene Götzen und Idole [...]. Zu einigen Priestern, mit denen ich auf gutem Fuße stand, sagte ich übrigens einmal, um sie in die Enge zu treiben und sie mit einem kleinen Scherz zu necken: ‚Ach du meine Güte, wie viele Götter Ihr nur habt, vor denen allen Ihr den Hut vom Kopfe ziehen und anbetend das Knie beugen müßt, ehe Ihr weitergehen dürft!'".[26] So weit, so gut – zu Beginn der Episode macht Evliyā seinen eigenen religiösen Standpunkt und den seiner Leser klar, indem er den Gebrauch von Bildern und Statuen von einer normativen islamischen Position aus als Götzendienst *(širk)* widerlegt. Dann aber scheint er in eine Diskussion einzutreten, indem er die Möglichkeit zur Darlegung des christlichen Standpunktes einräumt: „‚Behüte und bewahre', entgegneten sie darauf, ‚das sind doch für uns keine Götter! Gott ist nur jener Urewige und Unvergängliche, der dich und uns erschaffen hat, der Göttliche Geist! Nie und nimmer wird es uns einfallen, diese Bildwerke als Gottheiten zu verehren, sie anzubeten und von ihnen Kindersegen und Gnaden, Glück, Reichtum und langes Leben zu erflehen. Das sind nur die Bildnisse unseres Heilands Jesus Christus und seiner Apostel und unserer Heiligen aus späteren Zeiten, sowie unserer berühmten Herrscher und wohltätigen Könige, denen wir beim Anblick ihrer Abbilder unsere Verehrung beweisen, indem wir ein Gebet für ihr Seelenheil sprechen. Am höchsten unter ihnen verehren wir unseren Herrn Jesus Christus, den Heiland, denn er ist der Geist Gottes. Unser Glauben verbietet uns nicht, Bilder herzustellen; denn für unsere Priester ist es zu schwer, bei ihren Predigten und Mahnreden zum Volke mit so wohlgesetzten Worten und trefflichen Ausdrücken zu sprechen, wie es Eure Prediger vermögen. Daher führen wir unserer Gemeinde die Propheten und die Heiligen und das Paradies und Gottes Herrlichkeit in Bildern und Gemälden vor Augen, und ebenso malen wir die Hölle mit ihren Teufeln, mit den lodernden Flammen und dem ewigen Feuer getreulich auf und stellen so die göttlichen Strafen dar. Und wenn nun unsere Priester dem Volke die Furcht vor Gott predigen, so zeigen sie ihnen diese Bilder. Aber daß wir diese etwa anbeten, davon kann keine Rede sein!'"[27] Hier wird ein Ausgleich geschaffen, indem Evliyā dem Priester die Möglichkeit einräumt, den christlichen Standpunkt zu erläutern – vielleicht verbunden mit einer vorsichtigen Kritik an verbreiteten Praktiken, die an Sufi-Schreinen praktiziert wurden, wo einige Muslime sich „Kindersegen und Gnaden, Glück, Reichtum und langes Leben" durchaus erflehten. Evliyā kommentiert die Einlassung des Priesters nicht. Aber nach seiner verständnisvollen Erläuterung christlicher Religionspraxis muss das religiöse Ich des Lesers wiederhergestellt werden – und dies geschieht hier sogar durch die Worte des Priesters. Indem dieser nämlich die bilderlosen „Mahnreden" der muslimischen Prediger hervorhebt, bestätigt er die Überlegenheit der islamischen Religion.

Nachdem dies einmal grundsätzlich klargestellt ist, kann sich Evliyā auch den

---

[26] Evliyā Çelebi, *Im Reiche des Goldenen Apfels*, S. 161 (*Evliyā Çelebi Seyahatnāmesi*, S. 105).
[27] Ebd., S. 161 f. (ebd., S. 105).

konkreten Inhalten der Bilder zuwenden, die ihn offenbar recht beeindruckt haben. Die Darstellungen erläutert er in einer vermittelnden Weise, indem er die christliche Kunst in einen islamischen Rahmen einrückt: „Und wahrhaftig befindet sich in der Stephanskirche zu Wien, diesem Herrschersitz voll Aberwitz des deutschen Kaisers, ein solches Bild vom Paradies, daß man bei seinem Anblick am liebsten gleich den Geist aufgeben und in die Gefilde der Seligen eingehen möchte nach den Worten des Verses aus der Sure ‚Die Morgendämmerung', der da lautet: ‚So tritt denn ein unter Meine Diener und tritt ein in Meinen Garten!' […] Was die Malkunst anlangt, sind die Franken sogar den Indern und den Persern überlegen."[28] Mit einem Seitenhieb auf den Kaiser, um die Erwartungen seiner Leserschaft zu erfüllen, zeigt Evliyā, wie die Darstellungen starke religiöse (islamische) Gefühle in ihm wecken konnten. Gleiches gilt für die Darstellungen der Hölle, die so meisterhaft sind, dass „alle, die an diesem Bilde einmal gesehen haben, wie in der Hölle die Menschen […] gefoltert werden, […] ihre verwerflichen Eigenschaften wie […] Verleumderei und Lästerei, […] Unzucht und Fleischeslust, Ehebrecherei und Widernatürlichkeit und Wucher und Weintrinken und überhaupt die Laster alle sogleich bereuen und ablegen. Wer die Bilder dieser Höllenqualen gesehen hat, der möchte nichts mehr essen und trinken, sondern den Rest seines Erdenlebens in der Abgeschlossenheit irgendeines elenden Winkels in tiefster Demut zubringen und seine Hände aus dem Schmutzwasser dieser irdischen Welt ziehen, um so, wenn er schon nach Allahs Willen nicht das Paradies erlangen kann, doch wenigstens in das Fegefeuer zwischen Paradies und Hölle zu kommen."[29]

Man sieht in diesem Abschnitt, dass Evliyā nicht einfach nur beschreibt, was er sieht, sondern Eindrücken und starken religiösen Gefühlen Raum gibt, die nicht nur durch christliche Kunst, sondern sogar durch künstlerische Mittel hervorgerufen werden, die innerhalb der normativen Traditionen seiner Leserschaft keineswegs geschätzt sind. Trotz dieser Hindernisse zeigt er sich durch die Kunst des Feindes berührt. Das sollte nicht gering geachtet werden und zeigt, dass er eine bestimmte Vorstellung der Nähe zum Anderen vermitteln will. Erinnert man sich daran, wie er bei anderer Gelegenheit die „ungläubigen" Österreicher verurteilt, dann zeigt die Beschreibung eines zentralen religiösen Ortes und der dort präsentierten Vorstellungen viele Ähnlichkeiten mit dem Selbst. Womöglich verdienen bestimmte Dimensionen der christlich-religiösen Kultur sogar Bewunderung.

So zeigt sich auch hier: Beschreibungen des Anderen verdanken sich nicht allein realen Beobachtungen; sie sind mehr noch mit Blick auf ihre narrativen Funktionen zu deuten. Ähnlichkeit und Andersheit können für die Konstruktion von Identität und Alterität sehr unterschiedliche Funktionen haben. Positive und negative Beschreibungen mögen vordergründig auf den Anderen zielen, aber sie spielen womöglich ebenso eine funktionale Rolle für das Selbst. Wenn sich die Österreicher tatsächlich so sehr um ihre Bücher kümmern und so schlechte Soldaten sind, dann

---

[28] Ebd., S. 162 (ebd., S. 105).
[29] Ebd., S. 163 (ebd., S. 106).

hat alles das weitreichende Implikationen für die Selbstwahrnehmung des Lesers. Bei Evliyā findet sich eine große Spannbreite zwischen klar gezogenen Grenzen und einer überraschenden Offenheit. Bisweilen gibt es keine religiösen Grenzen – insbesondere dann, wenn bemerkenswerte Errungenschaften auf den Feldern der Architektur oder der Stadtplanung beschrieben werden. Bisweilen neigt er dazu, zunächst klare Grenzen zu ziehen und sich einer pejorativen Sprache zu bedienen, um später auch heiklere Themen zu erörtern und Grenzen zu überschreiten. Isoliert man bloß einzelne Aussagen aus dem Text, dann ist es durchaus möglich, Lewis' These von einer „muslimischen Weltsicht" bestätigt zu sehen. Betrachtet man hingegen die Funktion dieser Aussagen, die Komposition der Erzählung und die Funktion des Textes in einem spezifischen sozio-politischen Kontext, dann wird das Bild viel komplexer.

Narratologisch betrachtet muss der Erzähler auf den Vorstellungen seiner Leserschaft aufbauen, um seine Erzählung überzeugend zu gestalten. Dabei ist aber nicht stehen zu bleiben. Die zitierten Texte zeigen, wie komplex die Beschreibung selbst des Erzfeindes sein kann – ungeachtet dessen Rolle als der Andere schlechthin, der für die vollständige Negation des individuellen wie des sozialen Selbst steht. Die Beschreibung oszilliert zwischen utopischen und dystopischen Elementen, zwischen Annäherung und Ablehnung, zwischen Bestätigung der Identität des Lesers und Kritik. Die religiöse Identität des Lesers, insofern sie eine Vorbedingung der Erzählung und ihrer Rezeption ist, wird berücksichtigt und auf vielfältige Weise bestärkt. Das kann nicht überraschen; denn die wesentliche Kategorie für den Feind war – wie bei den Osmanen auch – eine religiöse: Der österreichische König war Kaiser des Heiligen Römischen Reiches Deutscher Nation, dessen Herrschaft religiös legitimiert war. Allerdings kann die religiös motivierte Verurteilung nicht im modernen Sinn verstanden werden, da politische Ansprüche und religiöse (De-)Legitimation in der frühen Neuzeit miteinander verschmolzen. Auch kann sie nicht als Zeichen einer grundsätzlichen Zurückhaltung gegenüber neuen Beobachtungen gewertet werden. Vielmehr zeigt Evliyās Reisebericht, dass auch zu Kriegszeiten kulturelle Begegnungen möglich waren und dass die „muslimische Weltsicht" dem in keiner Weise entgegen stand. Evliyās Bestätigung unterscheidender Elemente kann sachgerecht nur in den vielschichtigen Bezügen interpretiert werden, die zwischen dem Reisenden, seinem Gegenüber und seiner Leserschaft bestanden.

3. Yirmisekiz Mehmed Çelebi Efendis Reise nach Frankreich (1720/21)

Evliyās Reisen erfolgten in einem bestimmten historischen Kontext. Wenn man seine Beschreibungen anhand eines des skizzierten theoretischen Konzepts analysiert, erweisen sie sich als Ausdruck seiner Kultur, der jeweiligen Umstände seiner Begegnungen, der Vorstellungen und textlichen Bezüge, die in seinem Kopf und in dem seiner Leserschaft vorhanden waren, sowie auch der Vorstellungen, die die „Anderen" von Muslimen hatten. Dies zeigt sich auch in den späteren Reiseberichten, die hier nicht in der gleichen Ausführlichkeit vorgestellt werden wie der von Evliyā, die jedoch die gewonnenen Einsichten bestätigen. Die drei ausgewählten Texte umspannen einen Zeitraum von fast zweihundert Jahren, in dem sich grundlegende Wandlungen mit Blick auf den Kontext der Begegnung und die Erwartungen der Leserschaft vollzogen, und sie zeigen, wie wichtig die Persönlichkeit des Reisenden ist. Dies ist eine Vorbedingung, um durchgehende Momente einer „muslimischen Weltsicht" aufzuspüren – oder Anzeichen, die dieses Konzept in Frage stellen.

Als der osmanische Gesandte Yirmisekiz Mehmed Çelebi Efendi 1720/21 nach Paris reiste,[30] stellte Frankreich für das Osmanische Reich keine Bedrohung dar, sondern war eher ein Partner und möglicher Verbündeter gegen die Habsburger. Zwischen der sog. „Tulpenzeit" am osmanischen Hof[31] und den Verhältnissen am französischen Hof gab es mancherlei Gemeinsamkeiten. Die Osmanen waren darauf bedacht, westliche Stilformen und Gebräuche zu importieren, und zwar besonders aus Frankreich. Yirmisekiz' Gesandtschaftsbericht *(sefāretnāme)* wurde vielfach als ein entscheidendes Dokument für die Wahrnehmung Europas aus osmanischer Perspektive gewürdigt. Dabei unterscheidet es sich sehr von dem Zugang, den Evliyā gewählt hatte.

Wie nun nimmt Yirmisekiz die Franzosen als die „Anderen" wahr? Anders als Evliyā konzentriert sich der Autor dieses Reiseberichtes nicht auf die Unterschiede zwischen dem Selbst und dem Anderen – in diesem Falle die Franzosen – als vielmehr auf die Ähnlichkeiten. In der „islamischen Weltsicht" dieser hochrangigen diplomatischen Mission nach Frankreich scheinen religiöse Dichotomien nirgendwo irgendeine Rolle zu spielen. Die Begriffe *kāfir* und *gavur* fehlen in seiner Wortwahl vollständig; auch gibt es nur indirekte Hinweise auf die eigene religiöse Identität des Autors. Und dies alles, obwohl sein Bericht an den Sultan des Osmanischen Reiches gerichtet war, der überdies den islamischen Titel des Kalifen trug. Nachvollziehbar wird das, berücksichtigt man, dass diese Leserschaft wohl nicht an der Wiederholung von Stereotypen interessiert war. War doch die diplomatische Mission

---

[30] Zu seiner Reiseroute und dem historischen Kontext vgl. Olcay Akyıldız, „Was offizielle Reiseberichte ihren Lesern zu sagen haben …", in: Bekim Agai / Zita Ágota Pataki (Hg.), *Orientalische Reisende in Europa – Europäische Reisende im Nahen Osten. Bilder vom Selbst und Imaginationen des Anderen*, Berlin 2010, S. 87–104; Gülbahar Erdem, „Sefāretnāme-i Yirmisekiz Mehmed Çelebi Efendi: eine Liaison der Diplomatie mit der Literatur. Ein Reisebericht als Anfangspunkt eines langen Weges des Osmanischen Reiches in seiner Orientierung an Europa", in: ebd., S. 39–55; Çelebi Mehmed Efendi Yirmisekiz, *Le paradis des infidels. Relation de Yirmisekiz Çelebi Mehmed efendi, ambassadeur ottoman en France sous la Régence*, eingeleitet, ausgewählt und kommentiert von Gilles Veinstein, übers. von Julien-Claude Galland, Paris 2004; ferner: Fatma Müge Göçek, *East encounters West. France and the Ottoman Empire in the eighteenth century*, New York 1987, S. 7–71. Der osmanisch-türkische Text seines Berichts sowie eine Übertragung in heutiges Türkisch finden sich in Yirmisekiz Çelebi Mehmed Efendi, *Yirmisekiz Çelebi Mehmed Efendi'nin Fransa sefāretnāmesi*, hg. von Beynun Akyavaş, Ankara 1993.

[31] Vgl. Heinz Wilhelm, „Die Kultur der Tulpenzeit des Osmanischen Reiches", in: *Wiener Zeitschrift für die Kunde des Morgenlandes* 61 (1962), S. 62–116; Can Erimtan, *Ottomans looking West? The origins of the tulip age and its development in modern Turkey*, London – New York 2008, S. 90–96, hier 94 f.

nach Frankreich ausgesprochen kostspielig – die Delegation umfasste achtzig Personen und war elf Monate lang unterwegs. Zudem wusste Yirmisekiz Mehmed, dass seine Beschreibung ins Französische übersetzt werden würde. Deshalb hatte er beim Schreiben eine zweifache Leserschaft vor Augen – und trug eine diplomatische Verantwortung.

Wenn er sein Gastland charakterisiert, dann betont er dessen nationale und monarchische Verfassung. Seine Aufgabe führt ihn demzufolge nicht in einen chaotischen „Bereich des Krieges", sondern in ein wohlgesonnenes Land. Von Anfang an macht er klar, dass er der Gesandte zum französischen König *(frança pādişāhı)* ist; denn seine Mission wird durch den französischen Botschafter *(frança elçisi)* vorbereitet, und er besteigt in Istanbul ein französisches Schiff.[32] Frankreich nimmt Yirmisekiz als eine territoriale und politische Größe wahr, die den politischen Realitäten des Osmanischen Reiches entspricht.

Infolgedessen erfolgt die Begegnung nicht zwischen Ungleichen („Gläubige" und „Ungläubige"), sondern zwischen Gleichen (zwei Erbmonarchien). Da der offizielle Reisebericht zum einen dem Ziel dient, jene Aspekte des Anderen zu beschreiben und vorzustellen, die es zu übernehmen lohnt, und da der Autor zum anderen wusste, dass sein Bericht auch von französischen Diplomaten gelesen werden würde, ist er darum bemüht, Nähe zu erzeugen und durch das Verwischen von Grenzen den Anderen in das Selbst zu integrieren. Yirmisekiz scheint es vorrangig darauf abgesehen zu haben, auf dem Felde der Diplomatie auf gleicher Ebene wie die Franzosen behandelt zu werden. Die Anderen und ihre Errungenschaften werden deshalb als Abwandlungen von Eigenschaften und Fertigkeiten des Selbst beschrieben. Der Andere wird nicht als Fremder vorgestellt.

Yirmisekiz betont in seinem Bericht, dass die Osmanen von den Anderen mit hoher Wertschätzung behandelt wurden. Er schildert das diplomatische Protokoll, die verschiedenen Besucher, die die Delegation empfing, und das öffentliche Interesse an den Osmanen. Das Interesse der Anderen vermehrt selbstverständlich den Wert des Selbst. Da seine Leser bei Hofe die Religion der Franzosen kennen und wissen, dass die Beziehungen zu Frankreich nicht feindlicher Natur sind, besteht keinerlei Notwendigkeit, die religiösen Unterschiede hervorzuheben. Der Reisende hätte geradezu seinen Auftrag verfehlt, erzählte er bereits Bekanntes und wiederholte er normative Positionen, die bei seiner Leserschaft unstrittig sind.

Gegenstände seiner Schilderungen sind Paläste, Wasserspiele, die Oper, Handwerkskunst, Festivitäten mit Frauen, die Jagd, bemerkenswerte technologische Errungenschaften usw., ja sogar eine wunderbare Orgel in einer Kirche.[33] Beobachtungen, die seinen eigenen Normen oder denjenigen seiner Leserschaft widerstreiten mochten – wie etwa das Verhältnis der Geschlechter zueinander – werden mit Interesse wie exotische Phänomene, aber doch ohne irgendeine Wertung beschrieben.

---

[32] Vgl. Çelebi Mehmed Efendi Yirmisekiz, *Paris'te bir Osmanlı sefiri. Yirmisekiz Mehmet Çelebi'nin Fransa seyahatnamesi*, übers. und hg. von Şevket Rado, Istanbul 2008, S. 13.
[33] Vgl. ebd., S. 44.

Frankreich wird als ein Paradies für Frauen porträtiert, insofern sie dort tun können, was ihnen beliebt.³⁴ Die Welt Frankreichs scheint das osmanische Selbst weder infrage zu stellen noch zu bedrohen. In diesem Zusammenhang ist es bemerkenswert, dass Yirmisekiz Çelebi Mehmed Efendi über seine Anwesenheit bei Anlässen berichten kann, die den heimischen Normen widerstreiten, ohne sich zu einer Rechtfertigung gedrängt zu fühlen. Er nimmt an diplomatischen Empfängen teil, besucht Bälle und Theater, die auch von Frauen aufgesucht werden, und beschreibt das alles ganz unbefangen für seine Leser. Mit Stolz wird das öffentliche Interesse an den Osmanen berichtet. In diesem Zusammenhang steht auch die einzige Gelegenheit, die erkennen lässt, dass Yirmisekiz der Repräsentant eines islamischen Reiches ist, nämlich die Einladung von Franzosen zum Fastenbrechen im Monat Ramadan seitens der osmanischen Delegation. Diese Zeremonie wird wie ein diplomatisches Ereignis dargestellt. Der Botschafter betont die hohe Wertschätzung für die Osmanen, die sich darin zeigt, dass zahlreiche Franzosen anlässlich des Iftar-Empfangs erschienen, um den Muslimen beim Essen und Beten zuzuschauen.³⁵ Das Interesse an den Osmanen und das Verlangen, sie zu sehen, werden als Zeichen der Bewunderung und der Achtung vor der Gesandtschaft und deren politischer Bedeutung dargestellt.³⁶ Ramadan wird als ein soziales und politisches, nicht aber als ein religiöses Ereignis im modernen Sinn präsentiert. Wie bereits bei Evliyā ist der Begriff des „Religiösen" zu befragen, wenn es um vormoderne Epochen geht. Abgesehen von dieser Episode ist nirgendwo von Religion die Rede. Diese Indifferenz gegenüber der Religion des Anderen ist womöglich noch bemerkenswerter als Yirmisekiz' vergeblicher Versuch, muslimische Kriegsgefangene auszulösen.³⁷ Das hätte die Franzosen durchaus in einem schlechten Licht dastehen lassen können.

Erklärungen für die Unterschiede der beiden Reiseberichte dürften einmal mehr in den verschiedenen Konstellationen von Autor, Leserschaft und historischem Kontext zu suchen sein. Anders als Österreich ist Frankreich ein weit entfernter Ort. Für den fremden Beobachter ist es eine Gesellschaft ohne nennenswerte Bedeutung für das Selbst. Auch konnte das Frankreich des frühen 18. Jahrhunderts – anders als einhundert Jahre später – weder die Legitimität der Osmanischen Herrschaft infrage stellen noch den Osmanen irgendwelche Vorschriften aufnötigen. Umgekehrt waren die Osmanen außerstande, irgendwie in französische Angelegenheiten einzugreifen oder Teile ihres Territoriums zu erobern. Eingedenk der geographischen und emotionalen Distanz ist es verständlich, dass ihre Andersheit mit Neugier betrachtet werden konnte. Gleichwohl scheint die Andersheit der Franzosen – anders als die der Habsburger – für den Leser bedeutungslos zu sein. Umgekehrt erschien den französischen Gastgebern die Andersheit der Osmanen in gleicher Weise folgenlos. Beide waren nicht in „Heilige Kriege" verwickelt, sondern darum bemüht, ihre Po-

---

³⁴ Vgl. ebd., S. 19.
³⁵ Vgl. ebd., S. 80 ff.
³⁶ Vgl. Akyıldız, „Was offizielle Reiseberichte ihren Lesern zu sagen haben", a.a.O., S. 94.
³⁷ Vgl. Yirmisekiz, Le paradis des infidels, S. 144, 168.

litik gegen „andere Andere" zu lenken, d. h. Österreich. Einmal mehr entscheiden die Art der Beziehung und die Erwartungen der Leserschaft(en) darüber, wie der Andere dargestellt wird.

Von daher ist einsichtig, warum Yirmisekiz Mehmed Çelebis Frankreich den Osmanen als ein hochinteressanter Ort mit luxuriöser Hofkultur und exotischer Kleidung erscheint. Einige Elemente der Repräsentationskultur werden so beschrieben, als könnten sie übernommen werden, andere Elemente – wie das Verhalten der Geschlechter zueinander – werden mit Neugier als exotisch und abseitig beschrieben. In diesem Sinne ist Frankreich nicht der „Andere", aber doch vom „Selbst" unterschieden. Indem es keine Grundlage für ernsthafte Begegnungen oder Spannungen bietet, besitzt seine Andersheit eine vollkommen andere Qualität als diejenige der Österreicher für Evliyā: Es ist eine Qualität, die das Selbst nicht herausfordert. Entsprechend ist auch die unleugbare religiöse Andersheit kein für Yirmisekiz Mehmed Çelebi bedeutsamer Gegenstand.

4. Rifāʿa Rāfiʿ aṭ-Ṭahṭāwīs Reise nach Paris (1826–31)

Die Häufigkeit der unmittelbaren Begegnungen und damit verbundenen Reibungen zwischen den Osmanen und den europäischen Staaten veränderte sich in den folgenden einhundert Jahren erheblich. Frankreich war für beides maßgeblich verantwortlich. Es erschien auf den Schlachtfeldern des Nahen und Mittleren Ostens und wurde zugleich das Land mit dem stärksten Einfluss auf das Denken der Reformer im Nahen und Mittleren Osten im 19. Jahrhundert. Ein wichtiges Dokument hierzu ist der Reisebericht des Rifāʿa Rāfiʿ aṭ-Ṭahṭāwī. Dieser Bericht kann als Ausdruck einer Haltung des „Zu nah, um nah zu sein" beschrieben werden.

Kann der Bericht des Yirmisekiz Mehmed Çelebi als Schlüsseltext für den osmanisch-türkischen Blick auf Europa im 18. Jahrhundert angesehen werden, so kommt diese Funktion für die Araber einhundert Jahre später dem Werk des Ägypters Rifāʿa Rāfiʿ aṭ-Ṭahṭāwī zu. Als er im Jahre 1826 nach Paris reiste, hatte sich die Welt vollkommen verändert. Europa war im Nahen und Mittleren Osten sowohl militärisch als auch zivil erfolgreich engagiert und diente sowohl den Osmanen als auch dem Statthalter der *de facto* autonomen Provinz Ägypten, Muḥammad ʿAlī, als Bezugspunkt für die Modernisierung. Bisweilen stellte Frankreich eine direkte, bisweilen eine potentielle Bedrohung dar. Aber seine Errungenschaften in den Bereichen der Militärtechnik und der zivilen Technologie galten als vorbildlich. Die Nähe des Anderen und die Empfindung eigener Schwäche sind keine idealen Parameter für kulturelle Begegnung. Aber das Bedürfnis, mehr über den erfolgreichen Anderen zu lernen, kann die Neugier wecken. Der Bericht des Rifāʿa Rāfiʿ aṭ-Ṭahṭāwī von seiner Reise nach Frankreich/Paris[38] ist das Ergebnis einer solchen Konstellation. Er be-

---

[38] Die hier zitierte Version ist die ausgezeichnete englische Übersetzung von Daniel Newman mit einer ausführlichen Einführung in den Kontext, einer Biographie des Autors, einer Synopse verschie-

stimmte nachhaltig das Bild Europas in seiner Heimat und weit darüber hinaus; auch bei osmanisch-türkischsprachigen Lesern fand er großen Anklang.[39]

Für Ṭahṭāwī und seine Leser ist der französische „Andere" hochbedeutsam für das Selbst: Zwar hatte Frankreich Ägypten zwischen 1798 und 1803 besetzt, doch wurde es später dessen Verbündeter gegen die imperialistischen Ansprüche der Briten. Nur wenige Jahre nach der Französischen Revolution veränderten sich kulturelle Begegnungen und Konflikte grundlegend: Händler, Soldaten, Lehrer, Ärzte und Missionare aus Europa prägten maßgeblich das Erscheinungsbild der kulturellen Zentren Nordafrikas sowie des Nahen und Mittleren Ostens.[40] Ṭahṭāwīs Dienstherr Muḥammad ʿAlī war ebenso wie die Hohe Pforte in einer paradoxen Situation. Die Annäherung an Europa und die Übernahme europäischer Vorbilder wurden als der einzige Weg erachtet, sich gegenüber dem expandierenden Europa zu behaupten. Ṭahṭāwī war Imam einer von Muḥammad ʿAlī nach Frankreich entsandten Gruppe von Studenten (1826–1831). In diesem Rahmen gewann er tiefe Einblicke in die französische Kultur und Wissenschaft; denn er war der einzige Teilnehmer der Bildungsmission, der Geisteswissenschaften studiert hatte. Während sich die anderen eher technischen Wissenschaften zuwandten, studierte er Übersetzung. Auf diese Weise gewann er ein vertieftes Verständnis von verschiedenen Bereichen des Wissens, darunter Literatur und Philosophie.

In seinem Bericht für seine Landsleute wird man geradezu Zeuge jenes Ringens, das im Erzähler stattfindet. Sein Anliegen und sein Auftrag sind es, Frankreich als Vorbild für das künftige ägyptische Selbst vorzustellen. Zugleich muss er seine Leserschaft auf diese Botschaft und deren möglicherweise negativen Auswirkungen auf ihr erschüttertes Selbstvertrauen vorbereiten. Wie Evliyā bedient er sich einer ausgefeilten Technik, um seine bittere Medizin dem aller Voraussicht nach skeptischen Leser anzudienen und sie dem „Selbst" möglichst attraktiv und harmlos erscheinen zu lassen. Von Anfang an versichert er sich der islamischen Identität, indem er Differenzen betont und das Selbstvertrauen der Leser bestärkt. Seine Reise rechtfertigt er in islamischen Kategorien.[41] Diese sind für ihn der angemessene Rahmen für jeden Vergleich – etwa wenn es um die Rangfolge der Kontinente entsprechend ihrer

---

dener Versionen des Textes, Erläuterungen von Schlüsselbegriffen und einer umfassenden Dokumentation des Forschungsstandes: Rifāʿa Rāfiʿ aṭ-Ṭahṭāwī, *An Imam in Paris. Account of a stay in France by an Egyptian cleric (1826–1831)*, übers. und eingeleitet von Daniel L. Newman, London 2004. Hinweise in eckigen Klammern beziehen sich auf den arabischen Originaltext: Rifāʿa Rāfiʿ aṭ-Ṭahṭāwī, *Ad-diwān an-nafīs fī īwān Bārīs aw taḫlīṣ al-ibrīs fī talḫīṣ Bārīs*, Abu Dhabi 2002.

[39] Vgl. Johann Strauss, „Who read what in the Ottoman Empire (19th–20th centuries)", in: *Arabic Middle Eastern Literatures* 6/1 (2003), S. 56f.

[40] Vgl. Bekim Agai, „Reisen im Wandel. Die Folgen einer veränderten Reiseinfrastruktur und politischen Wandels im 19. Jahrhundert für muslimische und europäische Reiseberichte als Zeugnisse des Kulturkontakts", in: *Protestanten im Orient*, hg. von Martin Tamcke / Arthur Manukyan, Würzburg 2009, S. 201; Daniel L. Newman, „Myths and realities in Muslim alterist discourse. Arab travellers in Europe in the age of the nahda (19th c.)", in: *Chronos* 6 (2002), S. 7–76, hier 11.

[41] Vgl. Rifāʿa Rāfiʿ aṭ-Ṭahṭāwī, *An Imam in Paris*, S. 109ff. [29].

Bedeutung geht.⁴² Des Weiteren versucht er den „Anderen" durch Kategorien des islamischen „Selbst" zu begreifen. Kurz: Seine Botschaft war nicht, dass die Ägypter so werden sollten wie die Franzosen, sondern dass die Franzosen in ihren positiven Eigenschaften das verkörperten, was die Araber/Ägypter/Muslime eigentlich sein sollten. Beispielsweise werden die modernen Wissenschaften als eine Fortschreibung ursprünglich islamischer Gelehrsamkeit vorgestellt. Insofern gehören sie zum Selbst. Dies trifft insbesondere für die Naturwissenschaften zu, die Ṭahṭāwī zufolge zwar durch Muslime einen Höhepunkt erfuhren, aber doch einer universalen Kategorie zugehörig sind und deshalb auch in anderen Kulturen angetroffen werden können. Frankreich präsentiert er in dieser Hinsicht und für seine Epoche als ein Vorbild.⁴³

Interessanterweise ist diese Strategie, die eigene Reise ausführlich in islamischen Kategorien zu rechtfertigen, um das eigene Programm einer skeptischen Leserschaft schmackhaft zu machen, in den vorangegangenen beiden Reiseberichten nicht anzutreffen. Anscheinend reichte es für die Rechtfertigung einer Reise aus, zu einer diplomatischen Mission des Osmanischen Reiches zu zählen. Da aber Ṭahṭāwī sich für eine längere Zeit und mit dem ausdrücklichen Ziel, vom Anderen zu lernen, in Europa aufhielt, betont er seine islamische Identität und versichert seinen Lesern, dass er ausschließlich Dinge billigt, die nicht im Widerspruch zum Text der Scharia stehen.⁴⁴ Er schreibt aus einer Verteidigungshaltung heraus, die dadurch bedingt ist, dass der Ort seines Lernens eine Herausforderung und eine Bedrohung für seine ganze Herkunftsregion ist – mehr noch als es Österreich für Evliyās Leserschaft war.

Wie Evliyā hält Ṭahṭāwī den Islam für eine zentrale Eigenschaft des arabischen bzw. muslimischen Selbst. Ṭahṭāwī schreibt den Franzosen keine christlich religiösen Eigenschaften zu; diese können schon deshalb nicht religiös sein, weil er selbst und seine Leser es sind. Folgerichtig wird Frankreich als „Land des Unglaubens und des Starrsinns" *(diyār kufr wa ʿinād)* beschrieben.⁴⁵ Seine Einwohner nennen sich zwar Christen, sind es aber nicht mehr als dem Namen nach.⁴⁶ Anders als die Österreicher, die in Evliyās Perspektive als Christen gelten dürfen, besitzen die Franzosen nach Ṭahṭāwī keinerlei religiöse Zugehörigkeit. Gleichwohl scheint es, als werde das Fehlen religiöser Überzeugungen im christlichen Glauben als eine positive Eigenschaft der Franzosen gewürdigt. Da er Frankreich nach Art eines utopischen Paradieses darstellt, kann es in mancherlei Hinsicht nicht christlich sein. Es scheint für den Erzähler und sein Publikum leichter zu sein, einen rationalen Atheisten als Lehrer zu akzeptieren als einen überzeugten Christen. Während Yirmisekiz Mehmed Çelebi Efendi und selbst Evliyā positive Aspekte des Anderen bewundern und hervorheben können, ohne sich dabei in ihrer eigenen Identität infrage gestellt zu sehen, scheint es bei Ṭahṭāwī anders zu sein. Sein eigenes Selbstvertrauen und das

---

⁴² Vgl. ebd., S. 125 f. [38].
⁴³ Vgl. ebd., S. 99, 104 f. [23, 27].
⁴⁴ Vgl. ebd., S. 100 [24] („naṣ aš-šarīʿa al-muḥammadiyya").
⁴⁵ Vgl. ebd., S. 101 [25].
⁴⁶ Vgl. ebd., S. 126 [42].

seiner Leserschaft sind durch die Demonstrationen der Macht, die Franzosen und Briten auf militärischem, technologischem und ökonomischem Gebiet entfaltet hatten, anscheinend ernsthaft erschüttert worden.

Während aber Ṭahṭāwī die Franzosen von der christlichen Religion abhebt und auf diese Weise Grenzen erzeugt – sofern „Religion" als eine potenzielle Ähnlichkeit gelten darf –, zieht er diese Grenzen gleich wieder ein, indem er das Wissen der Franzosen islamisiert. Insofern es um das Wissen geht, das von den Franzosen erworben werden kann und auch soll, wird es der von Gott gegebenen menschlichen Vernunft (ʿaql) zugerechnet.[47] Hygienische Maßnahmen in Paris werden den Muslimen als eine Tugend vorgestellt, die schon die „alten Ägypter" auszeichnete.[48] Ṭahṭāwīs Reisebericht verdeutlicht, wie Religion dazu instrumentalisiert wird, den Anderen zu vereinnahmen. Erstmalig geschieht dies hier freilich dadurch, dass dem Anderen islamische Eigenschaften zugeschrieben werden.

Zwar ist Religion – als normative und kulturelle Tradition – imstande, Andersheit zu markieren sowie Ähnlichkeiten und Unterschiede in Bezug auf das Selbst hervorzukehren. Doch ist Religion nicht die einzige Kategorie des Selbst. Während für Evliyā und Yirmisekiz Mehmed die Hofkultur und der Luxus ein Bindeglied zur heimischen Kultur darstellten, fehlt dieses Element nun. Hingegen werden beispielsweise Ähnlichkeiten mit Blick auf die Geschlechter betont – der Mut der französischen Soldaten beispielsweise; sie sind ebenso tapfer wie die ägyptischen.[49] Mit Blick auf die Frauen ist die Lage vielschichtiger. Obwohl ihr Verhalten die islamische Ordnung verkehrt, wird es nicht verurteilt, und einigen französischen Frauen wird durchaus Bescheidenheit als Tugend attestiert. Für Ṭahṭāwī und seine Leserschaft bleibt es freilich undenkbar, dass die ägyptischen Frauen diese Vorbilder irgendwie übernehmen könnten.

Ṭahṭāwīs Beschreibung lässt erkennen, dass die Franzosen in einer Weise dargestellt werden, die zeigt, dass sie nah genug sind, um geschätzte und annehmbare Partner zu sein, dass sie zugleich aber hinreichend anders sind, um keine Gefahr darzustellen. Paradoxerweise ist es die tief empfundene Nähe, welche die Notwendigkeit mit sich bringt, sich vom Anderen zu unterscheiden. Eine „kulturelle Konversion", so undenkbar sie mit Blick auf die beiden bereits vorgestellten Reisenden erschien, drängt sich hier so sehr auf,[50] dass narrative und diskursive Strategien angewandt werden müssen, um jeden Zweifel an der Loyalität des Autors gegenüber seiner eigenen Gesellschaft zu zerstreuen. Hieraus resultiert die Botschaft, dass der

---

[47] Vgl. ebd., S. 173 [91].
[48] Vgl. ebd., S. 119 [134].
[49] Vgl. Bekim Agai, „Die Grenze. Einblick in die Konstruktionen des Anderen. Der Reisebericht als inszenierte Grenzerfahrung", in: Conrad Schetter / Stephan Conermann / Bernd Kuzmits (Hg.), *Die Grenzen Asiens zwischen Globalisierung und staatlicher Fragmentierung* (Bonner Asien-Studien 4), Hamburg 2010, S. 46 ff.
[50] Ṭahṭāwī begegnet sogar Konvertiten, die während der Zeit der französischen Besatzung zusammen mit Franzosen Ägypten verlassen hatten (*An Imam in Paris*, S. 70).

„Ägypter" viel von Frankreich lernen kann, aber das, was er lernen kann, ist wesentlich schon von den eigenen Kategorien des Selbst umfasst.

5. Şerefeddin Mağmumis Reisen durch Europa (ab 1896)

Während Ṭahṭāwī für diejenigen schrieb, die der Moderne mit Skepsis begegneten, d. h. sich in deren Bezugsystem bewegte, erweist sich die Welt siebzig Jahre später für den nächsten Reisenden noch einmal sehr anders. Dieser bietet eine erneut veränderte Facette von Selbstheit und Andersheit dar. Seine Positionierung in Bezug auf Europa lässt sich zusammenfassend so beschreiben: Er möchte Europäer sein, wird aber zum Orientalen gemacht. Der Text stellt die Bedeutsamkeit des Begriffs „Muslim" in einem säkularen Kontext ebenso in Frage wie die Tatsache, dass ein Mensch ungeachtet seines persönlichen Glaubens durch seine Geburt auf eine religiöse und kulturelle Tradition festgelegt wird. Şerefeddin Mağmumi, 1869 geboren und an der Militärschule (ʿaskerī rüşdiyye) zum Militärarzt ausgebildet, zählte zu den ersten Mitgliedern des „Komitees für Osmanische Einheit" (İttiḥād-ı ʿOs̱mānī Cemʿiyyeti), eines Vorläufers des „Komitees für Einheit und Fortschritt" (İttiḥād ve Teraḳḳī Cemʿiyyeti).[51] Als Militärarzt zählte Mağmumi zu einer osmanischen Elite, die eine frankophone europäische Ausbildung genossen hatte und dabei in Kontakt mit politischen Ideen gekommen war, die der etablierten Ordnung des Sultanats – und damit auch der herrschenden Gesellschaftsordnung – widersprachen. Das Andere, das lassen Mağmumis Beschreibungen Anatoliens und der arabischen Provinzen erkennen, existierte vor allem innerhalb der eigenen Gesellschaft.[52] Nachdem er wegen seiner politischen Vorstellungen ins Exil gegangen war, bereiste Mağmumi ab 1896 ausgiebig Europa, darunter Belgien, England, Frankreich, die Schweiz, Italien und das Deutsche Kaiserreich. Schon während seiner Reisen und im Anschluss daran erscheinen seine Beobachtungen in türkischen Zeitungen und Zeitschriften; darüber hinaus wurden sie zwischen 1908 und 1914 auch als Bücher herausgegeben. Für ihn und seine Leserschaft gehörte das Reisen mit der Bahn oder dem Dampfschiff zur täglichen Routine. Europäische Kleidung und Literatur waren Bestandteile des Alltags und gemeinsamer Bezugsrahmen. Europäischer Lebensstil, Kultur und Ästhetik standen ihnen unmittelbar vor Augen, wenn sie in Pera, dem hochgradig europäisierten Stadtteil von Istanbul, spazieren gingen. Aufgrund persönlicher Wahrnehmungen zu Hause oder in Europa oder vermittelt durch Literatur und Journalismus war diese Zivilisation Teil ihres Lebens.

Mit dem *Baedeker* in der Hand reiste Mağmumi durch *sein* Europa, das seit

---

[51] Zu Mağmumis Leben und seinen Beziehungen zu dieser Bewegung vgl. Nâzım H. Polat, *Bir jöntürk'ün serüveni. Dr. Şerafettin Mağmumi – hayatı ve eserleri*, Istanbul 2002, S. 17–62.

[52] Der osmanisch-türkische Text findet sich in: Şerefeddin Mağmumi, *Seyāḥat ḫāṭıraları. ʿAded 1: Anaṭolı ve Sūriyyede*, Kairo 1327 H. (1909). Eine Übersetzung in heutiges Türkisch liegt vor: Şerefeddin Mağmumi, *Avrupa'da seyahat hatıraları*, hg. und komm. von Nâzım H. Polat / Harid Fedai, İstanbul 2008.

seiner Kindheit Teil seiner Welt war. Selbst in seinem ersten Reisebericht, noch bevor er nach Europa gereist war, bezieht er sich darauf – etwa wenn er eine Landschaft am Ägäischen Meer mit dem Panorama des Sankt Gotthard oder dem Mont Blanc vergleicht.[53] Obwohl weder er noch die überwiegende Zahl seiner Leserschaft bisher dort gewesen waren, war es doch Bestandteil ihrer Vorstellungswelt. In seinem Reisebericht wechselt das „Wir" ständig, je nach Situation. Bisweilen meint es die Reisenden, bisweilen bezieht es sich auf diejenigen, die – wie er selbst – eine moderne europäische Kultur pflegen, bisweilen bezieht es sich auf die Türken, und einige Male sogar auf „die asiatischen Völker" im Allgemeinen.[54]

Für ihn gibt es keine Grenze, die auf Religion, Kultur oder Fortschritt beruht. Ein Eisenbahnabteil in Belgien mag schlechter oder besser sein als eines im Osmanischen Reich, ein Park in Frankreich mag als Vorbild für einen Park in Istanbul empfohlen werden, und eine osmanische Kneipe oder ein Kaffeehaus (kırā'athāne oder kahve) mag er einem britischen Pub vorziehen.[55] Religion scheint bei ihm keinerlei Interesse zu wecken; sie wird als ein historisches Überbleibsel dargestellt, das mancherlei schöne Gebäude hervorgebracht hat – ein Zugang, den er sich für sein Geburtsland ebenso vorstellen kann.[56] Ausdrücklich kümmert er sich nicht um islamische Speisevorschriften, macht Bemerkungen über die Qualität des Bieres, wo immer er gerade ist, und stilisiert sich selbst als ein europäischer Gentleman. Alles wäre perfekt – wären da nicht die Europäer, die ihn ständig mit seiner eigenen Andersheit konfrontieren, indem sie ihn als orientalisch und islamisch wahrnehmen. Solche Episoden, in denen es um Diskussionen um eine islamische Identität geht, werden regelmäßig durch Reaktionen seiner Mitreisenden ausgelöst oder durch „orientalistische" Inszenierungen von Türken. Mağmumi beklagt sich wiederholt darüber, dass ihm und seinen Landsleuten falsche Eigenschaften zugeschrieben werden.[57] Dies wird bei einer Gelegenheit sehr schön veranschaulicht: Auf der Bahnreise von Brüssel nach Paris betritt eine junge Frau das Eisenbahnabteil. Anders als die Mitreisenden erweist sich Mağmumi ihr gegenüber als ein vollkommener Gentleman. Da ihn niemand als einen Türken identifiziert, entsteht im Abteil eine Diskussion über die Türkei. Obwohl keiner seiner Mitreisenden jemals im Osmanischen Reich gewesen ist noch auch nur einen einzigen Türken kennt, scheinen doch ausnahmslos alle eine klare Meinung zu haben: Die Türken sind Barbaren! Sie tragen absonderlich große Turbane! Sie gehören nicht zur europäischen Kultur! Sie

---

[53] Vgl. Mağmumi, *Avrupa'da seyahat hatıraları*, S. 129.
[54] Vgl. ebd., S. 385.
[55] Vgl. ebd., S. 197.
[56] So etwa bei der Beschreibung seiner Reise nach Italien (vgl. ebd., S. 258–283). Zur hochgradig kritischen Einstellung von Teilen der Jungtürken gegenüber der Religion vgl. Şükrü Hanioğlu, „Blueprints for a future society. Late Ottoman materialists on science, religion, and art", in: Elisabeth Özdalga (Hg.), *Late Ottoman society. The intellectual legacy*, London 2005. Zu Mağmumis materialistischen Positionen vgl. ebd., S. 44f. und 49f.
[57] Beispielsweise bei seinem Besuch der Weltausstellung in Brüssel 1910 (Mağmumi, *Avrupa'da seyahat hatıraları*, S. 37–41).

behandeln ihre Frauen wie Sklaven! Sie verkaufen Kinder! Zu Frauen sind sie unhöflich! Ihnen fehlt jegliches Benehmen!

Die junge Frau spricht sodann die Frage der Polygamie an. Mağmumi überlegt, ob er etwas dazu sagen soll, ist aber doch einigermaßen hoffnungslos, hat er doch schon in der Vergangenheit Vergleichbares erlebt. An der Zollkontrolle ist er der einzige, der der Dame mit ihrem ziemlich schweren Koffer hilft. Als sie ihn fragt, ob er für ihn nicht zu schwer sei, antwortet er: „Bleiben Sie getrost! Ich bin Türke. Und die Welt kann bezeugen, wie stark die Türken sind." Erstaunt fragt die Dame: „Oh, Sie sind Türke?" Stolz antwortet er: „Ja!" – und beginnt, ihr seine Überzeugung zu erläutern, dass es zwischen den Völkern in Europa und den Türken bezüglich der Zivilisation *(medeniyyet)* keinen Unterschied gibt.[58] In diesem Zusammenhang mag man sagen: Mağmumis Religion ist der Fortschritt. Er vertraut auf Wissenschaft und Fortschritt und sieht beides als universal für die ganze Menschheit an. Die bloße Vorstellung einer „islamischen Weltsicht" widerspricht ganz und gar seiner Überzeugung. Religionen sind für ihn unbedeutend. Er sucht nach Gemeinsamkeiten – selbst dann, als seine Mitreisenden seine Andersheit betonen. Mit Blick auf den eingangs in Anschlag gebrachten theoretischen Rahmen wird hier deutlich, wie sehr in einer kulturellen Kontaktsituation der Andere die Weise prägt, in der ein Mensch sich selbst wahrnimmt, und wie sehr die Selbstwahrnehmung durch Vorstellungen vom Anderen geprägt ist.

Wie schon bei den anderen Reisenden dient Mağmumis Beschreibung des europäischen Anderen (oder auch Nicht-Anderen) bestimmten Zielen und muss auch entsprechend dieser Funktionen gelesen werden. Sein Europa kann nicht wesentlich anders sein, weil er es ja daheim als Ideal vorstellen möchte. Abgesehen von einigen beiläufigen Episoden wird deshalb die Religion nicht als eine für Europa wesentliche Eigenschaft dargestellt. Diesbezüglich ähnelt Mağmumi Ṭahṭāwī, doch anders als jener zeichnet Mağmumi sein Bild nicht mit dem Ziel, seine religiöse Leserschaft zu Hause zu hofieren. In dem Europa, das er beschreibt, scheint die Religion überwunden zu sein – wie auch er selbst den Wunsch hegt, dass die Religion durch den Prozess der Modernisierung im Osmanischen Reich überwunden werde. Dies beschreibt er trotz der Tatsache, dass ihm bei verschiedenen Gelegenheiten die Mitgliedschaft im „Europäischen Club" verwehrt wird – mit der von ihm selbst bestrittenen Begründung, er sei Muslim oder Orientale. Diese Zurückweisung der selbstgewählten Identität beeinflusst Mağmumis Selbstwahrnehmung.

Wiederum wird deutlich, dass Identität aus einer Beziehung hervorgeht: Man kann sie sich nicht frei wählen; vielmehr geht sie aus der Interaktion mit Anderen hervor. Deshalb kann von einer „muslimischen Weltsicht" nur dann sinnvoll gesprochen werden, wenn man dazu die Beziehung als solche berücksichtigt. Näherhin heißt das: Wenn die eigenen Vorstellungen über das Selbst und den Anderen auf gleicher Ebene ausgehandelt werden mit den entsprechenden Vorstellungen, die der Andere von sich selbst und den ihm zugehörigen Anderen hegt, ist es doch

---

[58] Vgl. ebd., S. 93–96.

höchst unwahrscheinlich, dass Maġmumi die fortdauernde Bedeutung der Religion in Europa nicht wahrgenommen hat, zumal in einer Zeit, als in Frankreich die religiösen Spannungen ihren Gipfelpunkt erreichten und 1905 in das höchst repressive Gesetz über die Trennung von Religion und Staat einmündeten. Aber diese Tatsache passt nicht zu seiner Vorstellung, dass es dann keine Grenzen mehr gibt, wenn es um die Ideale von Fortschritt und Aufklärung geht. Zwischen Staaten bestehen Grenzen, aber nach Maġmumi sollte die moderne Kultur sich von ihnen nicht aufhalten lassen. In diesem Sinne präsentiert er sich als einer der wenigen „wirklichen" Europäer.

6. Schlussfolgerungen

Kulturelle Begegnung schafft vielfältige Arten von Reibungen. Bisweilen führt sie zu einer Bestätigung von Teilen der eigenen Identität; bisweilen veranlasst sie dazu, diese infrage zu stellen. Bisweilen wird Andersheit als bedrohlich wahrgenommen, bisweilen als interessant. Innerhalb des vorgestellten Zeitraums beeinflussten Entwicklungen auf dem Feld der Infrastruktur, der Politik und der Ideen die Identität und Alterität muslimischer Reisender in unterschiedlicher Weise. Einige Grenzen verloren ihre Bedeutung; andere wurden neu errichtet, und wieder andere veränderten vollständig ihre Funktion.

Vor diesem Hintergrund wurde in diesem Beitrag Lewis' eingangs erwähnter Annahme einer determinierenden „islamischen Weltsicht" in zweifacher Weise begegnet. Zunächst hat eine vertiefte Untersuchung der Reiseberichte gezeigt, dass weder Identität noch Alterität als feste Einheiten je im Voraus gegeben sind. Sie werden auch nicht durch einzelne Personen oder durch Kulturen geschaffen. Vielmehr existieren sie in der Beziehung zum jeweiligen Anderen. Der Kontext einer Begegnung ist ebenso bedeutsam wie die Vorprägung (Präfiguration) des Reisenden selbst und seines Textes. In diesem Sinne und unter bestimmten Voraussetzungen kann Religion durchaus eine Rolle in der Beziehung spielen. Aber sie ist nicht die einzige Variable, welche die Begegnung beeinflusst.

Zum Zweiten hat insbesondere die Analyse des Reiseberichts von Evliyā Çelebi demonstriert, dass ein Gegenstand innerhalb ein und desselben Textes sehr unterschiedlich beschrieben werden kann. Entscheidend hierfür sind die Situation und die Botschaft, die der Autor vermitteln will. In Evliyās Reisebericht kann der Bezug auf Religion dazu dienen, einen Rahmen zu schaffen, der es ermöglicht, bestimmte Aspekte des Anderen zu integrieren, sie durch Ähnlichkeiten zu beschreiben. Gleichzeitig kann er dazu dienen, Grenzen hervorzuheben. Diese wiederum sind durchaus mehrdeutig: Sie können dazu dienen, Distanz auch dann zu wahren, wenn der Andere positiv dargestellt wird.

Der vergleichende Blick auf die verschiedenen Reiseberichte zeigt für das Beispiel Religion, dass es so etwas wie eine überhistorische „muslimische Weltsicht" nicht gibt. Es gibt Beschreibungen, die ganz ohne den Bezug auf Religion auskommen – so im Reisebericht des Yirmisekiz Mehmed Çelebi –, wenn die eigene Identität fraglos anerkannt ist. Der Bezug auf Religion kann aber auch dazu dienen, Nähe zu schaffen und Distanz zu wahren, wie im Falle Ṭahṭāwīs. Oder er kann sogar vom Gegenüber hergestellt werden, obwohl er für das Selbst in dem betreffenden Augenblick keinerlei Rolle spielt – so in Şerefeddin Mağmumis Text.

Lewis thematisiert weder die funktionalen Aspekte im Gebrauch von Andersheit, noch würdigt er die Bedeutung des Kontextes einer Begegnung für deren Beschreibung. Vor der Französischen Revolution stellte der „Bereich des Krieges" *(dār al-ḥarb)* ein wechselseitiges Verhältnis dar und besaß als solches theologische Gültigkeit; er war jedoch weit davon entfernt, eine allein von muslimischer Seite eingeführte Neuerung zu sein. Die Säkularisierung veränderte zwar die Lage; doch brachte auch sie keine Lösung für das Problem der religiösen Alterität, sondern überführte diese lediglich in eine neue Rhetorik. Wenn bestimmte Begriffe der Andersheit ihre Bedeutung verlieren, dann wird Andersheit eben mit neuen Begriffen konstruiert, ist sie doch grundlegend für das Selbst. In diesem Sinne ist die Erfahrung von Mağmumi höchst interessant: Er wird auf der Grundlage seiner Religion und Nationalität zu einem Türken gemacht, obwohl er selbst sich mit Europa identifiziert und so gesehen werden möchte. Entsprechendes ist heutzutage ständig zu beobachten, wenn es etwa in Deutschland um Fragen der Migration geht. Manches erinnert dabei an jene Abläufe, die Mağmumi vor einhundert Jahren beschrieben hat.

Andersheit kann unterschiedliche Funktionen haben. Sie wird in einem reflexiven Prozess hervorgebracht. Wenn in Reiseberichten Unterscheidungslinien gezogen werden, dann ist das nicht notwendig ausschließend gemeint, sondern kann eine Vorbedingung von Annäherungen sein oder eine Strategie der Inklusion. Identität kann in der Andersheit des Anderen angetroffen werden, aber sie kann auch aus Vorstellungen resultieren, die der Andere von einem selbst hat. Der überzeugte europäische Säkularist Şerefeddin Mağmumi wird in einem solchen Prozess unfreiwillig zu einem Muslim bzw. Türken. Religion kann das Selbst und den Anderen auf sehr unterschiedliche Weise bestimmen, aber es entscheidet nicht nur eine der beiden Seiten über das Ergebnis. Zwingend müssen Identität, Alterität und der spezifische Kontext kultureller Begegnung auf beiden Seiten in wechselseitiger Beziehung zueinander und innerhalb eines gemeinsamen Paradigmas beschrieben werden. Dabei sind auch historische und zeitgenössische Prozesse zu berücksichtigen. Wenn es um Religion und andere Kategorien geht, werden Identität und Alterität in genau diesem Sinne geschaffen. Deshalb ist Religion ebenso sehr eine bestimmende Kategorie des Selbst und des Anderen wie es andere auch sind. Sie existiert im jeweiligen Kontext einer Beziehung. Aber sie legt diese nicht notwendigerweise fest.

Philosophische Aufklärung:
Ein Beitrag zur Selbstwerdung Europas

Heinrich Watzka SJ

Als unaufgebbar für das normative Selbstverständnis des modernen Europas können gelten: a) ein universalistisches Verständnis der Menschenrechte unter Einschluss der Bekenntnis- und Religionsfreiheit, b) die Irreversibilität des Prozesses der Säkularisierung, sowohl politisch-rechtlich im Sinn der Trennung von Kirche und Staat und seiner religiös-weltanschaulichem Neutralität als auch philosophisch im Sinn der Ausdifferenzierung autonomer, nicht aufeinander reduzierbarer Geltungssphären von Glaube und Vernunft, Recht und Moral, Wissenschaft und Kunst, c) die Anerkennung der Demokratie als der einzig legitimen Form politischer Herrschaft unter Wahrung der Prinzipien der Rechtsstaatlichkeit und der Gewaltenteilung.

Einige dieser Prinzipien haben philosophische und theologische Wurzeln, die weit hinter die Epoche der Aufklärung zurückreichen. Wirklich geschichtsmächtig und strukturbildend wurden diese Prinzipien in dem Kultur- und Staatenraum, der seit ca. 1700 von der ‚Aufklärung' erfasst und in seinen Institutionen und Mentalitäten tiefgreifend transformiert wurde. Die Aufklärung machte nicht vor Sprach- und Nationengrenzen halt, sie war nicht auf einen Diskurs von Philosophen und Wissenschaftlern beschränkt, sie fällt in eins mit der Entstehung einer räsonierenden Öffentlichkeit, die als Vorwegnahme der rechtlich-politischen Öffentlichkeit moderner demokratischer Staaten und der Zivilgesellschaft gelten kann. Jürgen Habermas beschreibt diesen Prozess wie folgt: „*Zunächst* ist eine Art gesellschaftlichen Verkehrs gefordert, der nicht etwa die Gleichheit des Status voraussetzt, sondern von diesem überhaupt absieht. [...] Die Parität, auf deren Basis allein die Autorität des Arguments gegen die der sozialen Hierarchie sich behaupten und am Ende auch durchsetzen kann, meint im Selbstverständnis der Zeit die Parität des »bloß Menschlichen«. [...] Die Diskussion in einem solchen Publikum setzt zweitens die Problematisierung von Bereichen voraus, die bislang nicht als fragwürdig galten." Auf diese Weise werde das „Allgemeine", mit dem sich das Publikum kritisch beschäftigt, dem „Interpretationsmonopol der kirchlichen und staatlichen Autoritäten" entzogen. Die marktförmige Produktion und Distribution von Büchern und Zeitschriften „führt drittens zur prinzipiellen Unabgeschlossenheit des Publikums. So exklusiv jeweils das Publikum sein mochte, es konnte sich niemals ganz abriegeln und zur Clique verfestigen; denn stets schon verstand und befand es sich inmitten eines größeren Publikums all der Privatleute, die als Leser, Hörer und Zuschauer, Besitz und Bildung vorausgesetzt, über den Markt der Diskussionsgegenstände sich bemächtigen konnten. [...] Die diskutablen Fragen werden »allgemein« nicht nur im Sinne ihrer Bedeutsamkeit, sondern auch der Zugänglichkeit: alle müssen dazugehören *können*".[1]

Mit Blick auf die Verwendung des Terminus ‚Aufklärung' empfiehlt es sich zu unterscheiden zwischen a) der historischen Epoche, über deren zeitliche und räumliche Abgrenzung unter Historikern weitgehend Übereinstimmung besteht, b) dem historischen Strukturelement im Sinn eines Rationalisierungsprozesses, der im Prinzip zu unterschiedlichen Zeiten an unterschiedlichen Orten möglich ist und der es erlaubt, von einer ‚sophistischen Aufklärung', einer ‚biblischen Aufklärung', einer ‚arabischen Aufklärung' zu sprechen, und c) dem geschichtsphilosophischen Postulat, wonach Aufklärung in ein reflexives Stadium getreten ist und sich über sich selbst aufzuklären hat, nicht im Sinn einer Diskreditierung ihrer Ideen, sondern im Interesse ihrer Verwirklichung.[2] Paradigmatisch ist hier Immanuel Kant (1724–1804), der das bedingungslose Vertrauen in die Kraft der Vernunft sowie die Bestimmung des Menschen zu Freiheit und Selbstbestimmung nicht zurücknahm, jedoch der Vernunft das „beschwerlichste aller ihrer Geschäfte, nämlich das der Selbsterkenntnis" im Sinn einer Prüfung und Begrenzung ihrer Geltungsansprüche zumutete, indem er der Metaphysik eine Kritik des Vernunftvermögens vorschaltete.[3] Die Selbstaufklärung der Vernunft ist als Teil der Aufklärung auch nach ihrem Ende als Epoche nicht zum Abschluss gelangt. Als Voraussetzungen einer prozessual gedachten Aufklärung benennt Kant a) die Freiheit, von der Vernunft einen öffentlichen Gebrauch zu machen, b) Toleranz in Fragen der Religion bzw. Religionsfreiheit.

Ich schlage daher vor, zunächst Kant als den Philosophen der Aufklärung über die Aufklärung zu befragen. Er gehört neben Holbach, Beccaria, Lessing, Jefferson, Wieland und Turgot der dritten Generation der Aufklärer an. Noch nahe genug der zweiten Generation und einigen Überlebenden der ersten Generation, zählt er zu den Philosophen, die das Thema der Aufklärung reflexiv in ihrer Philosophie eingeholt haben, ohne sich deren normativer Implikationen zu entledigen.[4]

1. Was ist Aufklärung?

Das neue Selbstverständnis aller, die in der Epoche der Aufklärung am Diskurs teilnehmen oder Ideen in Umlauf bringen, ist, dass sie dies als *Menschen* tun. Eine

---

[1] Jürgen Habermas, *Strukturwandel der Öffentlichkeit. Untersuchungen zu einer Kategorie der bürgerlichen Gesellschaft*, Frankfurt am Main 1990, S. 97 f.
[2] Die hier vorgeschlagene Unterscheidung erfolgt in Anlehnung an Albrecht Beutel, Art. „Aufklärung, I. Geistesgeschichtlich", in: *Religion in Geschichte und Gegenwart*, Bd. 1, hg. von Hans Dieter Betz / Don S. Browning / Bernd Janowski / Eberhard Jüngel, Tübingen 41998, Sp. 929–941; hier 930 f.
[3] Immanuel Kant, *Kritik der reinen Vernunft: Vorrede*, A XI (in: Immanuel Kant Werkausgabe III, hg. von Wilhelm Weischedel, Frankfurt am Main 1968, S. 13 / Akademie-Ausgabe IV 9$_{4f.}$).
[4] Vgl. Peter Gay, *The Enlightenment. An Interpretation. The Rise of Modern Paganism*, New York 1967, S. 17.

wissenssoziologische Tatsache ist, dass Ideen leichter zirkulieren können als in den vorangegangen Epochen. Eine neue Art von räsonierender Öffentlichkeit konstituiert sich. Durch die Gründung von ‚gelehrten Zeitschriften' und Journalen entsteht eine Leserschaft, die sich als räsonierendes Publikum versteht, d. h. in die Debatte eingreift und sie fortführt. Der Diskurs ist ‚gelehrt', jedoch überfachlich. Es diskutieren nicht Physikern mit Physikern, Staatsrechtler mit Staatsrechtlern, Theologen mit Theologen über die jeweiligen Probleme ihres Fachs, vielmehr Menschen mit Menschen über Probleme, die die Menschheit und daher jeden Menschen angehen. Über Disziplinen-, Standes-, Berufs-, Konfessionen-, Landes- und Sprachgrenzen hinweg räsonieren Menschen mit Menschen, freilich unter einer einzigen Bedingung: sie sind *aufgeklärt*. Mit einem Bauern, Handwerker, Schankwirt, Dorfpfarrer lässt sich nicht räsonieren, ebenso wenig mit der Obrigkeit, dem Fürsten, dem Grundherrn oder dem Bischof. Die eine Gruppe ist nicht hinreichend gebildet, um zu räsonieren. Die andere Gruppe verweigert sich dem Diskurs, weil sie Klassen-, Standes- und Konfessionsgrenzen daran hindern. Die Person erwirbt ihren aufgeklärten Status zwar auch durch Bildung, Wissenschaft, Kultur, aber Bildung ist nicht hinreichend, um als aufgeklärt zu gelten. Aufgeklärt ist, wer von Stand, Konfessionszugehörigkeit, Loyalitätspflichten gegenüber dem Dienstgeber abstrahieren und in dem Anderen primär den Menschen sehen kann.

Aufgeklärt sind primär Personen und erst sekundär Gesellschaften, Institutionen, Kulturen etc. Nur Personen können einander aufklären. Aufklärung durch Institutionen (Pädagogen, Wissenschaftler, Politiker, Publizisten, Prediger) ist Pseudo-Aufklärung. Als Beleg für diese These lässt sich Kants berühmter Debattenbeitrag „Beantwortung der Frage: Was ist Aufklärung?" von 1784 heranziehen: „Aufklärung ist der Ausgang des Menschen aus seiner selbst verschuldeten Unmündigkeit. Unmündigkeit ist das Unvermögen, sich seines Verstandes ohne Leitung eines anderen zu bedienen."[5] Die Chancen, dass sich einzelne aus der selbstverschuldeten Unmündigkeit herausarbeiten und selber denken, hält Kant für gering: „Dass aber ein Publikum sich selbst aufkläre, ist eher möglich; ja es ist, wenn man ihm nur Freiheit lässt, beinahe unausbleiblich. Denn da werden sich immer einige Selbstdenkende, sogar unter den eingesetzten Vormündern des großen Haufens, finden, welche, nachdem sie das Joch der Unmündigkeit selbst abgeworfen haben, den Geist einer vernünftigen Schätzung des eigenen Werts und des Berufs jedes Menschen selbst zu denken um sich verbreiten werden".[6] Aufklärung geschieht primär durch die Existenz einer räsonierenden Öffentlichkeit, deren Mitglieder sich selber aufklären. Aber das geht nur, wenn sich jeder des eigenen Werts und der Bestimmung der Menschheit in seiner Person bewusst wird. Die nicht-verschuldeten Grenzen der Freiheit sind die bis dato bestehenden Klassen-, Standes- und Konfessionsgrenzen. Die

---

[5] Immanuel Kant, *Beantwortung der Frage: Was ist Aufklärung?*, A 481 (in: Ders., *Schriften zur Anthropologie, Geschichtsphilosophie, Politik und Pädagogik*, Bd. 1: Werkausgabe XI, S. 53–61, hier 53 / Akademie-Ausgabe VIII 35_{1-6}).

[6] Kant, *Was ist Aufklärung?*, A 483 (Werkausgabe XI, S. 54 / Akademie-Ausgabe VIII 36_{16-22}).

selbstverschuldete Grenze ist die selbstgewählte Unmündigkeit, d.h. die Minderschätzung des eigenen Werts, der für Kant weniger in der Besonderheit der Person als in ihrer Vernunftnatur gründet. Nicht nur der Unmündige, auch der amtlich bestellte Vormund (Fürst, Priester, Theologe, Glaubenswächter) missachtet die Menschheit in seiner Person, insofern er einer partikularen Identität der allgemeinen den Vorzug gibt.

Kant unterscheidet im Fortgang seiner Kampfschrift zwischen dem „öffentlichen Gebrauch" und dem „Privatgebrauch" der Vernunft: „Der öffentliche Gebrauch [...] muss jederzeit frei sein, und der allein kann Aufklärung unter Menschen zustande bringen; der Privatgebrauch derselben aber darf öfters sehr enge eingeschränkt sein, ohne doch darum den Fortschritt der Aufklärung sonderlich zu hindern".[7] Der öffentliche Gebrauch der Vernunft steht bei Kant im Zusammenhang der Bedingungen einer Gesellschaft, deren Mitglieder sich selber aufklären: „Ich verstehe aber unter dem öffentlichen Gebrauche seiner eigenen Vernunft denjenigen, den jemand als Gelehrter von ihr vor dem ganzen Publikum der Leserwelt macht".[8] Das gebildete und räsonierende Publikum vertritt die Menschheit, die in der Mehrzahl ihrer Mitglieder noch unaufgeklärt ist. Der Privatgebrauch der Vernunft deckt sich für Kant genau nicht mit der privaten Sphäre (,unter Freunden', ,zu Hause', in der ,Firma'), vielmehr mit Institutionen und Anstalten, Krankenhäuser, Schulen, Armee, Kirche, d.h. dem, wofür Kant die Maschinenmetapher bereit hält, also dem, wo der Mensch gerade nicht als Mensch, vielmehr gemäß seiner Rolle als Vorgesetzter oder Untergebener, Funktionär oder Patient eingestuft wird. „Den Privatgebrauch nenne ich denjenigen, den [der Mensch] in einem gewissen ihm anvertrauten bürgerlichen Posten, oder Amte, von seiner Vernunft machen darf [...] So fern sich aber dieser Teil der Maschine zugleich als Glied eines ganzen gemeinen Wesens, ja sogar der Weltbürgergesellschaft ansieht, mithin in der Qualität eines Gelehrten, der sich an ein Publikum im eigentlichen Verstande durch Schriften wendet; kann er allerdings räsonieren, ohne dass dadurch die Geschäfte leiden, zu denen er zum Theile als passives Glied angesetzt ist".[9] Der Offizier muss gehorchen, aber als Gelehrtem muss es ihm gestattet sein, „über die Fehler im Kriegsdienste Anmerkungen zu machen".[10] Der Bürger muss seine Steuern zahlen, als Gelehrter darf er über Abgabenreform und Verwendung der Steuergelder publizieren. Der Geistliche muss seine Katechismusschüler und seine Gemeinde in dem Bekenntnis unterrichten, auf das hin er vereidigt und den Verkündigungsauftrag erhalten hat. „[A]ls Gelehrter hat er volle Freiheit, ja sogar den Beruf dazu, alle seine sorgfältig geprüften und wohlmeinenden Gedanken über das Fehlerhafte in jenem Symbol, und Vorschläge wegen besserer Einrichtung des Religions- und Kirchenwesens, dem Publikum mitzuteilen".[11]

---

[7] Ebd., A 484f. (Werkausgabe XI, S. 55 / Akademie-Ausgabe VIII 37_{7-10}).
[8] Ebd., A 485 (Werkausgabe XI, S. 55 / Akademie-Ausgabe VIII 37_{11-13}).
[9] Ebd., A 485 (Werkausgabe XI, S. 55f. / Akademie-Ausgabe VIII 37_{13-27^*}).
[10] Ebd., A 486 (Werkausgabe XI, S. 56 / Akademie-Ausgabe VIII 37_{31}).
[11] Ebd. (Werkausgabe XI, S. 56 / Akademie-Ausgabe VIII 38_{5-8}).

Als unabdingbare Voraussetzung des öffentlichen freien Vernunftgebrauchs sieht Kant die Gewährung der Bekenntnis- und Religionsfreiheit an. Er hält es schlechterdings für unmöglich, dass sich durch Synodenbeschluss oder weltlichen Schiedsspruch die Mitglieder eines Staatsvolks dauerhaft auf ein religiöses Bekenntnis festlegen. „Ein Zeitalter kann sich nicht verbünden und darauf verschwören, das folgende in einen Zustand zu setzen, darin es ihm unmöglich werden muss, seine […] Erkenntnisse zu erweitern, von Irrtümern zu reinigen, und überhaupt in der Aufklärung weiter zu schreiten. Das wäre ein Verbrechen wider die menschliche Natur, deren ursprüngliche Bestimmung gerade in diesem Fortschreiten besteht; und die Nachkommen sind also vollkommen dazu berechtigt, jene Beschlüsse […] zu verwerfen."[12] Rechtlich bindend kann nur sein, was der Selbstprüfung und der Selbstgesetzgebung aus Freiheit unterliegt. „Der Probierstein alles dessen, was über ein Volk als Gesetz beschlossen werden kann, liegt in der Frage: ob ein Volk sich selbst wohl ein solches Gesetz auferlegen könnte?"[13]

Der räsonierende, d. h. aufgeklärte Teil der Menschheit vertritt die ganze Menschheit. Die Aufklärung impliziert eine Relativierung aller Bindungen, die durch Zugehörigkeit zu partikularen Sozialformen und Traditionen entstanden sind. Bemerkenswert ist, dass die Zugehörigkeit zu einer Religionsgemeinschaft und einem Bekenntnis unter die partikularen Lebensformen zu rechnen ist. Die Konsequenz, dass Religion Privatsache ist, hat die Mehrheit der Aufklärer nicht gezogen. Ihr Bestreben war es, die existierenden Religionen zu transformieren, was darauf hinaus lief, sie auf den Kern einer vernünftigen, d. h. natürlichen Religion zu reduzieren. Die natürliche Religion ist inhaltsgleich mit dem vernünftigen Gehalt des Sittengesetzes, d. h. der Moral.

Die These, dass Aufklärung mit der Achtung der Menschheit in jeder Person zusammenfällt, finden wir auch bei einem anderen Autor, der sich zeitgleich mit Kant an der Debatte beteiligt hat, Moses Mendelssohn (1729–1786). Auch er hat 1794 über die Frage publiziert: „Was heißt aufklären?". Bildung zerfällt für ihn in Kultur und Aufklärung. Kultur markiert den Grad an Kultiviertheit, Geschmack, Fertigkeiten im Umgang und Stil. Aufklärung beinhaltet wissenschaftliche Bildung und Fähigkeit zur Reflexion, die das „vernünftige[n] Nachdenken über Dinge des menschlichen Lebens, nach Maßgebung ihrer Wichtigkeit und ihres Einflusses in die Bestimmung des Menschen" einschließt.[14] Nicht anders als Kant hat Mendelssohn einen feststehenden Begriff von der Bestimmung des Menschen. Die „Bestimmung des Menschen [zerfällt in] 1. Bestimmung des Menschen als *Mensch* und 2. Bestimmung des Menschen als *Bürger*."[15] Das, was Mendelssohn ‚Kultur' nennt, hat einen konstitutiven Bezug auf das gesellschaftliche Leben der Menschen, worin

---

[12] Ebd., A 488 (Werkausgabe XI, S. 57 f. / Akademie-Ausgabe VIII 39$_{5-13}$*).
[13] Ebd., A 488 f. (Werkausgabe XI, S. 58 / Akademie-Ausgabe VIII 39$_{13-15}$).
[14] Moses Mendelssohn, „Was heißt aufklären?", in: *Schriften über Religion und Aufklärung*, hg. von Martina Thom, Darmstadt 1989, S. 459–465, hier 461.
[15] Ebd., S. 462.

ihre Rolle als Bürger aufgeht. Aufklärung hat einen konstitutiven Bezug auf das Menschsein aller Menschen. „Der Mensch als Mensch bedarf keiner Kultur, aber er bedarf *Aufklärung*. [...] Die *Aufklärung*, die den Menschen als Menschen interessiert, ist allgemein ohne Unterschied der Stände; die Aufklärung des Menschen als Bürger betrachtet, modifiziert sich nach *Stand* und *Beruf*."[16] Die These darf nicht so verstanden werden, als könne der Mensch seine bürgerliche Identität abstreifen und nur noch als Mensch existieren. Die bürgerliche Identität ist für die konkrete Existenz unhintergehbar. Ebenso wie Kant stellt auch Mendelssohn die überkommene gesellschaftliche Schichtung nach Stand und Beruf nicht in Frage. Die bürgerliche Identität beinhaltet die Zugehörigkeit zu Nation, Klasse, Stand, Konfession etc. Die so verstandene bürgerliche Identität bildet jedoch nicht die tiefere Identität des Menschen ab.

Aufklärung bezieht sich in doppelter Weise auf den Menschen und den Bürger: „Die *Aufklärung*, die den Menschen als Menschen interessiert, ist allgemein ohne Unterschied der Stände; die Aufklärung des Menschen als Bürger betrachtet, modifiziert sich nach *Stand* und *Beruf*."[17] Der Grad der Aufklärung einer Gesellschaft setzt sich vektorial zusammen 1) aus der Gesamtmenge des Wissens, über die eine Gesellschaft verfügt, 2) der Relevanz des Wissens für die doppelte Bestimmung des Menschen, a) als Mensch, b) als Bürger, 3) die Art der Verteilung über die Angehörigen unterschiedlicher Stände hinweg, 4) nach Maßgabe beruflicher Differenzierungen. „[U]nd also wäre der Grad der Volksaufklärung nach einem wenigstens vierfach zusammengesetzten Verhältnisse zu bestimmen, dessen Glieder zum Teile selbst wiederum aus einfacheren Verhältnisgliedern zusammengesetzt sind."[18]

Dass Mendelssohn ein moderater Aufklärer ist, zeigt sich an der Stelle, an der er es für möglich hält, dass die „Menschenaufklärung [...] mit Bürgeraufklärung in Streit kommen [kann]. Gewisse Wahrheiten, die dem Menschen als Menschen nützlich sind, können ihm als Bürger zuweilen schaden".[19] Man möchte fragen, wer das zu beurteilen hat? Für Mendelssohn liegt es Bereich des Möglichen, „dass die Aufklärung, die der Menschheit unentbehrlich ist, sich nicht über alle Stände des Reichs ausbreiten [lässt], ohne dass die Verfassung in Gefahr sei, zugrunde zu gehen. Hier lege die Philosophie die Hand auf den Mund!"[20] Mendelssohn stilisiert sich als tugendhafter Aufklärer, Kant erscheint in seinem Debattenbeitrag als Radikalaufklärer.[21]

Die Idee der Menschheit, die in jeder Person zu achten ist, ist ein zentrales Motiv der Aufklärung. Der Mensch ist ontologisch ausgezeichnet durch den Besitz des

---

[16] Ebd., S. 462 f.
[17] Ebd., S. 463.
[18] Ebd.
[19] Ebd.
[20] Ebd.
[21] Zur gegenwärtigen Kontroverse der ‚zwei Aufklärungen' vgl. Jonathan I. Israel, „Radikalaufklärung: Entstehung und Bedeutung einer fundamentalen Idee", in: Ders. / Martin Mulsow (Hg.), *Radikalaufklärung*, Berlin 2014, S. 234–275, hier 234.

natürlichen Lichts der Vernunft.[22] Die Fokussierung auf die rationale Natur des Menschen ist ideengeschichtlich keine Novität. Neu ist, dass in den Begriff der Vernunft der Begriff der Reflexivität, der Selbsterkenntnis und der Kritik hineingetragen wird. Nur derjenige ist aufgeklärt, dessen Erkenntnis zugleich „Selbsterkenntnis" ist, und das in dem Doppelsinn, „dass es sich dabei um Erkenntnis seiner selbst und zugleich um selbstgeleistete Erkenntnis handelt".[23] Aufoktroyierte Selbsterkenntnis wäre noch nicht die gesuchte Selbsterkenntnis. Nur das zählt, was durch selbstgeleistete Reflexion und eigene Einsicht eingeholt werden kann. Wissenschaftliche Bildung unterscheidet sich von Aufklärung darin, dass Aufklärung ein intrinsisches Moment an Selbsterkenntnis und Selbstkritik erhält. Kritik hat es immer gegeben, wo Vernunft am Werk war und Gründe verlangt wurden. Die Kritik der Aufklärungsphilosophie unterscheidet sich von früheren Epochen kritischer Philosophie darin, dass die Aufklärungsphilosophie die Kritik an die Selbstverständigung der Subjekte koppelt. Aufklärung beseitigt nicht nur die Unwissenheit der Subjekte, sie ermöglicht Selbstveränderung und ermächtigt zur Selbstbestimmung.

2. Das Prinzip der Subjektivität

Konstitutiv für die europäische Aufklärung ist (erstens) ein geschichtsphilosophisches Postulat: das Ziel der Geschichte besteht in der Subjektwerdung der Menschen und der Verwirklichung innerer und äußerer Freiheit; (zweitens) ein geschichtsphilosophischer Rahmen: die Selbstverständigung des Menschen und seine politisch-moralische Praxis, aber auch sein privates Streben nach Glück und Erfüllung, finden in einem säkularen Raum der Geschichte statt. Geschichte ist restlos Menschenwerk. Freiheit und Geschichte sind nicht eingelassen in einen kosmischen Ordnungsrahmen und eine zyklische Zeitvorstellung. Der letzte Bezugsrahmen des Denkens und Handelns ist aber auch nicht die Heilsgeschichte, in der sich die menschliche Praxis zwischen Schöpfung, Geburt Christi und dessen Wiederkunft ausspannt und ihren Zielpunkt in der geschichtstranszendenten Vollendung findet; vielmehr ist er der offene und freie Raum der Geschichte, in der menschliche Akteure gegen alle Widerstände der inneren und äußeren Natur vernünftige Zwecke verwirklichen.

Konstitutiv für die Aufklärung ist (drittens) ein gewandelter metaphysischer Rahmen: die Ablösung der objektiven Teleologie menschlicher Strebeziele durch eine subjektive Teleologie frei gewählter Zwecke. Nicht Gott, die Natur oder das Sein geben dem Menschen die Zwecke vor. Der Mensch verfolgt keine anderen substantiellen Zwecke als solche, die er frei gewählt hat, wobei Freiheit nicht Willkür, sondern vernünftige Selbstbestimmung meint. Der neuzeitliche Individualismus äußert

---

[22] Vgl. Immanuel Kant, *Anthropologie in pragmatischer Hinsicht*, B 313 / A 315 (in: *Schriften zur Anthropologie, Geschichtsphilosophie, Politik und Pädagogik*, Bd. 2: Werkausgabe XII, hg. von Wilhelm Weischedel, Frankfurt am Main 1968, S. 395–690; hier 673 / Akademie-Ausgabe VII 321$_{29-35}$).

[23] Herbert Schnädelbach, „Über historische Aufklärung", in: Ders., *Vernunft und Geschichte. Vorträge und Abhandlungen*, Frankfurt am Main 1987, S. 23–46; hier 23.

sich darin, dass der freie, dem Uterus der Familie entwachsene Mensch zunächst und vor allem er selbst ist. Er ist sich selbst Endzweck. Alle seine Zugehörigkeiten haben ihren Ursprung in seinen freien Entscheidungen, oder sollten es haben können. Kant und Hegel unterscheiden sich von den Klassikern der Vertragstheorie darin, dass für beide nicht schon der Naturzustand die Individuen zu Trägern von Rechten und damit zu Personen macht, sondern der Endzustand der vollkommenen bürgerlichen Verfassung. Erst hier erkennen sich die Individuen als Freie und Gleiche an.

Für Georg Wilhelm Friedrich Hegel (1770–1831) ist die Freiheit der Subjektivität das Prinzip der neuen Zeit und der modernen Welt.[24] Die Anerkennung des Prinzips der Subjektivität geht einerseits der Aufklärungsphilosophie voraus, auf der anderen Seite wird das Prinzip durch die Philosophie der Aufklärung ratifiziert und vollstreckt. Die historischen Schlüsselereignisse für die Durchsetzung dieses Prinzips sind für Hegel die Reformation, die Epoche der Aufklärung und die französische Revolution.[25] Hegel glaubt, dass mit Luther und der Reformation das „subjektive Prinzip" erstmals erfasst und anerkannt wurde – das „Prinzip des eigenen Denkens […], des eigenen Wissens, seiner Tätigkeit, seines Rechts, Besitzes, seines Zutrauens zu sich, so dass sich der Mensch in seiner Tätigkeit, Vernunft, Phantasie usf., in seinen Produkten befriedigt, […] dass er eine Freude hat an seinen Werken und seine Werke als etwas Erlaubtes und Berechtigtes betrachtet, worin er wesentlich seine Interessen setzen darf und soll".[26] Die Bedeutung der Reformation besteht darin, dass das subjektive Prinzip in der Geschichte der Menschheit seiner höchsten Bewährung zugeführt wurde. Das Gelten des Subjektiven bedurfte, „um vollkommen legitimiert zu sein und sogar zur absoluten Pflicht zu werden", zunächst der „religiösen Bewährung".[27]

Die sich selbst begreifende Subjektivität kann aber nicht im Inneren der Religion verharren und sich auf den religiösen Inhalt beschränken. Sie muss allgemein werden und sich auf alle Bereiche des Geistes (Wissenschaft, Künste, Sitte, Recht, Moral,

---

[24] Georg Wilhelm Friedrich Hegel, *Grundlinien der Philosophie des Rechts*, § 124 Anmerkung: „Das Recht der *Besonderheit* des Subjekts, sich befriedigt zu finden, oder, was dasselbe ist, das Recht der *subjektiven Freiheit* macht den Wende- und Mittelpunkt in dem Unterschiede des *Altertums* und der *modernen Zeit*. Dies Recht in seiner Unendlichkeit ist im Christentum ausgesprochen und zum allgemeinen wirklichen Prinzip einer neuen Welt gemacht worden": Werke, hg. von Eva Moldenhauer / Karl Markus Michel, Frankfurt am Main 1971, Bd. 7, S. 233. Vgl. ebd., S. 439: „Das Prinzip der neueren Welt überhaupt ist Freiheit der Subjektivität, dass alle wesentlichen Seiten, die in der geistigen Totalität vorhanden sind, zu ihrem Rechte kommen sich entfalten." (§ 273 Zusatz)

[25] Diese Trias findet sich bei Jürgen Habermas, *Der philosophische Diskurs der Moderne. Zwölf Vorlesungen*, Frankfurt am Main 1985, S. 27.

[26] Georg Wilhelm Friedrich Hegel, *Vorlesungen über die Geschichte der Philosophie* III (Werke, hg. von Eva Moldenhauer / Karl Markus Michel, Frankfurt am Main 1971, Bd. 20, S. 50).

[27] Hegel, *Geschichte der Philosophie* III (Werke 20, S. 50); vgl. ebd. (S. 51): „Dies ist nun das, was der Lutherische Glaube ist, dass der Mensch in Verhältnis zu Gott stehe und er selbst als *Dieser* nur erscheinen, nur Dasein haben müsse […]. Seine Empfindung, sein Glauben, schlechthin das Seinige ist gefordert, – seine Subjektivität, die innerste Gewissheit seiner selbst; nur diese kann wahrhaft in Betracht kommen in Beziehung auf Gott."

Politik und Religion) ausdehnen. Das Prinzip der Subjektivität erfährt seine Konkretion in den Theorien des Rationalismus, Empirismus, Skeptizismus und der vornehmlich französischen Vertreter einer Radikalaufklärung. „Wir sehen hier frei den sogenannten *Materialismus* und *Atheismus* auftreten, als das notwendige Resultat des reinen begreifenden Selbstbewusstsein."[28] Negiert werden alle Bestimmungen, die den Geist als *Jenseits* des Bewusstseins und als *Geist* auffassen einschließlich seiner Beglaubigung als transzendenter *göttlicher* Geist durch Kirche und Tradition. Das Negative der Aufklärungsphilosophie sind der Furor und die „Kraft des Begriffs gegen die Existenz, gegen den Glauben, gegen die Macht der Autorität seit Jahrtausenden", das Positive sind „sogenannte unmittelbar einleuchtende Wahrheiten des gesunden Menschenverstands".[29] Ein mattes Abbild der französischen Radikalaufklärung ist für Hegel die deutsche Aufklärung, die er in flachem Nützlichkeitsdenken versanden sah, wäre nicht Kant aufgetreten.[30]

In der französischen Philosophie wird die „Freiheit […] Weltzustand, verbindet sich mit der Weltgeschichte, wird Epoche derselben."[31] Die Revolutionäre von 1789 waren keine Philosophen. Die Philosophen haben laut Hegel nicht an eine Revolution gedacht, sie wünschten nur subjektiv „Verbesserungen".[32] Die Revolution wurde durch das Versagen der Eliten und der politischen, sozialen und religiösen Zerrüttung des Landes erzwungen. Was die Philosophen „gegen diese greuliche Zerrüttung setzten und behaupteten, ist im allgemeinen, dass die Menschen nicht als Laien sein sollen, – Laien weder in bezug auf Religion noch auf Recht; so dass es im Religiösen nicht eine Hierarchie, […] und ebenso im Rechtlichen nicht eine ausschließende Kaste und Gesellschaft sei […], in der die Erkenntnis dessen liege und eingeschränkt sei, was ewig, göttlich, wahr und recht ist, und den anderen Menschen von dieser anbefohlen und angeordnet werden könne, sondern die Menschenvernunft ihre Zustimmung und Urteil das Recht habe zuzugeben. Barbaren als Laien zu behandeln, ist in der Ordnung; denkende Menschen aber als Laien zu behandeln, ist das Härteste. Dies große Menschenrecht der subjektiven Erkenntnis, Einsicht, Überzeugung haben jene Männer heldenmütig mit ihrem großen Genie, Wärme, Feuer, Geist, Mut erkämpft. – Es ist Fanatismus des abstrakten Geistes".[33] Die Revolution macht aus Untertanen Bürger und setzt der institutionell gestützten Ungleichheit und Unmündigkeit der Vielen ein Ende.

---

[28] Hegel, *Geschichte der Philosophie* III (Werke 20, S. 288).

[29] Ebd. (Werke 20, S. 291).

[30] „Die Deutschen trieben sich in dieser Zeit in ihrer Leibnizisch-Wolffischen Philosophie ruhig herum […], als sie nach und nach vom Geiste des Auslandes angeweht, in alle Erscheinungen eingingen, die dort erzeugt worden waren, den Lockeschen Empirismus hegten und pflegten und auf der anderen Seite zugleich die metaphysischen Untersuchungen auf die Seite legten und sich um Wahrheiten, wie sie dem gesunden Menschenverstand begreiflich sind, bekümmerten, – in die *Aufklärung* und Betrachtung der Nützlichkeit aller Dinge warfen, eine Bestimmung, die sie von den Franzosen übernahmen" (Werke 20, S. 308.).

[31] Ebd. (Werke 20, S. 292).

[32] Ebd. (Werke 20, S. 296).

[33] Ebd. (Werke 20, S. 297).

Zusammenfassend lässt sich sagen, dass sich für Hegel das Prinzip der Subjektivität in folgenden Phänomenen Ausdruck verschafft: a) im modernen Individualismus, wonach die „unendlich besondere Eigentümlichkeit" der Subjekte „ihre Prätensionen geltend" machen kann,[34] b) im Recht der Kritik, wonach das, „was jeder anerkennen soll, sich ihm als ein Berechtigtes zeige",[35] c) in der Autonomie des Handelns und der Gesetzgebung, wonach der Mensch sein „Inneres […] so unabhängig, so frei weiß, dass er die Entschließung nur aus sich selbst nimmt",[36] und sie vollendet sich d) im Siegeszug der idealistischen Philosophie Kants und seiner Nachfolger.[37]

Erst in der Kantischen praktischen Philosophie tritt zu Tage, dass die Freiheit des Subjekts nicht mit subjektiver Willkür gleichgesetzt werden darf. Für Kant ist „Autonomie [d. h. Selbstgesetzgebung] der Grund der Würde der menschlichen und jeder vernünftigen Natur".[38] Frei ist der Mensch, der sich selber sein Gesetz gibt. In der Idee der Autonomie ist die Idee der Freiheit mitgedacht. Unsere Würde beruht auf unserer Freiheit, die als Willkürfreiheit missverstanden wäre. Das Prinzip der Autonomie besagt also nicht, zu wählen, wie ich will, vielmehr „nicht anders zu wählen, als so, dass die Maximen [m]einer Wahl in demselben Wollen zugleich als allgemeines Gesetz mit begriffen [sind]".[39] Der kategorische Imperativ – „handle nur nach derjenigen Maxime, durch die du zugleich wollen kannst, dass sie ein allgemeines Gesetz werde" – weist dem Prinzip der Autonomie die Richtung. Autonomie ist die Eigenschaft des Willens, „sich selbst ein Gesetz" zu sein.[40] Ein „freier Wille" und ein „Wille unter sittlichen Gesetzen" bilden keinen Widerspruch, ja sind für Kant „einerlei".[41] Ein Wille ist frei, der keine anderen Antriebe kennt als die Vernunft. Neigungen, die der Vernunft entgegengesetzt sind, scheiden als Bestimmungsgründe eines freien Willens aus; sie führen direkt in die Heteronomie. Ein Wille, der sich von Begierden, Gefühlen, Leidenschaften bestimmen lässt – mögen sie noch so edel sein – ist unfrei. Mitleid, Liebe, Barmherzigkeit sind als Bestimmungsgründe des Willens nachrangig, weil sie in Gefahr stehen, in Heteronomie umzuschlagen. Frei ist allein der Wille, der sich durch Vernunft bestimmen lässt. Seine höchste philosophische Bewährung hat das Prinzip der Subjektivität in der Idee der Selbstgesetz-

---

[34] Hegel, *Grundlinien der Philosophie des Rechts*, § 162 (Werke 7, S. 311).

[35] Ebd., § 317 Zusatz (Werke 7, S. 485).

[36] Georg Wilhelm Friedrich Hegel, *Vorlesungen über die Geschichte der Philosophie* I (Werke, hg. von Eva Moldenhauer / Karl Markus Michel, Frankfurt am Main 1971, Bd. 18, S. 493). Hegel fährt fort: „Und diese Freiheit ist das, was wir darunter verstehen, wenn wir in jetzigen Zeiten von Freiheit sprechen. […] Es gehört der modernen Zeit an, dass wir dafür stehen wollen, was wir tun; wir wollen uns nach Gründen der Klugheit entscheiden und halten es fürs Letzte. Die Griechen hatten noch nicht das Bewusstsein dieser Unendlichkeit."

[37] Zu dieser Unterscheidung vgl. Jürgen Habermas, *Der philosophische Diskurs der Moderne*, Frankfurt am Main 1985, S. 27.

[38] Immanuel Kant, *Grundlegung zur Metaphysik der Sitten*, BA 79 (Werkausgabe VII, S. 69 / Akademie-Ausgabe IV 436$_{6f.}$).

[39] Ebd., BA 87 (Werkausgabe VII, S. 74 f. / Akademie-Ausgabe IV 440$_{18-20}$).

[40] Ebd., BA 98 (Werkausgabe VII, S. 81 / Akademie-Ausgabe IV 447$_{2f.}$).

[41] Ebd., BA 98 (Werkausgabe VII, S. 82 / Akademie-Ausgabe IV 447$_{6f.}$).

gebung der Vernunft aus Freiheit. Frei ist der Wille, der sich als freier Wille will. „[F]ür den Willen ist kein anderer Zweck als der aus ihm selbst geschöpfte, der Zweck seiner Freiheit."[42]

Aufklärung ist für Kant ein doppeltes Postulat: dass der einzelne Mensch eingedenk seiner Würde einen freien Gebrauch von seiner Vernunft mache, d.h. die selbstverschuldete Unmündigkeit hinter sich lasse; und dass die individuelle Freiheit sich zur Freiheit aller in Beziehung setze und an der Herstellung einer gerechten nationalen und internationalen politischen Ordnung mitwirke. Aufklärung ist, wie gesagt, (I.) „Ausgang des Menschen aus seiner selbstverschuldeten Unmündigkeit"[43]; Aufklärung ist aber auch (II.) Überwindung des Naturzustands des einzelnen und der Gesellschaft durch einen rechtlich-politischen Zustand, d.h. die Schaffung der „vollkommen gerechten bürgerlichen Verfassung".[44]

3. Die politische Dimension der Freiheit

Ihr moralisches Ziel erreichen die Individuen weder individuell noch auf dem Weg einer freien Assoziation der Freien und Gleichen, sondern nur innerhalb eines rechtlich-politischen Rahmens, innerhalb dessen sich die menschliche Gattung dem Ideal der weltbürgerlichen Gesellschaft, d.h. dem Bund freier und auf rechtlicher Basis miteinander verkehrender Einzelstaaten, in denen jeweils die bestmögliche bürgerliche Verfassung realisiert ist, annähert. Der Endzustand, die weltbürgerliche Gesellschaft, ist Zielpunkt menschlichen Handelns, nicht Endpunkt eines naturhaft ablaufenden Geschichtsprozesses, so wie der Fortschritt keinem Determinismus gehorcht, vielmehr auf Einsicht und Entschlossenheit der Einzelnen und der politisch Verantwortlichen beruht. Es handelt sich freilich um ein moralisch gebotenes Ziel. Kant spricht von einer „moralischen Anlage" bzw. einer „angeborene[n] Aufforderung der Vernunft", dem Hang zur Verstellung, vorsätzlichen Täuschung und Lüge entgegenzuarbeiten, „mithin die Menschengattung nicht als böse, sondern als eine aus dem Bösen zum Guten in beständigem Fortschreiten unter Hindernissen emporstrebende Gattung vernünftiger Wesen darzustellen; wobei dann ihr Wollen, im allgemeinen, gut, das Vollbringen aber dadurch erschwert ist, dass die Erreichung des Zwecks nicht von der freien Zusammenstimmung der *einzelnen*, sondern

---

[42] Hegel, *Geschichte der Philosophie* III (Werke 20, S. 367).

[43] Kant, *Was ist Aufklärung?*, A 481 (Werkausgabe XI, S. 53 / Akademie-Ausgabe VIII 35$_{1f.}$).

[44] Immanuel Kant, *Idee zu einer allgemeinen Geschichte in weltbürgerlicher Absicht*, A 395 (in: Ders., *Schriften zur Anthropologie, Geschichtsphilosophie, Politik und Pädagogik*, Bd. 1: Werkausgabe XI, S. 31–50, S. 39 / Akademie-Ausgabe VIII 22$_{18}$); vgl. Willi Oelmüller, Art. „Aufklärung", in: *Handbuch philosophischer Grundbegriffe*, Bd. 1, hg. von Hermann Krings / Hans Michael Baumgartner / Christoph Wild, München 1973, S. 141–154: „Für Kant bedeutet Aufklärung nicht nur Ausgang des einzelnen aus seiner selbstverschuldeten und von den politischen und religiösen Mächten geförderten Unmündigkeit, sondern vor allem Überwindung des Naturzustands des einzelnen und der Gesellschaft durch einen rechtlich-politischen Zustand" (S. 145).

nur durch fortschreitende Organisation der Erdbürger in und zu der Gattung als einem System, d. i. kosmopolitisch verbunden ist, erwartet werden kann".[45]

Der philosophische Versuch, eine allgemeine Weltgeschichte als *Freiheitsgeschichte*, d. h. als Geschichte der Selbst- und Weltgestaltung vernünftiger Wesen zu schreiben, müsste in einen Roman münden, den man nur vom Ende her erzählen kann. Das Ende ist uns nicht bekannt.[46] Aus dieser Verlegenheit wären wir befreit, wenn es möglich wäre, die allgemeine Weltgeschichte als *Naturgeschichte* zu rekonstruieren, die im rechtlich-politischen Idealzustand, d. h. der „vollkommenen bürgerlichen Vereinigung" der Menschengattung, terminierte.[47] Kant glaubt, sich zu heuristischen Zwecken einer solchen Geschichtskonstruktion, bei der man die „Natur, selbst im Spiele der menschlichen Freiheit, nicht ohne Plan und Endabsicht" verfahren sieht, bedienen zu dürfen. Die dahinter stehende Absicht ist keine politische „Wahrsagerkunst künftiger Staatsveränderungen", sondern Ermutigung zu vernünftiger Selbst- und Weltgestaltung.[48]

Das Ziel der Geschichte ist dem Einzelnen wie der Gattung nicht naturhaft vorgegeben, es ist nur frei wählbar und in Freiheit realisierbar: „Die Natur hat gewollt: dass der Mensch alles, was über die mechanische Anordnung seines tierischen Daseins geht, gänzlich aus sich herausbringe, und keiner anderen Glückseligkeit, oder Vollkommenheit, teilhaftig werde, als die er sich selbst, frei von Instinkt, durch eigene Vernunft verschafft".[49] Die von Kant gewählte Geschichtskonstruktion einer Naturgeschichte erlaubt es ihm, eine List der Natur in Anschlag zu bringen, die den Motor der Freiheitsgeschichte darstellt. Es ist ausgerechnet die „ungesellige Geselligkeit der Menschen" und der aus ihr erwachsende Antagonismus,[50] der zur Überwindung des Naturzustands im rechtlich-politischen Zustand beiträgt: „Der Mensch hat eine Neigung, sich zu *vergesellschaften* […]. Er hat aber auch einen großen Hang, sich zu *vereinzelnen* (isolieren); weil er in sich zugleich die ungesellige Eigenschaft antrifft, alles bloß nach seinem Sinne richten zu wollen, und daher allerwärts Widerstand erwartet, so wie er von sich selbst weiß, dass er seiner Seits zum Widerstande gegen andere geneigt ist. Dieser Widerstand ist es nun, welcher alle Kräfte des Menschen erweckt, ihn dahin bringt, seinen Hang zur Faulheit zu überwinden, und, getrieben durch Ehrsucht, Herrschsucht oder Habsucht, sich einen Rang unter seinen Mitgenossen zu verschaffen, die nicht wohl *leiden*, von denen er aber auch nicht *lassen* kann. Da geschehen nun die ersten wahren Schritte aus der Rohigkeit zur Kultur, die eigentlich in dem gesellschaftlichen Wert des Menschen bestehen; da werden alle Talente nach und nach entwickelt, der Geschmack gebildet, und selbst

---

[45] Kant, *Anthropologie in pragmatischer Hinsicht*, B 332 / A 334 (Werkausgabe XII, S. 689 f. / Akademie-Ausgabe VII 333$_{3-10}$).
[46] Vgl. Kant, *Geschichte in weltbürgerlicher Absicht*, A 407 (Werkausgabe XI, S. 48 / Akademie-Ausgabe VIII 29).
[47] Ebd., A 407 (Werkausgabe XI, S. 47 / Akademie-Ausgabe VIII 29$_{3f.}$).
[48] Ebd., A 409 (Werkausgabe XI, S. 49 / Akademie-Ausgabe VIII 30$_{10}$).
[49] Ebd., A 389 f. (Werkausgabe XI, S. 36 / Akademie-Ausgabe VIII 19$_{18-22}$).
[50] Ebd., A 391 (Werkausgabe XI, S. 37 / Akademie-Ausgabe VIII 20$_{30f.}$).

durch fortgesetzte Aufklärung der Anfang zur Gründung einer Denkungsart gemacht, welche die grobe Naturanlage zur sittlichen Unterscheidung mit der Zeit in praktische Prinzipien, und so eine *pathologisch*-abgedrungene Zusammenstimmung zu einer Gesellschaft endlich in ein *moralisches* Ganzes verwandeln kann."[51]

Das paradoxe Resultat ist, dass einzig auf dem Weg des Naturzwangs die „Erreichung einer allgemeinen das Recht verwaltenden bürgerlichen Gesellschaft" möglich war.[52] Das Paradox besteht darin, dass sich die Menschengattung dem Ziel einer „vollkommen gerechte[n] bürgerliche[n] Verfassung" nur auf dem Weg einer Gesellschaft annähern kann, in der die „größte Freiheit" herrscht und die dadurch einen „durchgängigen Antagonism ihrer Glieder" heraufbeschwört, was wiederum erforderlich macht, dass die „genaueste Bestimmung und Sicherung der Grenzen dieser Freiheit" erfolgt.[53] Die rechtliche Begrenzung der Freiheit des Einen durch die Freiheit des Anderen wird bereits als Unfreiheit erfahren, hinzu kommt die noch größere Schwierigkeit der Lösung des Problems der gerechten politischen Herrschaft.[54] Was die Aufgabe der Schaffung einer vollkommenen bürgerlichen Verfassung weiterhin erschwert, ist die Tatsache, dass sich die Beziehungen der Staaten untereinander als rechtlos gestalten, was das Führen nie endender Kriege zur Folge hat. Der Ausweg kann nur darin bestehen, dass sich die Staaten notgedrungen zu dem entschließen, „wozu der wilde Mensch ebenso ungern gezwungen ward, nämlich: seine brutale Freiheit aufzugeben, und in einer gesetzmäßigen Verfassung Ruhe und Sicherheit [in einem Staatenbund] zu suchen".[55]

Für Kant ist die historische *Aufklärung* (1650–1800) eine Station auf dem Weg zur Einrichtung einer vollkommenen bürgerlichen Verfassung. Sie besteht darin, dass sogar den Monarchen klar wird, dass die Gewährung bürgerlicher Freiheiten dem Wohl der Staaten nicht entgegensteht, dieses vielmehr fördert: „Bürgerliche Freiheit kann jetzt auch nicht sehr wohl angetastet werden, ohne den Nachteil davon in allen Gewerben, vornehmlich dem Handel, dadurch aber auch die Abnahme der Kräfte des Staates im äußerlichen Verhältnisse, zu fühlen. Diese Freiheit geht aber allmählich weiter. Wenn man den Bürger hindert, seine Wohlfahrt auf alle ihm selbst beliebige Art, die nur mit der Freiheit anderer bestehen kann, zu suchen: so hemmt man die Lebhaftigkeit des durchgängigen Betriebes, und hiermit wiederum die Kräfte des Ganzen. Daher wird die persönliche Einschränkung in seinem Tun und Lassen immer mehr aufgehoben, die allgemeine Freiheit der Religion nachgegeben; und so entspringt allmählich, mit unterlaufendem Wahne und Grillen, *Aufklärung* als ein großes Gut, welches das menschliche Geschlecht sogar von der selbstsüchtigen Vergrößerungsabsicht seiner Beherrscher ziehen muss, wenn sie nur ihren eigenen Vorteil verstehen. Diese Aufklärung aber, und mit ihr auch gewisser Herzensanteil, den der aufgeklärte Mensch am Guten, das er vollkommen begreift, zu nehmen nicht

---

[51] Ebd., A 392f. (Werkausgabe XI, S. 37f. / Akademie-Ausgabe VIII 20_{34}–21_{17}).
[52] Ebd., A 394 (Werkausgabe XI, S. 39 / Akademie-Ausgabe VIII $22_{7f.}$).
[53] Ebd. (Werkausgabe XI, S. 39 / Akademie-Ausgabe VIII $22_{10f.}$).
[54] Vgl. ebd., A 396 (Werkausgabe XI, S. 40 / Akademie-Ausgabe VIII 23).
[55] Ebd., A 399 (Werkausgabe XI, S. 42 / Akademie-Ausgabe VIII 24_{33-35}).

vermeiden kann, muss nach und nach bis zu den Thronen hinauf gehen, und selbst auf ihre Regierungsgrundsätze Einfluss haben."[56]

Geschichte ist die durch Praxis zu realisierende Freiheitsgeschichte des Menschen. Kant geht jedoch von einem nicht zu beendenden Widerstreit zwischen der „Bestrebung der Menschheit zu ihrer sittlichen Bestimmung einerseits und der unveränderlichen Befolgung der für den rohen tierischen Zustand in ihrer Natur angelegten Gesetze" aus.[57] Die Anlage des Menschen ist nicht auf den „gesitteten Zustand" gerichtet, „sondern bloß auf die Erhaltung der Menschengattung als Tiergattung", „und der zivilisierte Zustand kommt also mit dem letzteren in unvermeidlichen Widerstreit, den nur eine vollkommene bürgerliche Verfassung (das äußerste Ziel der Kultur) heben könnte".[58] Dies kulminiert in der Idee des Staats-, Völker- und Weltbürgerrechts, die den Individuen und den Völkern die Bedingungen für die größtmögliche Verwirklichung der Freiheit gibt.

Für Kant gibt es keine Garantie, dass der künftige Geschichtsprozess in immer mehr Aufklärung und Freiheit mündet. Er hegt die Befürchtung, dass nach der Französischen Revolution und ihrem Versuch, eine republikanische Verfassung zu verwirklichen, „doch wieder alles ins vorige Gleis zurückgebracht würde".[59] Kant ist aber doch optimistisch, dass er in der Lage sei, „nach den Aspekten und Vorzeichen unserer Tage, die Erreichung dieses Zwecks [der Verwirklichung einer republikanischen Verfassung] und hiemit zugleich das von da an nicht mehr gänzlich rückgängig werdende Fortschreiten desselben [d. h. des Menschengeschlechts] zum Besseren, auch ohne Sehergeist, vorhersagen zu können. Denn ein solches Phänomen in der Menschengeschichte vergisst sich nicht mehr, weil es eine Anlage und ein Vermögen in der menschlichen Natur zum Besseren aufgedeckt hat".[60]

Kant ist sich dessen bewusst, dass die vollkommene Realisierung des obersten moralischen Gutes, d. h. der Tugend als der Festigkeit, ausnahmslos aus Pflicht zu handeln, in der empirischen Welt, d. h. im Raum der Geschichte, der Realisierung des transmoralischen Endzwecks vernünftiger Wesen, ihrer Glückseligkeit, abträglich ist. Die Antinomie der praktischen Vernunft, wonach „keine notwendige und zum höchsten Gut zureichende Verknüpfung der Glückseligkeit mit der Tugend in der Welt, durch die pünktlichste Beobachtung der moralischen Gesetze erwartet werden kann",[61] lässt sich nur im Rückgriff auf einen Vernunftglauben, d. h. die Annahme des Daseins Gottes und der postmortalen Existenz der Seele lösen. Eine Vernunft, die praktisch werden will, sieht sich genötigt, ein „ihr fremdes Angebot,

---

[56] Ebd., A 405 f. (Werkausgabe XI, S 46 f. / Akademie-Ausgabe VIII 27$_{34}$–28$_{15}$).
[57] Immanuel Kant, *Mutmaßlicher Anfang der Menschengeschichte*, A 16 (Werkausgabe XI, S. 83–102, hier 94, Anmerkung / Akademie-Ausgabe VIII 116$_{22-25}$).
[58] Ebd., Anmerkung (Werkausgabe XI, S. 94 / Akademie-Ausgabe VIII 116$_{37}$–117$_{16}$).
[59] Immanuel Kant, *Der Streit der Fakultäten*, Zweiter Abschnitt, A 150 (Werkausgabe XI, S. 261–393, hier 361 / Akademie-Ausgabe VII 88$_{22f.}$).
[60] Ebd., A 149 f. (Werkausgabe XI, S. 361 / Akademie-Ausgabe VII 88$_{8-14}$).
[61] Immanuel Kant, *Kritik der praktischen Vernunft*, A 205 (Werkausgabe VII, S. 103–302, hier 242 / Akademie-Ausgabe V 113$_{34}$–114$_{1}$).

das nicht auf ihrem Boden erwachsen, aber doch hinreichend beglaubigt ist", anzunehmen und den Offenbarungsglauben in sein Recht zu setzen.[62]

4. Aufklärung, Selbstbegrenzung, Pluralität und Endlichkeit

Das Prinzip der Subjektivität erzwingt Differenzierungen innerhalb der Vernunft, die sich nicht durch Berufung auf ein Jenseits der Vernunft oder eine höhere Vernunft aufheben oder versöhnen lassen. Exemplarisch ist Kants Trias der Kritiken, die die Vernunft in ihre Momente auseinandertreten, sie eigenständig werden lässt und ihnen je eigene Fundamente verleiht. Habermas spricht im Anschluss an Max Weber von der Trennung „kultureller Wertsphären", die ihrer Eigengesetzlichkeit folgen und sich innerhalb ihrer Grenzen legitimieren können. Es sind genau diejenigen Sphären, die Hegel als Ausprägungen des Prinzips der Subjektivität begreift (Moral und Recht, Staat und Gesellschaft, Wissenschaft und Kunst).[63] Die Modernität bzw. der Grad an Aufklärung bemessen sich daran, wie stark die Individuen die Differenzierungen innerhalb der Vernunft und ihre Aufspaltung in eigengesetzliche Wertsphären als Mangel und Entzweiung erfahren oder als unvermeidbare Konsequenz einer endlich gewordenen Vernunft begreifen. Für Habermas ist nicht Kant, sondern Hegel der Philosoph der Moderne, da letzterer das Bedürfnis, das in Folge der durch das Prinzip der Subjektivität erzwungenen Trennungen auftritt, nicht ignoriert. Dass Kant die von der Kritik geforderte Differenzierung der Vernunft einschließlich ihrer Selbstbegrenzung im Gegenüber zum Glauben nicht wieder in einer höheren (spekulativen) Vernunft aufhebt, sondern einfach stehen lässt, kann mit gleichem Recht als Gradmesser der Aufklärung gewertet werden. Es ist nicht zwingend, so Herbert Schnädelbach, eine Lesart der Geschichte der Moderne zu bevorzugen, die ihre Herkunft aus der Entzweiung beschreibt. Der wahre Grund für die Zerrissenheit der modernen Welt ist nicht das Auseinandertreten einer substantiellen Vernunft in ihre Momente, z. B. Subjekt und Objekt, Individuum und Gemeinschaft, Recht und Moral, Einsicht und Glaube, vielmehr das Offenbarwerden des Faktums unserer „Endlichkeit".[64] Endlichkeit ist ein anthropologisches, kein bloß historisches Faktum einer mit sich im Zwiespalt liegenden Vernunft. Modern und in diesem Sinn aufgeklärt sind Kulturen, die vollkommen reflexiv[65] geworden sind und ihre Normativität „aus sich selber schöpfen".[66] Damit ist nicht gemeint, dass die Angehörigen aufgeklärter Kulturen die Normen, in denen sie leben, absichtlich oder planmäßig erschaffen, „in dem Maße aber, in dem sie diese Normen als nichtnatürliche erken-

---

[62] Ebd., A 218 (Werkausgabe VII, S. 251 / Akademie-Ausgabe V 121$_{10\,\mathrm{f.}}$).
[63] Habermas, *Der philosophische Diskurs der Moderne*, S. 31.
[64] Herbert Schnädelbach, „Kant – der Philosoph der Moderne", in: Ders., *Philosophie in der modernen Kultur. Vorträge und Abhandlungen*, Bd. 3, Frankfurt am Main 2000, S. 28–42, hier 35.
[65] Eine Kultur ist reflexiv, die sich als Kultur im Gegenüber zur Natur, d.h. als nicht mehr natürlich weiß.
[66] Habermas, *Der philosophische Diskurs der Moderne*, S. 16.

nen, geraten sie in den Umkreis ihrer eigenen Verfügung, und damit haben sie ihre Geltung selbst zu verantworten: sie gelten nicht, wenn sie sie nicht gelten lassen".[67]

Aufklärung markiert in einem gewissen Sinn das Ende der Metaphysik, insofern Aufklärung in die vollständige Reflexivität der eigenen Kultur mündet, während die Geschichte der klassischen Metaphysik als der Versuch zu interpretieren ist, „die Reflexivität von Kultur zu begrenzen und die in ihr gültigen kognitiven und normativen Ordnungen in einer objektiven, der menschlichen Verfügung entzogenen ‚Hyperphysis' zu fundieren: im Sein, in der Idee, der *lex naturalis*, der göttlichen Schöpfungsordnung, im *mundus intellgibilis*."[68] Insofern führt die Aufklärung ein postmetaphysisches Zeitalter herauf. Das heißt nicht, dass es Metaphysik als philosophische Disziplin nicht weiter geben könne. Was als ausgeschlossen gilt, das ist, dass die kognitiven und normativen Orientierungen in einer Übernatur fundiert werden können. Insofern fällt der Mensch aus der Ordnung der Übernatur heraus. Er hat moralisch gesehen keinen anderen Charakter als den, „den er sich selbst schafft", indem er sich nach selbst gesetzten Zwecken perfektioniert.[69] Als „mit Vernunftfähigkeit begabtes Tier (animal rationabile)" hat er die Fähigkeit, aus sich selbst ein „vernünftiges Tier (animal rationale) zu machen".[70] Identität und Selbsterhaltung der Vernunft sind Aufgaben des Menschen und dienen der „Kultivierung, Zivilisierung und Moralisierung des Menschen in der Gesellschaft mit Menschen".[71]

---

[67] Herbert Schnädelbach, „Philosophie in der modernen Kultur", in: Ders., *Philosophie in der modernen Kultur. Vorträge und Abhandlungen* 3, Frankfurt am Main 2000, S. 9–27; hier 17.
[68] Ebd., S. 22.
[69] Kant, *Anthropologie in pragmatischer Hinsicht*, B 313, A 315 (Werkausgabe XII, S. 673 / Akademie-Ausgabe VII 321$_{31}$).
[70] Ebd.
[71] Schnädelbach, „Kant – der Philosoph der Moderne", S. 40.

Aschkenas und Lateineuropa –
Der Raum Europas aus jüdischer Perspektive

Johannes Heil

Im Jahr 1830, auf dem Höhepunkt der Auseinandersetzung um die bürgerliche Gleichstellung der Juden, urteilte der junge Hamburger Jurist Gabriel Riesser (1806–1863) kämpferisch und zugleich optimistisch über die Aussichten der Juden auf rechtlich-soziale Gleichstellung und ihre Ansprüche auf Zugehörigkeit zum gemeinsamen Vaterland und seinem geschichtlichen Erbe: „Daher wollen wir uns auch nicht allzusehr betrüben über eine angebliche nationale Antipathie, in der man sich hie und da noch gefällt in Deutschland gegen Individuen, deren Vorfahren seit Jahrhunderten Deutschlands Boden bewohnen, die mit Lust und Liebe Deutschlands Sprache reden, die mit freudiger Ergebenheit Deutschlands Gesetzen gehorchen, deren innigstes Streben darauf gerichtet ist, als Deutschlands Bürger leben und sterben zu können, die sich durch nichts von ihren Mitbürgern unterscheiden möchten, als durch die eigene angeerbte oder freigewählte Art der Gottes-Verehrung."[1]

Riesser war *summa cum laude* in Heidelberg promoviert worden, aber als Jude blieb ihm die Universitätslaufbahn verwehrt. Beim Senat seiner Vaterstadt Hamburg hatte er sich darauf immerhin das Recht auf Zulassung zum Anwaltsamt erkämpft, und in der Frankfurter Paulskirchenversammlung 1848 sollte er als Vertreter Lauenburgs noch zu großer Berühmtheit gelangen – als begnadeter, argumentativ starker Redner und als Anwalt der Freiheit, nicht als Vertreter partikularer Interessen. Die Erlangung völliger bürgerlicher Rechte war für ihn selbstverständlich im größeren Ganzen aufgehoben. Sein Optimismus, dass die „unbewölkte Sonne der Menschlichkeit" dank gemeinsamer Anstrengungen der „Gebildeteren, ... Aufgeklärteren, ... Bessereren, ... Edleren, ... Frömmereren, im ächten Sinne des Worts" bald überall scheinen werde,[2] war trotz aller Rückschläge, die Riessers Generation erfahren hatte, noch ganz dem Mendelssohnschen Gedanken voranschreitender und allumfassender Humanisierung verpflichtet. Und entsprechend selbstgewiss konnte Riesser darauf bestehen, dass die Juden von alters her ein – eben anderer – Teil des gemeinsamen Vaterlands seien, dieses also ohne die Juden nur ein Torso sei.

---

[1] Gabriel Riesser, *Über die Stellung der Bekenner des Mosaischen Glaubens in Deutschland an die Bekenner aller Confessionen*, Altona 1831, S. 60 f. (= Ders., *Gesammelte Schriften*, hg. von Meyer Isler, Frankfurt am Main 1867); vgl. Gad Arnsberg, „Gabriel Riesser als deutsch-jüdischer Intellektueller und liberaler Ideologe", in: *Menora. Jahrbuch für deutsch-jüdische Geschichte* (1991), S. 81–104; ferner Arno Herzig, *Gabriel Riesser*, Hamburg 2008.

[2] Riesser, *Über die Stellung*, S. 62.

Riessers feste Überzeugung fand unter den Juden seiner Zeit Anhänger, aber keineswegs allgemeine Zustimmung – im Gegenteil. Er muss als Antipode dessen gelten, was hier zu verhandeln ist: um das (Selbst-) Verständnis des Jüdischen als etwas Fremdes, oder besser: als etwas Entfremdetes im Kontext des Europäischen. Darum wird es im Folgenden gehen – und weniger um die Tatsache, dass Riesser eher von Deutschland als von Europa sprach.

Um es gleich vorweg zu sagen: „Europa" kommt, anders als auf der christlichen Seite, selbst als Begriff[3] in keinem jüdischen Text der Vormoderne vor. Europa – so hat es ein jüdischer Zeitgenosse um 1900 formuliert – sei ja überhaupt erst mit der Revolution von 1789 entstanden und war nach diesem Verständnis nur der Raum, in dem sich, unter Mitwirkung der bislang völlig von politischer Partizipation ausgeschlossenen „Klassen", die Nationalstaaten entwickeln sollten.[4] Noch weniger wird man daher auf jüdischer Seite ein Korrelat zu den Begriff „Abendland" oder „Occident" erwarten dürfen, es sei denn für die Moderne als meist unausgesprochener Komplementärbegriff zum spezifisch innerjüdischen Orientalismusdiskurs und zum damit verbundenen, ja impulsgebenden Orientalismuskonzept, das dem Judentum von außen übergestülpt worden war, das aber im Innern, bis hin zur Gestalt vieler Synagogenneubauten, um sich griff. Auch ein Nachdenken über „pluralistische Identität" wird man in diesen Quellen für lange Zeiten vergebens suchen.

Dennoch – das hatte Riesser für selbstverständlich genommen und andere haben es gar nicht erst gedacht – gehört das Judentum seit den Anfängen (wie immer diese auch anzusetzen seien) zu Europa dazu. Dieser Befund zitiert nicht einfach einen politischen Programmbegriff des frühen 21. Jahrhunderts, sondern ist aus der historischen Langzeitsicht auf Europa, genauer gesagt auf Lateineuropa, zu gewinnen. Und eben darum gilt er auch für die Gegenwart.

Vor diesem Hintergrund werden im Folgenden drei Punkte näher betrachtet. Zunächst (1): Welche Rolle spielten Europa und im Unterschied dazu der „Orient" im jüdischen Denken des 19. und frühen 20. Jahrhunderts? Wie verhalten sich Begriffe und Konzepte zueinander? Inwieweit ist danach eine europabezogene Betrachtung der eigenen jüdischen Vergangenheit unter den Bedingungen der Moderne fassbar? Ferner (2): Welchen Gewinn bereitet der Blick auf die jüdische Geschichte für ein besseres Verständnis von Europa als Raum historisch gewachsener Pluralität? Und schließlich (3): Was kann aus den historischen Erfahrungen für das Selbstverständnis und die Rolle heutiger jüdischer Gemeinden in einer pluralen Gesellschaft erschlossen werden?

---

[3] Vgl. zuletzt etwa Klaus Oschema, *Bilder von Europa im Mittelalter*, Ostfildern 2013.
[4] Vgl. Samuel Lublinski, „Ein letztes Wort zur Judenfrage", in: *Ost und West* 1.9 (1901), Sp. 641–652, hier 642f.

1. „Europa" im jüdischen Denken

Im Grunde haben die Juden in den Ländern Europas im 19. und 20. Jahrhundert kein Konzept von Europa gehabt. Der Begriff kommt allenthalben vor, aber eine systematische Durchdringung lässt sich kaum ausmachen. Noch das ansonsten bahnbrechende „Jüdische Lexikon" der 1920er Jahre bietet unter dem Stichwort „Europa" lediglich einen recht anspruchslosen Abriss über die Gründe der Entstehung von jüdischen Niederlassungen in verschiedenen Ländern und Landschaften Europas während der Spätantike und verweist für die folgenden Zeiten auf die jeweiligen Länderartikel; jeder Ansatz zur Deutung von „Judentum" im Kontext von „Europa" unterbleibt dabei.[5] Auch in Simon Dubnows etwa gleichzeitiger *Weltgeschichte* bleibt Europa gerade einmal ein rahmengebender geographischer Raum, in dem das Judentum sich nach Ländern, Regionen und Zeiten verschieden, im Grunde aber ganz aus den eigenen Quellen entfalten konnte.[6]

Dabei gab es durchaus Stimmen, die die eminente Rolle der Juden in der europäischen Geschichte betonten, weil sie, wie der englische Publizist George Frederick Abbot 1907 in seiner mit hochachtungsvoller Verachtung geschriebenen Skizze jüdischer Geschichte ausführte, „in Europa weit länger präsent waren als manche Nation, die sich des Europäischen rühmt"[7] – eine Überzeugung, die gerade als Hinweis auf die nicht vollständig eingelöste Emanzipation und als Argument gegen weiter bestehende Abneigungen wiederholt auch in jüdischen Journalen begegnet.[8]

Dabei geriet der Verweis auf das Alter aber zum Instrument gutgemeinter Apologie und verkannte die eigentliche Dimension des Arguments: dass das Alter per se Gemeinsamkeit begründe. Stattdessen wurden Judentum und Umwelt als lange Zeit getrennte Einheiten verstanden, die erst zu einem späten Zeitpunkt zusammengefunden haben sollen. So befand Siegfried Stein 1937 in einem Aufsatz über das Nachwirken der ihrerzeit bahnbrechenden, von 1806 bis 1848 in neun Ausgaben erschienenen Zeitschrift *Sulamith*, den er in der *Zeitschrift für die Geschichte der Juden in Deutschland* veröffentlichte, im Grunde archetypisch, dass seit der „Emanzipation", der die Juden „auf Schritt und Tritt verpflichtet" seien, „europäische Kultur mit ihren Konflikten und Gefahren, mit ihrer Schönheit und Tiefe, in uns hineingewachsen und gehegter, unaufhebbarer Bestandteil unseres Denkens und Fühlens geworden" ist.[9] Diese Zeilen waren ganz offensichtlich vom verstörenden

---

[5] Vgl. S[alomon] H[ugo] L[ieben], Art. „Europa", in: *Jüdisches Lexikon. Ein enzyklopädisches Handbuch des jüdischen Wissens*, Bd. 2, Berlin 1928, Sp. 547 f.

[6] Vgl. Simon Dubnow, *Weltgeschichte des jüdischen Volkes: von seinen Uranfängen bis zur Gegenwart*, 10 Bde., Berlin 1925–29. Auch eine Schrift mit einem vielversprechenden Titel verliert sich in für das Thema unerheblichen Erwägungen zum Charakter von Orthodoxie und Reform: Simon Sterne, *Das europäische Israel*, Brünn 1889.

[7] George F. Abbot, *Israel in Europe*, London 1907, S. XVI.

[8] Vgl. *Der Israelitische Volkslehrer* 3 (1853), Heft 5, S. 109; sowie David Philipson, *Old European Jewries*, Philadelphia 1894.

[9] Siegfried Stein, „Die Zeitschrift ‚Sulamith'" in: *Zeitschrift für die Geschichte der Juden in Deutschland*, N.F. 7 (1937), S. 193–226, hier 226.

Zeithintergrund (und dem Wissen um Zensur) geleitet, sozusagen als Selbstvergewisserung über das unkündbare Eigene angesichts umfassender äußerer Anfechtung, dabei wohl nicht ahnend, dass sein Beitrag in der letzten überhaupt noch erschienenen Ausgabe der Zeitschrift zum Druck kam und heute geradezu als Epilog zur *Wissenschaft des Judentums* zu lesen ist.

Steins Betrachtungen waren also der Zeitsituation geschuldet, bauten aber auf längst eingespielte Deutungsmuster auf. Denn schon in der Erstausgabe der *Zeitschrift für Cultur und Wissenschaft des Judenthums* 1823 schlägt sich ein Verständnis nieder, wonach Judentum, wenn es um Europa und die Vergangenheit ging, kein Teil, sondern etwas Differentes gewesen sei. Immerhin galt, dass die Juden die „Dollmetscher der Arabischen Wissenschaftlichkeit" für Europa gewesen seien; ansonsten wurde das Verhältnis a priori als inferior verstanden. Denn die Juden, so die Forderung der jüdischen Reformer, sollten zunächst einmal „sich und ihr Princip auf den Standpunkt der Wissenschaft erheben, denn dies ist der Standpunkt des Europäischen Lebens. Auf diesem Standpunkte muß das Verhältnis der Fremdheit, in welchem Juden und Judenthum bißher zur Außenwelt gestanden, – verschwinden."[10] In gleichem Sinne hat – um nur eines von vielen möglichen weiteren Beispielen anzuführen – der Musikwissenschaftler Felix Rosenberg 1888 die jüdische Literatur und Liedstoffe, sei es im alten Persien oder im mittelalterlichen Europa, als pures Kondensat der Stoffe der Mehrheitsgesellschaft verstanden: mit dem Ergebnis sprachlicher Vielfalt einer ansonsten unselbständigen Literatur.[11]

Die einmal etablierte Opposition zwischen Europa und Judentum, die die Standards europäischer Wissenschaft gegen die eigene Tradition ausspielte und im Grunde die negativen Grundannahmen der Emanzipations- und Judengegner übernahm, wobei geradezu trotzig Besserung gelobt wurde, war schon früh in die Kritik geraten. Allerdings ging es dabei nicht darum, das grundlegende Missverständnis von der lange währenden Außenständigkeit des Judentums im Zusammenhang der europäischen Kulturentwicklung aufzudecken, sondern ganz im Gegenteil um die Demonstration der Nutzlosigkeit jüdischer Europa-Orientierung. Der jiddische Literat und Kritiker J. Eliaschoff (Israel Isidor Eliayshev, auch Baal Machschoves genannt)[12] belustigte sich in einer Besprechung des Werks des „Jargon"-Dichters Leon Perez' über die jüdischen Intellektuellen der vorangegangenen Jahrzehnte, nämlich die „Maskilim-Generation", die „zielbewußt mit der jüdischen Vergangenheit, als

---

[10] Immanuel Wolf, „Ueber den Begriff einer Wissenschaft des Judenthums", in: *Zeitschrift für die Wissenschaft des Judenthums*, Bd. 1 (1823), S. 1–24, hier 24, ähnlich: *Der Israelitische Volkslehrer* 3 (1853), Heft 8, S. 178, 181, 184.

[11] Vgl. Felix Rosenberg, „Über eine Sammlung deutscher Volks- und Gesellschaftslieder in hebräischen Lettern", in: *Zeitschrift für die Geschichte der Juden in Deutschland* 2 (1888), S. 232–196, hier 233; zu Person und Werk vgl. Diana Matut, *Dichtung und Musik im frühneuzeitlichen Aschkenas* (Studies in Jewish History and Culture 29), Leiden 2011, S. 1–10.

[12] Vgl. Jeffrey Grossman, „From East to West. Translating Y. L. Peretz in Early 20th-Century Germany", in: *Orality, Textuality, and the Materiality of Jewish Tradition: Representations and Transformations*, hg. von Israel Gershoni / Yaakov Elman, New Haven 2000, S. 278–309, hier 303, Anm. 7.

mit der europäischen Bildung nicht vereinbar", habe brechen wollen. Eliaschoff erkannte in Kontrast zu Perez' Volksverbundenheit in den „Maskilim" eine Bewegung, die „die Hälfte ihres Lebens zwischen Asien und Europa herumpendelte." Tatsächlich seien ihre Vordenker in ihrer Jugend „Talmudjünger" gewesen und „im späteren Alter Universitätsstudenten" geworden, von denen manche „kritiklos allein dem huldigten, was auch nur äußerlich die Marke des Europäischen an sich trug".[13]

Arnold Zweig gestand 1916 immerhin zu, dass im europäischen Vergleich, wo trotz vielerorts besserer sozialer Lage „das spezifisch Jüdische völlig übersehen wurde", in Deutschland „nach ehrenvoller Überlieferung noch am ehesten Verständnis für fremdes Volkstum zu erwarten" sei. Jüdische Philosophen, Literaten, Musiker und Maler „weisen dem Deutschen auf dem Wege aus seiner Vergangenheit in seine Zukunft legitime Ruhepunkte." Und „der Jude ist heute in die Kontinuität deutschen Geistes so tief eingetaucht und so durchtränkt von ihr, dass er Schöpfer wird." Allein den Gedanken, dass Judentum ganz heimisches „Volkstum" sei, ließ Zweig gar nicht erst aufkommen. Obendrein galt: „Sie verstehen uns nicht; obwohl wir mit ihnen leben, solange sie selbst dies Land als kultiviertes besiedeln. Wohin immer der Jude gehöre – Europäer ist er nicht, das ist damit in einem sehr tiefen Sinne festgestellt. Sollte er kein Orientale sein, so wird sich das in späteren Jahrhunderten herausstellen, wenn sich zwischen ihm und den Bewohnern des nahen Orients sich ähnlich Klüfte auftun."[14]

Nachdem das Jahrhundertprojekt gegenseitiger Annäherung enttäuschend verlaufen war, galt, zumindest in den Augen eines überzeugten Zionisten: „Die Juden sind höchstens ein paar Farbentöne mehr in diesem Gemälde [Europa], dessen Umriss und Zeichnung auch ohne sie nicht anders ausgefallen wäre."[15] Waren die Juden in dieser Sicht Europa gleichgültig, so diente Europa immerhin als Bezugspunkt, von dem abgrenzend eine wiederhergestellte jüdische Identität formuliert werden konnte.[16]

Nirgendwo in all diesen Beispielen wird ein umfassender Anteil des Judentums in seiner Eigenheit an der europäischen Kultur reklamiert. Am ehesten klingt ein solcher 1904 noch bei Abraham Coralnik an, der die Juden als die „motorischen Nerven der Kulturmenschheit" verstanden wissen wollte, dank derer die europäische Kultur überhaupt erst geworden sei. Doch ebenso wie das „Hellenentum" am Ursprung dieses Prozesses, sei auch das Judentum „tot" – letzteres aber eben nicht

---

[13] J[sidor] Eliaschoff, „Leon Perez. Ein moderner jüdischer Volksdichter", in: *Ost und West. Illustrierte Monatsschrift für Modernes Judentum* 1.4 (1901), Sp. 299–306, hier 300f.

[14] Arnold Zweig, „Jude und Europäer: Entgegnung an Max Hildebert Boehm", in: *Der Jude* 2 (1917/18), S. 21–28, hier 22, 26; vgl. Christian Tilitzki, *Die deutsche Universitätsphilosophie in der Weimarer Republik und im Dritten Reich*, Berlin 2002, S. 477f.

[15] Lublinski, „Ein letztes Wort zur Judenfrage" (wie Anm. 4), Sp. 649.

[16] Exemplarisch bei Fabius Schach, „Ost und West", in: *Ost und West* 3.9 (1903), Sp. 577–588; vgl. Judith Ciminski, „Zwischen ‚Untergang' und ‚kultureller Wiedergeburt'. Jüdische Krisenerfahrung in der Zeitschrift Ost und West in den Jahren 1901–1914", in: Michael Grunewald / Uwe Puscher (Hg.), *Krisenwahrnehmungen in Deutschland um 1900: Zeitschriften als Foren der Umbruchszeit im wilhelminischen Reich*, Bern 2010, S. 153–178.

ganz, denn sein Geist lebe im jüdischen Volk fort.[17] Auch hier bleibt Judentum etwas von Europa zu Unterscheidendes und Geschiedenes. „Das jüdische Volk in Europa" behielt, wie es der zunächst in Jerusalem, seit 1934 in den USA wirkende Historiker Hans Kohn in einem vielfach mit dem Europabegriff operierenden Beitrag für die Frankfurter orthodoxe Gemeindezeitung 1930 schrieb: „eine in sich selbst sicher ruhende Form des Lebens".[18] Erst das „palästinische Gemeinwesen" sollte dann, so Martin Buber 1916, als „Bindeglied zwischen Europa und dem Orient" eine klar definierte Position zum alten Kontinent erhalten.[19] Erst recht jetzt, vor dem Hintergrund eines im Krieg zerrissenen Kontinents und angesichts der grassierenden Schmähung des jüdischen Kriegsanteils, waren andere Europagedanken, zumindest für die zionistisch orientierten deutschen Juden, nicht mehr verfügbar.[20]

Riessers Optimismus ist in der jüdischen Geschichtsdeutung der Folgegenerationen abhanden gekommen. Das hat sie gar nicht einmal zu verantworten, und es lassen sich aus den Zeitläufen gewichtige Argumente dafür gewinnen, warum es dazu gekommen ist. Jedenfalls ist in den Deutungen des späteren 19. und des früheren 20. Jahrhunderts nirgendwo ein Plädoyer für ein pluralistisches Verständnis der langen gemeinsamen Geschichte zu erkennen, wie es sich beim Blick auf diese Geschichte formulieren lässt. Ismar Elbogen hat Riessers starkes Argument in seiner *Geschichte der Juden in Deutschland* von 1935 noch einmal zitiert. Aber inmitten seines desillusionierten Inventars von Ereignissen jüdischer Geschichte in Deutschland blieb es nurmehr eine kraftlose historische Notiz.[21]

2. Der jüdische Teil der europäischen Geschichte

Der Blick weiter zurück zeigt im Unterschied zu den eher unentschiedenen bis indifferenten jüdischen Selbstwahrnehmungen der Moderne, wie stark Juden und Judentum mit Europa seit seinen Anfängen verwoben gewesen sind. Dieser Befund ergibt sich allerdings erst aus dem heutigen Blick auf Europa und seine Geschichte. Die Juden des Mittelalters haben von dieser Pluralität keinen eigentlichen Begriff gehabt. Wohl aber haben sie mit dem im Babylonischen Talmud verschiedentlich auf R. Samuel von Nehardea (Mitte 3. Jh.) zurückgeführten Satz *dina de'malkuta dina* (דִּינָא דְּמַלְכוּתָא דִּינָא, was heißt: „Das Recht des Landes ist Recht") über einen Leitfaden zur pragmatischen Bewältigung wechselnder äußerer politischer wie so-

---

[17] Vgl. Abraham Coralnik, „Das jüdische Kultur-Problem und die Moderne", in: *Ost und West* 4.5 (1904), Sp. 289–306, hier 300.

[18] Hans Kohn, „Der Gestaltwandel des modernen Judentums", in: *Gemeindeblatt der Israelitischen Gemeinde Frankfurt am Main*, Sept. 1930, S. 14–15, hier 14.

[19] Vgl. Martin Buber, „Die Losung", in: *Der Jude* 1 (1916), S. 1–3, hier 3; in ähnlichem Sinne: Fritz Sternberg, „Die Juden als Träger europäischer Wirtschaftskultur in Palästina", in: *Neue jüdische Monatshefte. Zeitschrift für Politik, Wirtschaft und Literatur in Ost und West* 2 (1917/18) H. 5, S. 112–118.

[20] Vgl. Zweig, „Jude und Europäer" (wie Anm. 14).

[21] Vgl. Ismar Elbogen, *Geschichte der Juden in Deutschland*, Berlin 1935, S. 230.

zialer Gegebenheiten verfügt. Die daraus folgende Akzeptanz der vor Ort gegebenen normativen Ordnungen, die mal weiter ausgelegt war, mal nur die unmittelbaren königlichen Gesetze im Unterschied zu „den Gesetzen seines Volkes" gelten lassen wollte[22] oder auch im bestehenden Landesrecht nicht aufgehobene neue landesherrliche Satzungen ausschloss,[23] war zugleich an die Möglichkeit der Behauptung der eigenen Lebensordnung gebunden, was voraussetzte, dass der Landesherr ein essentielles Minimum an rechtlicher Autonomie einräumte.[24] Das galt für Babylonien, das konnte für das Rheinland oder Spanien gelten, und das sollte Bestand an jedem anderen Ort haben, wo sich eine jüdische Diaspora versammeln würde.

Am Ausgangspunkt der europäisch-jüdischen Geschichte stand demnach ein ganz eigenes Spannungsverhältnis zur umgebenden Mehrheitsgesellschaft, das immer neuen Herausforderungen ausgesetzt war.[25] Das heißt zugleich, dass diese Lebensbedingungen sich heutigen romantisch verklärenden Geschichtskonstruktionen eines einvernehmlichen Zusammenlebens verweigern.[26]

Tatsächlich verlief die Ausbreitung jüdischer Niederlassungen und die Ausbildung von Gemeinden in Europa konträr zum Streben nach Einheitlichkeit und hierarchischer Gliederung der unbedingt christlich gedachten Gesellschaften, wie es zu verschiedenen Zeiten und unter unterschiedlichen Vorzeichen zu erkennen ist: als umfassendes Einheitsstreben in der Karolingerzeit oder als Bemühen um vollständige Durchdringung von Kirche und Gesellschaft in immer neuen Reformbewegungen der folgenden Jahrhunderte. Im Grunde war die Definition besonderer Normen für die Integration von Nichtchristen, wie sie die Judenschutzbriefe aus der Zeit Ludwigs des Frommen oder die seit der Salierzeit fassbaren bischöflichen und königlichen, später auch städtischen Privilegien für Juden erkennen lassen, eben dieser Grundspannung geschuldet. Das haben einige, wie die Lyoner Erzbischöfe Agobard und Amulo im 9. Jahrhundert, auch als skandalösen Widerspruch zum christlich geleiteten Einheitsideal verstehen wollen,[27] und auch in Mainz hat man kurz vor

---

[22] Vgl. R. Shlomo ben Adret (RaShBA, Aragon, 1235–1310), *Responsen*, Bd. 6, Nr. 149; vgl. Aryeh Yehuda Warburg, *Rabbinic Authority. The Vision and the Reality*, Jerusalem 2014, S. 89, 189.

[23] Vgl. *Teshuvot Ba'alei ha-Tosafot*, hg. von Irwing A. Agus, New York 1954, Nr. 12.

[24] Vgl. Menachem Lorberbaum u. a. (Hg.), *The Jewish Political Tradition*, Vol. 1: *Authority*, New Haven 2000, S. 431–434; Sylvie Anne Goldberg, „Common Law and Jewish Law. The Diasporic Principle of *dina de-malkhuta dina*", in: *Behemoth. A Journal on Civilisation* 2 (2008), S. 39–53.

[25] Vgl. David Nirenberg, *Communities of Violence. Persecution of Minorities in the Middle Ages*, Princeton 1996.

[26] Wovon dann einige bis heute nicht lassen wollen: vgl. Vivan Mann u. a. (Hg.), *Convivencia: Jews, Muslims, and Christians in Medieval Spain*, New York 1992; María Rosa Menocal, *The Ornament of the World. How Muslims, Jews, and Christians Created a Culture of Tolerance in Medieval Spain*, Boston, Mass. 2002 (*Die Palme im Westen. Muslime, Juden und Christen im alten Andalusien*, Berlin 2003); vgl. dazu die Kritik von Fernández-Morera Darío, „The Myth of the Andalusian Paradise", in: *The Intercollegiate Review* 3 (2006), S. 23–31.

[27] Vgl. Johannes Heil, „Agobard, Amulo, das Kirchengut und die Juden von Lyon", in: *Francia. Forschungen zur westeuropäischen Geschichte* 25 (1998), S. 39–76; Anna Beth Langenwalter, *Agobard of Lyon. An exploration of Carolingian Jewish-Christian Relations*, Diss. University of Toronto 2009,

der Mitte des 10. Jahrhunderts nach Begründungen gesucht, um die Juden an einer Niederlassung in der Bischofstadt zu hindern.²⁸

Es gab auf der anderen Seite aber offenbar triftige Gründe, das Auskommen der Nichtchristen innerhalb der sich christlich definierenden Gesellschaft aktiv zu betreiben. Die Quellen schweigen sich über die Gründe, die die christliche Seite für diese Maßnahmen hatte, aus. Oder sie verbergen sie, wie es der Speyerer Bischof Rüdiger Huozmann 1084 mit der Wendung, er wolle „die Ehre des Ortes mit der Ansiedlung von Juden heben", formulierte, hinter eher allgemeinen Formeln.²⁹ Tatsächlich dürften diese Gründe pragmatischen wirtschaftlichen Interessen geschuldet gewesen sein und den Kreis der privilegierten Juden von vornherein auf jene zugeschnitten haben, von denen die Aussteller entsprechender Privilegien die Vermittlung besonderer Güter wie Seide, Gewürze, Weihrauch, Edelsteine und anderes mehr erwarten durften.³⁰ Jüdische Grundherren und Bauern, wie sie anfangs gelegentlich in lateinischen wie auch jüdischen Quellen zu fassen sind,³¹ standen außerhalb dieser Interessenbeziehungen. Päpstliche Schutzbullen für Juden, die seit dem Anfang des 12. Jahrhunderts belegt sind,³² aber womöglich bereits im 11. Jahrhundert in Umlauf kamen,³³ konnten im Anschluss an Augustinus und Gregor den

---

insb. S. 95, 132 ⟨https://tspace.library.utoronto.ca/bitstream/1807/19051/1/Langenwalter_Anna_B_200911_PhD_thesis.pdf⟩, (*Zugriff* 06.04.2016).

²⁸ Vgl. Friedrich Lotter, *Der Brief des Priesters Gerhard an den Erzbischof Friedrich von Mainz. Ein kanonistisches Gutachten aus frühottonischer Zeit*, Sigmaringen 1975; Johannes Heil, „Getting them in or Keeping them out? Theology, Law, and the Beginnings of Jewish Life at Mainz in the 10th and 11th Centuries", in: *Jews in Early Christian Law – Byzantium and the Latin West, 6th-11th Centuries*, hg. von Nicholas de Lange / Laurence Foschia / Capucine Nemo-Pekelman / John Tolan (Religion and Law in Medieval Christian and Muslim Societies 2), Leiden 2014, S. 211–228.

²⁹ Vgl. Alfred Hilgard, *Urkunden zur Geschichte der Stadt Speyer*, Straßburg 1885, Nr. 11, S. 11 f.; dazu Michael Toch, *Die Juden im mittelalterlichen Reich* (Enzyklopädie deutscher Geschichte; Bd. 44), München 1998, S. 87 f.

³⁰ Vgl. Peter Johanek, „Der fränkische Handel in der Karolingerzeit im Spiegel der Schriftquellen", in: *Untersuchungen zu Handel und Verkehr der vor- und frühgeschichtlichen Zeit in Mittel- und Nordeuropa, Bd. 4: Der Handel der Karolinger- und Wikingerzeit*, hg. von Klaus Düwel u. a. (Abh. Akad. Wissenschaften Göttingen, Philol.-Hist. Kl., Folge 3, Nr. 156), Göttingen 1987, S. 7–68.

³¹ Vgl. *Monumenta Germania Historica, Diplomata Otto II.*, Nr. 247, S. 279 (a. 981); vgl. Artur Dormeier, „Die Schierstatt von Regensburg: Frühe jüdische Siedlungsspuren", in: *Staat und Verwaltung in Bayern. Festschrift Wilhelm Volkert*, hg. von Konrad Ackermann u. a., München 2003, S. 37–42; vgl. ferner Bernhard Blumenkranz, *Juifs et Chrétiens dans le monde occidental 430–1096* (Études Juives 2), Paris 1960, S. 23–25.

³² Vgl. Shlomo Simonsohn, *The Apostolic See and the Jews*, Bd. 7: *History* (Studies and texts 109), Toronto 1991, S. 42–45.

³³ Vgl. Kenneth R. Stow, *The ‚1007 Anonymus' and Papal Sovereignty. Jewish Perception of the Papacy and Papal Policy in the High Middle Ages* (Hebrew Union College Annual Suppl. 4), Cincinnati 1984, S. 26 f., 67–71; Richard Landes, „The Massacres of 1010. On the Origins of Popular anti-Jewish Violence in Western Europe", in: *From Witness to Witchcraft. Jews and Judaism in Medieval Christian Thought*, hg. von Jeremy Cohen, Wiesbaden 1996, S. 79–112; Johannes Heil, „Die Juden um das Jahr 1000 und die antijüdischen Reaktionen auf die Jerusalemer Krise", in: *Konfliktbewältigung vor 1000 Jahren: Die Zerstörung der Grabeskirche in Jerusalem im Jahre 1009*, hg. von Ralph-Johannes Lilie (Millennium Studies 32), Berlin 2011, S. 195–220.

Großen noch andere Gründe für die Definition eines gesicherten Platzes für Nichtchristen in den christlichen Gesellschaften anführen: dass den Juden eine Zeit der blinden Zeugenschaft für die Wahrheit des Christentums beschieden sei, die sie bis zur endzeitlichen Aufhebung aller Widersprüche unbeschadet fristen sollten.[34]

Damit hatten alle Beteiligten ihre Positionen unter Behauptung der eigenen Begründungen konsensuell festgeschrieben, oder, um die obigen Ausführungen aufzugreifen, „das Recht des Landes mit dem Recht" in Einklang gebracht. Auf dieser Grundlage wurden Passagen zwischen den von Barrieren bewehrten, getrennten Lebensbereichen möglich. Das betraf lebenspraktische Kooperationen im alltäglichen Verkehr, aber auch strukturelle Stimuli: Die Rabbinerversammlungen in den führenden Gemeinden am Mittelrhein mit ihren überörtlichen Satzungen *(Takkanot)* hatten durchaus Ähnlichkeit mit den Beschlusslisten kirchlicher Synoden oder bischöflicher Kapitularien und verfolgten tatsächlich ganz ähnliche, nämlich im Binnenraum normierende und auch disziplinierende Ziele. Machten sich die Juden des Rheinlands hier aller Wahrscheinlichkeit nach Vorbilder ihrer Umgebung zu Nutze, so hat auf der anderen Seite wohl die Aushandlung eines genau bestimmten Raums von körperschaftlicher Autonomie für Juden auf die Ausbildung städtischer Kommunen und anderer Körperschaften zurückgewirkt. Denn sofern es echt ist, dürfte das erwähnte Privileg des Speyerer Bischofs für die Juden seines Ortes von 1084, zusammen mit den kaiserlichen Privilegien von 1090, als die überhaupt ersten Privilegierungen nicht-kirchlicher Körperschaften zu betrachten sein[35] und ginge den ersten städtischen Freiheitsprivilegien um gut hundert Jahre voraus.[36] Um solche komplexen Sachverhalte auszuhandeln, bedurfte es wechselseitiger Annäherungen, bis in die Sprache hinein: Um sicher zu gehen, dass die vereinbarten Inhalte angemessen wiedergegeben waren, bedurfte zumindest die Elite der jüdischen Gemeinschaft, über die Praxis der lokalen Alltagssprache hinaus, auch profunder Lateinkenntnisse. Ganz ähnlich verhält es sich mit der Sprache der Architektur. Die rekonstruierte Synagoge in Worms oder die im baulichen Ursprung erhaltene Synagoge von Erfurt, aber auch die vielfach samt ihrer Ausstattung erhaltenen barocken Landsynagogen erzählen davon. Funktional auf den jüdischen Gottesdienst ausgelegt und als eigener Raumtyp gehalten, waren die architektonischen und ornamentalen

---

[34] Vgl. Jeremy Cohen, *Living Letters of the Law. Ideas of the Jew in Medieval Christianity*, Berkeley u. a. 1999.

[35] Ich beziehe mich auf Überlegungen, die mein Kollege Bernd Schneidmüller während eines gemeinsamen Heidelberger Seminars geäußert hat. Da das Privileg von 1084 nur in deutlich späteren Reskripten erhalten ist, stellt sich die Frage nach der Authentizität. Allerdings sprechen semantische und förmliche Eigenheiten von Inhalt und Formular gegen die Möglichkeit einer Fälschung; denn diese hätte sich am mittlerweile etablierten Duktus einschlägiger Privilegien orientiert. Ansätze dazu, die einer gründlichen Überprüfung bedürfen, bei Louis Finkelstein, *Jewish Self-Government in the Middle Ages*, New York 1924.

[36] Vgl. Bernhard Diestelkamp, „Freiheit der Bürger-Freiheit der Stadt", in: *Die abendländische Freiheit vom 10. bis 14. Jahrhundert*, hg. von Johannes Fried (Vorträge und Forschungen hg. vom Knstanzer Arbeitskreis für mittelalterliche Geschichte, Bd. 39), Sigmaringen 1991, S. 485–510; vgl. auch François Menant, *L'Italie des communes (1100–1350)*, Paris 2005.

Elemente der Umwelt entnommen: romanische Kapitelle, gotische Maßwerkfenster oder gedrechselte Säulen an den Aufbauten für *Bimot* und Thoraschreine zeigen, wie weit das Zusammenspiel von Eigenständigkeit und Aneignung in der Praxis reichte.

Gewiss: Die Satzungen zum Schutz der Juden wurden immer wieder gewaltsam gebrochen, und die vormoderne jüdische Geschichte lässt sich danach auch als Kette zunehmender Gewalt gegen die Juden lesen, die von Frankreich 1007 ihren Ausgang nahm und über die Pogrome der Kreuzzugszeit hinweg[37] in den europaweiten Verfolgungen der Pestzeit 1348/49 ihren vorläufigen Höhepunkt fand.[38] Bis zum Anfang des 16. Jahrhunderts waren in Westeuropa nur wenige Städte wie Frankfurt, Friedberg und Worms geblieben, von wo die Juden nicht vertrieben worden waren, und ebenso verhielt es sich in den Territorien.[39]

Dennoch sollte die Bedeutung von Schutzbriefen, Privilegien und Schutzbullen nicht gering geschätzt werden. Das zeigt sich einmal daran, dass die in Westeuropa geübte Privilegierungspraxis, besonders das reichsweite Judenstatut Kaiser Friedrichs II. von 1236[40] und das ähnlich lautende Privileg Herzog Friedrichs II. für das Herzogtum Österreich von 1244[41] weiter östlich geradezu stilbildend wurden und Vorbilder für die günstigen Bestimmungen im polnischen Statut von Kalisz (1267) und später im Großfürstentum Litauen lieferten.[42] Auf dieser Grundlage konnte sich in Mittel- und Osteuropa bis in das 17. Jahrhundert hinein jüdisches Leben unvergleichlich reich entfalten, und zu den mehrheitlich rabbinischen Juden trat hier, als inneres Moment von Pluralität, eine bemerkenswerte Minderheit karäischer Juden hinzu (die das rabbinische Schrifttum nicht als autoritativ erachtete). Überhaupt wies Polen-Litauen mit überwiegend lateinischen, aber auch griechischen Christen,

---

[37] Für eine umfassende Übersicht vgl. Alfred Haverkamp (Hg.), *Juden und Christen zur Zeit der Kreuzzüge* (Vorträge und Forschungen, hg. vom Konstanzer Arbeitskreis für mittelalterliche Geschichte, Bd. 47), Sigmaringen 1999.

[38] Vgl. František Graus, *Pest – Geissler – Judenmorde. Das 14. Jahrhundert als Krisenzeit*, Göttingen ³1994.

[39] Vgl. Übersicht bei Friedhelm Burgard u. a. (Hg.), *Judenvertreibungen in Mittelalter und früher Neuzeit*, Hannover 1999.

[40] Vgl. *Monumenta Germaniae Historica: Legum Sectio* IV: *Constitutiones et Acta publica Imperatorum et Regum*, Bd. 2, hg. von Ludwig Wieland, Hannover 1896, Nr. 204, S. 274–276; vgl. Bernhard Diestelkamp, „Der Vorwurf des Ritualmordes gegen Juden vor dem Hofgericht Kaiser Friedrichs II. im Jahr 1236", in: *Religiöse Devianz. Untersuchungen zu sozialen, rechtlichen und theologischen Reaktionen auf religiöse Abweichung im westlichen und östlichen Mittelalter*, hg. von Dieter Simon (Studien zur Europäischen Rechtsgeschichte 48), Frankfurt am Main 1990, S. 19–39; ferner Alexander Patschovsky, „Das Rechtsverhältnis der Juden zum deutschen König (9.–14. Jahrhundert). Ein europäischer Vergleich", in: *Zeitschrift der Savigny-Stiftung für Rechtsgeschichte, Germ. Abt.* 110, Wien – Köln – Weimar 1993, S. 331–371.

[41] Vgl. Klaus Lohrmann, *Judenrecht und Judenpolitik im mittelalterlichen Österreich*, Wien 1990, S. 94–104.

[42] Vgl. Isaac Lewin, „The Historical Background of the Statute of Kalisz", in: Ders., *The Jewish Community in Poland. Historical Essays*, New York 1985, S. 38–56; Heidemarie Petersen, „Zwischen Geschichte und Politik – Das Privileg für die Juden Großpolens aus dem Jahr 1453 in der polnischen Historiografie", in: *Kwartalnik Historii Żydów* 212 (2004), S. 519–527.

sowie mit Muslimen und Tataren in der Fläche eine Pluralität auf, wie sie sonst nur von den italienischen Stadtrepubliken Genua, Pisa und Venedig bekannt ist.[43]

Die Bedeutung der mittelalterlichen Privilegien für den Bestand jüdischer Gesellschaft und Kultur wird besonders aber da ersichtlich, wo solche Instrumentarien nicht zur Ausbildung kamen: in Frankreich und in England. Die zunächst prosperierenden Gemeinden, die in Frankreich wesentlich aus der judeo-romanischen Bevölkerung des Südens hervorgegangen waren und sich dann seit der normannischen Eroberung 1066 bis nach England ausbreiteten, gerieten seit dem späten 12. Jahrhundert immer mehr unter Druck.[44] Im Unterschied zu den Juden des Rheinlands und östlich davon verfügten die Juden in den königlichen und herzoglichen Landschaften im Westen Europas eben über keinerlei vergleichbare Verbriefungen von Rechten, mit dem Ergebnis, dass sie ganz unmittelbar den wechselnden politischen Akteuren und ihren Interessen ausgesetzt waren. Die englischen Juden wurden 1290 und die französischen Juden in mehreren Wellen bis zur Mitte des 14. Jahrhunderts vertrieben.[45]

1290 und überhaupt die Wende zum 14. Jahrhundert markieren einen für die europäische Geschichte bemerkenswerten Einschnitt, dessen Signifikanz bislang gar nicht recht bewusst gemacht worden ist. Ende des 13. Jahrhunderts war, wiewohl von Verfolgungen unterbrochen, die größte Entfaltung jüdischer Niederlassungen und Kultur in Europa erreicht. Mit *Aschkenas* im Norden samt der sich stets in Eigenständigkeit definierenden jüdischen Landschaften von Frankreich *(Zartfat)* und der Provence sowie Italien und Spanien *(Sefarad)* im Süden erstreckte sich jüdisches Leben von England bis Litauen und von der iberischen Halbinsel bis – wenn man die griechisch-byzantinischen Juden *(Jewanim,* Romanioten) hinzunimmt – ans Schwarze Meer. Aus der Perspektive jüdischer Geschichte und Kultur ist Europa danach der Raum einer ganz eigenen, inneren Pluralität jüdischer Kulturen, die sich durch spezifische Umgangssprachen, eigene Riten und regionale Wissenstraditionen konstituierten. Während *Sefard* als jüdische, arabischsprachige Kultur im europäisch-islamischen Herrschaftsbereich gelten kann, die auf der Iberia über die „Reconquista" hinaus bis 1492/7 fortbestand, kann *Aschkenas* als die jüdische Kultur in Lateineuropa gelten. Lediglich die skandinavischen Länder blieben von dieser Aus-

---

[43] Vgl. Friedrich Battenberg, *Das Europäische Zeitalter der Juden. Zur Entwicklung einer Minderheit in der nichtjüdischen Umwelt Europas* 1: *Von den Anfängen bis 1650,* Darmstadt 1990, S. 208–233; Heinz-Dietrich Löwe, „Die Juden in Krakau-Kazimierz bis zur Mitte des 17. Jahrhunderts", in: *Schöpferische Momente des europäischen Judentums in der frühen Neuzeit,* hg. von Michael Graetz, Heidelberg 2000, S. 271–320; Norman Davies, *Im Herzen Europas – Geschichte Polens,* München ⁴2006.

[44] Vgl. Blumenkranz, *Juifs et chrétiens* (wie Anm. 31), S. 22–44; Robert Chazan, *Medieval Jewry in Northern France. A Political and Social History,* Baltimore u. a. 1973; William Ch. Jordan, *The French Monarchy and the Jews,* Philadelphia 1989; Patricia Skinner (Hg.), *Jews in Medieval Britain: Historical, Literary and Archaeological Perspectives,* Woodbridge 2003.

[45] Vgl. Robert Mundill, *England's Jewish Solution. Experiment and Expulsion (1262–1290),* Cambridge 1998; ferner Graus, *Pest – Geissler – Judenmorde* (wie Anm. 38), S. 343; Alfred Haverkamp, „Judenvertreibungen in Mittelalter und Frühneuzeit. Erscheinungsformen und Zusammenhänge, Betrachtungsweisen und Erkenntnischancen", in: Burgard u. a., *Judenvertreibungen* (wie Anm. 39), S. 4 f.

dehnung ausgenommen und wurden erst im 17. Jahrhundert zum Ziel „portugiesischer" Immigranten.

Dabei dürfte die Tatsache, dass die Ausdehnung von Aschkenas nach Osten im 13. Jahrhundert recht genau entlang der Grenzen der lateinischen Christenheit zum Stillstand kam, kaum Folge eines bewussten Entscheids, sondern das Ergebnis komplexer politischer und sozialer Prozesse samt kultureller wie auch kirchlicher Orientierungen auf christlicher Seite gewesen sein. Jedenfalls entwickelten sich Böhmen, Mähren und Ungarn[46] zu zentralen jüdischen Landschaften, während die Entwicklung in der Kiewer Rus oder im bulgarischen Zarenreich vor dem 15. Jahrhundert kaum Nennenswertes zu verzeichnen hatte und im Grunde nur eine Peripherie des byzantinischen Judentums ausmachte. Selbst die über die Ostsee nach Westen so stark vernetzte Handelsmetropole Nowgorod spielte auf der jüdischen Landkarte keine Rolle.

Dagegen steht der Befund, dass das mittel- und westeuropäische, also lateineuropäische Judentum allen religiösen Schranken zum Trotz auf vielfältige Weise mit der umgebenden Gesellschaft und Kultur verwoben war und dieses Europa ohne seinen jüdischen Teil nicht denkbar ist. Das ist dann auch nie einfach nur ein „Beitrag" der Minderheit zur alleinbestimmenden Mehrheitskultur, sondern wenigstens da, wo jüdisches Leben über längere Zeiträume hinweg oder kontinuierlich Bestand hatte, immer ein wechselseitiger, wenngleich reibungsvoller Austausch gewesen. Das lässt sich lange vor der Emanzipation der Juden im 19. Jahrhundert und ihrem im Ursprung gewiss gutgemeinten, im Ergebnis aber zum gesellschaftlich politischen Diktat geratenen Gedanken von der „bürgerlichen Verbesserung der Juden"[47] in vielerlei Bereichen belegen.

3. Angekommen? Judentum nach 1945

„Wer ein Haus baut – will bleiben", sagte der heutige Vorsitzende der Jüdischen Gemeinde Frankfurt, Salomon Korn, bei der Einweihung des neuen Frankfurter Gemeindezentrums 1986. Dieser Satz ist oft und gerne zitiert worden; er ist geradezu zur Ikone geworden. Er ist aber ohne den Blick auf den Riss, der die in die Fassade eingestellten stilisierten Gesetzestafeln durchzieht, unvollständig. Und so hat der Satz auch noch einen zweiten – allzu gerne übersehenen – Teil: „und wer bleiben will, erhofft sich Sicherheit."[48]

---

[46] Vgl. Nora Berend, *At the Gate of Christendom: Jews, Muslims and ‚Pagans' in Medieval Hungary, c. 1000- c. 1300*, Cambridge 2001.

[47] Der Begriff nach Christian Wilhelm Dohm, *Über die bürgerliche Verbesserung der Juden* [1781–1783]. *Kritische und kommentierte Studienausgabe*, hg. von Wolf Christoph Seifert, Göttingen 2015; Ronald Schechter, Art. „Verbesserung", in: Dan Diner (Hg.): *Enzyklopädie jüdischer Geschichte und Kultur*, Bd. 6, Stuttgart – Weimar 2015, S. 246–251.

[48] Zit. in JÜDISCHE ALLGEMEINE, 30. Mai 2013; vgl. auch Salomon Korn, *Die fragile Grundlage. Auf der Suche nach der deutsch-jüdischen Normalität*, Berlin 2003.

Alles, was heute in Deutschland und Europa über Juden als angestammte Pioniere gesellschaftlicher Pluralität zu sagen ist, muss sich an der Frage messen lassen, ob auch der zweite Teil des Kornschen Satzes eingelöst ist. Da sind Fragen angebracht; denn es geht nicht nur um das Wissen um Geschichte, sondern auch die angesichts der jüngsten Geschichte nur als skandalös zu bezeichnende Tatsache, dass man eine jüdische Einrichtung in Deutschland auch heute noch am leichtesten durch die Ausschau nach den zu seiner Sicherung aufgestellten Polizeiwagen findet.

Europa spielt in dieser Situation eine ganz besondere Rolle: durch das Gefühl, nicht allein zu sein in Deutschland, sondern mit Deutschland in der Pluralität Europas verbunden zu sein. Wohlgemerkt: in der Pluralität Europas in seinem weiteren, eigentlichen Sinn – nicht in einem Europa, das nur Verhandlungsort der Eurokrise ist und sich als Bollwerk gegen die Auswirkungen weltweiter Konflikte verstehen will, vor allem nicht der Tummelplatz von militanten Antizionisten oder Euroskeptikern und Europagegnern, die eilenden Schrittes in ein „christliches Abendland" zurückwollen, das in der Vergangenheit genauso wenig existiert hat wie das ideale Kalifat des „Islamischen Staates".

Unter diesen Bedingungen bieten die jüdischen Gemeinden in Europa ein besonders aufschlussreiches Beispiel dynamischer Pluralität, bei der nicht absehbar ist, ob daraus künftig ein in seinem Zentrum klar konturiertes europäisches Judentum entsteht, oder ob die heute bestehende Fragmentierung sich noch verstärken wird.[49] Frankreich als immer noch größte jüdische Gemeinschaft in Europa bietet dafür, abgesehen von den Verunsicherungen, die terroristische Anschläge wie in Paris, aber auch Gewalttaten und Übergriffe in anderen Städten, nach sich ziehen, ein eindrückliches Beispiel. Denn das alte französische Judentum in seiner Polarität von aschkenasischen Elsässern und Sepharden aus den Atlantikstädten ist durch die Shoah zu weiten Teilen ausgelöscht worden. An seine Stelle sind in großer Zahl Juden maghrebinischer Herkunft mit eigenen religiösen und kulturellen Traditionen getreten.[50]

Nicht anders, aber noch mit tieferen Brüchen versehen, ist der Prozess nach 1945 in Deutschland verlaufen. Die Gründungsmitglieder der deutschen Nachkriegsgemeinden waren, wenngleich in der Führungsschicht zunächst stark vertreten, nur zu geringem Teil Rückkehrer oder Überlebende. Die Mehrzahl der Juden, die nach 1945 in Deutschland Fuß fassten, war durch Zufälle und Umstände in dem Land geblieben, welches sie nicht gewählt hatten. Und die Gemeinden, die sie gründeten, waren nicht auf Dauer, sondern als Durchgangsstation gedacht. „Liquiditionsgemeinden" hieß das vielfach. Die Gründe für das Bleiben waren individuell-vielschichtig, ebenso die für das anhaltende Kommen. Das waren nach 1956 Juden aus Ungarn, 1968 aus Polen und der damaligen Tschechoslowakei, später aus Rumä-

---

[49] Vgl. Bernard Wasserstein, *Europa ohne Juden. Das europäische Judentum seit 1945*, Köln 1999.
[50] Vgl. Patrick Cabanel, „Judaisme et antisémitisme dans la France contemporaine", in: *Religion im öffentlichen Raum. Deutsche und französische Perspektiven*, hg. von Bernd Schröder u. a. (Frankreich-Forum. Jahrbuch des Frankreichzentrums des Saarlandes 8), Bielefeld 2009, S. 287–300.

nien und dem Iran (letztere vor allem in Hamburg), immer wieder auch Israelis, die meist keine Gemeindebindung suchten. Insgesamt war das ein Zuzug und auch ein steter Wegzug, vor allem der Jüngeren, der bis 1989 stabil eine verschwindend geringe Zahl von etwa dreißigtausend eingeschriebenen Gemeindemitgliedern in der Bundesrepublik beließ, nicht zu reden von den zuletzt bestenfalls noch fünfhundert Juden in der DDR.[51]

Geradezu paradox wurde dann die Situation der deutschen Gemeinden mit dem Zuzug von etwa einer Viertelmillion Juden aus der früheren Sowjetunion („Kontingentflüchtlinge") seit 1990/91, die die Zahl der eingeschriebenen Gemeindemitglieder zwischenzeitlich auf deutlich über einhunderttausend wachsen ließ – womit „russische Juden" auf etablierte „deutsche" Juden trafen, die ihrerseits aber vielfach in osteuropäischen Traditionen aufgewachsen waren. So viel Pluralität ist nicht einfach zu bewältigen und birgt erhebliche Anforderungen, auf praktischer Ebene, besonders aber mit Blick auf die Bewusstseinsbildung und die Gemeindebindung. Die jüdischen Gemeinde und Verbände haben hier in den vergangenen Jahren Enormes geleistet. Nach außen zeigt sich das in den zahlreichen Neubauten von Synagogen, dabei solche, die aus dem Umbau aufgelassener Kirchen entstanden (Bielefeld, Hannover, Speyer), nach innen in der zähen, generationenübergreifenden Integrationsarbeit. Da ist vieles gelöst worden und wohl noch mehr einiges der Zukunft aufgegeben.

Gerade wegen dieser Komplexität habe ich von „Pionieren" gesprochen. Denn das Beispiel der jüdischen Gemeinschaft in seiner Vergangenheit und in der Gegenwart zeigt eindrücklich, vor welchen Aufgaben und Chancen im Innern wie im Weiteren eine Gesellschaft steht, die es mit ihrem pluralen Selbstverständnis ernst meint. Wenn die jüdische Gemeinschaft in Deutschland und Europa eines Tages darauf bauen kann, dass sie, anders als ihre Vorgänger, sich selbstgewiss als eingewachsener Teil des Ganzen verstehen kann, dann wird diese Gesellschaft als Ganzes auch befähigt sein, Pluralität in all ihren Erstreckungen zu meistern. Heute, so viel muss man sagen, sind wir davon noch ein erhebliches Stück entfernt.

---

[51] Vgl. Wolfgang Benz (Hg.), *Zwischen Antisemitismus und Philosemitismus: Juden in der Bundesrepublik*, Berlin 1991; Johannes Heil, „Juden, Judentum und Antisemitismus in Deutschland nach der Shoa", in: *Religion im öffentlichen Raum. Deutsche und französische Perspektiven*, hg. von Bernd Schröder u. a. (Frankreich-Forum. Jahrbuch des Frankreichzentrums des Saarlandes 8), Bielefeld 2009, S. 263–286; Hanno Loewy, *Neues Leben: Russen, Juden, Deutsche*, Heidelberg 2012.

Liegt der Westen im Abendland?
Zur historisch-politischen Semantik der Europäischen Union

Otto Kallscheuer

> Europas größte Gefahr ist die Müdigkeit.
> (Edmund Husserl, 1935)

1. Das Abendland oder Deutschland?

Eine der vielen historischen Absonderheiten der PEgIdA-Bewegung (deren politisches Profil ich hier natürlich gar nicht erst skizzieren will), liegt bereits in ihrem Namen versteckt: nämlich in der Annahme ihrer Protagonisten, Wortführer und Agitatoren, die beanspruchte Verteidigung des „Abendlandes" vertrage sich problemlos mit einer patriotischen Identifikation mit Deutschland – so als seien deutschnationale Patrioten gewissermaßen automatisch ‚abendländisch' eingestellt. Nicht nur die aktuellen Putin-Sympathien einiger ‚identitärer' Diskussionszirkel und Vordenker im deutschen Rechtspopulismus widersprechen dieser Annahme.

In den letzten beiden Jahrhunderten – *grosso modo*: seit der Französischen Revolution, dem Versuch der Napoleonischen Neuordnung Europas und dann dem Wiener Kongress – befanden sich deutscher Nationalismus und abendländische Identität zumeist im Konflikt miteinander. Hatte das ‚Abendland' in der literarischen Bewegung der frühen deutschen Romantik noch für eine *vor*nationalistische Gemeinschaft gestanden – für *Die Christenheit oder Europa* (Novalis): die mehr oder minder idealisierte kulturelle Tradition und politische Geschichte des durch die lateinische Christenheit geprägten Mittel- und Westeuropa[1] –, so wurde es später zunehmend ein Gegenbegriff zur nationalen Emanzipation und staatlichen Einheit der Deutschen, zuerst im Zuge der antinapoleonischen Befreiungskriege. Das galt bereits für die Ziele der deutschen Nationalbewegung im Allgemeinen (und ihre preußisch-‚kleindeutsche' Lösung im Besonderen, welche schließlich mit der Ausrufung des deutschen Kaiserreichs in Versailles im Jahr 1871 obsiegte); diese stand ja im expliziten Gegensatz zur 1814 ausgehandelten politischen Stabilisierung Europas, also dem Versuch, den Zerfall des Abendlandes in verfeindete Nationalstaaten zu

---

[1] Für eine präzisere Interpretation von Friedrich von Hardenbergs (alias ‚Novalis') berühmter Rede dieses Titels aus dem Jahr 1799 siehe das IV. Kapitel meines Essaybandes: Otto Kallscheuer, *Zur Zukunft des Abendlandes*, Springe 2009, S. 73–98.

verhindern.² Zuweilen nahmen die deutsch-nationalen Aspirationen in den verschiedenen wider das abendländische Konzert der Europäischen Mächte gerichteten Wellen deutscher Nationalbewegung (etwa der Burschenschaftstreffen auf der Wartburg) auch Züge einer retrospektiven konfessionellen Identifikation an: mit Martin Luthers „deutschem" Freiheitskampf wider das päpstliche „Rom" und das von der römischen Kirche freien Christenmenschen aufgezwungene Joch der babylonischen Gefangenschaft.³

Auch noch im 20. Jahrhundert gehörte die ‚römische' Tradition des Abendlandes zu den (vermuteten) Antipoden des ‚deutschen Geistes' – es mag hier ausreichen, an Thomas Manns *Betrachtungen eines Unpolitischen* zu erinnern, die er in den Jahren des Ersten Weltkriegs schrieb. Und Oswald Spenglers Diagnose vom *Untergang des Abendlandes* (1922) bezeugte ja keinerlei Identifikation ihres Autors mit der abendländischen „Zivilisation" (im Gegensatz zur deutschen „Kultur"); er selber vertrat in *Preußentum und Sozialismus* (1919) bekanntlich einen nationalen „Sozialismus", dessen elitäre Züge ihn allerdings auch von der NS-Bewegung unterschieden. Doch seine antiwestlichen Sympathien mit Russland lassen ihn heute für die „identitären" Vordenker einer Neuen Rechten als durchaus aktuell erscheinen – aber nicht nur ihn: ersetzt man im deutsch-nationalistischen Schrifttum der Zwanziger Jahre „Versailles" durch das heutige „Brüssel", dann klingen in der Tat manche Akzente unangenehm vertraut. Die Nazis hatten den Begriff des Abendlandes wegen seiner Assoziation mit dem Christentum ohnehin eher gemieden – bis zuletzt: erst nach der Niederlage in Stalingrad Ende Januar 1943 taucht in Hitlers Tagesbefehlen der Kampf für die „Rettung des Abendlandes" auf.⁴

Über den Gegensatz zwischen deutsch-nationaler und europäisch-abendländischer Zielsetzung wurde dann auch im gespaltenen Deutschland der Nachkriegszeit gestritten, nach der Katastrophe des Zweiten Weltkriegs. Und dabei ging es durchaus um die zentralen außenpolitischen Prioritäten der Stunde: Sollte im durch die Siegermächte besetzten und dann mit dem Kalten Krieg zwischen Ost- und Weststaat gespaltenen Deutschland nun an erste Stelle das Interesse an einer staatlichen Wiedervereinigung stehen? Oder war die Bindung der Bonner Bundesrepublik an „den Westen" – im Sinne des politischen Systems liberaler und sozialer Demokratien, aber auch als politisches, ökonomisches, militärisches Bündnis mit den westlichen Siegermächten – das Prius, dem andere Optionen unter- oder nachgeordnet werden sollten: auch der Wunsch nach einer schnellen staatlichen Einheit Deutschlands?

Aktuell wurde diese Alternative mit dem Angebot der sogenannten „Stalin-Note" vom 10. März 1952: dem Angebot Stalins zu einem mit sowjetischer Konzession

---

² Vgl. Henry Kissinger, *Weltordnung*, München 2014, S. 74–97.
³ Wieweit bereits in der Reformation ein ‚clash of cultures' zwischen römischer und deutscher Mentalität eine Rolle spielte, diskutiert Volker Reinhardt in seiner lesenswerten Monographie *Luther der Ketzer. Rom und die Reformation*, München 2016.
⁴ Vgl. Rainer Hank, „Abendland war stets ein Kampfbegriff", in: FRANKFURTER ALLGEMEINE ZEITUNG, 20. Dez. 2014.

zustandekommenden ‚neutralen', aber staatlich wiedervereinigten Deutschland.[5] Die Westmächte waren und blieben hier misstrauisch: sie vermuteten in diesem Vorschlag des sowjetischen Führers nur eine Camouflage oder Vorstufe für die weitere Ausweitung der russischen Einfluss-Sphäre bis zum Rhein. In Deutschland hingegen bildete sich – durchaus in Wahlverwandtschaft mit der Bewegung gegen die Wiederbewaffnung der Bundesrepublik im Rahmen des westlichen Bündnisses – eine Bewegung in der öffentlichen Meinung, die die Chance für einen gegenüber den beiden Militärblöcken neutralen gesamtdeutschen Staat ernsthaft prüfen wollte; parteipolitischen Ausdruck fand sie Ende 1952 in der kurzlebigen Gesamtdeutschen Volkspartei (GVP) unter Gustav Heinemann, dem späteren Bundespräsidenten.[6]

Der deutsche Bundeskanzler Konrad Adenauer war hingegen von vorneherein entgegengesetzter Auffassung. Man dürfe mit „Sowjet-Russland nur verhandeln, wenn man mindestens gleich stark ist", schrieb Adenauer an den über die Reaktion der Bundesregierung und der Westmächte auf die Stalin-Note empörten Historiker Gerhard Ritter am 7. April 1952: ein westdeutscher Alleingang als Verhandlungspartner eines unter Umständen die staatliche Souveränität unter Bedingungen der gesamtdeutschen Neutralität ‚konzedierenden' Russlands sei gerade realpolitisch ein Irrweg.[7] Dass Konrad Adenauer einer gesamtdeutschen Einigung ohne vorherige Westbindung ablehnend gegenüberstand, speiste sich gewiss auch aus seiner eigenen religiösen und kulturellen Identität als katholischer Rheinländer – „Asien steht an der Elbe" hatte er am 16. März 1946 an den in die USA emigrierten Kölner Sozialdemokraten und ehemaligen Reichstagsabgeordneten William F. Sollmann geschrieben. Das war gewiss rheinisch-abendländisch vorurteilsbeladen. Und für einige Zeitgenossen und auch Nachkriegshistoriker machen ihn diese Haltung und ihre politischen Folgen auch zum Mitschuldigen an der Verfestigung der deutschen Spaltung für das folgende halbe Jahrhundert Nachkriegsgeschichte.

Stimmt das? Ich habe hier meine Zweifel – und würde in dieser Frage genau anders herum argumentieren: Adenauers eigene, ganz gewiss eher westeuropäisch-abendländische als deutsch-nationale Werteskala passte – umgekehrt – ganz hervorragend in den für eine national autonome deutsche Außenpolitik ohnehin recht eingeschränkten außenpolitischen Spielraum der Nachkriegssituation. Der christdemokratische Kanzler eines noch nicht souveränen deutschen Teilstaats lehnte es jedenfalls auch deshalb ab, „auf zwei Klavieren gleichzeitig (zu) spielen" (wie er an Gerhard Ritter schrieb), weil er sich, gerade mal ein Jahrzehnt nach der totalen

---

[5] Vgl. den Sammelband: Tilman P. Fichter / Siegward Lönnendonker (Hg.), *Wollte Adenauer überhaupt die Einheit? Die Stalinnoten von 1952 und der 17. Juni 1953*, mit Beiträgen von Rolf Badstübner, Peter Brandt, Friedrich Dieckmann, Erhard Eppler, Tilman P. Fichter, Otto Kallscheuer, Siegward Lönnendonker und Stefan Wolle, Berlin 2016 (im Erscheinen). Ich greife hier auf meinen Beitrag zurück.

[6] Vgl. das Vorwort von Erhard Eppler in: Fichter / Lönnendonker, *Wollte Adenauer überhaupt die Einheit?* (Anm. 5).

[7] Dieser und die folgenden Briefe Adenauers zitiert nach: Konrad Adenauer, *Briefe über Deutschland*, München 1999, S. 43, 133 f.

Kapitulation des Deutschen Reiches, der Unterstützung der Westmächte für eine Wiederherstellung der deutschen Souveränität in Freiheit keineswegs sicher sein konnte. Adenauers Politik ging somit nach seinen eigenen Worten „dahin, Deutschland in den Westen einzubauen, um der Gefahr der Neutralisierung zu entgehen, um den Westen zu stärken, um bei der eines Tages eintretenden Möglichkeit der Verhandlung mit Russland mitsprechen zu können, und zwar im Interesse Deutschlands, im Interesse des Friedens" (im April 1952 an Gerhard Ritter).

2. Der Westen oder die Nation?

Zudem hatten sich unterdes die politischen Konstellationen im freien Teil Europas selber verändert, nicht zuletzt durch zwei, miteinander verbundene, politische Entwicklungen: die Auswirkungen des US-amerikanischen Marshall-Plans und die ersten Schritte auf dem Wege einer (zunächst *west–*) europäischen Einigung. Stalins Angebot zielte in dieser Situation auf die *Auskoppelung* eines vereinten Deutschlands aus der sich ökonomisch assimilierenden und in Europa in ersten Schritten auch politisch aggregierenden westlichen Staatengemeinschaft. Die westlichen Siegermächte hingegen, vor allem Frankreich und Großbritannien, konnten jedem (und sei es vorläufigen – d.h. vor einem definitiven Friedensvertrag gewährten) Zuwachs an deutscher staatsrechtlicher Souveränität bei wachsender politischer wie wirtschaftlicher Macht Nachkriegsdeutschlands nur unter der Bedingung der deutschen *Einbindung* in europäische trans- und übernationale Netzwerke zustimmen.

Genau dies war auch der Ansatzpunkt der Europäischen Föderalisten, unter denen sich ebenso linke Christdemokraten (wie Eugen Kogon) und kosmopolitischen Liberale (wie Jean Monnet) wie liberale Sozialisten fanden (wie Altiero Spinelli, der Verfasser des berühmten Europa-Manifests von Ventotene aus dem Jahr 1942 – später Europa-Kommissar und einer der wichtigsten föderalistischen Vordenker) – aber eben *keine* organisierte sozialistische und sozialdemokratische Kraft der Arbeiterbewegung.[8]

Zwei Wochen nach der Veröffentlichung der Stalin-Note hielt Eugen Kogon auf dem Kongress der Europäischen Föderalisten in Aachen eine bemerkenswerte Rede. Wie in all seinen europapolitischen Essays, Reden und Manifesten verfocht er die These, dass „das Problem der Integration Deutschlands in sich selbst und im Westen nicht mehr gelöst werden (kann) ohne eine gemeinsame supranationale Autorität" – sprich: ohne die Europäische Einigung. Frankreich sei voller Sorge vor einem erstarkenden wiedervereinigten Deutschland, auch in Großbritannien sei die Sorge vor Deutschland weiterhin groß (ja, die Labour Party habe sich der Idee einer europäi-

---

[8] Die im nationalen Widerstand wider die deutsche Besatzung erstarkten Kommunistischen Parteien hingegen verfolgten ohnehin, wo immer (und solange) sie konnten, im Nachkriegseuropa die Linie der *Nationalen* Volks- oder Einheitsfront.

schen Armee nur deshalb zuwenden können, „damit Deutschland nicht eine eigene Armee bekommt") – und just in diesem Moment hätten die Russen nun „den Friedensvertrag mit ganz Deutschland angeboten, und sogar mehr: eine nationale Armee für ein wiedervereinigtes Deutschland" – *sofern* Deutschland sich aus den Bemühungen um eine Europäische Verteidigungsgemeinschaft zurückzieht.

Kogon spitzt weiter zu (ich folge weiter der Mitschrift): „In dem Augenblick, wo Deutschland sich aus dieser Integration Europas heraushält, tritt die Alliance-Bereitschaft zum Nationalismus zutage, die Alliance-Bereitschaft der Russen: dann könnt ihr auch eine Armee haben" (*sc.* so ködern sie die Deutschen). Das russische Angebot spekuliere also, „wie in Polen, wie in der Tschechoslowakei, wie in Frankreich, wie in Italien, so auch in Deutschland, auf die nationalistischen Kräfte". Warum? – fragt Kogon (sich und seine Zuhörer) rhetorisch, und antwortet folgendermaßen: „Warum? – Weil die Gefahr für (die Russen) so nahe gerückt ist aus der Entwicklung selbst, dass die Föderation in Kontinental-Europa in der Tat nun zustande kommt, dass es zur Schaffung der supranationalen gemeinsamen politischen Autorität kommt; und dann wissen die Russen, dass die Konsolidierung dieses Kontinents in Gang gesetzt ist". Andernfalls: „Fehlt Deutschland, dann ist der Zusammenschluss Europas verhindert."[9] Oder, in heutiger Diktion: *Scheitert Deutschlands Westbindung – dann scheitert Europa!*

Man muss Kogons Analyse nicht in allen Einzelheiten folgen, um seine Alternative beurteilen zu können: Gesetzt den Fall, dass eine national-neutralistische Lösung der Deutschen Frage mit der Sowjetunion aushandelbar gewesen wäre, so hätte diese *de facto* einen Abschied Deutschlands aus ebenjener europäischen Einigungsbewegung bedeutet, welche unterdes mit dem von Jean Monnet konzipierten ‚Schuman-Plan' (1950) zur Errichtung der Montanunion bereits einen ersten Erfolg erzielt hatte. Nach Intention der christdemokratischen *Founding Fathers* der Europäischen Gemeinschaft (Robert Schuman, Alcide De Gasperi und Konrad Adenauer) bzw. gemäß den Projekten ihrer föderalistischen Ideengeber (der Sozialist Spinelli arbeitete für den Christdemokraten De Gasperi; der Liberale Monnet für den Katholiken Schuman) sollte diese Entwicklung danach schnell zu einer Europäischen Verteidigungsgemeinschaft (EVG) voranschreiten, welche dann wiederum auch die ersten Institutionen einer Europäischen Politischen Gemeinschaft (EPG) notwendig und möglich machen würde. Nun, so schnell sollte es dann freilich nicht laufen: Erstere – die EVG – sollte bekanntlich sehr schnell an der ablehnenden Haltung der französischen Sozialisten (!) scheitern, und letztere – die EPG – verschwand damit sang- und klanglos in der Versenkung … In den folgenden Jahrzehnten wurden die Perspektiven einer politischen Union (West-)Europas von ihren Urhebern eher auf indirektem, ökonomisch angetriebenem Wege weiterverfolgt.[10]

---

[9] Eugen Kogon, „Rede auf dem Kongreß der Union Européenne des Fédéralistes" am 29. März 1952 in Aachen, in: Ders., *Europäische Visionen*, hg. von Gottfried Erb (Gesammelte Schriften 2), Weinheim – Berlin 1995, S. 139 f.

[10] Dies ist jedenfalls die Deutung der neofunktionalistischen Schule der *European studies*: politi-

Im Jahr 1952 aber hätte eine mit Stalin konkordierte, mehr oder minder ‚neutrale' staatliche Einigung Deutschlands zugleich eine Abkehr vom Prozess der Europäischen Einigung bedeutet – und dies vermutlich sogar unter der ausgesprochen unwahrscheinlichen Voraussetzung, sie wäre als wahrhaft demokratische auch möglich gewesen.[11] Deshalb war Adenauers propagandistischer Rückgriff auf das christliche Abendland, wie immer man dessen historisches Pathos beurteilen mag, aus heutiger Sicht politisch zukunftsweisender als jede national-neutralistische Sonderoption in der deutschen Außenpolitik. Nach Stalins Tod sollte ja paradoxerweise der ostdeutsche Arbeiteraufstand des 17. Juni 1953, indem er die SED-Führung unter Walter Ulbricht vor ihrer möglichen Absetzung aus Moskau bewahrte, auch die deutsche Spaltung weiter zementieren. Nicht einmal ein halbes Jahrhundert später hingegen fielen dann die mit allen Siegermächten des zweiten Weltkriegs abgestimmte deutsche Wiedervereinigung und der nächste Durchbruch zur Politischen Union eines sich erweiternden Vereinten Europa – nach 1989 – zusammen, im Großen und Ganzen durchaus Adenauers Konzeption entsprechend.[12]

3. Europa als ‚Idee' und als historisches Experiment

Die These, Europas Einigung lasse sich *nur* im Rekurs auf universale Grundwerte verwirklichen, ist älter als der dann im Kalten Kriege tatsächlich zur Europäischen Union führende Einigungsprozess. Wortmächtig hatte sie in der Zwischenkriegsperiode etwa der französische Philosoph Julien Benda verkündet, als er im Jahr 1933 (!!) – mit einem bewusst auf J. G. Fichtes deutsche Reden anspielenden Titel – seine „Rede an die europäische Nation" veröffentlichte.[13] Freilich bestimmte Benda, auch hierin Fichte folgend, die politischen, geographischen, institutionellen Konturen dieser ebenso *a*-nationalen wie *über*-nationalen ‚Nation Europa' überhaupt nicht. Es ging ihm in erster Linie um eine moralpsychologische Reform des europäischen Menschen oder ‚Geistes' – um eine erneute ‚Umwertung der Werte'. Diese hätte

---

sche Einigungsfortschritte waren zugleich (und zunächst) *spill-over-effects* ökonomischer Zusammenarbeit.

[11] Wie anders als durch internationale Kontrollen hätten gesamtdeutsche freie Wahlen garantiert werden können? Wie weit hätte Stalin solche Kontrollen – *vor den, während der, und nach den durchzuführenden gesamtdeutschen Wahlen* – tatsächlich zugelassen? (Gegenbeispiel: die Wahl in der Tschechoslowakei im Jahr 1948.) Und Kontrollen *durch wen*: durch die Vereinten Nationen? Oder etwa durch die vier Siegermächte?

[12] *En détail* war es etwas komplizierter. Vgl. meinen kurzen analytischen Rückblick: Otto Kallscheuer, „Anschluss als Revolution", in: *Blätter für deutsche und internationale Politik*, 54. Jg., Heft 10/ 2009, S. 83–89.

[13] Julien Benda, *Discours à la nation européenne* (1933), Paris 1979; vgl. dazu auch die ‚Einführung' von Philippe Nemo, *Was ist der Westen? Die Genese der abendländischen Zivilisation* (Untersuchungen zur Ordnungstheorie und Ordnungspolitik 49), Tübingen 2005, S. 1–7 (*Qu'est-ce que l'Occident?*, Paris 2005).

zugleich ihre erste, vitalistisch intonierte und dann nationalistisch interpretierte Umwertung durch Friedrich Nietzsche rückgängig machen müssen.

Für Benda bedeutete die Orientierung an der ‚Idee Europa'[14] eine Art platonische Anamnesis – die Rückkehr zu jenen universalen Werten der Vernunftmoral, von denen die europäische *Intelligenzija* der Zwischenkriegszeit im Zuge ihres „Verrats der Intellektuellen" (der *trahison des clercs*)[15] abgekommen war. Die Idee Europas bestehe gerade im Sieg des ‚Abstrakten' der universalistischen Moral über das ‚Konkrete' dieser oder jener Gruppenidentitäten, d. h. über jede Identifikation mit der jeweiligen nationalen Gemeinschaft oder sozialen Klasse.[16] Im Grunde war Julien Bendas *Discours* also nichts anderes als die Fortsetzung seiner Kritik am „Verrat der Intellektuellen" (1927), einer leidenschaftlichen Verurteilung der ideologischen Leidenschaften in den politischen Kämpfen der zwanziger Jahre, des nationalistischen Engagements oder der kommunistischen Parteilichkeit vieler politisch aktiver Intellektueller seiner Generation.[17] Mit der *einen*, unwandelbaren, abstrakten (ob nun platonischen oder cartesischen) Vernunft gelte es zugleich, den unüberschreitbaren Wert des Individuums gegenüber jedem Kollektiv zu verteidigen. Und in seiner Proklamation der ‚europäischen Nation' skizziert Benda zugleich das Profil des universalistischen Intellektuellen oder „Funktionärs der Menschheit" (Edmund Husserl) – des Klerikers der unwandelbaren Prinzipien der Vernunft. „Kehret zurück zum System der sokratischen Werte", ruft er seinen Zeitgenossen zu: „Verkündet Europa, dass es ohne eine gewisse Abwertung der sinnlich wahrnehmbaren Welt und ohne ein gewisses Nachlassen des praktischen Sinns nie entstehen werde. Die reine Religion des Praktischen wird nie zu etwas anderem führen als zum Kriege."[18]

Bendas Europa war in den dreißiger Jahren nur ein Philosophieprofessoren-Europa, kein realistischer, unter den Völkern Europas mehrheitsfähiger Entwurf für ein die Nationalstaaten übergreifendes politisches Gemeinwesen – ebensowenig wie die zwei Jahre später in Wien formulierte philosophischen *Krisis*-Diagnose Edmund Husserls: Dieser sah die „Krise des europäischen Daseins" zwar nicht im moralischen Verrat der Intellektuellen begründet, aber doch in einer Art von intellektuellem Versagen der europäischen Wissenschaften gegenüber dem unbedingten Wahrheitsanspruch des philosophischen *Logos* bzw. der monotheistischen Religion

---

[14] „L'Europe a souvent existé; mais l'idée d'Europe n'existait pas" (Benda, *Discours*, S. 22).

[15] Nationalisten und Kommunisten waren die Prototypen dieses Verrats am Universalen in dem berühmten Pamphlet von Julien Benda, *Der Verrat der Intellektuellen*, München 1978 (*La trahison des clercs*, 1927).

[16] „Autre renversements de valeurs necessaires ... L'Europe sera une victoire de l'abstrait sur le concret" (Benda, *Discours à la nation européenne*, S. 41). – „L'Europe n'aura de portée morale que si, loin d'être une fin à elle même, elle n'est qu'un moment de notre retour en Dieu, òu doivent sombrer tous les distincts, avec tous les orgueils et touts les égoismes" (*Discours*, S. 125).

[17] Ein politisches Europa könne *nur* als Ergebnis allgemeiner moralischer Werte entstehen, und damit ergebe sich die „nécessité, pour ses éducateurs [sic!], de croire à une action morale, transcendante à l'économique; de revenir de Marx à Platon" (*Discours*, S. 13).

[18] Benda, *Discours à la nation européenne*, S. 44 f.

angelegt.[19] Aber für den realen europäischen Einigungsprozess nach dem Zweiten Weltkrieg war gerade keine platonische ‚Idee Europa' oder gar eine (im Sinne von René Descartes[20]) ‚klare und deutliche' Definition europäischer Identität wegweisend. Das politische Europa ist kein apriorischer Begriff, sondern ein historisches Gebilde. Die ethisch-politischen Zielsetzungen der europäischen Einigungsbewegung waren, auch im *Design* seiner Architekten, geprägt durch die Erfahrungen von Zwischenkriegszeit und Weltkrieg.[21]

Die neue politische Konfiguration des Abendlands nahm in *West*europa im Schatten des Kalten Krieges Gestalt an. Ein ebenso historisch rekursiver wie politisch projektiver (Selbst-) Vergewisserungsmodus ‚Europas' war bereits in den ersten Schritten des Europäischen Einigungsprozesses präsent. Die Entwicklung, Vertiefung und Erweiterung der Europäischen Integration, von der Montanunion bis hin zu einer Wirtschaftsgemeinschaft in politischer Perspektive, später dann zur Politischen und zur Währungsunion, war ein offenes und trotz zeitweiliger Hindernisse und Rückschläge auch im Rückblick erstaunliches politisches Experiment.

Bereits die von Jean Monnet inspirierte und im Jahr 1950 vom französischen Außenminister Robert Schuman ergriffene Initiative zur Montanunion war von Anbeginn an zugleich ethisch-politisch motiviert *und* in einem Vorverständnis europäischer Identität oder Zivilisation grundiert: „La contribution qu'une Europe organisée et vivante peut apporter à la civilisation est indispensable au maintien des relations pacifiques" – so lautet der zweite Satz des Schuman-Plans vom 9. Mai 1950. Und schon der nächste Absatz formulierte die im nächsten halben Jahrhundert geübte inkrementale ‚Methode Monnet' (die natürlich erst später so genannt wurde): „L'Europe ne se fera pas d'un coup, ni dans une construction d'ensemble; elle se fera par des réalisation concrètes, créant d'abord une solidarité de fait."[22]

Einerseits sahen nämlich die europäischen *Founding Fathers* in der wirtschaftlichen Verflechtung selbst ein entscheidendes Element der Kriegsvorbeugung. Damit standen sie durchaus im Einklang mit der von ihnen beanspruchten Aufklärungstradition: „Es ist der Handelsgeist, der mit dem Krieg nicht zusammen bestehen

---

[19] Vgl. Edmund Husserl, *Die Krisis des europäischen Menschentums und die Philosophie* (1935) [aus: Husserliana, Bd. VI], Weinberg 1995, S. 50f. – Der Überwindung jenes philosophischen Gegensatzes der europäischen Moderne zwischen physikalistischem Objektivismus und idealistischem Subjektivismus widmete der 77jährige Husserl dann seine Spätschrift: *Die Krisis der europäischen Wissenschaften* [veröffentlicht im Jahr 1936 im 1. Bd. der in Belgrad erscheinenden Zeitschrift *Philosophia*].

[20] In seinen *Regulae ad directionem ingenii* (1619–1628, unvollendet), hg. von Christian Wohlers (Philosophische Bibliothek 613), Hamburg 2011.

[21] Ausführlicher habe ich diese Entwicklung skizziert in: Otto Kallscheuer, „Legitimität – Identität – Stabilität. Die Europäische Union in einer Legitimationskrise?", in: Georg Pfleiderer / Alexander Heit (Hg.), *Religions-Politik I. Zur historischen Semantik europäischer Legitimationsdiskurse*, Zürich – Baden Baden 2013, S. 251–374. Ich greife hier auf einige Passagen zurück.

[22] Robert Schuman, *Une Europe pour la paix* (Erklärung des französischen Außenministers, Quai d'Orsay, 9 mai 1950), Neuveröffentlichung: Paris 2011, S. 9.

kann, und der früher oder später sich jedes Volks bemächtigt" (Kant).[23] Andererseits beruhte nach ihrer Überzeugung die Perspektive der Europäischen Einigung eben nicht alleine in wirtschaftlicher Konvenienz, sondern sie gründe (oder ‚wurzele') in einer bestimmten, trans- oder vorpolitischen Idee Europas als Identität *in* Vielfalt.[24] Diese war bei den Gründungsvätern Adenauer, Schuman und De Gasperi katholisch grundiert und wurde dann – in der ideologischen Auseinandersetzung mit dem kommunistischen Ostblock, aber auch mit den Kommunisten, Nationalisten und Neutralisten in der eigenen Innenpolitik – gerne als übergreifende Zivilisation des Westens oder des Abendlandes stilisiert. Der nationenübergreifende Einigungsprozess stelle somit ‚nur' den politischen Rahmen oder das zu vereinbarende vertragliche Gerüst dar,[25] innerhalb dessen jene älteren, historisch gewachsenen Identitäten als Einheit in Vielfalt gedeihen könnten, statt sich erneut in Kriegen zwischen verfeindeten Nationen oder Staaten zu zerfleischen.

Dabei treffen sich katholische Demokraten wie der neuthomistische Philosoph Jacques Maritain, nach dem Krieg französischer Botschafter beim Vatikan, und liberale Sozialisten wie Altiero Spinelli in der Ablehnung des souveränen Nationalstaats als ordnungspolitischer Leitidee für die Nachkriegsarchitektur Europas: Die Konzeption der nationalen Souveränität sei in der Neuzeit auf demselben Amboss geschmiedet worden wie die des absoluten Staates – und daher müssten in einer europäischen Friedensordnung *beide* gemeinsam überwunden werden: „Ils doivent être ensemble mis au rebut" (Jacques Maritain).[26]

Verwundern müssen uns diese Übereinstimmungen nicht. Europas Gründungsväter gehörten jener im Ersten Weltkrieg und der Zwischenkriegsperiode formierten ‚politischen Generation' an, welche das Scheitern der Hoffnungen des Treffens von Locarno, der Friedenspläne eines Gustav Stresemann oder Aristide Briand erlebt hatten. Was sie nun – *nach* der Katastrophe des Zweiten Weltkriegs – auszeichnete, war, dass sie die ‚Idee Europa' nicht allein als moralische Verpflichtung zum Aufbau einer dauerhaften Friedensordnung empfanden, sondern sie auch realistisch zu implementieren wussten. Sie handelten dabei mit einer (kulturell durchaus ‚katholisch' geprägten) Kombination aus unverrückbarer ‚Werteorientierung' und realpoliti-

---

[23] Immanuel Kant, *Zum ewigen Frieden. Ein philosophischer Entwurf* (1795). Erster Zusatz (Akademie-Ausgabe, Bd. VIII, S. 368).

[24] Der wirtschaftliche Austausch erscheint – gut aufklärerisch – als Mittel zum Zweck, die (kulturelle, nationale, konfessionelle) Vielfalt innerhalb einer höheren Einheit aufrechtzuerhalten, da diese nicht auf Eroberung oder Unterwerfung gründet: „Les conquêtes sont plus propres à établir partout les mêmes mœurs qu'à en donner de bonnes [...] Il y a bien de la différence entre les mœurs que la commerce inspire et celles qu'une vaste conquête force de prendre": Montesquieu, *Pensées* (no. 1799), und Ders., *Vom Geist der Gesetze* XX.2: „Der Geist des Handels [eint] die Völker." (Tübingen 1992, Bd. 2, S. 3).

[25] Wohlgemerkt: *nicht* zwangsläufig die Perspektive einer Verfassung. Die Europa-Idee eines (Nationen- oder Staaten-) übergreifenden ‚politischen Körpers' ist nicht an ein einheitliches Verfassungssubjekt oder ein einziges *pouvoir constituant* gebunden.

[26] Jacques Maritain, *L'Europe et l'idée fédérale*, Paris 1993, S. 99–128; Altiero Spinelli, *Il Manifesto di Ventotene*, Bologna 1991.

schem Pragmatismus, wie sie von den christlich-demokratischen Gründungsvätern Konrad Adenauer, Alcide De Gasperi und Robert Schuman nahezu idealtypisch verkörpert wurde. Freilich brauchten diese Staatsmänner dann dazu auch Staatstechniker und *fonctionnaires:* Spezialisten, die ihnen im rechten Moment strategische Stichworte, mehrheitsfähige institutionelle Modelle und Vertragsentwürfe liefern konnten. Und diese eigentlichen konzeptionellen ‚Väter Europas' – Jean Monnet, Altiero Spinelli – stammten aus derselben politischen Generation wie ihre politischen Chefs, wenngleich nicht notwendigerweise aus demselben parteipolitischen Lager.[27]

So ist auch die früher in europapolitischen Debatten beliebte Entgegensetzung zwischen einer Schritt für Schritt vorgehenden ‚inkrementalen' Methode Jean Monnets und einer eher ‚visionären' Konzeption Altiero Spinellis zumindest irreführend. De facto nämlich war beiden Politikern nicht nur die Perspektive der Vereinigten Staaten von Europa gemeinsam; beide arbeiteten auch am ersten (gescheiterten) Projekt der Politischen Gemeinschaft Europas federführend mit: der französische Plankommissar Monnet wie der italienische liberale Sozialist Spinelli, Führer der Föderalistischen Bewegung, später (ab 1970) Europa-Kommissar und schließlich Europa-Parlamentarier. Der Antifaschist Spinelli hatte im Jahr 1941 gemeinsam mit Ernesto Rossi auf der italienischen Gefängnisinsel Ventotene das Manifest *Per un'Europa libera e unita* verfasst, eines der Gründungsdokumente des Europäischen Föderalismus.[28] Der weltgewandte Finanzier und französische Patriot Jean Monnet, den General de Gaulle 1945 zum Chef des neugegründeten Commissariat du Plan berufen hatte, war der Inspirator des 1950 vom französischen Außenminister initiierten ‚Schumann-Plans', der mit dem Vorschlag, die französische und deutsche Kohleförderung und Stahlproduktion unter eine gemeinsame Aufsichtsbehörde zu stellen,[29] zur Konstituierung der Europäischen Montanunion führte (1952) und damit eine der Grundlagen der Schaffung eines gemeinsamen europäischen Wirtschaftsraums legte. Monnets langfristig angelegte Strategie einer beständigen Erweiterung der europäischen Integration durch schrittweises Wachstum war indirekt angelegt – auf *incremental totalization.*[30] Sie zielte auf die Schaffung gemeinschaftsbildender Sachzwänge oder (in der Sprache der neofunktionalistischen Integrations-

---

[27] Der liberale Sozialist Spinelli kooperierte mit dem christdemokratischen Parteichef De Gasperi, der kosmopolitische Banker Monnet mit dem tiefgläubigen Katholiken Schuman. Siehe die treffende Charakterisierung Monnets bei Perry Anderson, *The New Old World*, London – New York 2009 (²2011), S. 12 ff.

[28] Altiero Spinelli, *Il Manifesto di Ventotene*, Bologna 1991, vgl. darin die Einleitung von Norberto Bobbio, „Il federalismo nel dibattito politico e culturale della resistenza", S. 9–27.

[29] In der bemerkenswerten (und von Jean Monnet redigierten) Erklärung des französischen Außenministers Robert Schumann vom 9. Mai 1950 wird die Zusammenlegung der Stahl- und Kohleproduktion gleichermaßen friedenspolitisch wie ökonomisch motiviert: „La solidarité de production [de charbon et acier] qui serait ainsi nouée manifestera que toute guerre entre la France et l'Allemagne devient non seulement impensable, mais matériellent impossible" – und als „erste Etappe der europäischen Föderation" qualifiziert: Schuman, *Une Europe pour la paix*, a.a.O., S. 10.

[30] „Relying on what he called a ‚dynamic disequilibrium', Monnet's strategy was an incremental

theorie) von *spill-over*-Effekten als Weg zur politischen Union. Sie hat sich im Wesentlichen als erfolgreich erwiesen.[31] Erst heute, in einer Situation ökonomischer Nullsummenspiele und/oder außenpolitischer Interessengegensätze funktioniert sie nicht mehr.

4. ‚Abendländische Werte' und geopolitische Interessen

In grober, aber für unser Panorama zulässiger Vereinfachung lassen sich in den politisch vielfältigen Legitimitäts-Diskursen der Europäischen Einigungsbewegung im Rückblick wenigstens drei Grundmotive unterscheiden:

(A) ‚Abendland': Die mehr oder weniger akzentuierte Tradition der lateinischen Christenheit – genauer gesagt ihr Ideal als bei aller internen Differenzierung (und *durch* ihre Differenzierung) einiges *Corpus Christianum*. Einig nicht zuletzt *durch* ihre in jahrhundertelangen Autoritätskonflikten erkämpfte und umkämpfte Trennung zwischen geistlichen und weltlichen Gewalten, welche auch als eine der Triebkräfte für die moderne Ausdifferenzierung von zivilen und religiösen Mächten und Wertsphären gelten kann.[32] Auch Papst Johannes Paul II. wollte zwar – nach dem Kalten Krieg – die westliche Christenheit durch die Spiritualität der orthodoxen Kirchen Osteuropas ergänzen und beleben; an die caesaropapistischen Traditionen der russischen, serbischen (usw.) Orthodoxie dachte er dabei allerdings nicht.[33]

(B) ‚Republik': Die aufklärerischen Ideale von sich frei verbindenden Republiken, von Städte- oder Staatenbünden – und ihre mehr oder minder idealisierten historischen Vorläufer. In einer gewissen Wahlverwandtschaft zu Strukturprinzipien des Föderalismus stehen teils republikanische, teils liberale Traditionslinien der europäischen Aufklärung.[34] Die europäische Verwirklichung eines „Föderalism freier

---

totalization, en rout to a hiherto unexampled objective – a democratic supranational federation": Anderson, *The New Old World*, S. 24.

[31] Auch die spätere Währungsunion kann durchaus als projektive Umsetzung der neofunktionalistischen Methode gelten, durch ökonomische Sachzwänge politische Fortschritte in der Integration zu initiieren. Vgl. Ernst-Wolfgang Böckenförde, „Welchen Weg geht Europa?" [1997], in: Ders., *Staat, Nation, Europa*, Frankfurt am Main 1999, S. 68–102, hier v. a. S. 81 ff.

[32] Vgl. Benedetto Croce, „Perchè non possiamo non dirci ‚cristiani'", in: Ders., *La mia filosofia*, Milano 1993, S. 38–53; Harold Berman, *Recht und Revolution. Die Bildung der westlichen Rechtstradition*, Frankfurt am Main 1991; Paolo Prodi, *Eine Geschichte der Gerechtigkeit. Vom Recht Gottes zum modernen Rechtsstaat*, München 2003.

[33] Vgl. dazu Kallscheuer, *Zur Zukunft des Abendlandes*, a. a. O., S. 34–45.

[34] Aber gibt es ‚die' Aufklärung überhaupt? Neben der politischen Unterscheidung zwischen Republikanismus und Liberalismus muss diese vermeintlich einheitliche Bewegung der ‚Aufklärung' ja auch philosophisch ausdifferenziert werden: etwa mit Bezug auf ihre Einstellung zur Metaphysik und/oder die Annahme eines einheitlichen Vernunftbegriffs. In der Alternative zwischen Rationalismus und Empirismus vertritt die empiristische Strömung der britischen Aufklärung politisch eher liberale Einstellungen, die französischen *Lumières* hingegen blieben eher rationalistisch geprägt – und dies sollte später auch den französischen Republikanismus prägen.

Staaten" (Kant)[35] wurde somit als die endlich gefundene Form der Verwirklichung der politischen Ideale der klassischen Moderne verstanden: der rechtlich institutionalisierten allgemeinen Freiheit als einzig vernunftgemäßer Form des Gemeinwesens (der *res publica*).[36]

(C) ,Pluralität': Das historistische Bewusstsein der geographischen, kulturellen, linguistischen, politischen Vielfalt von Alteuropa – ein Lob seiner historisch gewachsenen und erkämpften nationalen und kulturellen *Vielfalt* der Staatenwelt und ihrer normativ mannigfach kontrastierenden Lebenswelten, das heute postmodernen Werturteilen entgegenkommt.

Allerdings sind alle drei Identitätsprofile nicht ohne weiteres auch widerspruchslos miteinander vereinbar. – So mag beispielsweise für ein christliches Europabild die zumeist fiktive Erinnerung an das Idealbild einer gleichzeitig ,katholisch' integrierenden und ,pluralistisch' gegliederten christlichen Reichsordnung[37] auch als Garantin für die Aufrechterhaltung kultureller Unterschiede taugen [das wäre also die Kombination der Akzente (A) *plus* (C)]. Heute kann diese Kombination auch wider eine ,jakobinische' Moderne der staatlich forcierten Gleichmacherei nach abstrakten Vernunftprinzipien [also *contra* (B)] ins Feld geführt werden. – Zum Schutze des kulturellen Pluralismus kann freilich ebenfalls ein Föderalismus aus Vernunft angerufen werden [das wäre dann eine Kombination der Akzente (B) *plus* (C)], jedenfalls sofern dieser *explicite* gegen eine religiöse Festlegung oder Einengung der Europäischen Einheit Stellung bezieht [und somit *contra* (A) votiert]. Dann gilt die „demokratische Verrechtlichung der Europäischen Union" als einziger Weg, auf dem „die nationale Vielfalt und der unvergleichliche kulturelle Reichtum des Biotops ,Alteuropa' inmitten einer rasant fortschreitenden Globalisierung überhaupt vor Einebnung geschützt werden kann".[38] – Oder liegt vielleicht, ganz im Gegenteil, die politische Chance der Europaidee gerade in der Überwindung der bestehenden eth-

---

[35] Immanuel Kant, *Zum ewigen Frieden*, Zweiter Definitivartikel [Akademie-Ausgabe, Bd. VIII, S. 354–357]; Ders., *Metaphysische Anfangsgründe der Rechtslehre* [1797], §61 (Akademie-Ausgabe, Bd. VI, S. 350f.).

[36] In der aktuellen Diskussion knüpft bekanntlich Jürgen Habermas am direktesten, wenngleich nicht unkritisch, an diese Kantische Perspektive an, etwa in: Jürgen Habermas, *Der gespaltene Westen*, Frankfurt am Main 2004, S. 113–192. Mit perspektivisch verschobenem, französischen Blickwinkel auf Europa als „articulation des acteurs nationaux" vor dem Hintergrund des „théatre universel" einer entstehenden weltweiten Zivilisation von Demokratie und Menschenrechten akzentuiert Marcel Gauchet ähnliche Fragen anders („Le problème européen", in: Marcel Gauchet, *La condition politique*, Paris 2005, S. 465–504.). Zu den Unterschieden zwischen den französischen, deutschen, britischen Europaverständnissen siehe den ideenpolitischen Überblick Larry Siedentops, *Demokratie in Europa*, Stuttgart 2002.

[37] Gemeint ist in der Regel das ,Alte Reich', das Heilige Römische Reich deutscher Nation. Dass dessen Ordnungsidee natürlich keineswegs im konfessionellen Sinne ,katholisch' verstanden werden darf, machen in der frühen Neuzeit nicht zuletzt die politischen Schriften von G. W. Leibniz deutlich. Und die übliche ,katholisierende' Deutung von Novalis' berühmter Rede „Die Christenheit oder Europa" (1799) ist hingegen ein völliges Missverständnis dieses frühromantischen Manifests. (Siehe oben Anm. 1).

[38] Jürgen Habermas, *Zur Verfassung Europas*, Berlin 2011, S. 81f.

nisch oder kulturell bunten, aber politisch–moralisch kriterienlosen Vielfalt [mithin in einer Wendung *contra* (C)]? War es denn nicht der Kultus der nationalen Differenzen gewesen – ihrer in großen Teilen „erfundenen Traditionen" (Eric Hobsbawm) sowie die im 19. Jahrhundert durch zivilreligiöse Liturgien beförderte „Nationalisierung der Massen" (George L. Mosse) –, welche die europäischen Staaten in die kriegerisch endende blutige Sackgasse des Nationalismus geführt hatte?[39]

In den politischen Projekten für eine Einigung Europas spielte nun allerdings von Anfang an auch ein ganz anders gelagerter Akzent eine Rolle: nämlich die Sorge um die *geopolitische* Zukunft des Alten Kontinents. Das mit einer politischen Einigung erhoffte (bzw. ohne diese Einigung bedrohte) größere wirtschaftliche und machtpolitische Gewicht ‚Europas' im Konzert der Weltmächte war bereits im und nach dem Ersten Weltkrieg ein wichtiges Motiv für das föderalistische Engagement und die paneuropäischen Projekte intellektueller Avantgarden – ein Motiv, das später je nach weltpolitischer Lage anders akzentuiert wurde. Nur im Kalten Krieg trat dieser in den Europa-Konzeptionen der Vorkriegszeit prominente Faktor der internationalen *Machtpolitik* als explizites Argument eher in den Hintergrund. Der Grund dafür ist leicht einzusehen: Im größeren Horizont des Ost-West-Systemgegensatzes verstand sich die geopolitische Verortung *(West–) Europas* gewissermaßen von selbst – als Bestandteil und Stütze der Einheit der Freien Welt gegenüber der Bedrohung durch den Kommunismus.

Für den Europäischen Einigungsprozess bestimmend wurden auch die beiden Legitimationsmotive ‚Europas' (A) und (B) erst durch die neuen Konstellationen der Weltpolitik – und d.h. in erster Linie durch Ost-West-Konflikt, welcher sich spätestens ab 1947 als ‚Kalter Krieg', als bipolare Konfrontation zweier ideologisch-politischer, militärischer und ökonomischer Machtblöcke verfestigte. Dass die beiden genannten Akzente (oder ‚Module') des europäischen Geistes – aufgeklärter Republikanismus (B) und christliches Abendland (A) – an sich keineswegs ‚spontan' miteinander harmonieren mussten, trat nun weitgehend in den Hintergrund. Weltpolitisch entscheidend wurde jetzt vielmehr eine doppelte Konvergenz: Beide, Vernunftrepublikanismus *und* abendländische Christenheit waren zugleich *antikommunistisch* und *antinationalistisch* pointiert. In diesem Sinne war die Europäische Einigung im Westen in der Tat ein Ergebnis des Kalten Krieges.[40]

---

[39] Diese grobe argumentative Skizze entspricht in etwa der (umstrittenen) Diagnose und Kritik des romantischen Nationalismus in den Schriften Sir Isaiah Berlins, wie er sie etwa in seinem Vortrag „European Unity and its Vicissitudes" auf dem dritten Kongress der *Fondation Européenne de la Culture* (Wien 1959) vorgetragen und später für die amerikanische Zeitschrift *Foreign Affairs* (1972) zusammengefaßt hat (beide Beiträge jetzt in: Isaiah Berlin, *Das krumme Holz der Humanität. Kapitel der Ideengeschichte*, Frankfurt am Main 1992, S. 222–259; 297–325).

[40] *Nota bene*: Dies sollte nicht missverstanden werden. Die Einigungs- und Integrationsbewegung war kein automatisches *by-product* geopolitischer Konstellationen, sondern Ergebnis erfolgreicher Politik einer politischen Elite, der EG-Gründergeneration: ihrer Wahrnehmung eines *window of opportunity* in der europäischen Nachkriegssituation, und ihrer Option für eine tentative, ergebnisoffene Methode der indirekten Annäherung an die politische Union durch ökonomische Synergien (statt auf dem chancenlosen direkten Wege einer Verfassungs-Entscheidung).

In der unmittelbaren Vorgeschichte der EG/EU – im Zweiten Weltkrieg und den Anfängen des Kalten Krieges – wirkten also die normative Diskreditierung des Nationalismus und der auch ideologische Ost-West-Konflikt als einander wechselseitig verstärkende Elemente ebenso zusammen wie das Ende der alten Imperien, und danach bald schon die ökonomischen Synergieeffekte der Montanunion. Und wenngleich in der internationalen Politik noch ehedem imperiale ökonomische und kulturelle Einflusszonen und politische Traditionen bis heute weiterwirken,[41] so bedingte auch das Ende der alten Kolonialreiche eine weitgehende Auskopplung jeder traditionell macht- und militärpolitischen Agenda aus dem (binnen)europäischen Integrationsprozess. Trotz der bekannten Ausnahmen (und zeitweiligen Friktionen)[42] waren nun die zuvor imperialen Dimensionen ‚großer' Weltmachtpolitik (und die militärischen Dimensionen demokratischer Raumordnung) gewissermaßen ausgelagert – sie waren de facto an die USA bzw. an die unter ihrer Hegemonie stehende NATO ‚delegiert' worden.

Im außenpolitischen Jargon: im Kalten Krieg und auch noch im Jahrzehnt danach war die Europäische Union eher ‚Konsument' als ‚Produzent' von Sicherheit – und dieses Manko könnte sich, gelingt es nicht, es zu korrigieren, für die Zukunft als verhängnisvoll herausstellen. Denn diese Entlastung der Europäischen Integration von den ‚harten Fragen' der Außen- und Sicherheitspolitik ist nun, nach dem Siege des Westens im Kalten Krieg, unmöglich geworden: und dadurch erhöhen sich *auch* die Komplexität und Konfliktualität der sowohl (inner)europäischen Politik der EU als auch ihrer (noch immer noch unzureichend) gemeinsamen Außenpolitik.

5. Dreierlei Europa

Welches Europa bedarf heute der Legitimation? Und um welche Legitimität geht es dabei? Nun, in der Situation der ungleichgewichtigen Verschuldungs- und Wachstumskrise (in) der Europäischen Union decken sich die Kriterien ökonomischer Effizienz, demokratischer Legitimation, politischer Akzeptanz, kultureller Identifikation und sozialer Solidarität nicht mehr umstandslos miteinander. Und in den unterschiedlichen Antworten auf die Flüchtlingskrise des Nahen Ostens zeigen sich die unterschiedlichen historischen Erfahrungsräume Süd- und Nordeuropas im Verhältnis zur Entkolonialisierung ebenso wie die gegensätzlichen politischen Erfahrungen Ost- und Westeuropas im Kalten Krieg.

Die Entkolonialisierung – die indische Unabhängigkeit, das Ende der Großmachtrolle Frankreichs und Großbritanniens im Suez-Konflikt, der Befreiungskrieg Algeriens – und die ersten Schritte zur Europäischen Einigung waren ja historisch

---

[41] Wie die „frankophone" Zone und die politische Mentor-Rolle Frankreichs im ehedem kolonialen Afrika bzw. das britische Commonwealth als außereuropäische Bezugsräume.
[42] Dazu gehört die nukleare ‚Souveränität' der ehemaligen Weltmächte Frankreich und England, der Streit mit Frankreich um NATO-Integration, *force de frappe* etc.

parallele Entwicklungen, so wie es seither auch immer wieder Überlegungen in Frankreich gab, die ehemaligen Kolonien des Maghreb und die „frankophone Zone" Afrikas über eine Art besondere französische Patenschaft an die EU zu assoziieren – zuletzt mit Nicolas Sarkozys Idee zu einer „Mittelmeerunion".[43] Und dennoch besteht bis heute ein blinder Fleck der meisten (pro-) Europäischen Projekte und Theorien in der Ausblendung der Konsequenzen der kolonialen Vergangenheit der europäischen Mächte.[44] Ein anderes Ergebnis der unreflektierten Delegation weltpolitischer Fragen an die atlantische Solidarität ist ja auch die leidige Frage des Beitritts der Türkei zur Europäischen Union: dieses Angebot an den NATO-Mitgliedsstaat Türkei war ja in den ersten Jahrzehnten der Europäischen Gemeinschaft ein rein symbolischer Scheck „westlicher Solidarität" ohne jede (kulturelle, ökonomische, politische) Deckung gewesen. Heute aber wird diese (bereits durch diese Vorgeschichte *legitime*) Frage einer möglichen EU-Mitgliedschaft der Türkei gleichzeitig zu einer Identitätsfrage an die Union selbst. Und schließlich fordern auch die neuen, längst nicht mehr hoffnungsvollen Entwicklungen im arabischen Raum von den Mitgliedsländern der EU und ihren gemeinsamen Institutionen, ebenso wie von anderen, kollektiven Akteuren in der Weltgesellschaft auch, ein *Mehr* an Koordination, an verlässlicher, an durchsetzungsfähiger Handlungsfähigkeit, im Jargon: mehr außenpolitische ‚soft power'.[45]

Dazu gehört auch ein normativ glaubwürdiges Selbstbewusstsein, ein Vertrauen in das eigene Gesellschaftsmodell[46] – ein Selbstvertrauen, das nicht mit imperialen Ansprüchen oder ideologischer Mission zu verwechseln ist. Doch all dies scheint gerade jetzt schwer zu haben: ‚Europa' mangelt es an Koordination *und* an Selbstvertrauen. Und diese – kulturelle, ethisch-politische, also normative – Dimension der kommenden Krisen Europas ist weit größer als diejenige der Verschuldungskrise, an der sich im letzten Jahrzehnt in Europa die Legitimitätsfrage gestellt hatte. Dabei sind mindestens dreierlei politische Gestalten ‚Europas' involviert:

- Erstens Europa als Abendland: Die variationsreiche kulturelle Landschaft und die vielfältigen politischen Identitäten ‚Europas' sind das Produkt historischer Brüche und der von ihnen gestifteten Kontinuitäten, die ein geeintes Europa verteidigen, bewahren, entwickeln soll.

---

[43] Vgl. dazu jetzt die Ausführungen von Wolf Lepenies, *Die Macht am Mittelmeer. Französische Träume von einem anderen Europa*, München 2016.

[44] Während des Kalten Krieges hatten sie ja auch konfliktträchtige außenpolitische Allianzen zur Folge: Während sich die Entstehung und Entwicklung der EG völlig innerhalb des von den U.S.A. dominierten Westens vollzog, verstanden sich die ehemaligen Kolonien als Staaten einer gegenüber der bipolaren Weltordnung des Kalten Krieges ‚Dritten Welt' und organisierten sich teilweise als ‚Blockfreie'.

[45] Vgl. Joseph Nye, *Macht im 21. Jahrhundert. Politische Strategien für ein neues Zeitalter*, München 2011.

[46] Vgl. die anregende knappe weltpolitische Skizze solcher normativen Gesellschaftsmodelle für das 21. Jahrhundert von Stefan Mair und Volker Perthes, „Ideen und Macht. Was definiert die relative Gewichtsverteilung in der Welt?", in: *Internationale Politik*, 66. Jg., Nr. 3, Mai/Juni 2011, S. 10–23.

- Zweitens Europa als Europäische Union: Das Mehrebenengebilde der EU ist ein kompliziertes rechtliches ‚Monstrum',[47] gebildet aus diversen demokratischen Verfassungsbausteinen, Verfahrensroutinen und supranationalen ‚unabhängigen Institutionen' (Zentralbank, Europäischer Gerichtshof, Kommission),[48] verbunden durch internationale Verträge, gebunden durch nationale Konstitutionen und Legislationen, initiiert und bisher getragen durch wechselseitige ökonomische Vorteile. Bislang wird die EU eher reguliert als regiert, da es ein echtes *government* der Union nicht gibt, ist *governance* gefordert, und diese europäische *governance*, herausgefordert durch die Flüchtlingskrise, hat bisher nicht angemessen reagiert: weder intergouvernemental noch föderal.
- Drittens Europa als Währungsunion: Die Euro-Zone bildet das ökonomische Gravitationszentrum der EU. Sie sollte zu einer operativ koordinierten Fiskal-, Stabilitäts- und Wachstumsunion ausgebaut werden (und erhielte damit wohl eine Wirtschaftsregierung) – vorausgesetzt, sie schafft sich dafür auch eine demokratische Legitimität und eine eigene *governance*-Struktur.[49] – Aber sie könnte bei dieser Reorganisation auch scheitern.

Alle drei Versionen (oder Dimensionen) von ‚Europa' sind in der aktuellen Umbruchsituation in der Weltpolitik herausgefordert, doch insbesondere die zweite, also die politische Union, gerät derzeit in doppelter Hinsicht an Grenzen ihrer Legitimität: ihre ‚*vertikale*' Spannung zwischen demokratischer (nationaler) und föderaler (oder bündischer) Legitimität wird die Union nicht ablegen können oder jedenfalls nicht wollen; doch ihre Mitgliedsländer und Bürger erfahren zugleich eine ‚*horizontale*' Krise des *Vertrauens* und (daher) der zumutbaren *Solidarität* zwischen den EU-Ländern. Und diese Vertrauenskrise wird – unnötig, darauf hinzuweisen – gewiss durch die aktuelle Flüchtlingskrise zusätzlich strapaziert. Die historisch-kulturellen Identitätsressourcen des „Abendlandes" liefern zur Beantwortung dieser legitimen politischen Streitfragen viele Motive und Narrative, aber *keine* eindeutigen Antworten. – Und damit komme ich abschließend zu meiner Titelfrage zurück.

6. Liegt das Abendland im Westen?

Vor 1989 schien das Jalta-System – der durch das atomare Gleichgewicht des Schreckens befestigte Ost-West-Gegensatz von Kommunismus und Freier Welt – sämt-

---

[47] Ähnlich wie in der frühen Neuzeit der Staatsrechtler Samuel Pufendorf (alias Severinus di Monzambano) das Heilige Römischen Reich Deutscher Nation definierte: *De Statu imperii Germanici liber unus* (Genevae 1667), cap. VI. § 9.

[48] Vgl. Antoine Vauchez, *Europa demokratisieren*, Hamburg 2016.

[49] Diese könnte an die „Kerneuropa"-Ideen Wolfgang Schäubles und analoge Vorschläge des französischen Finanzministers Emmanuel Macron anknüpfen, sie würde aber wohl auch ein „Euro-Parlament" (eine Parlamentarierversammlung mit einem identischen Wahlmodus für alle Länder der gemeinsamen Währung) voraussetzen, wenn die ausschließlich intergouvernementale Methode der Abstimmung überwunden werden soll.

liche älteren Konflikte ausgelöscht, sämtliche Brüche nivelliert oder doch in ihrer politischen Bedeutung verschluckt zu haben, an denen sich zuvor in zwei Jahrtausenden Europas kulturelle Identität formiert hatte. Zu diesem ‚Ende der Geschichte' hatte nicht nur die totalitäre ‚Geschichtspolitik' des sowjetischen Kommunismus beigetragen, sondern auch das freiheitlich ‚anti-historistische' Selbstbewusstsein Amerikas – in den Worten G. W. F. Hegels „ein Land der Sehnsucht für alle, welche die historische Rüstkammer des alten Europa langweilt".[50] Amerikas Selbstbild als „Land der Zukunft" hat inzwischen selbst eine bereits über zweihundertjährige Geschichte. Die nordamerikanischen Freistaaten verstanden und konstituierten sich schließlich Ende des 18. Jahrhunderts als Gegenmodell zur europäischen Kriegs- und Staatenordnung des Absolutismus, als bürgerliche Gesellschaft ohne „Bedürfnis eines organischen Staats" (Hegel). Im Jahrhundert zuvor war ein Großteil der neuenglischen Siedler wegen ihres religiösen Dissenses aus der Alten Welt der konfessionellen Staaten und Kriege Europas ausgewandert: Sie wollten in der Neuen Welt die „City on the Hill" errichten, das Neue Jerusalem.

Die Alte Welt des Abendlandes hingegen entspricht wohl dem, was weiland (in den Diskussionen um den zweiten Golfkrieg) US-Verteidigungsminister Donald Rumsfield „Old Europe" nannte. Sie gehört zur Vorgeschichte des sich politisch einenden und darüber streitenden westlichen Europa. Und dieses bildete und gliederte sich durch kulturelle Brüche, welche jedenfalls ursprünglich zugleich religiös oder ‚theologisch-politisch' codiert waren. Wenn wir Rémi Bragues übersichtlicher *check-list* folgen, so handelt es sich um mindestens vier Brechungen, zwei west-östliche: Griechen *versus* Barbaren (ein Selbstbild, welches später auch das römische Imperium übernommen hatte); und byzantinische *versus* lateinische Christenheit; sowie zwei nord-südliche Bruchlinien: Islam *versus* Christenheit; und Katholizismus *versus* Protestantismus und reformierte Kirchen.[51] Und auch wenn man den Westen als normatives Programm hochhält (Heinrich August Winkler hat dies in seiner vierbändigen *Geschichte des Westens* in ansprechender Weise getan), gilt es daran zu erinnern, dass an *jeder* dieser Fronten im letzten Millennium wiederholt Kriege stattfanden. In diesen Kriegen wurden zahlreiche Entscheidungsschlachten geschlagen, aber im kulturellen Gedächtnis ist kein Konflikt je entschieden, keiner dieser Gegensätze ist ‚erledigt'. Keine dieser Fronten wurde jemals begradigt – im Gegenteil: heute sind sie durch Migration, erweiterte Fluchtbewegungen und globalisierte Kommunikationsnetze zunehmend allgegenwärtig. Keine dieser Grenzziehungen wird durch Staatsgrenzen garantiert – und gerade in den diversen durch Wanderungsbewegungen zunehmend globalisierten Diasporas werden sie heute am stärksten erlebt.

---

[50] G. W. F. Hegel, *Vorlesungen über die Philosophie der Geschichte* (Werke, hg. von Eva Moldenhauer / Karl Markus Michel, Frankfurt am Main 1971, Bd. 12, S. 114).

[51] Vgl. Rémi Brague, *Europa – seine Kultur, seine Barbarei. Exzentrische Identität und römische Sekundarität* (Das Bild vom Menschen und die Ordnung der Gesellschaft), Wiesbaden ²2012 (*Europe, la voie romaine*, Paris 1992).

Wie steht es also künftig um das Verhältnis zwischen dem politischen Code des Westens und dem historischen, kulturellen oder theologisch-politischen Gedächtnis des Abendlands? – Die Antwort scheint mir einfach: Der Westen ist abendländisch entstanden.[52] Das europäische Abendland bildet die kulturelle Matrix des politischen Westens, der sich inzwischen normativ universalisiert und geographisch den Atlantik überquert hat. Die USA sind also der Westen, welcher das Abendland verlassen hat – ohne dessen Eingriff in den Zweiten Weltkrieg das Abendland jedoch vermutlich nicht überlebt hätte.

Die politische, insbesondere die rechtliche Tradition des Abendlands ist keine umstandslos demokratische, aber eine institutionell pluralistische[53] – eines Pluralismus übrigens, der häufig wider den integristischen Willen der in Konflikte verstrickten Beteiligten zustande kam.[54] Der spezifisch abendländische Pluralismus wird jedoch künftig – unter den Bedingungen ökonomischer wie kultureller Globalisierung – ohne die institutionellen Minimalbedingungen politischer Freiheit, wie sie in den liberalen Demokratien westlicher Machart institutionalisiert sind, kaum überlebensfähig sein. Die politische Zukunft des Abendlandes liegt also vermutlich im komplexen (und nur in Grenzen rationalisierbaren) ‚Monstrum' der Europäischen Union, einer Union von Staaten und Bürgern. Andernfalls hätte das Abendland nur eine Zukunft: seine (erinnerte) Geschichte. Europas alte Unübersichtlichkeit muss freilich kein Standortnachteil sein. Pluralismus und Multilateralismus – also: Routinen kultureller Vielfalt und Mechanismen politischer Konzertation unter zahlreichen Beteiligten – sind schließlich Tugenden, die wir im neuen Jahrtausend noch brauchen werden. Nicht nur in Europa.

Und nun die kompliziertere Frage: Gilt das auch umgekehrt? Ist auch der Westen auf eine politische Verkörperung des Abendlandes angewiesen? Und was wäre denn Europa, wenn es kein bloß (nach)christlicher Club sein will? Welche Art von Staatswesen? Über ein souveränes Machtzentrum verfügen ja die in der EU vereinigten europäischen Staaten bis heute nicht. Und auch das ist kein Wunder: die Reiche und Nationen, aus denen das heutige Europa hervorging, waren ja in ihrer Geschichte meist gegeneinander aufgestellt. Wenn wir jedoch die Europäische Union als legitime Tochter des Abendlandes ansehen (und ich denke, das kann man tun), dann spricht vieles dafür, dass der freie Westen auch das Gedeihen des politischen Europa braucht. Man kann dafür Gründe der weltwirtschaftlichen Entwicklung wie der internationalen Machtbalance anführen: die alteuropäischen National-

---

[52] Vgl. Nemo, *Was ist der Westen?* (Anm. 13).

[53] Auf die Rolle der Tradition der aristotelischen Politik, insbesondere der Konzeption der ‚res publica mixta' für die europäischen Ideen von Gewaltenteilung und Herrschaftslegitimität hat Michael Stolleis wiederholt hingewiesen, etwa in: „Europas öffentliches Recht", in: Stefan Kadelbach (Hg.), *Europa als kulturelle Idee. Symposion für Claudio Magris*, Baden-Baden 2010, S. 71–81.

[54] Regnum *versus* Sacerdotium, forum internum *versus* ius publicum, Marktfreiheit *versus* Landesherrschaft (usw.); vgl. Paolo Prodi, *Geschichte der Gerechtigkeit. Vom Recht Gottes zum modernen Rechtsstaat*, München ²2005 (*Una storia della giustizia. Dal pluralismo dei fori al moderno dualismo tra coscienza e diritto*, Bologna 2000).

staaten brauchen einen Entscheidungs-*Pool*, um sich – auch an der Seite der verbündeten Großmacht USA – in der multipolaren Welt überhaupt behaupten zu können.[55] Und es gibt ordnungspolitische Motive, welche die politische Kommunikation zwischen den Kulturen oder Zivilisationen betreffen: denn die alteuropäische Staatenwelt unterhält schon als Erbe ihrer Kolonialgeschichte direktere, differenziertere, sensiblere und darum zuweilen auch störanfälligere Beziehungen zu ihrer geographischen und kulturellen Umwelt im Süden und Osten als die westliche Vormacht Amerika.

Der politische Westen liegt nämlich im Norden. Es gibt zwar südliche Ausnahmen: Australien liegt im Pazifik, Südafrika am Kap der Guten Hoffnung und Israel im Nahen (oder von London aus gesehen: Mittleren) Osten. Warum zählen wir sie dennoch zum Westen? – Nun, es sind Demokratien, werden Sie sagen. – Aha, also gehört Indien, die größte Demokratie der Welt, auch zum Westen? – Und wenn nicht, warum nicht? (Und wie steht es heute mit Indonesien, ebenfalls eine – wenngleich unvollkommene – Demokratie?).

Die drei genannten Ausnahmen – Israel, Australien, Südafrika – haben nicht viel miteinander gemein: aber alle drei Staaten sind entstanden als (weiße) Siedlergesellschaften, in einem nicht-westlichen Umfeld – also ähnlich wie Ende des 18. Jahrhunderts die „nordamerikanischen Freistaaten".

Eine offene, bis heute politisch *und* kulturell ungelöste Frage hingegen bleibt das Verhältnis des Westens zu den ehemaligen Kolonien der abendländischen Imperien – sowie zum ‚globalen Süden' überhaupt.

Das ist übrigens eine Frage, die auch einen früheren kurzfristigen Besucher der Frankfurter Hochschule Sankt Georgen bereits seit einigen Jahrzehnten umtreibt: Jorge Bergoglio.[56] Auch dessen lateinamerikanische Wurzeln und viele seiner theologischen Ideen und Vorbilder reichen gewiss ins Abendland zurück. Ich nenne nur die Namen dreier Heiliger: Thomas von Aquin, Franz von Assisi, Ignatius von Loyola. Mit dem politischen Westen aber hat sich Papst Franziskus *nicht* umstandslos identifiziert – ebensowenig übrigens wie sein Vorläufer Karol Wojtyla. Aber das wäre wohl ein anderes Thema.

---

[55] Daran hat auch Barack Obama in seiner Rede in Hannover am 25. April 2016 erinnert ⟨http://www.zeit.de/politik/ausland/2016-04/barack-obama-hannover-messe-rede-aussenpolitik⟩ (Zugriff 30.04.2016).

[56] Papst Franziskus besuchte die von Jesuiten getragene Philosophisch-Theologische Hochschule Sankt Georgen 1985/86, als er sich mit dem Gedanken trug, dort über Romano Guardini zu promovieren.

„Zu alt für seine Wahrheiten und Siege"?[1]
Ein Europa ohne „Außerhalb" verliert seine Zukunft

RÉMI BRAGUE

Zu Beginn des 21. Jahrhunderts steht Europa – und in seiner Nachfolge der Westen insgesamt, insofern er seine Kultur vom „Alten Europa" geerbt hat – vor gewaltigen Herausforderungen. Wenn man über diese Herausforderungen nachdenkt, dann ist festzustellen, dass sie der eigenen Geschichte entstammen.[1] Einige Herausforderungen resultieren ganz offenbar aus bestimmten Epochen der europäischen Geschichte. Es sind dies insbesondere die Beziehungen Europas zu seinen unmittelbaren Nachbarn, der Welt der Orthodoxie oder des Islam. Andere Herausforderungen sind Nachwirkungen der europäischen Expansion nach Übersee.

So betrachtet besitzt Europa eine Geschichte, die von jener anderer Kulturen in keiner Weise unterschieden ist. Und ebenso wie andere Kulturen hat auch Europa zweifellos seine sorgsam verschwiegenen Leichen im Keller. Insofern Europa die Gelegenheit hatte, die gesamte Welt zu erobern, sind diese Leichen vermutlich sogar größer noch als diejenigen anderer Kulturen. Was aber macht Europa einzigartig und was unterscheidet es von allen anderen Kulturen? Zweifellos resultiert nämlich die Herausforderung, mit denen Europa heute konfrontiert ist, nicht zuletzt aus seinem einzigartigen Charakter. Die europäische Geschichte weist bestimmte Eigentümlichkeiten auf, die sowohl ein Segen sein als auch eine Bedrohung darstellen können.

1. Gefährlicher Erfolg

Um mit einem Paradox zu beginnen: Die Schwierigkeit mit Europa besteht darin, dass seine Geschichte eine Erfolgsgeschichte ist. Europa ist der Sieger. Es hat seine

---

[1] Zur Überschrift vgl. Friedrich Nietzsche, *Also sprach Zarathustra, Buch I: Vom freien Tode*, in: Kritische Studienausgabe, Bd. 4, München – Berlin 1980, S. 94: „Mancher wird auch für seine Wahrheiten und Siege zu alt; ein zahnloser Mund hat nicht mehr das Recht zu jeder Wahrheit." – Der Beitrag ist in englischer Sprache im Internet erschienen, und zwar unter ⟨http://www.clarionreview.org/2015/01/europe-too-old-for-its-own-truths-and-victories/⟩ (Zugriff 12.05.2016).

[1] Zu einigen der im Folgenden vorgestellten Überlegungen vgl. Rémi Brague, „Schwung oder Schwund? Das alte und das neue Europa. Kontinuität und Brüche", in: Konrad Paul Liessmann (Hg.), *Die Furie des Verschwindens. Über das Schicksal des Alten im Zeitalter des Neuen*, Wien 2000, S. 41–59; Ders., „The Angst of Reason", in: Timothy Lee Smith (Hg.), *Faith and Reason. The Notre Dame Symposium 1999*, South Bend 2000, S. 235–244.

Feinde geschlagen. Und zwar nicht nur durch materielle Siege, die auf den Schlachtfeldern vergangener Jahrhunderte ausgefochten wurden, und die sich einer überwältigenden Überlegenheit hinsichtlich der Waffen- und Militärtechnik verdankten. Europas Sieg wurde vielmehr ebenso auf der Ebene der Ideen und Ideologien errungen.

Deshalb gibt es auch nicht so etwas wie eine „post-europäische Kultur". Kulturen, die so aussehen wie „post-europäisch" oder die den Anspruch erheben, „post-europäisch" zu sein, sind in Wahrheit Europas Erben. Zwar beanspruchen einige Kulturen eine gewisse Eigenständigkeit gegenüber Europa. Ein gutes Beispiel hierfür ist die berühmte Harvard-Ansprache des US-amerikanischen Philosophen und Dichters Ralph Waldo Emerson aus dem Jahr 1837.[2] Doch gerade auf diese Weise stützen sich diese Kulturen auf Elemente, die aus Europa stammen – insbesondere auf Technologie oder Demokratie. Bisweilen entwickeln sie sie kraftvoller weiter als in ihrer ursprünglichen Heimat. Vorgeblich „post-europäische" Kulturen sind deshalb in Wahrheit „hyper-europäisch": sie sind europäischer noch als ihr Ursprung selbst. Wenn sie irgendeinen Triumph beanspruchen können, dann ist dies der Triumph des europäischen Wesens über seine kontingente geographische Begrenztheit.

Andererseits standen die europäische Ausbreitung, Europas Imperialismus und seine koloniale Expansion, Jahrhunderte lang im Feuer aller möglichen Kritiken. Dabei geht es gar nicht so sehr um jene Polemiken, die französische, englische oder niederländische Autoren gegen die spanische Eroberung Amerikas haben laut werden lassen. Denn ihre Darstellungen der Grausamkeiten der Eroberer, waren sie nun bloße Behauptung oder entsprachen sie der Wahrheit, entbehrten nicht eines ideologischen Unterbaus. War doch die „schwarze Legende" Teil einer Strategie, welche die Piraterie gegen spanische Schiffe legitimierte, die Gold und Silber aus der Neuen Welt nach Europa brachten.[3] Francis Bacon, der – wie in anderen Zusammenhängen auch – diesbezüglich keineswegs als unvoreingenommen gelten darf, hat mit bemerkenswerter Offenheit den wahren Zweck der Legende offen gelegt.[4] Intellektuell redlicher noch ist Montaignes Kritik der angeblichen europäischen Überlegenheit, die er in seinem berühmten Essay über die Kannibalen äußerte.[5]

Bezeichnenderweise entstammen heutzutage die Argumente, die Feinde der europäischen Kultur vortragen, mehrheitlich solchen Kritiken, die von Europäern selbst gegen bestimmte europäische Entwicklungen geäußert werden. Diese Selbstkritik ist in der Tat typisch für die Haltung, die Europa gegenüber sich selbst einnimmt. Deren frühester Ahnherr mag Jean-Jacques Rousseau sein, der bereits 1750

---

[2] Vgl. Ralph Waldo Emerson, „The American Scholar", in: *The Selected Writings of Ralph Waldo Emerson*, hg. von Brooks Atkinson, New York 1950, S. 45–63, bes. 62 f.

[3] Vgl. Sverker Arnoldsson, *La Leyenda Negra. Estudios Sobre Sus Orígines* (Universitets Årsskrift 66/3), Göteborg 1960.

[4] Vgl. Francis Bacon, „Considerations touching a war with Spain [1624]", in: James Spedding (Hg.), *The Letters and the Life of Francis Bacon*, Bd. 7, London 1874, S. 499 f.

[5] Vgl. Montaigne, *Essais*, I, 31 „Von den Menschenfressern" („Des cannibales"), dt. Übers. u. a. in Mathias Greffrath, *Montaigne heute. Leben in Zwischenzeiten*, Zürich 1998, S. 240–260.

die Vorstellung attackierte, dass die Verbesserung materieller Bedingungen einen moralischen Fortschritt zur Folge hätte. Rousseau lancierte seine Kritik in genau dem Jahr, in dem der französische Aufklärer Anne Robert Jacques Turgot (1727–1781) die Idee des Fortschritts propagiert hatte.[6] Ganz im Gegenteil dazu hat nach Rousseau die Verfeinerung der Wissenschaften und Künste in der Moderne den Niedergang der alten politischen Tugenden zur Folge.[7]

Ähnliche Argumente begegnen bei den europäischen Romantikern. Deren Schriften beförderten einen naiv-romantischen Blick auf das Mittelalter. Dieser sollte der Karikatur des Mittelalters als eines „Dunklen Zeitalters" entgegen wirken, wie sie durch die Anwälte der Aufklärung verbreitet worden war.

Außerhalb Europas waren es vermutlich die russischen Slawophilen, die solche Argumente als erste dazu benutzen, ihre eigene Lage im zaristischen Russland zu analysieren. Ihre Nachahmer finden sich überall in der so genannten Dritten Welt. Im Westen bevölkern sie heutzutage die Forschungsabteilungen der „Postcolonial Studies". Aber sie können sich selbst kaum ernstnehmen, solange sie nicht ihre anti-europäischen Gefühle irgendwie mit der intellektuellen Autorität Europas verknüpfen.

Freilich könnte sich der vordergründige Sieg der europäischen Kultur nun gegen sie selbst wenden. Denn zum ersten Mal im Lauf der Geschichte steht eine Kultur ausschließlich sich selbst gegenüber. Europa hat sozusagen kein „Außen", kein „Außerhalb" seiner selbst. Es kann durch nichts anderes gefährdet werden als allein durch sich selbst. Die damit gegebene Gefahr ist umso größer, als von außen keinerlei Hilfe zu erwarten ist. Europas Scheitern gliche einem Schiffbruch ohne rettendes Tau.

Mehr noch: ein solcher Schiffbruch würde die gesamte Menschheit zu Schiffbrüchigen machen. Denn europäische Güter und Gedanken haben die ganze Welt durchdrungen; kein Ort auf der Welt ist vollkommen frei von europäischem Einfluss. Folglich gefährdet alles, was Europa gefährdet, zugleich auch alles, was den Stempel Europas irgendwo in der Welt trägt. Das aber ist nahezu alles. Was Europa widerfährt, widerfährt höchstwahrscheinlich ebenso dem Rest der Welt. Denn dieser Rest hat inzwischen europäische Eigentümlichkeiten angenommen. Ein Niedergang Europas hätte den Niedergang der gesamten Welt zur Folge. Wie es in Shakespeares *Hamlet* in einem von De Maistre zitierten Abschnitt heißt: „Der Majestät Verscheiden stirbt nicht allein, es zieht gleich einem Strudel das Nahe mit".[8]

---

[6] Vgl. Anne Robert Jacques Turgot, „Tableau philosophique des progrès successifs de l'esprit humain. Discours prononcé en latin dans les écoles de Sorbonne, pour la clôture des Sorboniques, par M. l'Abbé Turgot, prieur de la maison, le 11 décembre 1750", in: *Œuvres de Turgot et documents le concernant*, Bd. 1, hg. von Gustave Schelle, Paris 1913, S. 214–235.

[7] Vgl. Jean-Jacques Rousseau, „Discours sur les sciences et les arts", in: *Œuvres Complètes* Bd. 3, hg. von Bernard Gagnebin / Marcel Raymond, Paris 1964, S. 5–30.

[8] Shakespeare, *Hamlet*, III, 3, 15–17; vgl. Joseph de Maistre, „Considérations sur la France" [1797], in: *Ecrits sur la Révolution*, Bd. 2, hg. von Jean-Louis Darcel, Paris 1989, S. 103.

2. Europas Einsamkeit

Die Feststellung, dass Europa einsam ist, bedarf einer Erläuterung. Zunächst handelt es sich dabei um ein neues Phänomen. Frühere Kulturen haben immer auf etwas anderes geblickt, das von ihnen selbst unterschieden war. Sie konnten dies auf ganz unterschiedliche Weise tun. So haben zum Beispiel traditionelle Kulturen auf die unveränderliche Ordnung der Natur geschaut. Sie haben diese dadurch nachzuahmen getrachtet, dass sie in den Bereichen menschlichen Verhaltens eine Harmonie schufen, deren Aufgabe es war, den ewigen himmlischen Frieden abzubilden. Ein Beispiel hierfür ist das Alte China. Oder sie waren darum bemüht, die unveränderliche Ordnung der Natur möglichst reibungslos in Gang zu halten, wie es im Alten Ägypten geschah. Andere Kulturen wiederum konnten sich selbst so betrachten, als spiegelten sie selbst die übernatürliche Ordnung wider: nicht den von Sternen übersäten Himmel, wohl aber den Himmel, insofern er als Wohnort Gottes und der Heiligen aufgefasst werden kann. Byzanz beispielsweise betrachtete sich als die Vorwegnahme des ewigen Paradieses. Das himmlische Reich Christi lieferte das Modell für das irdische Reich, und dessen römischer Kaiser betrachtete sich als Stellvertreter Christi auf Erden.

Die europäische Kultur bildete hiervon in der Vergangenheit keine Ausnahme. Gleichwohl war sie durch eine besondere Weise ausgezeichnet, „nach oben" zu blicken. Gemeint ist damit, dass dann, wenn Europa sich selbst nicht vorrangig als eine Himmelsrichtung oder als einen Teil der Welt betrachtete, sondern als eine politische Größe und als ein kulturelles Projekt, es gewahr wurde, dass es tatsächlich weit von den verschiedenen Zentren entfernt war – den städtischen Zentren beispielsweise, die jene Religionen symbolisierten, die in ihnen entstanden waren, nämlich Jerusalem und Mekka. Oder den Zentren der Macht und der Gelehrsamkeit, nämlich Bagdad und Byzanz – um nicht den weitreichenden Schatten von Athen zu nennen. Europa lag irgendwie „fernab vom Schuss", am Ende der Welt (*finis terrae*), um nicht zu sagen im „Wilden Westen". Keine Region auf der Welt verdiente es weniger als Europa, „Reich der Mitte" genannt zu werden – wie es China zu sein beanspruchte.

Von daher muss jeder Vorwurf des „Eurozentrismus" als abwegig erscheinen. Entweder greift er zu weit, da im Grunde jede Kultur naiverweise annimmt, selbst die Mitte der Welt und gleichzeitig von Barbaren umringt zu sein. Oder er verfehlt schlicht sein Ziel, da keine Kultur jemals weniger selbstzentriert und neugieriger auf die anderen war als die Kultur Europas. Der angebliche „Eurozentrismus" war entweder – als ein „Zentrismus" – unausweichliche Notwendigkeit oder – als „europäisch" – eine schlichte Unmöglichkeit.[9]

Mehr noch: Europa musste seine kulturellen Quellen außerhalb seiner selbst suchen. Seine vorherrschende Religion, das Christentum, war nicht europäischen

---

[9] Vgl. Rémi Brague, „Is there such a thing as Eurocentrism?", in: Gerard Delanty (Hg.), *Europe and Asia Beyond East and West*, London – New York 2006, S. 257–268.

Ursprungs, sondern hatte ihre Wurzeln im Nahen Osten. Die klassische Kultur stammte aus Griechenland, und ihre Schätze waren im byzantinischen Reich aufbewahrt.

Dies zeigt sich nirgendwo deutlicher als in einem berühmten Vers des Dichters und Apologeten Jehuda Halevi, einem Juden des zwölften Jahrhunderts aus Toledo, in dem er sein Verlangen nach Jerusalem zum Ausdruck bringt: „Mein Herz ist im Orient, und ich lebe im äußersten Okzident".[10] Die mittelalterlichen Menschen betrachteten das Herz nicht nur als Sitz der Gefühle – so etwa der Wehmut mit Blick auf eine verlorene Heimat. Das Herz war, tiefer noch, das Gravitationszentrum, der innerste Kern des Menschen, und zugleich Ursprung seiner Bewegungen. Ganz Europa ist von dem Bewusstsein durchdrungen, dass seine geistigen und spirituellen Quellen nicht auf eigenem Territorium liegen, sondern außerhalb seiner: im Orient. Man könnte dies alles wohl treffend „europäische Exzentrizität" nennen.[11]

3. Selbstzentriertheit

Gilt diese Beschreibung auch heute noch? Sie traf in dem Fall einer europäischen Kultur zu, die seit Jahrhunderten immer schneller verblasst und gegenwärtig mit einer erstaunlichen Geschwindigkeit aus unserem Horizont verschwindet. Man könnte diese Kultur als Ausdruck eines „alteuropäischen Denkens" charakterisieren, wie es etwa der Soziologe Niklas Luhmann vorgeschlagen hat.[12] Im Jahr 1956, am Ende seiner berühmten Antrittsvorlesung in Cambridge, hat C. S. Lewis, ein herausragendes Beispiel und entschiedener Verfechter der klassischen Bildung, sich selbst scherzhaft einen „Dinosaurier" genannt.[13] Drastischer noch hat F. M. Dostojewskijs Iwan Karamasow Europa einen „Friedhof" genannt, „aber einen sehr, sehr liebenswürdigen Friedhof".[14]

Wie auch immer – die *querelle des anciens et des modernes* um die Frage, inwiefern die Antike noch Vorbild für die zeitgenössische Literatur und Kunst sein könne, wurde ausgefochten, lange noch bevor sie im Frankreich des späten 17. Jahrhundert ausdrücklich so genannt wurde – möglicherweise zur Zeit Machiavellis, sicher aber

---

[10] Jehuda Halevi, *Diwān, Širey Siōn*, „Libbī be-Mizraḥ…"; Übers. ins Deutsche: Jehuda Halevi, *Zweiundneunzig Hymnen und Gedichte. Deutsch*. Mit einem Nachwort und mit Anmerkungen von Franz Rosenzweig, Berlin 1926, S. 129.

[11] Vgl. Rémi Brague, *Europa, seine Kultur, seine Barbarei. Exzentrische Identität und romanische Sekundarität*, Wiesbaden ²2012; vgl. Ders., „Inklusion und Verdauung. Zwei Modelle kultureller Aneignung", in: Günter Figal / Jean Grondin / Dennis J. Schmidt (Hg.), *Hermeneutische Wege. Hans-Georg Gadamer zum Hundertsten*, Tübingen 2000, S. 295–308.

[12] Vgl. zu dieser Kategorie: Helga Gripp-Hagelstange, „Luhmanns Denken – Oder: Die Überwindung des alteuropäischen Denkens", in: Dies. (Hg.), *Niklas Luhmanns Denken. Interdisziplinäre Einflüsse und Wirkungen*, Konstanz 2000, S. 7–21.

[13] Clive Staples Lewis, „De descriptione temporum", in: *Selected Literary Essays*, hg. von Walter Hooper, Cambridge 1969, S. 13 f.

[14] Fjodor M. Dostojewki, *Die Brüder Karamasow* [1878–80], II v,3.

zur Zeit Bacons und Galileis – und zweifelsfrei haben die Modernen den Sieg davon getragen.[15]

Wenn es denn eine „alteuropäische Kultur" gegeben hat – was ist dann die „neue europäische Kultur"? Dies ist eine heikle Frage, die eine vertiefte Behandlung erfordert.[16] Ein sicherer Weg für eine Positionsbestimmung besteht darin, sich an zwei offensichtliche und grundlegende Dinge zu erinnern. Sie sind geographischer und historischer Natur. Was die Geographie betrifft, so ist klar: was immer die Modernität sein mag – sie fand in Europa statt und breitete sich von hier über die ganze Welt aus. Und was die Geschichte angeht, so gilt zweifelsfrei und ungeachtet dessen, wo die Grenzlinie zwischen der Moderne und der ihr vorausgehende Zeit anzusetzen ist (der moderne Name für diese Epoche ist „Mittelalter"), dass wir uns *diesseits* dieser Grenzlinie befinden.

Hieraus kann zweierlei geschlussfolgert werden: Erstens tragen wir Europäer – oder unsere europäischen Vorfahren – Verantwortung für alles, was der Welt infolge der Moderne an Ungemach widerfahren sein mag. Und zweitens können wir nicht einfach in die Vergangenheit zurückgehen, um der Moderne zu entkommen. Der Ausweg, den wir suchen müssen, wird uns durch die Moderne selbst *hindurch* führen.

Mit Blick auf den *Inhalt* unserer „neuen Kultur" ist festzuhalten, dass das moderne Europa jeden äußeren Bezugspunkt verloren hat. Es hat gelernt, seinen Blick von den Himmeln abzuwenden. Wir können diesen Vorgang mit den Begriffen „Säkularisierung", „Desakralisierung" usw. bezeichnen.[17]

Darüber hinaus wurde das moderne Europa durch Bacon oder – in seinem Kielwasser – durch Descartes gelehrt, auf die Natur zu blicken, ja sogar auf sie herab zu blicken, als ein bloßes Ding nämlich ohne jede sakrale Aura, als ein Feld, das es zu bestellen gilt, als eine Vorratskammer, die unsere Bedürfnisse befriedigen soll.[18]

Und schließlich wurde Europa angeleitet, davon auszugehen, dass für es keine anderen Kulturen als mögliche Vorbilder infrage kommen. Wehmütige Nostalgie für weniger entwickelte Gesellschaften und ihre angeblich unverdorbenen Sitten ist kaum mehr als ein Spielzeug für Ästheten. Sie würden es verabscheuen, in solchen Gesellschaften zu leben. Mit Blick auf das Alte Griechenland oder das Alte Rom beispielsweise betrachtet die Philologie die Werke, die sie studiert, nicht in der Wei-

---

[15] Die *Querelle des anciens et des modernes* entzündete sich 1687 in der Académie Française anlässlich eines Gedichts, in dem Charles Perrault die Vorbildfunktion des augusteischen Zeitalters für die Herrschaft Ludwigs XIV. in Frage stellte.

[16] Vgl. dazu ausführlicher: Rémi Brague, *Le Règne de l'homme. Naissance et échec du projet moderne*, Paris 2015.

[17] Vgl. Rémi Brague, *Modérément moderne*, Paris 2014, S. 129–148.

[18] Anders als vielfach behauptet wurzelt diese Haltung nicht in dem biblischen Gebot, sich die Erde untertan zu machen. In dieser Weise wurde Gen 1,28 weder von den Kirchenvätern noch den Weisen des Talmud oder später von den scholastischen Theologen verstanden. Vielmehr ist die moderne Interpretation das Ergebnis des Projekts der Moderne, die Natur zu beherrschen. Vgl. Jeremy Cohen, ,Be Fertile and Increase, Fill the Earth and Master It'. *The Ancient and Medieval Career of a Biblical Text*, Ithaca – London 1989.

se, als seien sie mit besonderen Werten ausgestattet. Ganz im Gegenteil: für Studierende der „Klassik" besteht heutzutage der erste Schritt gerade darin, sich von der Vorstellung einer „klassischen Bildung" zu verabschieden.

Nun wissen wir freilich immer noch nicht, ob eine Kultur tatsächlich jede Beziehung zu äußeren *credenda et miranda* aufgeben und dennoch überleben kann. Führende Denker der Moderne waren sich des Risikos durchaus bewusst. Sie betonten zunehmend bewusst und ausdrücklich die Idee, dass Wahrheit ein Experiment sein muss, ein „Versuch". Dies gilt von Montaigne bis Nietzsche und schließt auch John Stuart Mills „Experimente des Lebens" ein.[19] Einige Jahrhunderte lang haben wir an einem Experiment gearbeitet oder sind eine Wette eingegangen. Nichts garantiert, dass das Experiment gelingen wird – mit Ausnahme vielleicht von Spuren eines naiven Vertrauens in etwas, das „Vorsehung" genannt werden kann.

Nietzsche gehört zu den wenigen – und vielleicht ist er sogar der einzige –, die die Möglichkeit eines nicht mehr zu behebenden Fehlers in Betracht gezogen und ehrlich zugegeben hat. Wie auch immer: Nietzsche lässt seinen Zarathustra in einer unveröffentlichten Passage sagen: „Wir machen einen Versuch mit der Wahrheit! Vielleicht geht die Menschheit dran zu Grunde! Wohlan!"[20] Das ist eine ziemlich dreiste Formulierung! Wir sind versucht, ernüchtert zu fragen: was nun, wenn das Experiment tatsächlich scheiterte? Was, wenn die Menschheit irgendwelche Erfindungen machte oder Verhaltensweisen annähme, die auf lange Sicht ihr Überleben gefährdeten? Beunruhigend ist auf jeden Fall: Wenn das Experiment misslänge und die Menschheit als ganze gleichsam „über die Planke schritte" – wer hätte dann Gelegenheit zu einer zweiten Chance?

4. Eine letzte „Große Erzählung"

Jedermann ist heutzutage mit einer Idee vertraut, auf die sich die sogenannte „postmoderne" Bewegung bezieht. Gemeint ist – um den späten Jean-François Lyotard zu zitieren – das „Ende der großen Erzählungen" *(grands récits)*.[21] Solche Erzählungen verliehen üblicherweise den singulären Ereignissen unseres Lebens dadurch einen Sinn, dass sie in ihnen eine verborgene Ausrichtung aufdeckten. Zu diesen Erzählungen gehörte die christliche Heilsgeschichte, zusammen mit ihren mehr oder weniger entsprechenden Surrogaten. Dazu zählten etwa die Fortschrittsidee der Aufklärung oder das marxistische Schema vom Klassenkampf, der in eine klassenlose

---

[19] Vgl. John Stuart Mill, *On Liberty* [1859], cap. 3 (ed. A. D. Lindsay, London 1968, p. 15); dt.: *Über die Freiheit*, Ausg. Horst D. Brandt (Philosophische Bibliothek 583), Hamburg 2009, S. 78–106. Die Idee begegnet bereits zehn Jahre zuvor bei Ernest Renan, *L'Avenir de la science* [1848], ch. 8, no. 68, in: Œuvres Complètes, Bd. 3, hg. von Henriette Psichari, Paris 1949, S. 1133.

[20] Friedrich Nietzsche, *Fragment 25* [305], Frühjahr 1884 (Kritische Studienausgabe, Bd. 11, München – Berlin 1999, S. 88). Der Ausruf „Wohlan!" hat bei Nietzsche die Bedeutung eines Begriffs.

[21] Vgl. Jean-François Lyotard, *Das postmoderne Wissen. Ein Bericht* (Edition Passagen 7), Graz 1986 (*La condition postmoderne*, 1979).

Gesellschaft einmündet. Sollte der postmoderne Anspruch vom Ende der „großen Erzählungen" zu Recht erhoben werden können, dann wären diese Erzählungen schlicht hinfällig.

Nun mag jemand diesem Anspruch entgegenhalten: es ist eine einzige „große Erzählung" übrig geblieben, nämlich die Erzählung von der Errichtung einer europäischen Union. Es mag sich dabei um das letzte Ziel handeln, das jungen europäischen Eliten geblieben ist – die Entsprechung zur amerikanischen „Neuen Grenze" sozusagen, jenes Slogans, dessen sich der gerade gewählte US-amerikanische Präsident John F. Kennedy im Jahr 1960 bediente, um die Amerikaner dazu zu bewegen, seine Politik zu unterstützen.[22] Die Bedeutung dieser letzten „großen Erzählung" tritt umso klarer hervor, blickt man von außen auf Europa – von den Vereinigten Staaten beispielsweise oder vom Fernen Osten her. In diesem Blick liegt ein gehöriges Stück Wahrheit, und diese Wahrheit soll hier auch nicht geleugnet werden. Soweit es mich betrifft, betrachte ich den Prozess der europäischen Einigung als positiv – auch in globaler Perspektive. Ich befürworte ihn mit ganzem Herzen und hoffe sogar, als Bürger dazu meinen bescheidenen Beitrag leisten zu können.

Trotzdem ist zu fragen, ob ein allzu großer „Euro-Enthusiasmus" nicht womöglich ein Risiko in sich birgt, das sich letzten Endes als tödlich erweisen kann. Um zunächst einige achtbare Ergebnisse der europäischen Einigung zu erwähnen: einen friedvollen Dialog zwischen den europäischen Nationen zu pflegen, ist zweifellos eine gute Sache; einander wechselseitig Vertrauen und Respekt entgegen zu bringen, ist noch besser; voneinander zu lernen, steht an erster Stelle. Aber dennoch gibt es einen Haken: Bei alledem sind wir versucht, einer grundlegenden Frage auszuweichen bzw. uns selbst die Mühe zu ersparen, unseren heutigen alltäglichen Lebensstil grundlegend infrage zu stellen. Mit einem Wort: Hat der Lebensstil des modernen Europas auf lange Sicht Bestand? Oder untergräbt er nicht vielmehr seine eigenen Fundamente? Diese Frage wird in der Öffentlichkeit selten gestellt.

Um einige Schritte in diese Richtung voranzuschreiten: Europa zehrt von Werten, die es nicht geschaffen hat, sondern in seiner Wiege vorgefunden hat. Einige waren bereits in der heidnischen Welt in Geltung – darunter der Wert der Vernünftigkeit, die Demokratie und die Herrschaft des Rechts. Einige Werte deuteten sich bereits im Alten Orient an und wurden durch das Alte Testament vollends zu Tage gebracht – so beispielsweise der ethische Charakter der Religion oder die Idee, wonach die Zeit bedeutungsvoll und auf das Gute hin ausgerichtet ist. Einige Werte wurden durch das Christentum formuliert. Unter ihnen muss der unendlichen Würde der menschlichen Person, für die Gott seinen Sohn hingegeben hat, ein besonderer Stellenwert eingeräumt werden.[23] Gleiches gilt für die Trennung von geist-

---

[22] Vgl. John F. Kennedy, *Democratic National Convention* [15. Juli 1960]; als Video und mp3-Datei zugänglich unter: ⟨http://www.americanrhetoric.com/speeches/jfk1960dnc.htm⟩ (Zugriff 27.02.2016).

[23] Vgl. Leo der Große, *Weihnachtspredigt*, c. 1, §3 (Sources Chrétiennes 22bis, Paris 1964, S. 72); c. 7, §6 (ebd., S. 160).

licher und weltlicher Sphäre, die schon im Alten Bund und in seiner jüdischen Fortsetzung angedeutet wird.[24]

Europa war in der Vergangenheit nicht in der Lage, wirklich neue Werte hervorzubringen. Das moderne Europa ist es auch heute nicht. Selbst Möchtegern-Revolutionäre zehrten mit ihrem Protest von älteren Voraussetzungen. Dem amerikanischen Historiker Carl L. Becker zufolge leisteten die selbsterklärten „Philosophen" der französischen Aufklärung wenig mehr, als dass sie versuchten, Augustins „Gottesstaat" auf Erden zu verwirklichen. Dabei bleiben sie wesentlich bei mittelalterlichen Voraussetzungen über den „natürlichen" Charakter des Guten.[25]

Nun ist eine solche Unfähigkeit, eigene Werte hervorzubringen, nicht wirklich etwas Ernstes. Um nur eine häufig gebrauchte, aber gleichzeitig absurde Ausdrucksweise zu entlarven: es ist in der Tat vollkommen unmöglich, „Werte hervorzubringen" – wie es auch ganz unmöglich ist, eine weitere Grundfarbe den drei bereits vorhandenen hinzuzufügen. Das einzig Mögliche ist – genau wie bei den Farben – bereits existierende Werte miteinander zu mischen, um diesen oder jenen Ton hervorzuheben. Wirklich ernst hingegen ist die Möglichkeit, den Glauben an die existierenden Werte zu verlieren.

5. Annehmlichkeiten, Güter und das Gute

Europa ist abhängig von Ressourcen, die es nicht selbst reproduziert. Dabei geht es nicht in erster Linie um das Öl. Es geht vielmehr um Menschen. Vor allem geht es um jene Menschen, die von außen nach Europa strömen. Mehr noch: es geht darum, was diese Tatsache uns über einen grundlegenden Fehler in unserem Lebensstil lehrt.

Die Menschen in Europa sind perfekt dazu imstande, das Leben und seine Annehmlichkeiten zu genießen. Und wer auch würde das nicht tun? Sie sind perfekt dazu imstande, das Leben gerechter zu gestalten. Sie sind auch dazu bereit, von einer universalen Gerechtigkeit für andere Teile der Welt zu träumen. Ob sie freilich dazu bereit wären, für ihre eigenen Werte zu kämpfen, ist eine andere Geschichte ... Die Menschen in Europa sind perfekt dazu in der Lage, das Leben durch Kunst zu verschönern – einschließlich der Kunst, komfortabel zu leben. Zusammengefasst: sie sind der Meinung, das Leben müsse *„fun"* sein und *Spaß* machen. Und sie sind einigermaßen erfolgreich darin, das auch zu verwirklichen.

Aber sind die Menschen in Europa wirklich der Auffassung, dass das Leben nicht nur *„fun"*, sondern „gut" ist? „Gut" meint: nicht nur gut für einen selbst, sondern, in letzter Instanz, gut für wen auch immer. Wenn Leben wirklich gut ist, dann

---

[24] Vgl. Rémi Brague, *La Loi de Dieu. Histoire philosophique d'une alliance*, Paris 2005, S. 82 f. Eine deutsche Übersetzung ist für 2017 geplant.
[25] Vgl. Carl Lotus Becker, *The Heavenly City of the Eighteenth Century Philosophers*, New Haven – London ⁶1932, S. 31.

ist es erlaubt, es weiter zu geben. Was aber, wenn Leben nicht wirklich gut ist, sondern einfach nur Spaß?

Was mich betrifft, der ich zufälligerweise irgendwie lebe, so ist es mir gestattet, mein Leben so komfortabel einzurichten wie möglich. Ich bin dazu verpflichtet, nach den höchsten moralischen Standards zu leben. Aber wie kann ich es verantworten, das Leben anderen Menschen aufzunötigen, die noch nicht leben, und die noch nicht einmal sagen können, ob sie geboren werden wollen oder nicht? Dies ist nicht möglich ohne etwas wie eine „minimale Metaphysik", ohne ein Vertrauen auf die Güte des Lebens, sei dieses nun ausdrücklich geäußert oder nicht. Dieses Vertrauen rechtfertigt sich durch die antike und mittelalterliche Idee, wonach alles, was ist, allein dadurch, dass es ist, zugleich auch gut ist. Die scholastische Philosophie hat dies dadurch zum Ausdruck gebracht, dass sie lehrte, dass die Transzendentalien konvertibel seien: *ens et bonum convertuntur*.[26]

Jedenfalls sind die europäischen Staaten zunehmend weniger in der Lage, Menschen hervorzubringen, die der Auffassung sind, dass das Leben als solches gut ist und weitergegeben werden muss. Folgerichtig müssen sie Menschen aus prämodernen Ländern „importieren", die noch nicht durch den „Geist der Moderne" geprägt und verdorben sind.

In diesem Sinne – mit Blick auf ihre Weigerung, das Leben als ein Wertvolles weiterzugeben – muss die Menschheit der Moderne geradezu darauf hoffen, dass ihr eigener Lebensstil bloße Folklore in jener Nische bleibt, in der wir zufällig leben, und dass er sich gerade nicht über die ganze Welt ausbreitet. Wäre dies nämlich der Fall, dann wäre die Menschheit dazu bestimmt, auf lange Sicht zu verschwinden. Die einzige Hoffnung für die Moderne besteht deshalb darin, dass die Moderne damit scheitert, zur Allgemeinheit zu werden. Auf diese Weise widerspricht sie im Übrigen ihrem eigenen Anspruch auf Universalität.

Diese Dialektik stellt nicht zuletzt die Übersetzung eines Phänomens, das auf der begrifflichen Ebene angesiedelt ist, auf die menschliche Ebene dar. Sie stellt eine konkrete Verwirklichung der uns seit Adorno und Horkheimer vertraut gewordenen „Dialektik der Aufklärung" dar.[27] Das moderne Europa lebt, insofern es modern ist, in der Weise von früheren Werten, dass es sie beständig untergräbt. Tatsächlich sind wir ziemlich stolz auf die westlichen Werte wie Demokratie, Toleranz usw. Wir sind froh, in Gesellschaften zu leben, die in solchen Werten wurzeln. Und wir haben gute Gründe, mit ihnen zufrieden zu sein. Wir räkeln uns im Licht, ohne zu realisieren, dass dieses Licht nur das Licht des Mondes ist – Licht also, das seine Strahlkraft von der Sonne borgt. Und von dieser nehmen wir selbstbewusst an, dass sie untergeht oder dass wir sie löschen sollten. Gleichzeitig aber sind wir nicht länger gewiss, dass die Güter, die wir hervorbringen, so unbedingt gut sind, dass wir für sie

---

[26] Vgl. Rémi Brague, *Les Ancres dans le ciel. L'infrastructure métaphysique de la vie humaine*, Paris 2011. Eine deutsche Übersetzung in der von Christoph Böhr herausgegebenen Reihe „Die Ordnung der Dinge" ist in Vorbereitung (Springer-Verlag).

[27] Vgl. Theodor W. Adorno / Max Horkheimer, *Dialektik der Aufklärung* [1944], Frankfurt am Main 1969.

Menschen hervorbringen sollen, die sich an solchen Gütern orientieren und an ihnen freuen können. Der moderne Lebensstil kann alle möglichen Güter hervorbringen – mit einer Ausnahme: er kann nicht zeigen, dass er selbst gut ist.

6. Parasitismus und Bewahrung

Unsere Sprachen besitzen ein treffendes Wort für jene Einstellung, die darin besteht, Güter zu konsumieren, die durch andere hervorgebracht wurden, ohne selbst zu ihrer Produktion beigetragen zu haben. Dieses Wort lautet „Parasitismus". Die moderne Welt ist parasitär. Wir parasitieren an unseren eigenen Vorfahren. Friedrich Nietzsche gebrauchte 1888 ein machtvolles, geradezu rätselhaftes Bild: „Wir sammeln nicht mehr, wir verschwenden die Capitalien der Vorfahren".[28]

Aber als erster hat meiner Kenntnis nach der französische Dichter Charles Péguy (1873–1914) diese Sicht zum Ausdruck gebracht. In einem Text vom 6. Oktober 1907 schreibt Péguy: „In der Tat, mit einer unerschütterlichen Frechheit, die ihre einzige Erfindung, und das einzige ihr Eigene in der ganzen Bewegung sein mag, lebt ⟨die moderne Welt⟩ von vergangenen Menschheitsarten, die sie verachtet, die sie zu ignorieren vorgibt, deren wesentliche Wirklichkeiten sie sehr wirklich ignoriert, deren Annehmlichkeiten, Bräuche und weitere Gebräuche sie jedoch nicht ignoriert. Die einzige Treue der modernen Welt ist die Treue des Parasitismus"[29]. Andernorts resümiert Péguy: „Die moderne Welt ist [...] wesentlich ein Parasit. Sie bezieht ihre Kraft, ihre offenkundige Kraft von den Regierungen, die sie bekämpft, von den Welten, die sie beiseite zu schieben versucht".[30] Bedauerlicherweise verwehrte Péguys früher Tod in den ersten Tagen des Ersten Weltkrieges es ihm, seine Gedanken ausführlicher darzulegen und zu vertiefen.

Etwa zehn Jahre nach dem französischen Dichter griff der vielseitige britische Schriftsteller G. K. Chesterton den Gedanken noch pointierter auf: „Tatsache ist: dass die moderne Welt mit ihren modernen Bewegungen von einem katholischen Vermögen zehrt. Sie gebraucht und verbraucht die Wahrheiten, die ihr aus dem alten Schatz der Christenheit geblieben sind. Darin sind natürlich viele Wahrheiten eingeschlossen, die der heidnischen Antike bekannt waren, die aber erst im Chris-

---

[28] Friedrich Nietzsche, „Fragment 14 [226], Frühjahr 1888", in: *Kritische Studienausgabe*, Bd. 13, München – Berlin 1980, S. 398$_{25\,f.}$, oder Ders., *Der Wille zur Macht*, § 68b (dazu der Kommentar von Giorgio Colli und Mazzino Montinari in *Kritische Studienausgabe*, Bd. 14, S. 383–400).

[29] Charles Péguy, „De la situation faite au parti intellectuel [...]" [6. Okt. 1907], in: Œuvres en prose complètes, hg. von Robert Burac, Bd. 2, Paris 1988, S. 725: „Il chevauche les vieux chevaux avec une impudence tranquille, un sans-gêne, avec une assiette, une inconscience dont peut-être lui-même il ne s'aperçoit pas".

[30] Charles Péguy, „Note conjointe sur M. Descartes [...]" [1914], in: Œuvres en prose 1909–1914, hg. von Marcel Péguy, Paris 1961, S. 1512: „Le monde moderne est, aussi, essentiellement parasite. Il ne tire sa force, ou son apparence de force, que des régimes qu'il combat, des mondes qu'il a entrepris de désintégrer". Zum Begriff des „Parasitismus" vgl. Charles Péguy, *Véronique. Dialogue de l'histoire et de l'âme charnelle* [1909], a.a.O., S. 391.

tentum Früchte trugen. Aber sie entfacht *nicht wirklich* einen eigenen neuen Enthusiasmus. Ihre Neuheit besteht allein in Namen und Etiketten – wie in der modernen Reklame. In fast jeder anderen Hinsicht ist die Neuheit rein negativ. Sie beginnt nichts Frisches, das wirklich bis in die fernere Zukunft hinein tragen könnte. Im Gegenteil, sie greift alte Dinge auf, die sie unmöglich weiter tragen kann. Denn die beiden Kennzeichen der moralischen Ideale der Moderne sind doch wohl diese: Erstens, dass sie aus mittelalterlichen Händen geborgt oder gar ihnen entrissen sind. Und zweitens, dass sie in den modernen Händen sehr schnell verdorren".[31]

Das Problem des Parasitismus ist es, dass er langfristig seine eigenen Existenzbedingungen zerstört. Der berühmte Monolog des Odysseus in Shakespeares *Troilus und Cressida*, der Lobpreis des „Rangs" *(degree)*, endet mit einer Beschreibung der schrecklichen Konsequenzen, die seine Vernachlässigung nach sich zieht: „Und die Begier [...] muss dann die Welt als Beute an sich reißen. Und zuletzt sich selbst verschlingen".[32] Der hierarchische Blick auf die Welt, der in einer umfassenden Kosmologie gründet und sich in der Idee eines „Rangs" ausdrückt, ist unwiederbringlich verloren.[33] Und wir können ihn in der Tat nur dahin wünschen, wo der Pfeffer wächst. Aber die Gefahr der Selbstzerstörung ist weiterhin gegeben. Und das ist *unsere* Herausforderung.

Sich ihr zu stellen, zwingt uns dazu, unser Verständnis davon zu erweitern und zu vertiefen, was die konservative Ausrichtung des Geistes sein mag, und was sie – meiner Meinung nach – sein sollte. Als das Wort zum ersten Mal gemünzt wurde, hatte es unmissverständlich eine soziale und politische Dimension. Was bewahrt werden musste, war eine soziale Ordnung, die sich selbst in einem politischen System ausdrückte. Daher rührt der ständig wiederkehrende (und niemals ganz grundlose) Verdacht, dass unter dem Deckmantel edler Prinzipien der Konservativismus lediglich versucht, etwas hinauszuzögern – nicht Veränderungen zum Schlimmen im allgemeinen, sondern Veränderungen, die die Privilegien einer herrschenden und begüterten Klasse von Menschen gegenüber den Ansprüchen der Armen bedrohten. Was aber gegenwärtig unbedingt bewahrt werden muss, das ist genau die Fortsetzung des Abenteuers der Menschheit im Großen.

---

[31] Vgl. Gilbert Keith Chesterton, „Is Humanism a religion?", in: *The Thing*, London 1929, S. 16f.
[32] Shakespeare, *Troilus and Cressida*, I, 3, l. 124.
[33] Vgl. Rémi Brague, *Die Weisheit der Welt. Kosmos und Welterfahrung im westlichen Denken*, München 2006.

Pluralität in Kirche und Welt.
Eine katholisch-theologische Standortbestimmung

Dirk Ansorge

Anders als vielfach vermutet ist die frühe Neuzeit in Europa nicht durch einen Gewinn an Pluralität gekennzeichnet, sondern durch das Bestreben, nationale und kulturelle Geschlossenheit herbeizuführen. Nicht zuletzt die christlichen Kirchen waren Protagonisten dieser sozialen und politischen Dynamik. In der Folge der Kirchenspaltungen des 16. Jahrhunderts waren sie darum bemüht, ihr konfessionelles Profil zu schärfen. Ihre je eigene Auslegung des christlichen Glaubens betrachteten sie als allein gültig; zugleich verbanden sie mit ihr den Anspruch auf universale Verbindlichkeit. Deshalb galt die Pluralität der Bekenntnisse bis in das 20. Jahrhundert hinein vielen Christen als ein zu überwindendes Übel und der einheitliche Konfessionsstaat als Ideal politischer Ordnung. Und auch innerhalb der Kirchen setzte sich in der Neuzeit weitgehend das Ideal konfessioneller Geschlossenheit durch.

Ist vor diesem Hintergrund für Christen Pluralität, ja Pluralismus überhaupt wünschenswert – Pluralismus in der Gesellschaft, aber auch im Binnenraum der Kirchen und kirchlichen Gemeinschaften? Und wie könnte Pluralität heute – in Abkehr von gar nicht so fernen, teils sogar weiterhin wirksamen Idealen – aus der Perspektive des christlichen Glaubens begründet werden?

Für die katholische Kirche war es vor allem das Zweite Vatikanische Konzil, das in den sechziger Jahren des 20. Jahrhunderts bezüglich des gesellschaftlichen, kirchlichen und auch religiösen Pluralismus eine epochale Neuorientierung vorgenommen hat. Um diese würdigen zu können, wird im Folgenden nach einer knappen Problemskizze zunächst jene ekklesiologische Einheitskonzeption skizziert, die sich mit dem traditionellen Bild der Kirche als „Leib Christi" verbindet. In mehreren Schritten geht es sodann um die theologischen und philosophischen Voraussetzungen jenes Paradigmenwechsels, den das Konzil mit Blick auf seine Bewertung innerkirchlicher, religiöser, weltanschaulicher und gesellschaftlicher Pluralität vollzogen hat. Abschließend werden Perspektiven angedeutet, die sich aus der Positionierung des Konzils mit Blick auf den vielschichtigen Pluralismus in Europa zu Beginn des 21. Jahrhunderts ergeben.

1. Einheit und Vielfalt in den Religionen

Schon begrifflich bedeutet „Einheit" keineswegs das Verschwinden jeglicher Differenz. Es gibt eine wohlverstandene „Einheit in Verschiedenheit", wie es auch der

Leitspruch der Europäischen Union andeutet: „unitas in pluralitate". Nach Nikolaus von Kues zeichnet sich die höchste Einheit gerade dadurch aus, dass sie die Vielfalt in sich umfasst. Beinhaltete sie als „coincidentia oppositorum" nicht auch noch das Gegensätzliche, dann stünde sie der Vielfalt weiterhin gegenüber und wäre insofern unvollkommen.[1] Vollends bei Hegel ist die differenzlose Einheit eine bloße Abstraktion; die höchste Einheit ist vielmehr als Einheit von Einheit und Vielheit zu denken. Entsprechend zielt die „Bewegung des Begriffs" nicht darauf ab, Vielheit zu überwinden, sondern jenseits des Gegensatzes von Einheit und Vielheit zu einer beides überwölbenden Synthese zu gelangen – die als solche freilich nie abgeschlossen ist.[2]

Was sich bei Cusanus und Hegel als philosophische Einsicht andeutet, findet sich in der Erfahrungswelt vielfach bestätigt. Auch im Kanon des Neuen Testaments gibt es nicht nur eine Vielfalt unterschiedlicher Texte – darunter allein vier Evangelien –, sondern eine Vielfalt unterschiedlicher Theologien.[3] Entsprechend verlief die Geschichte des Christentums keineswegs einheitlich. Mit Blick auf die Orientalischen Kirchen erinnert das Ökumenismusdekret des Zweiten Vatikanischen Konzils daran: „Das von den Aposteln überkommene Erbe [...] ist in verschiedenen Formen und auf verschiedene Weise übernommen, und daher schon von Anfang an in der Kirche hier und dort verschieden ausgelegt worden, wobei auch die Verschiedenheit der Mentalität und der Lebensverhältnisse eine Rolle spielten" (UR 14).

Um trotz aller unleugbaren Differenzen zwischen den Kirchen und kirchlichen Gemeinschaften deren Einheit im gemeinsamen Glauben zu bekräftigen, ist im ökumenischen Gespräch oft von einer „versöhnten Verschiedenheit" die Rede. Dieses Modell hat seit der Vollversammlung des Lutherischen Weltbundes in Daressalam

---

[1] Vgl. Nikolaus Cusanus, *De coniecturis* I 9,37: „Omnem constat numerum ex unitate et alteritate constitui unitate in alteritatem progrediente atque alteritate in unitatem regrediente, ut ex mutuo in invicem progressu finitetur atque actu uti est subsistat": „Jede Zahl ist, wie feststeht, aus Einheit und Andersheit konstituiert. Die Einheit schreitet fort zur Andersheit und die Andersheit kehrt zur Einheit zurück, so dass die Zahl aus dieser wechselseitigen Bewegung zueinander begrenzt wird und ihren aktuellen Stand gewinnt": Nicolai de Cusa, *De coniecturis / Mutmaßungen*, hg. von Ernst Hoffmann u. a. (Philosophische Bibliothek 268), Hamburg 1988, 44 f. Vgl. dazu Kurt Flasch, *Die Metaphysik des Einen bei Nikolaus von Kues. Problemgeschichtliche Stellung und systematische Bedeutung* (Studien zur Problemgeschichte der antiken und mittelalterlichen Philosophie 7), Leiden 1973, bes. S. 253–255.

[2] Vgl. Georg Wilhelm Friedrich Hegel, *Wissenschaft der Logik. Erster Band: Die objektive Logik* [1812/13], Buch I/1: „Die Vielheit ist somit nicht ein Andersseyn, und eine dem Eins vollkommen äussere Bestimmung" (Gesammelte Werke, hg. von Friedrich Hogemann / Walter Jaeschke, Bd. 11, S. 95).

[3] Vgl. Ernst Käsemann, „Begründet der neutestamentliche Kanon die Einheit der Kirche?", in: Ders., *Exegetische Versuche und Besinnungen*, Bd. 1, Göttingen 1960, S. 214–223; John Charlot, *New Testament disunity. Its significance for Christianity today*, New York 1970; Brevard S. Childs, *Biblical Theology in Crises*, Philadelphia 1970. Allerdings hat Heinrich Schlier darauf aufmerksam gemacht, dass die Kanonbildung als solche bereits eine in den neutestamentlichen Schriften wahrgenommenen Einheit voraussetzt: „Über das Prinzip der kirchlichen Einheit im Neuen Testament", in: Ders., *Der Geist und die Kirche*, Freiburg – Basel – Wien 1980, S. 179–200. Vgl. auch Werner Löser, „Einheit und Vielfalt in der katholischen Kirche – Einheit und Vielfalt als ökumenisches Ziel", in: Karl Hillenbrand u. a. (Hg.), *Einheit und Vielfalt. Tradition und Innovation in der Kirche*, Würzburg 2000, S. 69–88.

(1977) die vorausgehende Zielbestimmung einer „organischen Kirchenunion" ersetzt, die eine Fusion von Kirchen anstrebte.[4] Die römisch-katholische Kirche hat sich dem ekklesiologischen Modell einer „versöhnten Verschiedenheit" freilich nicht angeschlossen, beansprucht sie doch weiterhin, trotz eingestandener Defizite die eine und einzige Kirche Jesu Christi in Zeit und Geschichte vollkommener als alle anderen Kirchen zu verwirklichen.[5] Dem Modell einer Pluralität gleichberechtigter Kirchen steht die römisch-katholische Kirche ablehnend gegenüber; allenfalls ist sie bereit, die Kirchen der Orthodoxie als „Schwesterkirchen" gelten zu lassen.[6]

Und gibt es hierfür nicht gute Gründe? Mündet nicht gerade im Bereich religiöser Überzeugungen die Akzeptanz von Pluralität in einen konfessionellen, religiösen und weltanschaulichen Relativismus? Wenn am Ende „ein jeder nach seiner Façon selig werden" muss, wie es der preußische König Friedrich II. im Jahr 1740 formuliert hat,[7] ist dann nicht zuvor die Möglichkeit von Wahrheit überhaupt zu verabschieden?[8] Dies aber ist wohl für keine Religion eine reale Option. Denn religiöse Überzeugungen und die aus ihnen hervorgehenden Wahrheitsansprüche lassen offenbar gerade *keine* alternativen Deutungen der Welt und somit auch *keine* Pluralität von Weltanschauungen zu, beziehen sie sich doch meist auf eine – wie auch immer bestimmte – transzendente Wirklichkeit. Von ihr her legitimieren sie – wiederum auf sehr unterschiedliche Weisen – ihre je eigenen Wahrheitsansprüche. Zwar gibt es durchaus religiöse Überzeugungen, die mit einer Vielfalt möglicher Wahrheiten rechnen.[9] Doch schon die Behauptung, es gebe nicht bloß eine einzige

---

[4] Vgl. Harding Meyer, *Ökumenische Zielvorstellungen*, Göttingen 1996. Meyer gilt als der Urheber des ökumenischen Konzepts einer „versöhnten Verschiedenheit" von Kirchen und kirchlichen Gemeinschaften.

[5] Und zwar unabhängig davon, dass sie kein Mitglied im ÖRK ist. Zur katholischen Konzeption vgl. Walter Kasper: „Das katholische Verständnis setzt nicht bei den Unterschieden an, um von ihnen aus Einheit zu erreichen, sondern setzt die Einheit im Rahmen der katholischen Kirche und ihrer teilweisen communio mit den anderen Kirchen und kirchlichen Gemeinschaften als gegeben voraus, von der aus die volle communio mit ihnen erreicht werden soll" (*Wege der Einheit. Perspektiven für die Ökumene*, Freiburg – Basel – Wien 2005, S. 39).

[6] Vgl. die Note der Glaubenskongregation vom 30. Juni 2000 zum Begriff der „Schwesterkirchen", bes. Nr. 12, in: Kongregation für die Glaubenslehre, *Dokumente seit dem Zweiten Vatikanischen Konzil. Erweiterte Ausgabe (1966–2013)*, Freiburg – Basel – Wien 2015, S. 581–585 (Nr. 89), hier 585.

[7] „Die Religionen Müsen alle Tolleriret werden und Mus der fiscal nuhr das auge darauf haben, das keine der andern abruch Tuhe, den hier mus ein jeder nach Seiner Fasson Selich werden!": Rand-Verfügung des Königs zum Immediat-Bericht des Geistlichen Departements, Berlin 1740 Mai 22: Katholische Schulen und Proselytenmacherei, in: Max Lehmann, *Preussen und die katholische Kirche seit 1640. Nach den Acten des Geheimen Staatsarchives. 2. Theil. 1740–1747*, Leipzig 1881.

[8] „Tatsachen gibt es nicht, nur Interpretationen" (Friedrich Nietzsche, *Nachgelassene Schriften*, in: Kritische Studienausgabe, Bd. 12, S. 315). Allerdings beinhaltet diese These einen performativen Selbstwiderspruch, insofern sie nicht umhin kommt, für sich selbst Wahrheit zu beanspruchen. Vgl. Magnus Striet, *Das Ich im Sturz der Realität. Philosophisch-theologische Studien zu einer Theorie des Subjekts im Anschluss an die Spätphilosophie Friedrich Nietzsches* (ratio fidei 1), Regensburg 1998, S. 229f.

[9] „Hinduismus" ist ein Sammelbegriff für eine Vielzahl unterschiedlicher religiöser Richtungen. Hier werden eine Vielzahl von Göttern verehrt, die keineswegs miteinander konkurrieren, sondern komplementäre Aspekte des Wirklichkeitsganzen versinnbilden. Vgl. Bettina Bäumer, Art. „Hinduis-

wahre Religion oder Weltanschauung, kann als solche nicht davon absehen, für sich selbst Gültigkeit und somit Wahrheit zu beanspruchen.

Insbesondere für monotheistische Religionen hat vor schon geraumer Zeit der Heidelberger Ägyptologe Jan Assmann geltend gemacht, dass sie aufgrund ihrer Entschiedenheit für eine einzige Gottheit nicht umhin können, einen Exklusivitätsanspruch hinsichtlich der von ihnen beanspruchten Wahrheit über Gott, Welt und Mensch zu erheben.[10] Hieraus resultiert nach Assmann eine den monotheistischen Religionen „inhärente" Neigung zu Intoleranz und Gewalt gegenüber alternativen religiösen Überzeugungen.[11] Diese Neigung vollständig auszumerzen, sei unmöglich; deshalb gehe es im Verlauf der Kulturgeschichte vorrangig darum, sie zu zivilisieren.

Demnach wären die drei monotheistischen Religionen Judentum, Christentum und Islam prinzipiell nicht dazu in der Lage, eine Pluralität religiöser Überzeugungen oder Weltanschauungen als legitime Ausprägung menschlichen Wahrheitsstrebens anzuerkennen. Im besten Fall wäre es den Anhängern der monotheistischen Religionen möglich, religiöse oder weltanschauliche Vielfalt zu tolerieren; ein billigendes oder gar affirmatives Verhältnis zu ihr bliebe ihnen aber aufgrund ihres Selbstverständnisses verwehrt.

Assmanns Thesen haben weit gefächerte Diskussionen ausgelöst, in deren Verlauf hilfreiche begriffliche Klärungen hinsichtlich ihrer Begründung und ihrer Reichweite erzielt wurden. Diese brauchen hier nicht im Einzelnen referiert zu werden.[12] Vielmehr geht es im Folgenden lediglich darum, das Verhältnis des Christentums – und näherhin der römisch-katholischen Kirche – zur gesellschaftlichen, religiösen und auch innerkirchlichen Pluralität zu charakterisieren.

---

mus", in: Johann Figl (Hg.), *Handbuch Religionswissenschaft. Religionen und ihre zentralen Themen*, Innsbruck – Wien 2003, S. 315–336; ferner: Eva M. Synek, Art. „Pluralität innerhalb der Religionen", ebd., S. 734–757.

[10] So erstmals in: Jan Assmann, *Moses der Ägypter. Entzifferung einer Gedächtnisspur*, München – Wien 1998, dann entfaltet und präzisiert in Ders., *Die Mosaische Unterscheidung oder der Preis des Monotheismus* (Edition Akzente), München 2003.

[11] „Der Begriff ‚inhärent' […] ist nur im Sinne einer Implikation, einer angelegten *Möglichkeit* gemeint und *nicht im Sinne einer logischen Konsequenz*, die früher oder später mit Notwendigkeit eintreten muss. Die Quelle dieser potentiellen Gewalt sehe ich in dem, was ich die ‚mosaische Unterscheidung' genannt habe": Jan Assmann, „Monotheismus und Gewalt. Eine Auseinandersetzung mit Rolf Schieders Kritik an ‚Moses der Ägypter'", in: Rolf Schieder (Hg.), *Die Gewalt des einen Gottes. Die Monotheismus-Debatte zwischen Jan Assmann, Micha Brumlik, Rolf Schieder, Peter Sloterdijk und anderen*, Berlin 2014, S. 36–55, hier 38 (Kursive im Original).

[12] Vgl. neben dem erwähnten Band von Rolf Schieder (2014) bereits: Johannes Thonhauser, *Das Unbehagen am Monotheismus. Der Glaube an den einen Gott als Ursprung religiöser Gewalt? Eine aktuelle Debatte um Jan Assmanns Thesen zur Mosaischen Unterscheidung*, Marburg 2008.

2. Einheit und Vielfalt in der Kirche: Die Leib-Christi-Metapher

In säkularen Gesellschaften wie in religiösen Gemeinschaften stellt sich die Frage, wie Pluralität zu beurteilen ist, als eine Frage nach dem Verhältnis von Einheit und Vielfalt. Dies gilt auch für das Christentum. Schon in den Anfängen der Kirche galt es, die Einheit der Glaubensgemeinschaft in der Vielfalt ihrer Interpretationen zu wahren. Beispielhaft hierfür hierzu steht die Auseinandersetzung um die Verbindlichkeit der Beschneidung und der Speisegebote (vgl. Apg 15). In diesem Streit, dessen Protagonisten keine Geringeren waren als die Apostel Petrus und Paulus, zeichneten sich unterschiedliche Auffassungen ab, wie der Botschaft und dem Lebenszeugnis Jesu von Nazareth entsprechend die Welt zu deuten und menschliches Handeln zu gestalten sei. Paulus beklagt die hieraus resultierenden Parteiungen innerhalb der einzelnen Gemeinden: „Ich gehöre zu Paulus – ich zu Apollos – ich zu Kefas – ich zu Christus" (1 Kor 1,12; vgl. 3,4.22). Der Völkerapostel setzt diesen Spaltungen (αἱρέσεις) das Bild vom „Leib Christi" entgegen: die christliche Kirche (ἐκκλησία) „verkörpert" in Glaube, Liebe und Hoffnung den gekreuzigten und auferweckten Christus (1 Kor 12,27). Innerhalb dieses einen Leibes gibt es eine Vielfalt vom Geist gewirkter Begabungen (χαρίσματα); diese Vielfalt bedroht aber nach Paulus nicht den Zusammenhalt und die Einheit der verschiedenen Gemeinden, sondern dient ihrer „Auferbauung" (οἰκοδομή: vgl. 1 Kor 14,12). Im gemeinsamen Glauben an Christus spielen soziale und ethnische Differenzen in der Gemeinde – wenigstens in religiöser Hinsicht – keine Rolle mehr (vgl. Gal 3,28).[13]

Das von Paulus bemühte Bild des Leibes als Metapher für eine soziale oder politische Körperschaft war der Antike wohl vertraut. Griechische und römische Philosophen haben den Staat (πόλις; civitas) wiederholt mit einem Organismus verglichen.[14] Der Stoiker Seneca (gest. 65 n. Chr.) spricht die römischen Bürger als „Glieder eines ehrwürdigen Ganzen" an.[15] Anderenorts bezeichnet er den Kaiser als „Seele des Staates" und den Staat als „Körper des Kaisers".[16] Der Historiker Livius (gest. 17 n. Chr.) überliefert eine Fabel, derer sich der Konsul Menenius Agrippa in der Frühzeit Roms bedient habe, um die unzufriedenen Plebejer von ihrem Vorhaben abzubringen, sich gegen die herrschenden Patrizier aufzulehnen.[17] Mit dieser

---

[13] Das bedeutet freilich nicht, dass sie in der sozialen Wirklichkeit überwunden wären. Zu Konflikten in den paulinischen Gemeinden vgl. Gerd Theißen, *Die Religion der ersten Christen. Eine Theorie des Urchristentums*, Gütersloh ⁴2008, bes. S. 344–355; 405–411. – Theissen erblickt im Übrigen in der frühchristlichen Kanonbildung ein „Bekenntnis zur Pluralität", insofern sie Pluralität zugleich bewahrt und begrenzt. – Vgl. zur Problematik der Leib-Christi-Metapher: Jürgen Werbick, *Kirche. Ein ekklesiologischer Entwurf für Studium und Praxis*, Freiburg – Basel – Wien 1994, bes. S. 277–302.

[14] Belege bei Thomas Söding, „‚Ihr aber seid der Leib Christi' (1 Kor 12,27). Exegetische Beobachtungen an einem zentralen Motiv paulinischer Ekklesiologie", in: *Catholica* 45 (1991), S. 135–162, hier 153 Anm. 66.

[15] Seneca, *De Ira* II 31,7 (lat./dt. Ausg., München 1992, S. 206 f.).

[16] Seneca, *Clem.* I 5,1: „Tu animus rei publicae tuae es, illa corpus tuum."

[17] Livius, *Ab urbe condita*, II 32,9–12.

Fabel habe Menenius veranschaulichen wollen, so Seneca, dass die Plebejer auf die Patrizier in gleicher Weise angewiesen sind wie die Glieder des menschlichen Leibes auf den scheinbar untätigen und faulen Magen, der sie ernährt. Mit Blick auf diese Fabel betont der Neutestamentler Thomas Söding, dass Menenius auf dem Vorrang der Patrizier beharrt, denen er selbst angehört; Paulus hingegen will die Christen in Korinth ermutigen, auch die weniger Angesehenen zu würdigen. Denn auch sie tragen entsprechend den ihnen verliehenen Charismen Wesentliches zum Aufbau der Kirche bei.[18] Unterschiede hinsichtlich der Herkunft, der Geschlechts, des Besitzes oder auch der Charismen stehen der Einheit der Kirche nicht entgegen; sie bringen vielmehr den Reichtum des in der Gemeinde wirkenden Geistes allererst zur Entfaltung (vgl. 1 Kor 12,14–19).

In den paulinischen Briefen können zwei Dimensionen kirchlicher Einheit unterschieden werden: die Einheit der einzelnen Gemeinde in der Vielfalt ihrer Gnadengaben, und die Einheit der Gesamtkirche, die ebenfalls als „Leib Christi" verstanden wird. Wurzel und Grund dieser Gemeinschaft (κοινωνία) erblickt Paulus in der Taufe und in der gemeinsamen Feier der Eucharistie. Beide Riten sind konstitutiv für die Kirche, indem sie Christi Leben, Sterben und Auferweckung vergegenwärtigen (vgl. 1 Kor 10,16 f.). Durch die Taufe werden die Christen dem Leib Christi „inkorporiert"; diesem Leib – der Kirche – eingegliedert werden sie durch die Eucharistie genährt.[19]

Insbesondere die zweite Perspektive – die Einheit der Kirche als ganzer – wird in den sog. „deuteropaulinischen" Schriften aufgegriffen und entfaltet. Hier freilich bildet nicht mehr die Gesamtheit aller Ortsgemeinden den Leib Christi; vielmehr ist jetzt Christus das „Haupt" seines Leibes, der Kirche, und steht ihr so in gewisser Weise auch gegenüber (vgl. Kol 1,18. 24; 2,19). Von Christus als ihrem Haupt her ist die Kirche geeint (vgl. Eph 2,21 f.; 4,12). Diese Einheit ist für die Deuteropaulinen theologisch bedeutsam; denn in ihr manifestieren sich die Einheit Gottes, die Einheit des Geistes, die Einheit der Taufe und die Einheit der christlichen Hoffnung auf die Vollendung der Geschichte (vgl. Eph 4,3–6).

Diese Beschwörung kirchlicher Einheit konnte nicht ohne institutionelle Folgen bleiben. Bereits bei Ignatius von Antiochien, vermutlich also am Ende des ersten nachchristlichen Jahrhunderts,[20] erscheint der Bischof einer jeden Gemeinde als Repräsentant Christi; als solcher ist er Garant kirchlicher Einheit.[21] Cyprian von

---

[18] Vgl. Thomas Söding, „Ihr aber seid der Leib Christi", S. 154; vgl. auch Michael Wolter, *Paulus. Ein Grundriss seiner Theologie*, Neukirchen-Vluyn 2011, S. 289–294.

[19] Hatte noch Augustinus die Kirche als den „wahren Leib Christi" verstanden, so bezeichnet dieser Begriff ab etwa dem 12. Jahrhundert das eucharistische Brot. Die Kirche wird fortan als „mystischer Leib Christi" verstanden. Vgl. dazu Henri de Lubac, *Corpus mysticum. Kirche und Eucharistie im Mittelalter. Eine historische Studie*, Einsiedeln ²1995, S. 127–137.

[20] Zur Datierung des Ignatius und zur Authentizität seiner Schriften vgl. Paul Trebilco, *The Early Christians in Ephesus from Paul to Ignatius* (Wissenschaftliche Untersuchungen zum Neuen Testament 166), Tübingen 2004, S. 629–632.

[21] Etwa zeitgleich formuliert das Johannes-Evangelium in den Abschiedsreden Jesu dessen erklärten Willen, dass die Jüngergemeinde „eins" sei (vgl. Joh 17,21). Gegenüber einer als feindselig

Karthago wird diese Perspektive im 3. Jahrhundert vertiefen: Demnach hat jeder einzelne Bischof Anteil an der von Christus verliehenen Vollmacht des universalen Bischofsamtes.[22] Repräsentiert aber der Bischof Christus, dann steht er wie dieser in der Perspektive der Deuteropaulinen als Haupt der Kirche nicht nur inmitten der ihm anvertrauten Gemeinde, sondern ihr zugleich auch gegenüber. Eine Augustinus zugeschriebene Wendung bringt diese Bipolarität an der Wende zum 5. Jahrhundert auf den prägnanten Begriff: „Mit euch bin ich Christ, für euch bin ich Bischof".[23]

Nicht die paulinische Idee der Gemeinde als einer Charismen-Gemeinschaft wurde in den folgenden Jahrhunderten für das Selbstverständnis und die konkrete Gestalt der christlichen Kirche bestimmend, sondern die klarer hierarchisch akzentuierte Ekklesiologie der Deuteropaulinen. Dies braucht hier nicht im Einzelnen nachgezeichnet werden. Für die Frage nach dem Verhältnis von Einheit und Vielfalt wichtig ist der Befund, dass die Einheit der Kirche deren innere Vielfalt zu keinem Zeitpunkt ausgeschlossen hat, Einheit also niemals als Uniformität verstanden wurde. Allerdings wurde innerkirchliche Vielfalt im Lauf der Geschichte nie im Sinne einer Egalität aller Glieder, sondern nachpaulinisch stets im Sinne einer hierarchisch gegliederten Vielfalt interpretiert.

Zweifellos spiegeln sich in dieser Entwicklung die sozialen Bedingungen, unter denen sich das Christentum ausbreitete: nicht die von einem Presbyterium kollegial geleitete Synagogen-Gemeinschaft lieferte langfristig das Vorbild für die organisatorischen Strukturen der christlichen Kirche, sondern das patriarchale Modell der römischen Sippe mit einem „pater familias" an der Spitze.[24] Dieses Modell entsprach zweifellos auch den Herrschaftsvorstellungen der gentilen Stämme, die sich im frühen Mittelalter dem Christentum zuwandten.[25] Die Gesellschaften im hohen und späten Mittelalter waren durchwegs hierarchisch organisiert; sie umfassten eine Vielfalt unterschiedlicher Personengruppen (Stände), deren wechselseitige Zuordnungen und Zugehörigkeiten rechtlich geregelt waren. Es zählt zu den epochalen Umbrüchen der Neuzeit, dass die bis dahin herrschende Aristokratie allmählich durch eine von Herkunft und Stand unabhängige Meritokratie abgelöst wurde. Indem diese freilich nicht mehr Herkunft und Abstammung, sondern Leistung, Ver-

---

wahrgenommenen Umwelt bedarf es des inneren Zusammenhalts. Dessen Vorbild ist die Einheit des göttlichen Vaters mit seinem fleischgewordenen Sohn – wie auch immer diese Einheit zu verstehen ist.

[22] „Episcopatus unus est, cuius a singulis in solidum pars tenetur" („Es gibt nur ein Bischofsamt, an dem die einzelnen Bischöfe gleichen Anteil haben"): Cyprian von Karthago, *De unitate catholicae ecclesiae*, 5 (hg. von Paolo Signiscalco: *Sources Chrétiennes* 500, Paris 2006, S. 184$_{11-12}$).

[23] Augustinus (?), *Sermo* 340,1, bei Caesarius von Arles, *Sermo* 232 (Corpus Christianorum. Series Latina 104, p. 919–921, hier 919). Zur umstrittenen Verfasserschaft vgl. Hubertus R. Drobner, *„Für euch bin ich Bischof". Die Predigten Augustins über das Bischofsamt* (Sermones 335/K, 339, 340, 340/A, 383 und 396). Einleitung und Übersetzung (Augustinus – heute 7), Würzburg 1993, S. 53–62.

[24] Vgl. Sabine Bieberstein, „Gemeinde, Kirche, Amt", in: Lukas Bormann, *Neues Testament. Zentrale Themen*, Neukirchen 2014, S. 197–222, bes. 213 f.

[25] Vgl. Arnold Angenendt, *Das Frühmittelalter. Die abendländische Christenheit von 400 bis 900*, Stuttgart ²1995, S. 255–264.

dienst und Bildung zu Maßstäben sozialen Rangs erklärte, etablierte sie eine neue Form sozialer Hierarchie.[26]

Egalitär ausgerichtete christliche Gruppierungen wie die Montanisten in der Spätantike, die Humiliaten und Waldenser im Hochmittelalter oder die Hussiten im Spätmittelalter wurden meist schon bald als häretisch verurteilt und exkommuniziert. Auch Martin Luther traf der Kirchenbann. Obwohl der Reformator nachdrücklich an der Notwendigkeit des kirchlichen Amtes festhielt, betonte er die jeder Ordination vorausliegende Gleichheit aller Getauften: „Was aus der Taufe gekrochen ist, das kann sich rühmen, dass es schon zum Priester, Bischof und Papst geweihet sei".[27] Gegen solche und ähnliche reformatorische Positionen hat das Konzil von Trient (1545–1563) in einem seiner ersten Dekrete die hierarchische Struktur der Kirche betont, und diese Struktur, so das Konzil, bestehe „nach göttlicher Einsetzung" *(divina ordinatione instituta)*.[28] Noch in einem Entwurf für die Kirchenkonstitution des Ersten Vatikanischen Konzils (1869/70) heißt es dem entsprechend: „Die Kirche Christi ist [...] nicht eine Gemeinschaft von Gleichgestellten, in der alle Gläubigen dieselben Rechte besäßen. Sie ist eine Gesellschaft von Ungleichen, und das nicht nur, weil unter den Gläubigen die einen Kleriker und die andern Laien sind, sondern vor allem deshalb, weil es in der Kirche eine von Gott verliehene Vollmacht gibt, die den einen zum Heiligen, Lehren und Leiten gegeben ist, den andern nicht".[29]

Zu Beginn des 19. Jahrhunderts erblickte der Tübinger Theologie Johann Adam Möhler (1796–1839) in der Kirche nichts Geringeres als den „fortlebenden Christusleib".[30] Dieser ist selbstverständlich hierarchisch gegliedert; die organologische Metapher des Leibes und die Idee einer kirchlichen Hierarchie erhellen sich wechselseitig. „Nimmt doch das Haupt die höchste Stelle im Leibe ein" – so Papst Pius - XII. in seiner Kirchen-Enzyklika *Mystici corporis* (1943).[31] Ganz auf dieser Linie war

---

[26] Vgl. Andreas Hadjar, *Meritokratie als Legitimationsprinzip. Die Entwicklung der Akzeptanz sozialer Ungleichheit im Zuge der Bildungsexpansion*, Wiesbaden 2008.

[27] Martin Luther, *An den christlichen Adel deutscher Nation von des christlichen Standes Besserung* [1520], in: Luther Deutsch, hg. von Kurt Aland, Bd. 2: Der Reformator, Göttingen 1981, S. 161 / Weimarer Ausgabe 6, 408$_{11f.}$.

[28] Konzil von Trient, *Doctrina de sacramento ordinis* (15. Juli 1563), can. 6 (Denzinger-Hünermann, Nr. 1775).

[29] Erstes Vatikanisches Konzil, 3. Sitzung (1870), Erster Entwurf der Konstitution über die Kirche Christi, in: Josef Neuner/Heinrich Roos, *Der Glaube der Kirche in den Urkunden der Lehrverkündigung*, neu bearb. von Karl Rahner / Karl-Heinz Weger, Regensburg ^{10}1979, Nr. 394.

[30] Vgl. Johann Adam Möhler, *Symbolik oder Darstellung der dogmatischen Gegensätze der Katholiken und Protestanten nach ihren öffentlichen Bekenntnisschriften* [1832], hg. von Josef Rupert Geiselmann, Darmstadt 1958, 387–389: „So ist denn die sichtbare Kirche, von dem eben entwickelten Gesichtspunkte aus, der unter den Menschen in menschlicher Form fortwährend erscheinende, stets sich erneuernde, ewig sich verjüngende Sohn Gottes, die andauernde Fleischwerdung desselben, so wie denn auch die Gläubigen in der Heiligen Schrift der Leib Christi genannt werden." – Vgl. dazu Matthias Remenyi, „Identität und Differenz in Denkform und Metapher. Eine Problemskizze zur Denkformdebatte und zur Leib-Christi-Ekklesiologie", in: *Theologische Quartalschrift* 195 (2015), S. 3–32.

[31] „Caput enim in sublimi locatum est": *Acta Apostolicae Sedis* 35 (1943), p. 93–248, hier 208.

auch der Entwurf für das Kirchenschema des Zweiten Vatikanischen Konzils, das den Konzilsvätern am 23. November 1962 vorgelegt wurde, von der Idee einer hierarchisch gegliederten Körperschaft bestimmt.[32]

Allerdings haben die Konzilsväter in der schließlich verabschiedeten Kirchenkonstitution *Lumen gentium* der altehrwürdigen Metapher vom „Leib Christi" nach teils dramatischen Diskussionen in der Konzilsaula das Verständnis der Kirche als „Volk Gottes" an die Seite gestellt.[33] Durch die Taufe besteht zwischen allen Angehörigen dieses Volkes eine „wahre Gleichheit" *(vera aequalitas)* der Würde (LG 32).[34] Dennoch ist die Kirche nicht in jeder Hinsicht eine Gemeinschaft von Gleichen; sie ist vielmehr „mit hierarchischen Organen ausgestattet" (LG 8).[35] Selbst von den Gaben des Heiligen Geistes wird gesagt, sie seien „hierarchisch" und „charismatisch" zugleich verliehen (vgl. LG 4). Das Konzil charakterisiert die Gemeinschaft der Getauften, die „communio fidelium", als eine „communio hierarchica" (LG 21).[36]

Diese Perspektive wird theologisch dadurch plausibilisiert, dass schon das Gründungsereignis der Kirche, die Offenbarung und Selbstmitteilung des dreifaltigen Gottes, als hierarchischer Akt verstanden wird, nämlich als „wunderbare Herablassung" (DV 13).[37] Die Vollmacht des Gottessohnes, der um des Heiles der Menschen willen Mensch geworden ist, erweist sich in jenen hierarchischen Akten, die Jesus als Sachwalter Gottes vorgenommen hat. Zu ihnen zählen die Berufung der Jünger, die Bestellung der Apostel und deren Beauftragung zur Mission. So wird beispielsweise im Missionsdekret des Konzils gesagt, Jesus habe zu Beginn seines Wirkens die Zwölf eingesetzt als „die Keime des neuen Israel und zugleich den Ursprung der heiligen Hierarchie" (AG 5). In der Nachfolge der Apostel steht das kirchliche Amt für die Heilsinitiative Gottes symbolisch-wirksam ein. Weil es in der Vollmacht Christi handelt, kann die Kirche grundsätzlich keine demokratisch verfasste Gesellschaft sein, in der – zumindest im Idealfall – alle Macht vom Volk ausgeht.[38] Trotz der prominenten Stellung im Text von *Lumen gentium*, wo das Kapitel über das „Volk Gottes" vor jenem über „Die hierarchische Verfassung der

---

[32] Text des Schemas: *Acta Synodalia* I/4, 12–91.

[33] Vgl. Eva-Maria Faber, „Volk Gottes", in: Mariano Delgado / Michael Sievernich (Hg.), *Die großen Metaphern des Zweiten Vatikanischen Konzils. Ihre Bedeutung für heute*, Freiburg – Basel – Wien 2013, S. 168–185.

[34] Vgl. Augustinus, *De vera religione* 30, 55: „Porro ipsa *vera aequalitas* ac similitudo, atque ipsa vera et prima unitas, non oculis carneis neque ullo tali sensu, sed mente intellecta conspicitur" (Corpus Christianorum. Series Latina 32, p. 23$_{39-41}$); vgl. CIC/1983, can. 208: „Unter allen Gläubigen besteht [...] eine wahre Gleichheit in ihrer Würde und Tätigkeit."

[35] Vgl. Norbert Lüdecke / Georg Bier, *Das römisch-katholische Kirchenrecht. Eine Einführung* (Systematik – Ethik), Stuttgart 2012, bes. S. 57–72. Schon Papst Pius XII. spricht in seiner Enzyklika *Mediator Dei* (1947) von einer Teilnahme der Getauften am Priestertum Christi – allerdings fügt er hinzu: „ihrem Stande entsprechend" (Nr. 283).

[36] Vgl. zum Verständnis der Kirche als *communio* und als Hierarchie: Werbick, *Kirche* (Anm. 13), bes. S. 317–369.

[37] „Admirabilis condescensio". Im Griechischen entspricht dem der theologische Terminus συγκατάβασις (vgl. neutestamentlich auch den Philipper-Hymnus: Phil 2,7: ἑαυτὸν ἐκένωσεν).

[38] Vgl. *Grundgesetz der Bundesrepublik Deutschland*, Art. 20.

Kirche" rangiert, ist es nicht möglich, daraus eine modernen Gesellschaften vergleichbare pluralistische Verfassung der Kirche abzuleiten.

Doch auch nach außen hin tendiert die Kirchenmetapher vom „Leib Christi" zur Unterscheidung und Hierarchisierung, nämlich gegenüber allen jenen, die der Kirche nicht angehören. Die weit verzweigte Auslegungsgeschichte des ekklesiologisch-soteriologischen Axioms „extra ecclesiam nulla salus" kann hier nicht auch nur ansatzweise referiert werden.[39] Jahrhunderte lang vertraten Christen die Auffassung, dass Menschen zur Erkenntnis der Wahrheit und zum ewigen Heil nur dann gelangen konnten, wenn sie der christlichen Kirche angehörten. Relativiert wurde die Exklusivität dieses Anspruchs zwar durch die Vorstellung, dass auch die „Gerechten", die vor Christus gelebt hatten, auf eine Erlösung hoffen dürfen *(Ecclesia ab Abel)*.[40] Der einflussreiche nordafrikanische Theologie Augustinus aber betonte an der Wende vom 4. zum 5. Jahrhundert, dass es nach dem Auftreten Jesu und seinem heilsamen Leiden und Sterben auch für die Gerechten keine Möglichkeit mehr gebe, das Heil außerhalb der katholischen Kirche zu erlangen, sobald sie von der christlichen Heilslehre irgendwie erfahren hatten.[41]

Diese Auffassung bestimmte das Selbstverständnis der Christenheit bis in die frühe Neuzeit hinein. Der missionarische Elan der Franziskaner und der Jesuiten, der sie seit dem 16. Jahrhundert bis an die Grenzen der bewohnten Erde führte, ist Ausdruck der Sorge, die sonst verlorenen Seelen der dort lebenden Menschen für das ewige Heil zu gewinnen.[42] Eine Anerkennung von Wahrheiten und Werten in den nichtchristlichen Religionen, die nicht nur von humaner Bedeutung, sondern auch theologisch relevant wären, war damit nicht verbunden.

Diese Haltung ändert sich im 20. Jahrhundert schrittweise. Für die katholische Kirche anerkennt insbesondere das Zweite Vatikanische Konzil (1962–1965) nicht nur die Möglichkeit heilsbedeutsamer Wahrheit auch außerhalb des Christentums (vgl. NA 2); vielmehr vollzieht das Konzil auch eine Neubestimmung dessen, wie das Verhältnis von Einheit und Vielfalt aus der Perspektive des christlichen Glaubens zu bewerten ist.

3. Die Öffnung des Zweiten Vatikanischen Konzils zur Pluralität

Ist die Ekklesiologie des Zweiten Vatikanums nicht frei von inneren Spannungen, so hat das Konzil mit Blick auf die weltanschauliche und religiöse Pluralität in der Moderne eine klare und entschiedene Position bezogen. Das Konzil hat diese Plura-

---

[39] Vgl. u. a. Bernard Sesboüé, *Hors de l'Église, pas de salut. Histoire d'une formule et problèmes d'interprétation*, Paris 2004.

[40] Vgl. dazu Hartmut Westermann, „Ecclesia ab Abel? Zur Auseinandersetzung zwischen Karl B. Adam und Mannes D. Koster", in: *Theologische Quartalschrift* 195 (2015), S. 57–74.

[41] Einschlägige Stellen zusammengestellt hat Capistran Romeis, *Das Heil des Christen außerhalb der wahren Kirche nach der Lehre des Hl. Augustin*, Paderborn 1908.

[42] Vgl. Michael Sievernich, *Die christliche Mission. Geschichte und Gegenwart*, Darmstadt 2009.

lität nämlich keineswegs bloß als ein hinzunehmendes Übel toleriert, sondern als legitimen Ausdruck menschlicher Freiheit und der Suche der Menschen nach Wahrheit gewürdigt.[43] Damit vertritt es keineswegs einen weltanschaulichen oder religiösen Pluralismus oder gar Relativismus. Die vom Konzil verabschiedeten Dokumente lassen vielmehr keinen Zweifel daran, dass die christliche Deutung des Wirklichkeitsganzen nicht nur Wahrheit beanspruchen kann, sondern dass sie von keiner anderen Religion oder Weltanschauung übertroffen wird.[44] Gleichwohl werden die nichtchristlichen Religionen nicht einfach als irrig oder gar sündhaft betrachtet; vielmehr erkennt das Konzil in ihnen „vielfältige Elemente der Heiligung und der Wahrheit" (LG 8). Gerade als solche aber sind sie auf die alles überbietende Wahrheit des christlichen Glaubens „hingeordnet" (LG 16).

Mit der Anerkennung der nichtchristlichen Religionen und Weltanschauungen ratifiziert die Katholische Kirche eine Entwicklung, der sie sich lange verschlossen hatte. Der bis in die Mitte des 20. Jahrhunderts erhobene Anspruch, die alleinige Wahrheit über Gott, Mensch und Welt zu vertreten, hatte sie dazu veranlasst, abweichende Auffassungen jeglicher Art als irrig zu verurteilen. Dies geschah bereits im 19. Jahrhundert durch den *Syllabus errorum* Papst Pius' IX. (1864), fand seine Fortsetzung auf dem Ersten Vatikanischen Konzil (1869/70) und erreichte einen Höhepunkt im sog. „Modernismusstreit".[45] Noch kurz vor dem Konzil, im Jahr 1950, bekräftigte Pius XII. in seiner Enzyklika *Humani generis* den Anspruch der katholischen Kirche, die alleinige Wahrheit über Gott, Mensch und Welt zu verkünden,[46] und noch in einer viel beachteten Ansprache im Jahr 1953 stuft der Papst Wahrheit höher ein als Freiheit.[47]

---

[43] Zur Genese der vom Konzil vollzogenen Wende vgl. Karl Gabriel (Hg.), *Religionsfreiheit und Pluralismus. Entwicklungslinien eines katholischen Lernprozesses* (Katholizismus zwischen Religionsfreiheit und Gewalt 1), Paderborn 2010; Ders. (Hg.), *Die Anerkennung der Religionsfreiheit auf dem Zweiten Vatikanischen Konzil. Texte zur Interpretation eines Lernprozesses* (Katholizismus zwischen Religionsfreiheit und Gewalt 4), Paderborn 2013; Ders. / Christian Spieß / Katja Winkler (Hg.), *Wie fand der Katholizismus zur Religionsfreiheit? Faktoren der Erneuerung der katholischen Kirche* (Katholizismus zwischen Religionsfreiheit und Gewalt 2), Paderborn 2016.

[44] Vgl. DiH, Nr. 1: „Gott selbst hat dem Menschengeschlecht Kenntnis gegeben von dem Weg, auf dem die Menschen, ihm dienend, in Christus erlöst und selig werden können. Diese einzige wahre Religion, so glauben wir, ist verwirklicht in der katholischen, apostolischen Kirche, die von Jesus dem Herrn den Auftrag erhalten hat, sie unter allen Menschen zu verbreiten. [...] Alle Menschen sind ihrerseits verpflichtet, die Wahrheit, besonders in dem, was Gott und seine Kirche angeht, zu suchen und die erkannte Wahrheit aufzunehmen und zu bewahren."

[45] Vgl. Claus Arnold, *Kleine Geschichte des Modernismus*, Freiburg – Basel – Wien 2007; Peter Neuner, *Der Streit um den katholischen Modernismus*, Frankfurt am Main 2009.

[46] Die in der Enzyklika *Humani generis* bekundete Ablehnung der Evolutionstheorie fußt auf dem Argument, dass die kirchliche Erbsündenlehre den Monogenismus – verstanden als Abstammung der Menschheit aus einem einzigen Menschenpaar – fordert (Denzinger-Hünermann, Nr. 3897: lat. Text mit dt. Übers.).

[47] Pius XII., *Radioansprache* vom 6. Dezember 1953: „Was nicht der Wahrheit und der sittlichen Norm entspricht, hat objektiv kein Recht auf Dasein noch auf Verbreitung noch auf Betätigung", in: *Acta Apostolicae Sedis* 45 (1953), S. 794–802, hier 799 („Ciò che non risponde alla verità e alla norma morale, non ha oggettivamente alcun diritto nè all'esistenza nè alla propaganda, nè all'azione").

Der Staatsrechtler Wolfgang Böckenförde hat den vom Zweiten Vatikanum kurz darauf vollzogenen Paradigmenwechsel mit Blick auf die Anerkennung von Religions- und Gewissensfreiheit als eine Wende vom „Recht der Wahrheit" zum „Recht der Person" charakterisiert.[48] Diese Wende durchzieht sämtliche Texte des Konzils. Sie wird besonders dann deutlich, wenn man die verabschiedeten Dokumente mit den Vorlagen vergleicht, die von den vorbereitenden Kommissionen ausgearbeitet worden waren. Dem Innsbrucker Theologen Roman Siebenrock zufolge „stellt die Frage nach der Wahrnehmung des Pluralismus in der jeweiligen Gegenwart und die Frage nach dem adäquaten Handeln der Kirche in diesem Kontext die entscheidende Herausforderung dar", mit der sich das Konzil konfrontiert sah.[49] Ausschlaggebend für diese Aufgabenstellung war die von den Konzilsvätern gewonnene Einsicht, dass jeder Glaube ein personaler Akt ist, der vom Individuum frei zu verantworten ist (vgl. DV 2; DiH 10). Hieraus resultiert der doppelte Imperativ, die Kontexte zu würdigen, innerhalb deren ein Lebensweg verläuft, und die Freiheit derjenigen Menschen zu achten, die ihre je individuelle Existenz als Glaubende, aber auch als Nichtglaubende vollziehen.

Der Ausgang der theologischen Reflexion bei der menschlichen Existenz bereitet die geradezu revolutionäre Einsicht des Konzils vor, dass die „Zeichen der Zeit" für das jeweilige Selbstverständnis der Kirche in einer bestimmten Epoche von wegweisender Bedeutung sind. Der vom Konzil in der Pastoralkonstitution *Gaudium et spes* programmatisch beschrittene Weg „Sehen – Urteilen – Handeln" setzt nicht etwa bei der kirchlichen Lehre an, sondern bei der Wahrnehmung der Welt.[50] Die Kirche lässt sich von den Herausforderungen konkreter gesellschaftlicher Situationen her dazu herausfordern, ihr Selbstverständnis und ihre religiöse Praxis je neu zu bestimmen.[51] Sie fürchtet sich nicht vor der pluralen, ja pluralistischen Situation der

---

[48] Vgl. Wolfgang Böckenförde, „Die Bedeutung der Konzilserklärung über die Religionsfreiheit. Überlegungen 20 Jahre danach" (1986), in: Ders., *Religionsfreiheit: Die Kirche in der modernen Welt* (Schriften zu Staat – Gesellschaft – Kirche 3), Freiburg – Basel – Wien 1990, S. 59–72, hier 63.

[49] Roman Siebenrock, „Glauben in Freiheit. Pluralismus in der Sicht des Zweiten Vatikanischen Konzils", in: Peter Hünermann / Joachim Schmiedl (Hg.), *Der Weg Europas und die öffentliche Aufgabe der Theologien* (Theologie Ost – West. Europäische Perspektiven 8), Münster 2007, S. 95–111, hier S. 95.

[50] Der Dreischritt geht auf Joseph Kard. Cardijn zurück, den Begründer der Christlichen Arbeiterjugend (CAJ). Beim Konzil eröffnete Cardijn im September und Oktober 1965 in der Konzilsaula die Diskussionen über die Pastoralkonstitution *Gaudium et Spes*. Die Konstitution folgt der für die CAJ maßgeblichen Methode des Dreischritts „Sehen – Urteilen – Handeln". Vgl. u. a. GS 44: „Es ist jedoch Aufgabe des ganzen Gottesvolkes, vor allem auch der Seelsorger und Theologen, unter dem Beistand des Heiligen Geistes auf die verschiedenen Sprachen unserer Zeit zu hören, sie zu unterscheiden, zu deuten und im Licht des Gotteswortes zu beurteilen, damit die geoffenbarte Wahrheit immer tiefer erfasst, besser verstanden und passender verkündet werden kann". Zu Cardijns Rolle auf dem Konzil vgl. Hans-Joachim Sander, „Theologischer Kommentar zur Pastoralkonstitution über die Kirche in der Welt von heute", in: Peter Hünermann / Bernd Jochen Hilberath (Hg.), *Herders Theologischer Kommentar zum Zweiten Vatikanischen Konzil*, Bd. 4, Freiburg – Basel – Wien 2009, S. 669.

[51] Vgl. Hans-Joachim Sander, „Theologischer Kommentar zur Pastoralkonstitution" (Anm. 50), S. 715–719.

Moderne; denn sie vertraut darauf, von der „Welt" lernen und so sich selbst besser verstehen zu können. Dies tut sie freilich in einem kritisch-konstruktiven Dialog mit der Überlieferung; denn anders liefe sie Gefahr, sich jeder kurzatmigen Zeitströmung auszuliefern.

Aus dieser Grundentscheidung des Konzils resultiert eine Pluralität kirchlichen Handelns. Denn es geht jetzt nicht mehr bloß darum, einen unveränderlichen „Text", wie er etwa in den Katechismen formuliert ist, durch hermeneutische Anstrengung in unterschiedlichen sozialen und kulturellen Kontexten verständlich zu machen und ihm Geltung zu verschaffen. Vielmehr ergeben sich Sinn und Relevanz der kirchlichen Überlieferung wesentlich dadurch, dass sie sich von einem bestimmten Kontext her erschließt. Die Kontexte aber sind unweigerlich vielfältig: kulturell, religiös, sozial. Das eine Evangelium spiegelt sich in unendlich vielen Facetten kultureller Konstellationen und individueller Glaubensbiographien. Losgelöst von diesen ist das Evangelium weder zu verstehen noch kann es im Handeln fruchtbar werden.

Hier wird das veränderte Menschenbild der Moderne sichtbar, dem sich das Konzil geöffnet hat.[52] Das die Neuzeit kennzeichnende Freiheitspathos wird nicht mehr als Ausdruck menschlicher Hybris verurteilt. Vielmehr anerkennt das Konzil die Würde des individuellen Gewissens und die Freiheit der Person als letzte Instanzen menschlichen Urteilens und Handelns.

Von daher kann das Konzil unterschiedliche Urteile und Handlungen auch bei jenen würdigen, die sich als glaubende Menschen auf das Evangelium beziehen (vgl. GS 43). Aus dem Zusammenspiel von biblischem Offenbarungszeugnis, Kirche und Gewissen des Einzelnen resultiert eine vielgestaltige Geschichte Gottes mit den Menschen. Ihr ist die Kirche nicht herrschaftlich, sondern werkzeuglich-dienend (sakramental) zugeordnet (vgl. LG 1; 9). Damit ist nicht zuletzt auch jede Vorstellung von einem Konfessionsstaat oder überhaupt von einem bestimmten christlichen Gesellschaftsmodell obsolet geworden.[53] Gleichsam ratifiziert wird diese Position durch das letzte Dokument des Konzils, die Erklärung über die Religionsfreiheit *Dignitatis humanae*, insofern sie jedem Staatskirchentum eine unmissverständliche Absage erteilt.[54]

---

[52] Eine umfassende theologische Würdigung des Konzils bietet u. a. Jan-Heiner Tück, „Von der Zitadelle zur offenen Stadt. Geschichtliche Selbstvergewisserung und dialogische Öffnung auf dem Zweiten Vatikanum, in: Guido Bausenhart / Margit Eckholt / Linus Hauser (Hg.), *Zukunft aus der Geschichte Gottes. Theologie im Dienst an einer Kirche von morgen* (FS Peter Hünermann), Freiburg 2014, S. 144–169, bes. 162–169: „Kirche im Dialog mit der Moderne".

[53] Vgl. Kongregation für die Glaubenslehre, „Lehrmäßige Note zu einigen Fragen über den Einsatz und das Verhalten der Katholiken im politischen Leben" vom 24. Nov. 2002, in: Dies., *Dokumente seit dem Zweiten Vatikanischen Konzil. Erweiterte Ausgabe (1966–2013)*, Freiburg – Basel – Wien 2015, 672–684 (Nr. 101). Auch als *Verlautbarungen des Apostolischen Stuhls*, Nr. 158.

[54] Bereits in seiner Enzyklika *Pacem in Terris* (1963) hatte Papst Johannes XXIII. erklärt: „Zu den Menschenrechten gehört auch das Recht, Gott der rechten Norm des Gewissens entsprechend zu verehren und seine Religion privat und öffentlich zu bekennen" (Art. 14).

Die Synodenväter haben die Welt nicht als feindliches Gegenüber wahrgenommen, sondern als Raum, in dem sich die Geschichte Gottes mit den Menschen auf vielfältige Weise vollzieht. Aus dieser Perspektive resultierte eine prinzipielle Wertschätzung unterschiedlicher Kulturen, Religionen und Weltanschauungen.[55] Selbst die innerchristliche Pluralität wird zwar wegen des aus ihr resultierenden Schadens für die Glaubwürdigkeit des Evangeliums als ein zu überwindendes Defizit beurteilt; dies hindert das Konzil aber nicht daran, beispielsweise in seinem Ökumenismusdekret *Unitatis redintegratio* den nichtkatholischen Christen mit großem Wohlwollen zu begegnen, ja sogar wiederholt von „Kirchen" im Plural zu reden. Anstelle eines zerstörerischen Konfessionalismus setzt das Konzil auf die Möglichkeit eines gemeinsamen Zeugnisses aller Getauften für das Evangelium.

4. Christlicher Glaube und Vielfalt der Lebensorientierungen

Das halbe Jahrhundert, das mittlerweile seit dem Zweiten Vatikanischen Konzil vergangen ist, hat erkennen lassen, dass es der katholischen Kirche nicht leicht fällt, die Pluralität von Lebensentwürfen, Weltanschauungen und religiösen Überzeugungen in der Moderne vorbehaltlos anzuerkennen. Anerkennung bedeutet dabei keineswegs, alles kritiklos zu billigen. Vielfach werden Christen mit guten Gründen Positionen in der Gesellschaft kritisieren, die den Prinzipien ihres Glaubens zu widerstreiten scheinen. Mitunter werden diese Prinzipien auch in der Kirche selbst umstritten und deshalb in freimütigem Dialog einer Klärung näher zu bringen sein.

Konfliktfelder zwischen Kirche und Staat, zwischen Christen und Nichtchristen betreffen nicht selten Fragen des Scheidungsrechts, des Schwangerschaftsabbruches oder der rechtlichen Anerkennung homosexueller Partnerschaften. Solche Konflikte entspringen keineswegs einer prinzipiellen Weigerung, weltanschauliche oder religiöse Pluralität anzuerkennen. Allenfalls von konservativen Christen aller Konfessionen wird die grundsätzliche Möglichkeit eines religiösen oder weltanschaulichen Pluralismus mit dem Argument in Frage gestellt, Wahrheit könne es nur im Singular geben.

Auch während der Beratungen des Zweiten Vatikanischen Konzils hatten sich einige Bischöfe mit diesem Argument entschieden gegen die Anerkennung der Religionsfreiheit seitens der katholischen Kirche gewandt. Beispielhaft hierfür steht die Gruppe um französischen Erzbischof Marcel Lefebvre (1905–1991). Diese Gruppe lehnte einen weltanschaulich neutralen Staat mit dem Argument ab, dass sich zivile Rechte nur aus der objektiven Wahrheit ableiten ließen. Dies gelte auch für die Religionsfreiheit. Denn hier sei der Gegenstand des Rechts kein anderer als der Inhalt der jeweiligen religiösen Überzeugung. Da aber allein die katholische Kirche

---

[55] Vgl. u. a. DH 12: „Somit verfolgt die Kirche in Treue zur Wahrheit des Evangeliums den Weg Christi und der Apostel, wenn sie anerkennt und dafür eintritt, dass der Grundsatz der religiösen Freiheit der Würde des Menschen und der Offenbarung Gottes entspricht."

die wahre Kirche Jesu Christi sei und als solche die offenbarte Wahrheit verbürge, besitze nur sie ein objektives Recht auf Religionsfreiheit.[56] Die Bischöfe um Lefebvre vertraten die Auffassung, dass die Wahrheit alles Recht habe; Irrtum aber war nur insoweit zu tolerieren, als es das Gemeinwohl erfordert: *„Ius pro veritate; pro errore tolerantia, si quando exigat bonum commune".*[57] Wie schon im 19. Jahrhundert forderten sie einen Konfessionsstaat, in dem der römische Katholizismus als einzige Staatsreligion fungieren würde. Nichtchristliche Religionen oder Weltanschauungen wurden von ihnen als ein hinzunehmendes Übel betrachtet; ihren Anhängern standen keinerlei Rechte zu, da sie sich ja in einem objektiven Irrtum befanden.

Zwar vertrat nur eine Minderheit der Konzilsväter solche Auffassungen; die überwältigende Mehrheit akzeptierte die in *Gaudium et spes* und *Dignitatis humanae* vertretene Position, wonach Säkularität und religiöse Pluralität kirchlicherseits nicht bloß hinzunehmende Übel, sondern – ganz im Gegenteil – schützenswerte Güter menschlichen Zusammenlebens sind.

Trotz der vom Konzil vollzogenen Öffnung der katholischen Kirche zur säkularen und pluralistischen Gesellschaft zögern nicht wenige, deren Eigengesetzlichkeiten als legitim anzuerkennen. Dies gilt nicht nur für Philosophie, Wissenschaft und Politik, sondern derzeit vor allem für anthropologische Fragen. Wer aber beispielsweise unter Berufung auf Gen 1,27 („Als Mann und Frau schuf er sie") die Auseinandersetzung mit den Positionen der gender-studies oder der queer-studies verweigert, vollzieht in epistemologischer Hinsicht nichts anderes als jener, der unter Berufung auf Jos 10,13 („Und die Sonne stand still, und der Mond blieb stehen ...") das heliozentrische Weltbild ablehnt. Damit aber verschließt er sich der mit jeder sachlichen Auseinandersetzung gegebenen Möglichkeit, eigene Standpunkte kritisch zu bedenken und gegebenenfalls auch zu klären. Wenn, wie es Papst Johannes Paul II. wiederholt und programmatisch formuliert hat, der Mensch „der erste und grundlegende Weg der Kirche" ist,[58] dann ist auch die Theologie konstitutiv auf die Humanwissenschaften verwiesen.

Auch innerkirchlich fiel es nach dem Konzil manchen Bischöfen, Priestern und Laien nicht eben leicht, die Legitimität von Pluralität anzuerkennen. Hatten doch die Papstdogmen des Ersten Vatikanischen Konzils (1869/70) durch die feierliche Definition von Jurisdiktionsprimat und Unfehlbarkeit die Macht in der katholischen Kirche auf den römischen Pontifex konzentriert. Das Zweite Vatikanum hat den päpstlichen Primat keineswegs in Frage gestellt; vielmehr hat es ihn ausdrücklich bestätigt und bekräftigt (vgl. bes. LG 18; ferner LG 13 und 22).

---

[56] Vgl. Heinrich Watzka, „Von der Toleranz zur religiösen Freiheit. Argumente auf dem Weg zur Konzilserklärung *Dignitatis humanae*", in: Dirk Ansorge (Hg.), *Das Zweite Vatikanische Konzil. Impulse und Perspektiven* (Frankfurter Theologische Studien 68), Münster 2013, S. 199–227, hier 200 f.

[57] So auch Anastasius Granados Garcia, Weihbischof von Toledo, am 24. September 1964 in der Konzilsaula (*Acta Synodalia* III/2, S. 508).

[58] Vgl. Johannes Paul II., Antritts-Enzyklika *Redemptor hominis* vom 4. März 1979, Nr. 14 (Verlautbarungen des Apostolischen Stuhls 6, hg. vom Sekretariat der Deutschen Bischofskonferenz, Bonn 1979, S. 27).

Dass gleichzeitig die katholische Kirche, wie es das Konzil formulierte, „in und aus Teilkirchen" besteht (LG 23), musste deshalb erst mühsam intellektuell erfasst und institutionell eingeholt werden. Was etwa bedeutet es, dass die universalkirchliche Gemeinschaft aller Bistümer und Diözesen, die sich in der Einheit des Bischofskollegiums manifestiert, eine Einheit nur dann ist, wenn sie „mit und unter dem Papst" (*cum Petro et sub Petro*[59]) verstanden wird? Das Konzil anerkennt das Recht und die Überlieferungen der Teilkirchen zwar grundsätzlich an, aber doch „unbeschadet des Primats des Stuhles Petri, welcher der gesamten Liebesgemeinschaft vorsteht, die rechtmäßigen Verschiedenheiten schützt und zugleich darüber wacht, dass die Besonderheiten der Einheit nicht nur nicht schaden, sondern ihr vielmehr dienen" (LG 13).[60]

In der nachkonziliaren Praxis resultierten aus dem Spannungsverhältnis zwischen Episkopat und päpstlichem Primat zahlreiche Konflikte im Verhältnis zwischen den Ortskirchen und der durch „Rom" bzw. die Kurie symbolisierten Universalkirche. Wiederholt sah sich die Glaubenskongregation dazu veranlasst, den Begriff der „Gemeinschaft" (*communio*) mit Blick auf das Verhältnis zwischen dem Apostolischen Stuhl und den einzelnen Diözesen sowie mit Blick auf das Verhältnis zwischen der Römischen Kirche und den nichtkatholischen Kirchen präziser zu bestimmen.[61] Regelmäßig ging es dabei auch um das Verhältnis von Einheit und Vielfalt in der Kirche.

Dieses Verhältnis betrifft auch Reichweite und Grenzen der sog. „Inkulturation" oder – wie man damals noch sagte „Akkulturation" –, deren theologisches Fundament im Missionsdekret *Ad Gentes* gelegt wird. „Inkulturation" betrifft aber nicht nur die Beziehung der Kirche „nach außen" (*ad extra*), d.h. zur Vielfalt der Kulturen, in die sie eingewoben ist. Auch innerhalb der einen Kirche (*ad intra*) haben die Konzilsväter Wege eröffnet, Vielfalt zuzulassen – etwa auf dem Feld der Liturgie (SC 37) oder hinsichtlich der Organisation kirchlicher Strukturen (LG 13). Gleichwohl hat es nach dem Konzil auf wohl kaum einem anderen Feld heftigere Diskussionen gegeben als hinsichtlich der Rezeption kulturell geprägter Formen in Liturgie und Kirchenpraxis. Wie weit *darf* sich die Kirche in ihren Ausdrucksformen und Vollzügen kulturellen Eigenarten öffnen? Wie weit *muss* sie sich ihnen öffnen, um überhaupt verständlich zu sein?[62] Konkret: darf die in Afrika weit verbreitete

---

[59] Zu Ursprung und Verwendung der Formel vgl. Patrick Granfield, „'Cum Petro et sub Petro'. Episcopacy and Primacy", in: *The Jurist* 54 (1994), S. 591–604.

[60] Vgl. hierzu auch die „Erläuternde Vorbemerkung" (*Nota praevia explicativa*) zur Kirchenkonstitution; dazu detailliert Peter Hünermann, „Theologischer Kommentar zur dogmatischen Konstitution über die Kirche *Lumen gentium*", in: Ders. / Bernd J. Hilberath (Hg.), *Herders Theologischer Kommentar zum Zweiten Vatikanischen Konzil*, Bd. 2, Freiburg – Basel – Wien 2004, S. 539–547.

[61] Vgl. Kongregation für die Glaubenslehre, Schreiben *Communionis notio* über einige Aspekte der Kirche als „communio" vom 28. Mai 1992, in: Dies., *Dokumente seit dem Zweiten Vatikanischen Konzil. Erweiterte Ausgabe (1966–2013)*, Freiburg – Basel – Wien 2015, S. 505–518 (Nr. 76).

[62] Vgl. Mariano Delgado, „Inkulturation. Weg zu einem tieferen Glaubensverständnis oder Verlust der Einheit im Glauben?", in: Joachim G. Piepke (Hg.), *Einheitsglaube oder Einheit im Glauben.*

Ahnenverehrung einen Platz in katholischer Liturgie und Frömmigkeit beanspruchen?[63] Kann die Liturgie der Eucharistie ostasiatische Formen der Meditation und des Gebetes integrieren?[64] Weitere Beispiele ließen sich anführen. Immer geht es um die spannungsvolle Beziehung zwischen der Einheit der universalen Kirche und der Einwurzelung des Evangeliums in der Vielfalt der Kulturen.

Mit der Wahl eines Papstes „vom anderen Ende der Welt" im März 2013 scheint das Ringen zwischen jenen, welche die Uniformität der Kirche als Ausweis ihrer Einheit betonen, und jenen, welche die Pluralität als Ausdruck ihrer Einheit fordern, neue Dringlichkeit gewonnen zu haben.[65] Wenn Papst Franziskus in seinem nachsynodalen Schreiben *Amoris laetitia* im April 2016 seine zuvor schon mehrfach vertretene Auffassung bekräftigt, kirchliches Handeln müsse der Vielfalt des Lebens und der Komplexität der Erfahrungen gerecht werden,[66] und wenn er in diesem Zusammenhang für eine „Logik der Inklusion" plädiert und nachdrücklich dazu aufruft, vorschnelle Urteile zu vermeiden,[67] dann ist damit ein Signal für die Wertschätzung inner- wie außerkirchlicher Vielfalt gesetzt.

Konservative Kreise in der katholischen Kirche haben denn auch die ekklesiologische Sprengkraft des päpstlichen Schreibens in der Anerkennung von Pluralität erblickt. So heißt es etwa in Nr. 300: „Wenn man die zahllosen Unterschiede der konkreten Situationen [...] berücksichtigt, kann man verstehen, dass man von der Synode oder von diesem Schreiben keine neue, auf alle Fälle anzuwendende generelle gesetzliche Regelung kanonischer Art erwarten durfte. Es ist nur möglich, eine neue Ermutigung auszudrücken zu einer verantwortungsvollen persönlichen und pastoralen Unterscheidung der je spezifischen Fälle." In ihrer Ausrichtung auf den Einzelfall bedeutet diese Perspektive nichts Geringeres als eine fundamentale Neuorientierung lehramtlichen Sprechens. Natürlich ist damit die Gefahr in Kauf genommen, kirchenrechtlich relevante Entscheidungen partikulärer Willkür preiszugeben. Aber die Alternative – die Anwendung absoluter moralischer und rechtlicher Normen auf den Einzelfall – dürfte der Komplexität menschlichen Lebens kaum

---

Zur Problematik von Partikularität und Universalität des christlichen Glaubens in einer fragmentierten Welt (Veröffentlichungen des Missionspriesterseminars St. Augustin 52), Nettetal 2001, 37–68.

[63] Vgl. Mulago gwa Cikala Musharhamina (Hg.), *Afrikanische Spiritualität und christlicher Glaube. Erfahrungen der Inkulturation* (Theologie der Dritten Welt 8), Freiburg – Basel – Wien 1986.

[64] Vgl. u. a. Hans Bernhard Meyer, „Zur Frage der Inkulturation der Liturgie", in: *Zeitschrift für Katholische Theologie* 105 (1983), S. 1–31. Vgl. auch das nachsynodale Schreiben Papst Johannes Pauls II. *Ecclesia in Asia* vom 6. Nov. 1999 (Acta Apostolicae Sedis 92 [2000], S. 449–628), bes. Nr. 4.

[65] Nicht zuletzt die Ansprache von Papst Franziskus bei der 50-Jahr-Feier der Errichtung der Bischofssynode am 17. Oktober 2015 verdeutlicht den fortbestehenden Klärungsbedarf hinsichtlich der Beziehung zwischen päpstlichem Primat und bischöflicher Autorität. Eine dt. Übers. bietet: *Die Berufung und Sendung der Familie in Kirche und Welt von heute. Texte zur Bischofssynode 2015 und Dokumente der Deutschen Bischofskonferenz* (Arbeitshilfen, Nr. 276), hg. vom Sekretariat der Deutschen Bischofskonferenz, Bonn 2015, S. 23–33.

[66] Vgl. Papst Franziskus, Nachsynodales Schreiben *Amoris laetitia* vom 19. März 2016 (Verlautbarungen des Apostolischen Stuhls 204, hg. vom Sekretariat der Deutschen Bischofskonferenz, Bonn 2016), Nr. 32; 79; 296.

[67] Vgl. *Amoris laetitia*, Nr. 296; vgl. ebd. 78; 308.

angemessener sein. Es wäre unrealistisch, im Leben der Kirche anderes anzuzielen als das in einer bestimmten Situation jeweils Bessere. Denn die Kirche ist *in statu viatoris*, d.h. bis zur Vollendung der Welt, gerade keine *societas perfecta*; vielmehr umfasst sie bis dahin „Sünder in ihrem eigenen Schoße. Sie ist zugleich heilig und stets der Reinigung bedürftig, sie geht immerfort den Weg der Buße und Erneuerung" (LG 8).

Wenn Franziskus in seinem Schreiben wiederholt zur „Unterscheidung" *(discreción)* aufruft und damit zur klugen Betrachtung des Einzelfalls, dann wird man darin gewiss einen Widerschein der ignatianischen Spiritualität erkennen dürfen, die den Papst prägt. Nach Ignatius von Loyola beruht die „Unterscheidung der Geister" auf der Annahme, dass jeder Christ für sich selbst entscheiden kann und muss, welche seiner Entscheidungen und Handlungen er vom Heiligen Geist geleitet betrachtet und welche nicht.[68]

Wahrnehmung und Anerkennung von Vielfalt spricht auch aus dem Rückblick des Papstes auf die Familiensynode des Jahres 2016: „Das Ergebnis der Überlegungen der Synode ist nicht ein Stereotyp der Idealfamilie, sondern eine herausfordernde *Collage* aus vielen unterschiedlichen Wirklichkeiten voller Freuden, Dramen und Träume" (AL 57). Und mit Blick auf die Einheit der Kirche stellt der Papst in *Amoris laetitia* fest: „Die anzustrebende Einheit ist nicht Einheitlichkeit, sondern eine »Einheit in der Vielfalt« oder eine »versöhnte Verschiedenheit«" (AL 139). Die Anklänge an das Leitwort der Europäischen Union und an die Zielperspektive der ökumenischen Bewegung sind unüberhörbar.

5. Anerkennung und Kritik von Pluralität

Soll in sozialphilosophischer Perspektive das Verhältnis von Einheit und Verschiedenheit reflektiert werden, dann hat sich dazu in der jüngeren Vergangenheit der Begriff der „Anerkennung" als grundlegend erwiesen.[69] Bereits in der Philosophie des frühen Hegel (1770–1831) spielt er eine Schlüsselrolle. Er resultiert aus einer Analytik humaner Freiheit, die sich maßgeblich den freiheitstheoretischen Überlegungen Johann Gottlieb Fichtes (1762–1814) verdankt.[70] Nachdem Fichte 1796 in

---

[68] Zur „Unterscheidung der Geister" vgl. Ignatius von Loyola, *Geistliche Übungen*, hg. von Peter Knauer, Würzburg 1999, Randnummern 313–363. Dazu Stephan Kiechle, *Sich entscheiden* (Ignatianische Impulse 2), Würzburg 2004, bes. S. 30f.

[69] Vgl. u.a. Paul Ricœur, *Wege der Anerkennung. Erkennen – Wiedererkennen – Anerkanntsein*, Frankfurt am Main 2006; Charles Taylor, *Multikulturalismus und die Politik der Anerkennung*. Mit Kommentaren von Amy Gutmann u.a., Frankfurt am Main 1993; Axel Honneth, *Der Kampf um Anerkennung. Zur moralischen Grammatik sozialer Konflikte*, Frankfurt am Main 1992; Ders., *Das Ich im Wir. Studien zur Anerkennungstheorie*, Berlin 2010.

[70] Zum Einfluss Fichtes auf Hegel vgl. Andreas Wildt, *Autonomie und Anerkennung. Hegels Moralitätskritik im Lichte seiner Fichte-Rezeption*, Stuttgart 1982. Vgl. auch Ludwig Siep, *Anerkennung als Prinzip der praktischen Philosophie. Untersuchungen zu Hegels Jenaer Philosophie des Geistes*, Freiburg – München 1979; Marcus Düwell, Art. „Anerkennung", in: *Neues Handbuch philosophischer Grund-*

seiner *Grundlage des Naturrechts* gezeigt hatte, dass das Bewusstsein menschlicher Freiheit daraus hervorgeht, dass der Mensch sittlich beansprucht wird, war auch der Weg gewiesen, jenen Gehalt zu bestimmen, zu dem sich die menschliche Freiheit entschließen kann und muss, will sie sich selbst gerecht werden.[71] Dieser Gehalt kann kein anderer sein als wiederum Freiheit. Im Rückgriff auf Fichte und Hegel hat besonders der Münchner Philosoph Hermann Krings (1913–2004) dargelegt, dass sich Freiheit nur dann ihr selbst entsprechend vollzieht, wenn sie sich anderer Freiheit öffnet; denn in freiheitstheoretischer Perspektive sind Subjektivität und Intersubjektivität gleichursprünglich. Richtet sich hingegen der Entschluss humaner Freiheit *nicht* auf andere Freiheit, dann instrumentalisiert der Mensch den ihm begegnenden Anderen; er reduziert Menschen zu Sachen und versklavt sie. Auf diese Weise aber verfehlt die Freiheit sich selbst.[72]

Von daher wird einsichtig, warum menschliche Freiheit nicht in erster Linie „negative Freiheit" ist oder auch „Freiheit von" im Sinne eines Strebens nach Unabhängigkeit. Freiheit ist vielmehr „positive Freiheit", wenn diese als „Freiheit zu" verstanden wird, als Identifikation mit einem bestimmten Ziel oder Wert.[73] Selbstverständlich ist es durchaus legitim, sich *von* etwas befreien zu wollen – von Unrecht, Leiden oder Gewalt beispielsweise. Befreiung entspricht aber nur dann im eigentlichen Sinne dem, was Menschen sein können und deshalb auch sein sollen, wenn sie auf die Anerkennung anderer Freiheit abzielt. Letzten Endes begründet diese Perspektive das Ideal einer Gesellschaft, in der es vorrangig darum geht, dass sich Individuen, Gruppen und Gemeinschaften wechselseitig nicht nur tolerieren, sondern wertschätzend anerkennen.[74] Dazu sind nicht zuletzt jene auch institutionellen und rechtlichen Bedingungen zu schaffen, in denen solche Anerkennungsverhältnisse möglich werden.

Bei alledem ist der Begriff „Anerkennung" seiner Bedeutung nach affirmativer gefasst als beispielsweise „Toleranz". Kann Toleranz nämlich unter Umständen auch die Hinnahme von etwas nicht Gewolltem, aber doch nicht zu Verhinderndem bedeuten, so bemüht sich eine Haltung der Anerkennung aktiv darum, dass der Andere er selbst sein kann, und zwar gerade auch in seiner Unterschiedenheit und Andersartigkeit. Insofern setzt eine solche Haltung die Wertschätzung von Anders-

---

begriffe, hg. von Petra Kolmer / Armin G. Wildfeuer / Wolfram Hogrebe, Freiburg im Breisgau 2011, Bd. 1, S. 124–135.

[71] Vgl. Johann Gottlieb Fichte, *Grundlage des Naturrechts nach Prinzipien der Wissenschaftslehre* [1796], Erstes Hauptstück, § 3–4 (Philosophische Bibliothek 256), Hamburg 1979, 24–55.

[72] Vgl. Hermann Krings, „System und Freiheit", in: Ders., *System und Freiheit. Gesammelte Aufsätze* (Praktische Philosophie 12), München – Freiburg 1980, S. 15–39, bes. 24. 36–38.

[73] Zur Unterscheidung von „negativer Freiheit" und „positiver Freiheit" vgl. Isaiah Berlin, „Zwei Freiheitsbegriffe", in: Ders., *Freiheit. Vier Versuche*, Frankfurt am Main 1995, S. 197–256, bes. 201–215.

[74] Die wertschätzende Anerkennung ist ein wesentliches Anliegen der sozialphilosophischen Richtung des sog. „Kommunitarismus": vgl. dazu einführend: Walter Reese-Schäfer, *Kommunitarismus*, Frankfurt am Main – New York 2001; Michael Haus, *Kommunitarismus. Einführung und Analyse*, Wiesbaden 2003.

heit und von Vielfalt voraus.⁷⁵ Gerade weil – besonders auch aus biblischer Perspektive – angenommen werden darf, dass jeder Menschen einen allein ihm gemäßen Lebensweg zu gehen hat (vgl. Gen 17,1), ist es die Aufgabe seiner Mitmenschen, ihn hierin zu bestätigen und das jeweils in ihrer Macht Stehende dazu beizutragen. Ihre Begrenzung findet die freie Selbstentfaltung des Individuums oder von Gemeinschaften freilich überall dort, wo sie die Freiheit Anderer einschränkt.

Die Konsequenzen eines solchen Freiheitsverständnisses sind weitreichend. Sie beginnen in Ehe und Familie, umfassen die soziale, politische und auch ökonomische Ordnung eines Volkes oder einer Nation und erstrecken sich bis hin zu den internationalen Beziehungen zwischen Staaten und Staatengemeinschaften. Auf allen diesen Ebenen erweist sich das Kriterium der „Anerkennung" zugleich aber auch als kritisch: alles das, was der freien Anerkennung des Einzelnen, einer Gemeinschaft oder einer Nation widerstreitet, kann Gegenstand legitimer Kritik sein.

Ein sozialphilosophisches Freiheitskonzept, das sich im Begriff der „wertschätzender Anerkennung" zusammenfassen lässt, kann von christlicher Seite vorbehaltlos affirmiert werden. Es findet seine Entsprechung in Verkündigung und Praxis Jesu von Nazareth, und hier besonders in seiner entschiedenen Hinwendung zu den Kranken, den sozial Benachteiligten und den Marginalisierten. Und wie in Jesu Kritik an den Pharisäern und an der herrschenden Tempelaristokratie deutlich wird, ist mit einer Haltung wertschätzender Anerkennung keineswegs einer Beliebigkeit des Handelns und einem Relativismus der Werte das Wort geredet. Unmissverständlich zu tadeln sind vielmehr diejenigen, die ihren Mitmenschen Anerkennung verweigern.

Aus systematisch-theologischer Perspektive ist die wertschätzende Hinwendung zum konkreten Menschen geradezu unausweichlich. Denn der neuzeitliche Begriff der Person mit ihrer unveräußerlichen Würde und den daraus resultierenden Rechten gründet nicht nur im biblischen Verständnis des Menschen als „Bild und Gleichnis Gottes" (vgl. Gen 1,27f.). Er resultiert vielmehr auch aus dem neutestamentlichen Begriff des Glaubens *(pistis)*. Indem der Glaube den einzelnen Menschen, existenziell beansprucht, hebt er sich gegenüber Grundvollzügen anderer Religionen in eigentümlicher Weise ab.⁷⁶

Der Respekt vor der Einzigartigkeit und Unvertretbarkeit eines jeden Menschen fordert dessen Anerkennung auch in dem Fall, dass der Andere eine von der eigenen

---

[75] Vgl. Michel de Certeau, „Pour une théologie de la différance", in: Ders., *L'étranger ou l'union dans la différence* (Points Essais 537), Paris 2005, S. 171–188. Dazu Joachim Valentin, „Jenseits von Identität und Differenz. Zum theologischen Ertrag des Werkes von Michel de Certeau", in: Marian Füssel (Hg.), *Michel de Certeau. Geschichte – Kultur – Religion*, Konstanz 2007, S. 239–258.

[76] Zur Eigentümlichkeit des „Glaubens" im interreligiösen Dialog vgl. den Art. „Glaube", in: *Religion in Geschichte und Gegenwart*, Bd. 3, Tübingen ⁴2000, Sp. 940–983, bes. die Abschnitte VI. (Judentum) und VII. (Islam). Zum muslimischen „Glauben" vgl. Kenneth Cragg, Art. „Shahadah", in: *The Encyclopedia of Religion*, Bd. 13, New York 1987, 198f.: „Faith is not so much an exploration of mystery as an acknowledgement of that which warrants submission." Dabei kann „submission" als „Unterwerfung", aber auch als „Hingabe" verstanden werden.

unterschiedene religiöse oder weltanschauliche Überzeugung vertritt. Sie ist selbst dann noch geboten, wenn der Andere nach eigener Einschätzung einem Irrtum verfallen ist. Bereits Thomas von Aquin (1225–1274) vertrat die Ansicht, dass ein Mensch seinem Gewissen auch dann verpflichtet ist, wenn dieses sich in einem objektiven Irrtum befindet.[77] Christlicher Ethik gilt das Gewissen nicht als letzter Maßstab des sittlich Richtigen und Guten, wohl aber als letzte Instanz sittlicher Entscheidungen.[78] Im begründeten Spruch des informierten Gewissens artikuliert sich die unveräußerliche Würde des Menschen.

Dass jeder Mensch eine ihm allein zugehörige Geschichte nicht nur mit seinen Mitmenschen, sondern auch mit Gott hat, bedeutet nicht, dass der Glaube aus einem einsamen Dialog mit „seinem" Gott hervorging. Gerade katholische Theologen haben stets den kirchlichen Charakter christlichen Glaubens betont, ist doch die Offenbarung Gottes schon nach biblischem Verständnis durch das Zeugnis von Menschen und deren Deutungen vermittelt.[79] Deutungen aber sind unvermeidlich vielgestaltig; denn sie sind nicht nur durch die jeweilige Sprache und deren Grammatik geprägt, sondern auch durch das jeweilige Vorverständnis und vorausgehende Erfahrungen. Deshalb schließt der kirchliche Charakter des Glaubens die Pluralität der unterschiedlichen Glaubenszeugnisse und Lebensformen gerade nicht aus, sondern vielmehr ein und bringt sie zur Geltung. Hieraus resultiert eine unendliche Vielfalt individueller Glaubensbiographien.

Zwar kommt keine menschliche Gemeinschaft umhin, sich Regeln für ein gedeihliches Miteinander zu geben. Was die Kirche betrifft, so können einige ihrer Regeln auf den Willen Jesu selbst zurückgeführt werden; andere beruhen auf kirchlichen Autoritäten. Die Unterscheidung zwischen beidem ist nicht immer eindeutig und deshalb unter Umständen strittig.[80] In jedem Falle sind kirchliche Regeln und Normen wesentlich dadurch qualifiziert, dass sie im Dienst der Offenbarung stehen, für die Jesus mit seinem Leben und Sterben eingestanden ist. Deshalb müssen sie sich von ihr her auch kritisieren lassen. Kirchliche Regeln und Normen bewähren sich aber nicht darin, dass sie einen möglichst hohen Grad an Uniformität generieren, sondern vielmehr darin, ob und inwiefern sie in Treue zum Ursprung den Er-

---

[77] Vgl. Thomas von Aquin, *Summa theologiae*, I–II, q. 19, art. 5–6.

[78] Vgl. Oswald Schwemmer, Art. „Gewissen", in: Jürgen Mittelstraß (Hg.), *Enzyklopädie Philosophie und Wissenschaftstheorie*, Bd. 3, Stuttgart – Weimar ²2008, S. 133 f.

[79] Vgl. Thomas von Aquin, *Summa Theologiae* I, q. 75, a. 5 resp.: „Quidquid recipitur ad modum recipientis recipitur." – Die Literatur zu diesem offenbarungstheologischen Grundsatz ist unüberschaubar. Vgl. auch Emmanuel Levinas, *Jenseits des Seins oder anders als Sein geschieht*, Freiburg – München 1992, S. 341: „Offenbarung geschieht durch denjenigen, der sie empfängt, durch das inspirierte Subjekt." Für den Islam vgl. Milad Karimi, *Hingabe, Grundfragen der systematisch-islamischen Theologie*, Freiburg ²2015: „Die Offenbarung als Enthüllung der Gegenwart Gottes schreibt sich in den Existenzvollzug des Propheten Muhammad ein" (S. 190).

[80] Zur Unterscheidung zwischen „ius divinum" und „ius mere ecclesiasticum" vgl. Alexander Hollerbach, „Göttliches und Menschliches in der Ordnung der Kirche", in: Ders. / Werner Maihofer / Thomas Würtemberger (Hg.), *Mensch und Recht* (Festschrift für Erik Wolf), Frankfurt am Main 1972, S. 212–235, bes. 225 f.

fahrungen der Menschen Raum geben, ihren Glauben für sich selbst und zum Nutzen aller zu leben.

6. Der mögliche Beitrag des Christentums für Europas Zukunft

Insofern Christen mit dem Wirken des Heiligen Geistes auch außerhalb der Kirche und kirchlichen Gemeinschaften rechnen, und insofern sie auf der unveräußerlichen Würde eines jeden Menschen bestehen, können sie religiöse Pluralität ebenso anerkennen wie soziale und politische Vielfalt. Mahnend einschreiten werden sie freilich überall dort, wo Andersheit instrumentalisiert wird, um Menschen auszugrenzen. Entschiedene Kritik ist dort gefordert, wo die Menschenwürde und die in ihr wurzelnden Menschenrechte nicht letzter Maßstab sozialen, ökonomischen und politischen Handelns sind.

Mit Blick auf die *Herkunft* Europas dürfte der prägende Beitrag des Christentums kaum zu bestreiten sein. Mit Blick auf die *Zukunft* Europas könnte gerade ein solches Christentum, das sich von seinen Wurzeln her global versteht, den Blick für die Würde und das Recht eines jeden Menschen öffnen – gleich welcher Herkunft, Nationalität oder religiösen Überzeugung er ist.[81] Hiermit untrennbar verbunden ist die konstruktiv-kritische Anerkennung von Pluralität auf allen Ebenen der Gesellschaft. Diese theoretische Perspektive dürfte an Überzeugungskraft gewinnen, je mehr sich Christen und die christlichen Kirchen in Europa für die elementaren Rechte solcher Menschen engagieren, die nicht an jenen grundlegenden Werten partizipieren können, für die Europa trotz allem und weiterhin einsteht: Wahrheit, Gerechtigkeit und Freiheit.

In seiner Begründung für die Verleihung des Karlspreises an Papst Franziskus im Jahr 2016 zitiert das Karlspreiskomitee aus der Rede, die der Papst am 25. November 2014 vor dem Europäischen Parlament gehalten hat: „Die Stunde ist gekommen, gemeinsam das Europa aufzubauen, das sich nicht um die Wirtschaft dreht, sondern um die Heiligkeit der menschlichen Person, der unveräußerlichen Werte; das Europa, das mutig seine Vergangenheit umfasst und vertrauensvoll in die Zukunft blickt, um in Fülle und voll Hoffnung seine Gegenwart zu leben. Es ist der Moment gekommen, den Gedanken eines verängstigten und in sich selbst verkrümmten Europas fallen zu lassen, um ein Europa zu erwecken und zu fördern, das ein Protagonist ist und Träger von Wissenschaft, Kunst, Musik, menschlichen Werten und auch Träger des Glaubens ist. Das Europa […], das auf den Menschen

---

[81] Vgl. die am 22. April 2001 von der Konferenz Europäischer Kirchen (KEK) und vom Rat der Europäischen Bischofskonferenzen (CCEE) unterzeichnete *Charta Oecumenica*, Nr. 12: „Die Pluralität von religiösen und weltanschaulichen Überzeugungen und Lebensformen ist ein Merkmal der Kultur Europas geworden. […] Wir verpflichten uns, die Religions- und Gewissensfreiheit von Menschen und Gemeinschaften anzuerkennen und dafür einzutreten, dass sie individuell und gemeinschaftlich, privat und öffentlich ihre Religion oder Weltanschauung im Rahmen des geltenden Rechtes praktizieren dürfen."

schaut, ihn verteidigt und schützt; das Europa, das auf sicherem, festem Boden voranschreitet, ein kostbarer Bezugspunkt für die gesamte Menschheit!"[82] Vielleicht besteht der Beitrag des Christentums zu einem wahrhaft pluralistischen Europa tatsächlich darin, dass Christen daran erinnern, dass es schon aus humaner – und deshalb nicht minder aus christlicher – Perspektive keine Alternative dazu gibt, den Anderen in seiner Andersartigkeit zu respektieren und wertzuschätzen.

---

[82] Papst Franziskus, Rede vor dem Europäischen Parlament am 25. November 2014, in: *Europa, wach auf! Die Straßburger Reden des Papstes*, Freiburg – Basel – Wien 2014, S. 39f.

Die Chance der Religionssatire in säkularer Gesellschaft.

Ekklesiale Kränkungen und die Sehnsüchte hinter der Rede vom „christlichen Abendland" in pastoraltheologischer Perspektive

Wolfgang Beck

„Darf man das?" – diese Frage wird direkt oder indirekt immer dann aufgeworfen, wenn auch in westlichen Gesellschaften religiöse Gefühle tangiert oder gar verletzt werden. Nicht erst seit den Pariser Anschlägen auf die Satire-Zeitschrift *Charlie Hebdo* im Januar 2015 wird die Frage, welcher künstlerische und gesellschaftliche Umgang mit Religionen angemessen ist, wieder diskutiert. Dass es dabei um Mohammed-Karikaturen ging und damit eine besonders empfindliche Wahrnehmung im Islam berührt wird, hatte bereits zehn Jahre zuvor der dänische Karikaturist und selbsternannte Provokateur Kurt Westergaard erfahren müssen: Auch künstlerisch wenig anspruchsvolle Werke werden vor dem Hintergrund des islamischen Bilderverbots schnell zum Skandal. Doch wie sieht mit Blick auf muslimische Empörung eine christliche Entsprechung aus?

Als im Herbst 2015 Kanzlerin Angela Merkel vor der Herausforderung steht, angesichts großer muslimisch dominierter Flüchtlingszahlen zunehmenden Ressentiments und Ängsten in Teilen der bundesrepublikanischen Bevölkerung entgegen zu treten, bedient sie sich dabei auch eines populären Argumentationsschemas: Der beste Umgang mit muslimischen Bevölkerungsteilen sei die Praxis und Pflege der eigenen, christlichen Tradition durch Besuche von Gottesdiensten und die Beschäftigung mit den eigenen Glaubensinhalten. Was hier naheliegend erscheint und simpel wirkt, erfährt im Bereich der Kirchen schnelle Zustimmung und gut gemeinten Applaus. Da gibt es schnell die Hoffnung, dass eine selbstbewusste Präsenz des Islam auch dem zunehmend marginalisierten kirchlich verfassten Christentum wieder verstärkte Profilierung und gesteigerte Wahrnehmung bringen könnte – nicht zuletzt, um Provokationen wie das *Charlie-Hebdo*-Titelbild ein Jahr nach den Attentaten im Januar 2016 mit seinem Frontalangriff gegen Gottesglaube und Christentum verhindern zu können.

So wird der Leiter der Kasseler „Caricatura – Galerie für komische Kunst", Martin Sommer, im Januar 2016 in der Taz mit seiner Beobachtung zitiert: „Im Zuge des Karikaturenstreits […] hat auch die Empörung in anderen religiösen Gruppen wieder zugenommen. Seit in diesem Diskurs das Kriterium ‚religiöse Gefühle' eine Rolle spiele, hätten sich offenbar auch die Christen erinnert, dass sie solche hegten."[1]

Es scheint, als kämen sich die Religionen gerade im Modus der Empörung und Verletztheit näher. Doch muss gefragt werden, wie viel Tragfähigkeit solch ein Bemühen um Integration und Dialog von Kulturen und Religionen hat, das nach dem Muster „Was die Fremden können, das können wir selbst doch schon lange" funktioniert. Zweifel sind hier erlaubt und angebracht.

Mit Blick auf die Problematik religiöser Kränkungen des Christentums und institutioneller Verletzungen der Kirchen gilt dies nicht weniger. Auch hier finden sich schnell ähnlich religionsvergleichende Argumentationen, bei denen es in rustikaler Manier heißt, „die Muslime ließen das nicht so mit sich machen wie die Christen".

Deshalb verwundert nicht, dass ähnliche Empfindlichkeit wie in muslimischen Kontexten auch im Bereich der christlichen Kirchen zu beobachten ist: Als der Künstler Martin Kippenberger Jesus in Gestalt eines Frosches ans Kreuz hängte, sorgte das Ergebnis schnell für Unmut. Das Werk im südtiroler Urlaubsort von Papst Benedikt XVI. musste gar vor dessen Augen versteckt werden. Und als die Satire-Zeitschrift Titanic eben jenen Papst Benedikt mit einem großen Urinfleck auf der weißen Soutane auf die Titelseite setzte, wurden gar Gerichtsprozesse angestrengt. „Darf man das?", diese Frage wird durch Skandalisierungen gerne allzu schnell beantwortet.

1. Reaktionen auf Religionssatire als Spiegelbild institutionaler Kränkungen

Zunächst mag erstaunen, dass Kunst und Satire auch im 21. Jahrhundert überhaupt noch dazu geeignet sind zu provozieren, religiöse Gefühle zu verletzen und Skandale auszulösen. Viel wichtiger: Sie werden jenseits persönlicher Gefühlslagen zu einem Bild für institutionelle Kränkungen, die säkulare Gesellschaften für die Kirche mit einer ganzen Fülle von Verlusterfahrungen und Entmachtungsszenarien bereithält.

Ein sichtbares Beispiel stellt hierbei das Feld der eigenen, kirchlichen Begrifflichkeit dar, das der Definitionsmacht der Kirche längst entzogen ist. Nicht nur in gesellschaftlichen Debatten bestimmen längst andere, was öffentlich thematisiert und wie Begriffe definiert werden. Sogar in den Feldern eigener, binnenkirchlicher Themen kommt es zum weitgehenden Entzug der Definitionsmacht. Sehr anschaulich wird dies im Bemühen, seit den 1960er Jahren die kirchlichen Sakramente begrifflich sensibler zu bestimmen und inhaltlich neu auszurichten. Versuche, aus der „Beichte" das „Sakrament der Versöhnung" zu machen oder aus der „letzten Ölung" eine Krankensalbung, gelangen dabei nur in sehr kleinen, binnenkirchlichen Zirkeln. Die ehrenhaften Bemühungen fanden ihre Begrenzung und Entmachtung an

---

[1] Jens Uthoff, „Marine Le Pen mit Hitler-Intimfrisur", in: TAZ-Sonderausgabe „Charlie Hebdo" vom 7. Jan. 2015.

einem erstaunlich ausgeprägten gesellschaftlichen Beharrungsvermögen. Dies sind Beispiele für den Verlust kirchlicher Definitionsgewalt selbst über die eigenen Begriffe. Sie ließen sich durch eine Fülle von Erfahrungen institutioneller Degradierung in säkularen Gesellschaften ergänzen.

Dabei zeigt sich auch die Pluralität von Wahrnehmungen: Was den einen als Indiz für den „Untergang des Abendlandes" gilt, wird den anderen zum Ausdruck von Meinungsfreiheit und Inbegriff einer aufgeklärten Kultur – beides im selben Kulturkreis.

In der Gemengelage konkurrierender Grundrechte von Meinungs- und Religionsfreiheit, von künstlerischen Provokationen und religiösen Emotionen kristallisiert sich die ekklesiale Positionsbestimmung in spätmoderner Gesellschaft: Einerseits werden Kunst und Satire zum Inbegriff durchgeführt autonomer Gesellschaftsbereiche, die der Einflussnahme von außen – eben auch durch die religiös Mächtigen – weitestgehend entzogen sind. Andererseits werden sie zu unterschätzten Lernorten einer kirchlichen Identität, in denen sie sich von der Religions- zur Pastoralgemeinschaft entwickelt und im Dispositiv der Machtlosigkeit erst zu sich selbst findet. Solche, meist schmerzhaften Lernprozesse, die der Salzburger Theologe Hans-Joachim Sander mit seinem Kommentar zur Pastoralkonstitution *Gaudium et spes* im Zweiten Vatikanischen Konzil angestoßen sieht, sind Ausdruck einer doppelten Entwicklung.

Diese doppelte Entwicklung besteht zum einen in einer kirchlichen Selbstvergewisserung und zum anderen in einer gesellschaftlichen Zumutung. Beidem soll im Folgenden weiter nachgegangen werden.

2. Das Zweite Vatikanum als Initial der kirchlichen Identität als Pastoralgemeinschaft

Gerade fünf Jahrzehnte nach dem Zweiten Vatikanischen Konzil gibt es eine Fülle von Publikationen und Veranstaltungen zu den verschiedenen Konzilsdokumenten. Sie verdeutlichen, dass das Konzil nach wie vor für die katholische Kirche der entscheidende Bezugspunkt und Impulsgeber für die eigene Verortung in der Moderne darstellt. Der Verzicht auf Lehrverurteilungen und die Vergewisserung der eigenen Dialogfähigkeit stehen für die Einsicht, dass frühere Formen der machtvollen Selbstinszenierung wirkungslos geworden sind. Die – zweifellos immer wieder angefragte und in einem „Metadialog"[2] diskutierte – Dialogfähigkeit ist dabei für die Kirche nicht (mehr) nur äußeres Accessoire oder ein Betätigungsfeld neben anderen. In einer Kirche, in der die Moderne wie in einer zweiten oder umgekehrten Konstantinischen Wende zur Durchführung gelangt, wird die Fähigkeit zum Dialog auf Augenhöhe zur Grundstruktur. Sie ist Ausdruck einer inneren Haltung „kritischer

---

[2] Michael Sievernich, *Die christliche Mission. Geschichte und Gegenwart*, Darmstadt 2009, S. 240.

Zeitgenossenschaft"³, die am Fremden und Andersdenkenden interessiert ist. Diese Fähigkeit zum Dialog auf Augenhöhe zu allen Zeitgenossen setzt den Verzicht auf Machtattitüden ebenso voraus, wie die Überwindung von Ressentiments gegenüber Andersdenkenden oder die ehrliche Wahrnehmung der eigenen, binnenkirchlichen Pluralität⁴. Dass dieser Dialog mittlerweile mit großer Kompetenz und breiter Akzeptanz als Gespräch zwischen den Religionen und Konfessionen geführt wird, täuscht allerdings über Defizite in der kirchlichen Dialogfähigkeit gegenüber den säkularen Gesellschaften hinweg. Noch immer gehört es zum häufig beobachtbaren Phänomen, dass kirchliche VertreterInnen und TheologInnen die eigene Profilbildung mit Hilfe von Tendenzen der Herabwürdigung gegenüber dem areligiösen gesellschaftlichen Umfeld betreiben können. Der Vorwurf der „Selbstidentifikation durch Fremddenunziation" betrifft längst nicht mehr die interreligiösen Bezüge als vielmehr die Positionierungen gegenüber den areligiös Andersdenkenden. Es steht aus, von dieser Konfrontation schrittweise zu einer Dialogfähigkeit einer sich als Lernender Organisation verstehenden Kirche zu finden, die der Erfurter Theologe Eberhard Tiefensee als „Ökumene der dritten Art"⁵ bezeichnet. Sich gegenüber areligiösen GesprächspartnerInnen und säkularer Gesellschaft dialogbereit zu öffnen, scheint nachkonziliar zu den großen, ausstehenden Projekten zu gehören.

Der Theologe Hans-Joachim Sander verknüpft dieses anspruchsvolle Programm mit dem Begriff der „Pastoralgemeinschaft": „Der Weg der Macht, den die Pastoralgemeinschaft geht, entsteht nicht aus ihr heraus, sondern aus der Macht in den Gesellschaften von heute, allerdings aus dem verworfenen und verschämten Teil dieser Macht, der Ohnmacht."⁶ Die Kirche als Pastoralgemeinschaft definiert sich durch eine tiefliegende Solidarität mit allen ZeitgenossInnen, besonders den „Armen und Bedrängten aller Art" (GS 1). Hier wird erkennbar, dass die Entwicklung zu einer pastoralgemeinschaftlichen Kirche, so sehr sie auch als anspruchsvoll erlebt und immer wieder von Rückgriffen auf religionsgemeinschaftliche Muster begleitet wird, nicht zuerst eine Zumutung ist. Sie ist vielmehr die große Chance für die Kirche in moderner Gesellschaft, zu ihrer eigentlichen Veranlagung und Berufung zu gelangen: kenotisches Abbild und Ausdruck eines der Welt zugewandten Gottesverständnisses zu sein. In diesem anspruchsvollen Programm einer der Kenosistheologie folgenden „Kenopraxis"⁷ stellt Kirche letztlich ihr eigenes Selbst zur Ver-

---

³ Ansgar Kreutzer, Kritische Zeitgenossenschaft. Die Pastoralkonstitution *Gaudium et spes* modernisierungstheoretisch gedeutet und systematisch-theologisch entfaltet (Innsbrucker theologische Studien 75), Innsbruck – Wien 2006.

⁴ Vgl. dazu die Diskussion zwischen Paul M. Zulehner und dem Autor, in: Bernhard Spielberg / Astrid Schilling (Hg.), *Kontroversen. Worum es sich in der Seelsorge zu streiten lohnt*, Würzburg 2011, S. 137–156.

⁵ Eberhard Tiefensee, „Ökumene der »dritten Art«. Christliche Botschaft in areligiöser Umgebung", in: *zur debatte* 36 (2006), S. 5–7.

⁶ Hans-Joachim Sander, *nicht ausweichen. Die prekäre Lage der Kirche*, Würzburg 2002, S. 27.

⁷ Ansgar Kreutzer, *Kenopraxis. Eine handlungstheoretische Erschließung der Kenosis-Christologie*, Freiburg – Basel – Wien 2011: „Eine kenotisch angelegte Theologie muss um ihre eigene Begrenzung und Ergänzungsbedürftigkeit wissen. Eine Theologie der Selbstentäußerung, die sich selbst genügt,

fügung, wie Johann Baptist Metz im Rahmen der Politischen Theologie und der Beschäftigung mit dem Begriff der Solidarität bemerkt: „Wo diese Compassion gelingt, beginnt das, was neutestamentlich das ‚Sterben des Ich' heißt, es beginnt die Selbstrelativierung unserer vorgefassten Wünsche und Interessen – in der Bereitschaft, sich vom fremden Leid ‚unterbrechen' zu lassen".[8] Dialogfähigkeit und Solidarität sind daher nicht nur die zentralen Ausrichtungen der Konzilskonstitution *Gaudium et spes*.[9] Sie sind auch die entscheidenden Gradmesser für risikofreudige Ekklesiogenese in der Spätmoderne.

3. Kirche auf dem Weg zur Risiko-Identität

Nun wird die Kirche nur selten mit dem Begriff des Risikos, noch weniger mit dem Begriff der Risikofreude assoziiert. Christlicher Glaube als Risiko wird am ehesten im Kontext von Glaubenszeugnissen derer verortet, die als Märtyrer gegen Widerstände ihren christlichen Glauben vertreten. Dieser extremen und nie freiwillig gesuchten Form christlicher Existenz gilt Hochachtung. Sie ist indes nur eine Ausformung christlicher Existenz im Risiko.

Christlicher Glaube als eine sich selbst aussetzende Identität ist immer riskant, weil sie sich in die Herausforderungen der Gegenwart zu begeben hat: „Die Gegenwart ist unsere Entdeckungs- und Existenzaufgabe, und dieser Aufgabe kann man weder in die Utopie des ganz anderen noch in die Sehnsucht nach dem reinen und guten Ursprung hinein entkommen. Man kann ihr auch nicht, die dritte Fluchtmöglichkeit, durch Rückzug in eigene Konventikel und mehr oder weniger geschlossene Plausibilitätsgemeinschaften entfliehen."[10] Christliche Existenz ist ausgesetzt und insofern riskant. Sie verortet sich nicht nur in der (vermeintlichen) Sicherheit eigener Glaubenstradition, sondern an der Seite ihrer jeweiligen ZeitgenossInnen. Daraus entsteht ein Auszug aus einer auf Exklusionsmechanismen und Ressentiments aufbauenden Identität und die Ermöglichung von Pluralitätsfähigkeit: „*Gaudium et spes* jedenfalls hat sich dafür entschieden, allen und allem, mit dem und mit denen eine Weltkirche konfrontiert wird, ohne Ressentiment und ohne Schielen auf

---

verrät sich selbst. In der ihr notwendig inhärenten Selbstrelativierung wirkt eine Kenosistheologie damit ‚pluralitätsproduktiv' für den theologischen Diskurs" (S. 555).

[8] Johann Baptist Metz, *Memoria passionis. Ein provozierendes Gedächtnis in pluralistischer Gesellschaft*, Freiburg – Basel – Wien 2006, S. 166.

[9] Vgl. Karl Kardinal Lehmann, „Hermeneutik für einen künftigen Umgang mit dem Konzil", in: Günther Wassilowsky (Hg.), *Zweites Vatikanum – vergessene Anstöße, gegenwärtige Fortschreibungen* (Quaestiones disputatae 207), Freiburg – Basel – Wien 2004, S. 71–89: „Alles zielte im Konzil darauf, den Christen neu für seinen Dienst an der Welt und den Dialog mit ihr zu befähigen. Das Resultat ist auf weite Strecken hin eher enttäuschend" (S. 88).

[10] Rainer Bucher, *Theologie im Risiko der Gegenwart. Studien zur kenotischen Existenz der Pastoraltheologie zwischen Universität, Kirche und Gesellschaft* (Praktische Theologie heute 105), Stuttgart 2010, S. 23.

die real vorhandenen Schwächen zu begegnen."[11] Diese risikoorientierte Identität nimmt nicht nur in Kauf, dass mit ihr nicht immer schonungsvoll und freundlich umgegangen wird – sie geht geradezu davon aus. Der souveräne Umgang mit Karikaturen wird dann zum beispielhaften Gradmesser, wie bereitwillig und konsequent sich Kirche auf den pastoralgemeinschaftlichen Weg der Ohnmacht einzulassen bereit ist.

Doch dabei geht es um mehr als um die Sehnsucht nach einer institutionellen Resilienz, die sich von jeglicher Krisenerfahrung die Rückkehr zu alter oder die Ausbildung neuer Stärke erhofft.

Riskant ist diese Identität noch viel mehr von anderer Seite: Sie ist vor allem und zu allen Zeiten davon bedroht, eben doch der menschlichen Sehnsucht nach Stärke und Selbstbehauptung, nach Profilierung und Macht geopfert zu werden. Und nicht selten geschieht dies gerade dort, wo Kirche die mittlerweile ungewohnte öffentliche Zustimmung und Sympathie erfährt. Solche Segmente sind schnell in der Gefahr, für Imagepflege und machtorientierte Profilierungen instrumentalisiert zu werden.

Eine weitere Eigengefährdung entsteht da, wo die Frage nach ihren gegenwartsfähigen Sozialformen Dominanz zugeschrieben bekommt und nicht von der solidaritätsorientierten Frage nach dem je jetzigen Auftrag der Kirche für die Armen und Bedrängten her bestimmt wird. So sind sozialformorientierte Kirchenkonzepte immer selbstkritisch im Blick auf ihren unterschwelligen Institutionalismus zu begleiten: „Der Institutionalismus identifiziert das Funktionieren einer Institution mit dem Ziel dieses Funktionierens. Das Ziel allen kirchlichen Handelns aber ist nicht die Kirche, sondern das Evangelium, seine Verkündigung in Wort und Tat, also ihr geistlicher Zweck. Der Institutionalismus ist so etwas wie die ‚katholische Versuchung' der Kirchengeschichte."[12] Diese beiden kircheneigenen Versuchungen zum Rückfall in sicherheitsorientierte, religionsgemeinschaftliche Identitäten lassen sich vielerorts beobachten. Sie ereignen sich vorrangig dort, wo Ohnmacht und Schwäche der Kirche nur schwer ausgehalten werden können.

Diese Vorbehalte gegenüber einem schwachen, pastoralgemeinschaftlichen Christentum äußern sich auch in der Hoffnung auf institutionelle Resilienzerfahrung, die Kirche möge aus der Krise wenn auch verändert, so doch zugleich gestärkt hervorgehen.

---

[11] Hans-Joachim Sander, „Theologischer Kommentar zur Pastoralkonstitution über die Kirche in der Welt von heute", in: Peter Hünermann, Peter / Bernd Jochen Hilberath (Hg.), *Herders theologischer Kommentar zum Zweiten Vatikanischen Konzil*, Bd. 4, Freiburg – Basel – Wien 2005, S. 581–886, hier 865.

[12] Rainer Bucher, „Neue Machttechniken der alten Gnadenanstalt", in: Ders. / Rainer Krockauer (Hg.), *Macht und Gnade. Untersuchungen zu einem konstitutiven Spannungsfeld der Pastoral* (Werkstatt Theologie. Praxisorientierte Studien und Diskurse 4), Münster 2005, S. 183–199, hier 192.

4. Die Freiheit und Selbstbestimmtheit und das positive Scheitern Jesu

Ein lohnendes Korrektiv stellt hier die biblische Überlieferung von Misserfolg und Subjektautonomie dar, wie sie der Evangelist Matthäus leistet (Mt 19,16–23). Da gibt es die Begegnung mit einem Menschen, der das ewige Leben erlangen will. Er sucht das Gespräch mit Jesus und zeigt ein beeindruckendes religiöses Profil. In der Gewissheit, bereits allen Gesetzen und Geboten zu entsprechen, erbittet er sich von Jesus einen geistlichen Rat und wird mit dessen Anspruch konfrontiert: Allen Besitz zu verkaufen, das Geld den Armen zu geben und Jesus nachzufolgen – das ist das atemberaubende Programm religiöser Radikalität. Der Evangelist beschreibt die Ablehnung des Mannes nur in vorsichtiger Andeutung: „Als der junge Mann das hörte, ging er traurig weg; denn er hatte ein großes Vermögen." (Mt 19,22). Die Traurigkeit als Beschreibung der ablehnenden Reaktion zeugt von einer großen Feinfühligkeit der biblischen Überlieferung. Die Traurigkeit deutet an, dass hier einem Ruf zur Nachfolge nicht entsprochen wird.

Hier braucht es keine Verurteilung des Mannes, keinen harten Konflikt. Hier gibt es nur das jesuanische Angebot zu radikaler Nachfolge und die freie Entscheidungshoheit des suchenden Menschen – inklusive der möglichen Ablehnung.

Diese Form der Beschreibung in der Überlieferung des Evangelisten ist bemerkenswert. Denn sie ist nicht nur von der Zurückhaltung und Feinfühligkeit gegenüber den Möglichkeiten des suchenden Menschen bestimmt. Sie ist auch durch die Bereitschaft gekennzeichnet, ein schwaches Auftreten Jesu zulassen zu können. Der Dialog mit dem religiösen, gutmütigen und suchenden Menschen endet im Misserfolg. Die Vorstellungen vom gelingenden religiösen Leben sind an einer entscheidenden Stelle zu verschieden.

Wo es bei den armen Fischern am See Genesareth in der synoptischen Überlieferung eine große Leichtigkeit des Rufes zur Nachfolge gibt, ist die hier beschriebene Begegnung der wohltuende Gegenakzent. Jesus erscheint in der Überlieferung eben nicht nur als charismatischer Held. Indem die Evangelisten auch seine Schwäche, das Scheitern und den Misserfolg zeigen, stellen sie sich in die Tradition der hebräischen Bibel. Deren Darstellung großer Gestalten des Volkes Israel durchzieht die Schwäche wie ein roter Faden: Ein Mose, der wegen des Totschlags an einem Ägypter letztlich nicht mit in das gelobte Land einziehen wird. Ein König David mit biographischen Defiziten. Die Überlieferung der Schwäche scheint als Schutzmechanismus des Volkes Israel gegenüber überzogenem Selbstbewusstsein charismatischer Persönlichkeiten zu fungieren. Paulus wird im Bewusstsein für die Notwendigkeit solch eines Schutzes vor zu viel Sehnsucht nach Stärke und Selbstbewusstsein prägnant formulieren: „Wenn ich schwach bin, dann bin ich stark!" (2 Kor 12,10). Die Schwäche wird so in der hebräischen und in der christlichen Tradition zum Ausweis dafür, dass religiöse Autorität bleibend offen ist für Korrekturen und Relativierungen auf Gott hin. Der Tod Jesu am Kreuz wird letztlich zum Inbegriff dieser Konzeption der Schwäche als Ort göttlicher Autorität. Die Inszenierung von Stärke hingehen steht immer im Verdacht, den Glauben für eigene Interessen zu instrumentalisieren und ihn letztlich zu verraten. Diese Gefahr, das Eigene und Heiligste durch eigene Machtdemonstration zu konterkarieren, begleitet das Christentum durch seine ganze Geschichte.

5. Gefährlicher als die Kritik ist der Applaus

Neben diesen selbstgefährdenden Tendenzen in Gestalt von religionsgemeinschaftlichen Rückgriffen findet sich die Kirche freilich auch in gesellschaftliche Zumutungen gestellt. Diese bestehen indes nicht in – meist vermeintlicher – Anfeindung. Offene Ablehnung bis hin zur Anfeindung gegenüber Kirchen ist in Westeuropa eine Randerscheinung. Viel bedauerlicher ist in den Augen vieler Protagonisten kirchlicher Stärke, dass es statt Ärger und Konflikten vor allem ein breites gesellschaftliches Desinteresse an den christlichen Kirchen und ihren Themen gibt. Die darin gespiegelte gesellschaftliche Irrelevanz schmerzt weit mehr als direkte Ablehnung. In ihr besteht die gravierendste institutionelle Kränkung.

Die Anfeindung ist deshalb vor dem Hintergrund erfahrenen Desinteresses in der Regel wohl eher erhofft als erlitten. Nein, die eigentliche Zumutung, die Gefährdung, ereignet sich deshalb eher da, wo das Christentum von außen Stärkung erfährt: im Applaus. Dies geschieht zum Beispiel dann, wenn die gesellschaftliche Rolle der Kirchen und ihre kulturelle Prägekraft betont und mit ihnen das kulturgeschichtliche Modell des „christlichen Abendlandes" konstruiert werden. In der Regel äußert sich hinter solchen Übertragungen das strategische Interesse, die christliche Tradition lediglich in ihren systemstabilisierenden Effekten zu nutzen. Besonders anschaulich und beispielhaft lässt sich dies etwa am Umgang mit dem kirchlichen Schulwesen beobachten. Der kirchliche Bildungssektor erfährt seit Jahren auch außerkirchlich besondere Wertschätzung und wird gerade dadurch binnenkirchlich zum Ort ausgeprägter religionsgemeinschaftlicher Rückgriffe: Da gibt es die ausgelassene Freude über Erfolgsstatistiken. Da gibt es die Hoffnung, wenigstens ein kirchlicher Sektor möge von den mannigfaltigen Krisenerscheinungen ausgenommen sein. Und da gibt es nicht zuletzt eine beeindruckende Verdrängungsleistung in der Wahrnehmung eigener institutioneller Defizite. Stellvertretend für diese Defizite sei lediglich auf die zu geringe Integrationsleistung von Kindern mit Migrationshintergründen in vielen kirchlichen Bildungseinrichtungen und die mäßige Durchlässigkeit und Bereitschaft zur Förderung von Kindern aus prekären Lebensverhältnissen und nichtakademischen Elternhäusern hingewiesen. Das Andeuten dieser Problemfelder genügt hier, um zu erkennen, wie wenig sinnvoll ein Feiern der eigenen Stärke bei näherer Betrachtung ist. Im Gegenteil, das Feiern eigener Stärke verhindert gerade die realistische Wahrnehmung einer nur oberflächlich als stark inszenierten kirchlichen Identität. Das Feiern der eigenen Stärke und die Sehnsucht nach ihr können deshalb als deutlichste innerkirchliche Bedrohungen einer pastoralgemeinschaftlichen Ekklesiogenese ausgemacht werden.

Sowohl in ihrem Außen wie in ihrem Innen gibt es für die Kirche damit massive Anfragen an eine auf Stärke rekurrierende Identitätskonstruktion. Doch woher kommt in der hier entstehenden Verunsicherung mögliche Orientierung?

6. Das wirklich Fremde lieben

Der vielleicht intelligenteste Satz einer öffentlichen Rede im Jahr 2015 geht auf Navid Kermani zurück, der in seiner Rede, aus Anlass der Verleihung des Friedenspreises des Deutschen Buchhandels, in der Frankfurter Paulskirche sagte: „Die Liebe zum Eigenen – zur eigenen Kultur, zum eigenen Land und genauso zur eigenen Person – erweist sich in der Selbstkritik. Die Liebe zum anderen – zu einer anderen Person, zu einer anderen Kultur und selbst zu einer anderen Religion – kann viel schwärmerischer, sie kann vorbehaltlos sein".[13]

Diese Liebe zum Anderen, zum Fremden zeigt sich aber gerade nicht nur im Hofieren des interreligiösen Dialogpartners. Wenn Kermani mit der Verortung seiner liebevollen Zuwendung im Fremden ernst genommen werden soll, ist dieser Ort gerade auch in außerreligiösen, säkularisierten Kontexten zu suchen. Hier sind die Gesprächspartner zu finden, die einer kirchlichen Ortsbestimmung die wichtigsten Impulse zu liefern vermögen.

Angesichts der beschriebenen inneren und äußeren Gefährdungen pastoralgemeinschaftlicher Identitäten, können gerade außerkirchliche und -theologische Bezugsgrößen als „fremdprophetische" Autoritäten hilfreich sein. Dies gilt etwa für den Ansatz des Philosophen Gianni Vattimo. Was die Pastoralkonstitution *Gaudium et spes* in der Deutung Hans-Joachim Sanders für die Identitätsvergewisserung der Kirche bedeutet, kann in seinem Postulat des „schwachen Christentums" eine außerkirchliche Entsprechung finden: Die Kirche ist zu einer tiefen Solidarisierung mit den Säkularisierungsprozessen der Moderne gerufen, weil nur dies sie davor schützt, sich in den Kontrastidentitäten mangelnder Solidarität und der eigenen Profilbearbeitung zu verlieren. Eine kirchliche Identität im religionsgemeinschaftlichen Modus von Stärke und Selbstbehauptung kann Säkularisierungsprozesse nur als Kränkung und Abweisung wahrnehmen.

Die Kirche, ja das Christentum, findet jedoch erst in den Säkularisierungsprozessen, in denen es „sich selbst aufs Spiel setzt"[14], zu sich selbst. Die Bereitschaft zu solch einem Wagnis der Ausgesetztheit, nicht im Interesse der Selbstzerstörung, sondern aus einer tief verstandenen Solidarität mit der modernen Gesellschaft und ihren Säkularisierungsprozessen, ist immer zu bezahlen mit dem Preis der Unschärfe und des Profilverlustes unter der am Evangelium orientierten Gewissheit, dass das

---

[13] Navid Kermani, „Jacques Mourad und die Liebe in Syrien", in: *Ansprachen aus Anlass der Verleihung des Friedenspreises des Deutschen Buchhandels 2016*, Frankfurt am Main ⁵2016, S. 55.
[14] Gianni Vattimo, *Jenseits des Christentums. Gibt es eine Welt ohne Gott?*, München – Wien 2004, S. 39.

Christentum „sogar da und vielleicht vor allem da gegenwärtig ist, wo es nicht mehr zu erkennen ist".[15]

Nicht mehr erkennbar zu sein, dieses Risiko der schmerzhaften Deformation, wird immer da sichtbar und spürbar, wo sich die Kirche sich selbst aus der Hand genommen und entmachtet sieht. Satire und Kunst sind dafür nur beispielhafte gesellschaftliche Segmente, denen andere folgen.

Schrittweise werden der Kirche ihre eigenen Themen und „Kernlande", zu denen die Kultur bis in die Neuzeit ja auch zählte, aus der Hand genommen: Kirchliche Feiertage und damit verbundene Brauchtümer werden umgedeutet, bis zur Unkenntlichkeit ausgeweitet oder als entleerte Hüllen mit neuen Inhalten gefüllt. Kirchliche Verkündigungspraxis wird wie bei Navid Kermani den Vertretern und Vertreterinnen der Kirchen aus der Hand genommen, ohne dass jemand auf die Idee käme, er müsse dafür jemanden fragen, ob das erlaubt sei. Selbstautorisierte Ritendesignerinnen gestalten anspruchsvolle und individualisierte Liturgien. Gemeindegründungen ereignen sich jenseits der Definitionsmacht von Konfessionen. Und SeelsorgerInnen ohne Kirchenbindung gestalten biographische Begleitung und Krisenintervention ohne Begrenzungen durch kirchliches Arbeitsrecht.

In immer neuen gesellschaftlichen Segmenten ereignen sich derartige Entmachtungsszenarien, die im Kern durch einen Verlust der Definitionshoheit bestimmt sind und von kirchlichen Verteidigungskämpfen begleitet werden. Mit ihnen wird erkennbar, wie schwerwiegend und schmerzend für ein religionsgemeinschaftlich verfasstes Christentum die darin enthaltenen institutionellen Kränkungen sind. Ein aktuelles Beispiel für das Ringen um die Definitionshoheit ist gegenwärtig in der lehramtlichen Auseinandersetzung um die Bestimmung von Geschlechterrollen mit der inzwischen gesellschaftlich weithin etablierten Gendertheorie Judith Butlers zu sehen. Gerade in der Wesensbestimmung der Frau mit den traditionellen Mustern von Ehefrau und Mutter und der damit einhergehenden Verengung der eigenen, kirchlichen Tradition mit ihren pluralen Rollenmodellen, dürften ängstlich agierende Kirchenvertreter gerade in westlichen, säkularen Kontexten auf einen immer geringeren gesellschaftlichen Konsens aufbauen. So entsteht mit der Definition von Geschlechterrollen ein weiteres Feld, auf dem das kirchliche Agieren vor allem bemüht wirkt und jedes souveräne Agieren vermissen lässt. Die Grazer Theologin Theresia Heimerl hat an konkreten Beispielen der jüngsten lehramtlichen Veröffentlichungen *Mulieris dignitatem* von 1988 und *Über die Zusammenarbeit von Mann und Frau in der Kirche und in der Welt* aus dem Jahr 2004 die daraus entstehenden Effekte aufgezeigt und formuliert prägnant: „Fällt die Definitionshoheit, fällt nicht nur die tradierte Ordnung in der Gesellschaft, sie gerät auch in den Köpfen in Verwirrung – und nichts macht mehr Angst als äußere und innere Unordnung zugleich".[16] Gerade im Umfeld der Römischen Bischofssynode zum Themenfeld Fami-

---

[15] Jean-Luc Nancy, *Dekonstruktion des Christentums* (TransPositionen), Zürich – Berlin 2008, S. 55.
[16] Theresia Heimerl, *Andere Wesen. Frauen in der Kirche*, Wien – Graz – Klagenfurt 2015, S. 108.

lie im Jahr 2015 und dem vorbereitenden *Instrumentum laboris*[17] wird jedoch auch erkennbar, worin ein wichtiger und grundlegender Weg als Alternative zu den verzweifelt anmutenden kirchlichen Bemühungen in den Entwicklungen säkularer Gesellschaften zu finden ist: in der Wahrnehmung der eigenen, kirchlichen Pluralität in Geschichte und Gegenwart. Erst in dieser differenzierten Wahrnehmung der Tradition, die immer auch eine Vielfalt von Traditionen ist, vermag sie ihre Funktion als „Katalysator"[18] auszubilden, also Gegenwartsrelevanz zu entwickeln. Wo diese Pluralität nicht hinter Fiktionen oberflächlich konstruierter Einheitlichkeit verborgen werden muss, sondern als Reichtum und Inspiration für eigene Erkenntnisgewinne gewürdigt wird, entsteht neue Gesprächsfähigkeit: Das *Instrumentum laboris* „macht öffentlich, was bisher der findigen Exegese theologischer Auguren bedurfte: Die Spannungen und Brüche, die divergierenden Positionen, kurz, die Pluralität der katholischen Kirche in der pluralen Welt von heute."[19] Derartige Wahrnehmungen eigener Pluralität bewahren vor Abgrenzungsmechanismen, wirken inspirierend und ermutigen dazu, als Kirche die Botschaft Jesu in die Diskurse spätmoderner Gesellschaften einzubringen. Denn in der Wahrnehmung der eigenen geschichtlichen und gegenwärtigen Pluralität wird das Fragmentarische[20] des eigenen Denkens sichtbar.

7. Das Heiligste unbeschränkt anbieten

Statt auf die kirchlichen Enteignungen, Kränkungen und Entmachtungen mit immer neuen Rückzugsgefechten zu reagieren, ist unter Ernstnahme der „autodekonstruktiven Charakterzüge des Christentums"[21] nach eigenen Konsequenzen zu fragen, um das Eigene offen anzubieten: „Was man als Instrumentalisierung der Religionen bezeichnet oder auch als Irrweg, Perversion oder Verrat dieser oder jener Religion […], reicht als Erklärung keinesfalls aus. Was instrumentalisiert

---

[17] Download unter: ⟨http://www.dbk.de/fileadmin/redaktion/diverse_downloads/Dossiers_2012/2013-Vorbereitungsdokument-Bischofssynode.pdf⟩ (Zugriff 05.05.2016).

[18] Bernd Hillebrand, *Schön und passend? Grundlagen einer Pastoral der Zeichen der Zeit* (Zeitzeichen 36), Ostfildern 2015, S. 83. Hillebrand verdeutlicht, dass auch mit einem Ansatz der ästhetischen Passung Ansätze für eine pluralitätsfähige Pastoral mit einem „Abschied von pastoralen Einheitskonzepten" (S. 395) entwickelt werden können.

[19] Heimerl, *Andere Wesen*, S. 131.

[20] Vgl. zur Darstellung des Fragmentes in der Theologie: Hanjo Sauer, „Theologie im Fragment. Zum Ansatz von Franz Schupp", in: Franz Gruber / Ansgar Kreutzer / Andreas Telser (Hg.), *Verstehen und Verdacht. Hermeneutische und kritische Theologie im Gespräch*, Ostfildern 2015, S. 297–311: „Der Begriff des ‚Fragments' ist dazu geeignet, die Theologie mit dem kulturellen Umfeld der Zeit zu verknüpfen. […] Die Anschlussfähigkeit, die dieser Begriff ermöglicht, soll jedoch nicht dahingehend missverstanden werden, dass sich die Theologie unkritisch dem Geist der Zeit verschreiben soll" (S. 308).

[21] Nancy, *Dekonstruktion des Christentums*, S. 58.

oder verraten wird, gibt von selbst Stoff zur Instrumentalisierung oder zur Perversion."[22]

Diesen „Stoff" nicht nur zu geben, sondern um der pastoralgemeinschaftlichen Identität willen sogar zur Um- und Ausnutzung anzubieten, unternimmt der Pastoraltheologe Ottmar Fuchs einen pastoraltheologischen Zugang der Schwäche zu den Sakramenten. Er verweist auf die Unterwanderung und Aushöhlung der gnadentheologischen Bedeutung dieser wichtigen kirchlichen Symbolhandlungen, wo sie in der kirchlichen Praxis zu Herrschaftsinstrumenten degradiert wurden und werden. Dies ist umso bemerkenswerter, weil der gnadentheologischen Bestimmung der Sakramente eine stark entgrenzende und entsichernde Ausrichtung eigen ist: „Ob ein biographisches Passagenritual auch zur Passage in die Erfahrungen und Gemeinschaft des Glaubens wird, ist nicht zu erzwingen, sondern nur zu ermöglichen und zu erhoffen."[23] Sakramente zeichnen sich damit gnadentheologisch durch ihre klerikal-hierarchische Entzogenheit aus. Dieser Entzogenheit wird von Seiten der Institution traditionell durch Zulassungsdiskurse entgegengewirkt. Deren Haupteffekt liegt jedoch in einer „Verkleinerung Gottes"[24]. Damit sind diese Zulassungsdiskurse die eigentliche Demontage des gnadentheologischen Gehaltes der Sakramente. Wie gestaltet sich die Alternative vor dem Hintergrund der autodekonstruktiven Tendenzen des Christentums im Identitätsmodus der Pastoralgemeinschaft? Aus der Ernstnahme der Entzogenheit sakramentaler Wirkung ergibt sich keine Zulassungsreglementierung und keine Würdigkeitsanalyse von möglichen SakramentenempfängerInnen. Die einzige Konsequenz ist die (Selbst-) Verpflichtung der in der Pastoral Verantwortlichen zu einer „unbedingten Zulassung"[25] zum Feiern von Sakramenten.

8. Die Alternative eines kenotischen Heiligkeitskonzeptes

Darf man das? Diese eingangs gestellte Frage hinsichtlich des angemessenen Umgangs mit den als heilig empfundenen religiösen Symbolen, wird mit Blick auf kirchliche Sakramente auch gern binnenkirchlich gestellt. Sie ist nicht mit Ja oder Nein zu beantworten. Entscheidend ist, dass Heiligkeit in der christlichen Tradition nicht nur durch Entzogenheit vom Profanen und Gewöhnlichen konstituiert wird. Das wäre ein Heiligkeitskonzept, das auf Absonderung aufbaut. Heilig wäre demnach nur etwas, was in seiner Bedeutung persönlich oder kollektiv eine derartig besondere Aufladung erfahren hätte, dass sich aus ihr eine Verpflichtung zum Schutz dieser Heiligkeit ergäbe. Die daraus erwachsene Selbstwidersprüchlichkeit ist meist eklatant: Wie wirksam und beeindruckend sollte ein derart als heilig deklariertes Symbol

---

[22] Ebd., S. 65.
[23] Ottmar Fuchs, *Sakramente – immer gratis, nie umsonst*, Würzburg 2015, S. 33.
[24] Ebd., S. 46.
[25] Ebd., S. 130.

schon sein, das zur Wahrung eben dieser Heiligkeit des Schutzes auf kleinkarierte Verordnungen, lieblose Zulassungsdiskurse und klerikale Buchhalter angewiesen ist? Es liegt auf der Hand, dass ein derartiges Heiligkeitskonzept der Absonderung kaum mehr und kaum je tragfähig ist.

Das Bemühen um ein alternatives Heiligkeitskonzept der christlichen Tradition findet gerade darin seine entscheidende Erweiterung: in der Menschwerdung Gottes, der neutestamentlich als κένωσις (Phil 2) umschriebenen Entäußerung und Zuwendung Gottes zu seiner Schöpfung, ereignet sich die grundlegende Bewegung eines „kenotischen Heiligkeitskonzeptes". Die Deutung der göttlichen Menschwerdung als radikale Entäußerung bildet die Grundlage jeglicher christlichen Theologie und Pastoral. Mit ihr wird die liebevolle Zuwendung von einem bloßen Imperativ der Nächstenliebe zur pastoralen Grundstruktur geweitet. Der italienische Philosoph Gianni Vattimo verdeutlicht dies mit seinem Ansatz des „schwachen Glaubens" und sieht in der Säkularisierung die große Chance des Christentums: „Säkularisierung als positive Gegebenheit heißt, daß die Auflösung der sakralen Strukturen der christlichen Gesellschaft [...] nicht als Schwinden oder als Verabschieden des Christentums zu verstehen ist, sondern als eine vollkommenere Erfüllung seiner Wahrheit, die – daran ist zu erinnern – die kenosis ist, die Herablassung Gottes, der Widerruf der ‚natürlichen' Züge der Gottheit."[26]

Säkulare Gesellschaften sind für das Christentum insbesondere in seiner kirchlich-institutionalisierten Verfasstheit zweifelsohne eine enorme Herausforderung.

Manch eine(-r) scheut das Risiko, sich auf dieses Terrain vorbehaltlos und risikofreudig einzulassen und reduziert den öffentlichen Raum säkularer Gesellschaften zu einem bloßen Resonanzraum eigener Verkündigung anstatt den Dialog mit den pluralen Öffentlichkeiten[27] zu suchen. Manch eine(-r) fremdelt offenbar nach wie vor mit den Entmachtungsmechanismen, die dieses Terrain für Kirche und Theologie bereit hält. Das allerdings, das Fremdeln, ist das Einzige, was eine Kirche, die sich je jetzt am Evangelium und an einer „Lehre, die ihren Grundpfeiler in der *kenosis* Gottes hat"[28] ausrichtet, wirklich nicht darf.

---

[26] Gianni Vattimo, *Glauben – Philosophieren*, Stuttgart 1997, S. 44.
[27] Vgl. David Tracy, „Religion im öffentlichen Bereich. Öffentliche Theologie", in: Ansgar Kreutzer / Franz Gruber (Hg.), *Im Dialog. Systematische Theologie und Religionssoziologie* (Quaestiones disputatae 258), Freiburg – Basel – Wien 2013, S. 189–207: „Jede Theologie, die ihre Verantwortung gegenüber den drei Öffentlichkeiten der Wissenschaft, der Kirche und der Gesellschaft wahrnimmt, wird zu einer öffentlichen Theologie, die alle drei oben analysierten Formen der Öffentlichkeit verwendet. Nur dann kann die Theologie als öffentliche jenem offenen Raum Hilfe leisten, an dem alle Personen und Gruppierungen letztendlich zusammenkommen müssen: dem öffentlichen Bereich" (S. 207).
[28] Vattimo, *Glauben – Philosophieren*, S. 64.

Kann man mit dem „christlichen Abendland" rechtlich argumentieren?

Thomas Meckel

So sehr Kirche und weltliche Herrschaft geschichtlich miteinander verwachsen waren, so sehr ist die Unterscheidung von Staat und Religion auch eine Frucht christlich-abendländischer Geschichte.[1] Es soll im Folgenden ein staatskirchenrechtlicher bzw. religionsrechtlicher Blick auf aktuelle Fragen geworfen werden, in deren Diskussion die geschichtlich gewachsene Unterscheidung von Staat und Religion und damit das Staatskirchenrecht bzw. das Religionsrecht der Bundesrepublik Deutschland zur Debatte stehen und zugleich das „christliche Abendland" als Argument bemüht wird. Näherhin geht es um die jüngeren Auseinandersetzungen um das Kreuz bzw. das Kruzifix und um das Kopftuch.

Textilfragen haben zur Zeit Konjunktur. Schwimmanzüge, sogenannte Burkinis, werden im Kontext des koedukativen Schwimmunterrichts gerichtlich thematisiert.[2] Katholische Schulen haben kürzlich Hotpants verboten.[3] Im Schwäbischen sollen nun die eigentlich für den häuslichen und sportlichen Bereich gedachten Trainingshosen im Unterricht verboten werden, da eine Schulleiterin befürchtet, dass Schüler in Trainingshosen zum Bewerbungsgespräch gehen könnten. Das Stuttgarter Bildungsministerium sieht aufgrund des Rechts der Schüler auf freie Entfaltung der Persönlichkeit freilich keine Möglichkeit für ein Verbot der Trainingshose.[4] Im Folgenden werden die religiös konnotierten Gegenstände bzw. Textilien – Kruzifix und Kopftuch – aus rechtlicher Perspektive betrachtet. Die genannten Streitpunkte sind gleichsam „Stresstests" und zugleich Möglichkeiten der Vergewisserung der Grundlagen des Verhältnisses von Staat und Religion in der Bundesrepublik Deutschland.

Mit beiden Streitpunkten, dem Kreuz und dem Kopftuch, hat sich in der Vergangenheit die höchste Gerichtsbarkeit der Bundesrepublik Deutschland befasst. Zum Kruzifixurteil des Bundesverfassungsgerichts titelte 1996 Josef Isensee poin-

---

[1] Vgl. nur exemplarisch Axel von Campenhausen / Heinrich de Wall, *Staatskirchenrecht. Eine systematische Darstellung des Religionsverfassungsrechts in Deutschland und Europa*, München ⁴2006, S. 1–38.

[2] Vgl. das sog. Burkini-Urteil: BVerwG, „Urteil vom 11.09.2013" – 6 C 25.12 [ECLI:DE:BVerwG:2013:110913U6C25.12.0] (Zugriff 15.11.2015).

[3] Vgl. ⟨http://www.spiegel.de/schulspiegel/wenig-haut-katholische-schule-in-hamburg-gibt-dresscode-vor-a-1050392.html⟩ (Zugriff 15.11.2015).

[4] Vgl. Lena Müssigmann, „Jogginghose im Klassenzimmer tabu", in: Allgemeine Zeitung / Rhein-Main-Presse vom 12. Nov. 2015, S. 32.

tiert: „Bildersturm durch Grundrechtsinterpretation".[5] Isensee sprach vor dem Hintergrund der Entscheidung des Bundesverfassungsgerichts auch von einer „kulturrevolutionären Provokation".[6]

Der Umgang und die Deutung religiöser Symbole im öffentlichen Raum sind nicht unumstritten.[7] Bevor daher die Diskussionsfelder des Kreuzes und des Kopftuchs dargestellt werden, muss zunächst das grundsätzliche Verhältnis von Staat und Religion in der Bundesrepublik behandelt werden, um die Diskussion im Rahmen der drei Säulen des deutschen Staatskirchenrechts bzw. Religionsrechts verorten zu können.

1. Die drei tragenden Säulen des Verhältnisses von Staat und Religion in der Bundesrepublik Deutschland

Gegen eine laizistische Lesart der einschlägigen Verfassungsnormen ist festzuhalten, dass das Verhältnis von Staat und Religion in der Bundesrepublik auf den folgenden drei Säulen fußt: der Unterscheidung von Staat und Religion (Art. 137, 1 WRV iVm Art. 140 GG), der Religionsfreiheit (Art. 4 GG) und dem Selbstbestimmungsrecht der Religionsgemeinschaften (Art. 137, 3 WRV iVm Art. 140 GG). Mit Art. 140 des Grundgesetzes (GG) wurden einzelne Artikel der Weimarer Reichsverfassung (WRV) dem Grundgesetz inkorporiert und damit deren Fortgeltung als Verfassungsrecht der Bundesrepublik Deutschland beschlossen. Art. 140 GG normiert: „Die Bestimmungen der Artikel 136, 137, 138, 139 und 141 der deutschen Verfassung vom 11. August 1919 sind Bestandteil dieses Grundgesetzes." Art. 137, 1 WRV legt mit dem Wortlaut „Es besteht keine Staatskirche" fest, dass in der Bundesrepublik Staat und Religion grundsätzlich unterschieden werden, der Staat in der Wurzel neutral ist und keine Religionsgemeinschaft vom Staat einseitig als Staatsreligion privilegiert wird. Damit verbunden sind die Prinzipien der Neutralität, der Parität und der Toleranz. Das Prinzip der Neutralität ist nicht mit Neutralismus bzw. der Neutralisierung von Religion im öffentlichen Raum zu verwechseln, so dass die Bundesrepublik unter der Hand die Weltanschauungslosigkeit bzw. Religionslosigkeit zur Weltanschauung des Staates erheben würde. Aus Art. 137, 1 WRV lässt sich das Verbot jeder institutionellen Vermischung von Staat und Religion herleiten, nicht aber ein absolutes Kooperationsverbot von Staat und Religion. Vor diesem Hintergrund sind Staat und Religion unvermischt, haben aber in manchen Fällen

---

[5] Josef Isensee, „Bildersturm durch Grundrechtsinterpretation. Der Kruzifix Beschluß des Bundesverfassungsgerichts", in: *Das Kreuz im Widerspruch. Der Kruzifix-Beschluss des Bundesverfassungsgerichts in der Kontroverse*, hg. von Hans Maier (Quaestiones Disputatae 162), Freiburg – Basel – Wien 1996, S. 9–27.

[6] Ebd., S. 27.

[7] Vgl. beispielsweise Anton Rauscher, *Der Konflikt um das Kopftuch* (Kirche und Gesellschaft 309, hg. von der Katholischen Sozialwissenschaftlichen Zentralstelle Mönchengladbach), Köln 2004, S. 15.

gemeinsamer Interessen das Bedürfnis der Kooperation, ohne durch dieses In-Beziehung-Treten ihre jeweilige Unterscheidung aufzugeben. Der neutrale Staat hat mit der Gewährleistung individueller, kollektiver, korporativer, privater und öffentlicher sowie positiver und negativer Religionsfreiheit ein genuines Interesse an der Freiheit der Bürger zur Ausübung oder zur Nichtausübung von Religion. Er spannt als weltanschaulich und religiös neutraler, gleichsam unmusikalischer Staat einen rechtlichen Rahmen auf, in dem die Religionen und Weltanschauungen ihre Überzeugungen im privaten und im öffentlichen Raum intonieren können. Aus der korporativen Religionsfreiheit, d.h. der Religionsfreiheit, die jeder Religionsgemeinschaft als Ganzer, als juristischer Person, zukommt, erwächst das in Art. 137, 3 WRV garantierte Selbstbestimmungsrecht der Religionsgemeinschaft.[8]

2. Das Kreuz im Kreuzfeuer – Die Entscheidung des Bundesverfassungsgerichts im Jahr 1995 über das Kreuz in öffentlichen Schulen

Der erste Senat des Bundesverfassungsgerichts hat am 16. Mai 1995 die später so genannte Kruzifix-Entscheidung getroffen.[9] Sie blieb in der Öffentlichkeit zunächst unbeachtet, da erst die Pressemitteilung des Bundesverfassungsgerichts, die am 10. August 1995 erschien, ein Echo in Medien und Kirche auslöste, das mit Recht als so groß beschrieben kann, dass das politische Sommerloch gleichsam bis zum Rand angefüllt war. Das Fass der Empörung lief von allen Seiten her über. Die Entscheidung wurde weniger im Hinblick auf die Situation der Kläger beurteilt; es stellte sich vielmehr die zentrale Frage, ob der neutrale Staat ein religiöses Symbol in der öffentlichen Schule anbringen darf oder sogar muss, je nach Blickrichtung. Eine weitere wichtige Frage war und ist die Bewertung des Symbols des Kreuzes.[10]

---

[8] Vgl. Peter Unruh, *Religionsverfassungsrecht*, Baden-Baden ²2012, S. 49–153 sowie Von Campenhausen / De Wall, *Staatskirchenrecht* (Anm. 1), S. 50–115. Es ist umstritten, ob eine Verfassungsklage mit Bezug auf diese Artikel möglich wäre und nicht ausschließlich im Art. 4 GG eine solche Grundlage für eine solche Klage erkannt werden könnte. Vgl. exemplarisch aus der Lit. Dirk Ehlers, „Kommentar zu Art. 140", in: *Grundgesetz. Kommentar*, hg. von Michael Sachs, München ²1999, S. 2431–2485, 2432f. Rn. 2f. Vgl. Art. 4 und die inkorporierten Bestimmungen der WRV gleichrangig behandelnd Ulfried Hemmrich, „Kommentar zu Art. 140 GG", in: *Grundgesetz-Kommentar* Bd. 3, hg. von Philip Kunig, S. 1451–1482, 1454f. Rn. 7f. Vgl. zudem Philip Kunig, „Staat und Religion in Deutschland und Europa", in: *Ein neuer Kampf der Religionen? Staat, Recht und religiöse Toleranz*, hg. von Matthias Mahlmann / Hubert Rottleuthner (Wissenschaftliche Abhandlungen und Reden zur Philosophie, Politik und Geistesgeschichte 39), Berlin 2006, S. 165–175.

[9] Vgl. BVerfG, „Beschluss des Ersten Senats vom 16. Mai 1995", in: *BVerfGE* 93 (1996), S. 1–37.

[10] Vgl. Astrid Reuter, *Religion in der verrechtlichten Gesellschaft. Rechtskonflikte und öffentliche Kontroversen um Religion als Grenzarbeiten am religiösen Feld* (Critical Studies in Religion/Religionswissenschaft 5), Göttingen 2014, S. 103–112. Es erschienen schnell zahlreiche Literaturtitel, die hier angesichts der Fülle nicht restlos aufgeführt werden. Vgl. nur exemplarisch das Sonderheft: *Schule ohne Kreuz?*, hg. von der Katholischen Sozialwissenschaftlichen Zentralstelle Mönchengladbach, Köln 1995 (Kirche und Gesellschaft. Sonderheft); *Das Kreuz im Widerspruch. Der Kruzifix-Beschluss des*

Der Entscheidung des Bundesverfassungsgerichts gehen folgende Vorgänge voraus: Das Ehepaar Seler, das einer anthroposophischen Weltanschauung folgt, akzeptierte aufgrund der negativen Religionsfreiheit, die Art. 4 GG garantiere, nicht, dass ihre Kinder unter dem ständigen Anblick eines Kruzifixes, eines 60x80 cm großen Kreuzes mit dem Korpus eines sterbenden männlichen Körpers, nämlich des leidenden Christus, unterrichtet würden. Die Eltern, die nach Art. 6 GG das elterliche Erziehungsrecht innehaben und damit auch das Recht zur religiösen Erziehung, sehen darin nicht nur eine negative Beeinflussung ihrer Kinder, sondern auch eine Verletzung der staatlichen Neutralität. Die Kläger sehen mit der Anbringung von Kruzifixen oder Kreuzen insofern die religiös-weltanschauliche Neutralität des Staates verletzt, als das Kreuz das Symbol des christlichen Glaubens sei. Es sei ein Symbol des Leidens und der Herrschaft Christi. Dies sei eine Parteierklärung des Staates und damit ein subtiles Vorschubleisten zu christlicher Prägung der Schüler. Schüler seien dem Kreuz aufgrund der Schulpflicht unausweichlich ausgesetzt. Gegen das Kreuz in öffentlichen Schulen wird die negative Religionsfreiheit nichtchristlicher Schüler gemäß Art. 4 GG, das elterliche Erziehungsrecht gemäß Art. 6 GG, das Recht auf freie Entfaltung der Persönlichkeit gemäß Art. 2 GG sowie Art. 9, 1 der Europäischen Menschenrechtskonvention (EMRK) angeführt.[11]

Schließlich erhob das Elternpaar Klage gegen die Schulordnung in bayerischen Volksschulen (Grund- und Hauptschulen), die ein Kreuz zwingend vorsah.[12] Die Vorinstanz berief sich darauf, dass das Kreuz nicht als Unterrichtsmittel eingesetzt wird, indem es zum Gegenstand des allgemeinen Schulunterrichts gemacht wird. „Es diene lediglich der verfassungsrechtlich unbedenklichen Unterstützung der Eltern bei der religiösen Erziehung ihrer Kinder."[13] Die Vorinstanz konzediert, dass die Beschwerdeführer mit dem Kreuz zwar „mit einem religiösen Weltbild konfrontiert" werden.[14] „Das Kreuz sei aber nicht Ausdruck eines Bekenntnisses zu einem

---

Bundesverfassungsgerichts in der Kontroverse, hg. von Hans Maier (Quaestiones Disputatae 162), Freiburg – Basel – Wien 1996, sowie *Der Streit um das Kreuz in der Schule. Zur religiös-weltanschaulichen Neutralität des Staates* (Interdisziplinäre Studien zu Recht und Staat 7), hg. von Winfried Brugger / Stefan Huster, Baden-Baden 1998. Vgl. für den damaligen Diskussionsstand instruktiv Stefan Ihli, *Lernen mit dem Kreuz. Der Streit um das Schulkreuz als Paradigma unterschiedlicher Beziehungen zwischen Kirche und Staat* (Europäische Hochschulschriften, Reihe 2: Rechtswissenschaft 3040), Frankfurt am Main 2000.

[11] Vgl. *BVerfGE 93*, S. 6–8 sowie die Darstellung der Vorgeschichte bei Stefan Ihli, „Das Schulkreuz als Gretchenfrage des Staates. Die Kruzifixurteile des BVerfG und des EGMR im Vergleich", in: *Clarissimo Professori Doctori Carolo Giraldo Fürst. In memoriam Carl Gerold Fürst*, hg. von Elmar Güthoff / Stefan Korta / Andreas Weiß (Adnotationes in Ius Canonicum 50), Frankfurt am Main u. a. 2013, S. 237–244.

[12] Vgl. § 13 der Schulordnung für die Volksschulen in Bayern in der Fassung vom 21. Juni 1983, in: *BayGVBl 1983*, 597: „Die Schule unterstützt die Erziehungsberechtigten bei der religiösen Erziehung der Kinder. Schulgebet, Schulgottesdienst und Schulandacht sind Möglichkeiten dieser Unterstützung. In jedem Klassenzimmer ist ein Kreuz anzubringen. Lehrer und Schüler sind verpflichtet, die religiösen Empfindungen aller zu achten."

[13] *BVerfGE 93*, S. 4.

[14] Ebd., S. 5.

konfessionell gebundenen Glauben, sondern wesentlicher Gegenstand der allgemein christlich-abendländischen Tradition und Gemeingut dieses Kulturkreises".[15]

Hier liegt bereits eine Argumentationslinie vor, in der nicht nur das christliche Abendland herangezogen wird, sondern das Kreuz nicht als religiöses Glaubenssymbol, sondern nur als kulturelles Symbol der Tradition des christlichen Abendlandes qualifiziert wird und damit in einem Zug auch relativiert wird. Zugleich beruft sich die Vorinstanz aber auch auf die Toleranz, mit der Nichtchristen das Kreuz hinnehmen müssten, da keinerlei identifikatorischer Akt und kein entsprechendes Verhalten durch das Kreuz gefordert würden. Das Kreuz mache die Schule weder zu einem missionarischen Ort noch verlöre die Schule dadurch ihre Offenheit in weltanschaulichen und religiösen Fragen.[16]

Der bayerische Ministerpräsident hatte im Vorfeld der Entscheidung Stellung genommen und beruft sich darauf, dass an bayerischen Volksschulen gemäß Art. 135, 2 der Bayerischen Landesverfassung nach den Grundsätzen des christlichen Bekenntnisses unterrichtet wird. „Darunter seien die Werte und Normen zu verstehen, die – vom Christentum maßgeblich geprägt – auch weitgehend zum Gemeingut des abendländischen Kulturkreises geworden seien".[17]

Die Schulkreuze dienten nur der Erziehung nach diesen abendländischen Werten, ohne dass dadurch der Staat seine Neutralität verletzen oder Theologie treiben würde. Das Kreuz sei im alltäglichen Unterricht kein missionierendes Symbol.[18] „Ebenso wenig seien Rechte der Beschwerdeführer tangiert, wenn im Rahmen des Religionsunterrichts oder des Schulgebets das Kreuz im Unterrichtsraum seinen allgemeinen Symbolcharakter ablege und sich in ein spezifisches Glaubenssymbol wandele".[19]

Hier kann man deutlich die Argumentation mit den christlichen Werten des abendländischen Kulturkreises erkennen, die Teil des schulischen Bildungsauftrags seien. Ferner wird deutlich, dass das Kreuz zunächst als kulturelles Symbol abendländischer-christlicher Tradition bewertet wird und sich dieses Symbol erst im konfessionellen Religionsunterricht oder bei einem Schulgebet in ein spezifisches bzw. das spezifische Glaubenssymbol wandele.

Der Ministerpräsident fährt fort, dass die Gemeinschaftsschule christlicher Prägung gemäß Art. 135 der Bayerischen Verfassung in den 60er Jahren per Volksentscheid bestätigt wurde und die Bekenntnisschule ablöste. Er ist davon überzeugt, dass angesichts auch des Gottesbezugs der Präambel des Grundgesetzes „nach dem vorrechtlichen Gesamtbild die Verfassungsgeber […] einen christlich-abendländischen Gottesbegriff vor Augen gehabt" hätten.[20] Das Kruzifix in der Schule „gehe nicht über diese Aussage hinaus, konkretisiere aber andererseits gerade diese Ver-

---

[15] Ebd.
[16] Vgl. ebd.
[17] Ebd., S. 8.
[18] Vgl. ebd.
[19] Ebd.
[20] Ebd., S. 9.

antwortung, die der Grundgesetzgeber seinerzeit selbst empfunden habe".[21] Hier wird deutlich, dass die Diskussion eingebettet wird in den Kontext der christlichen Gemeinschaftsschule, die die Bekenntnisschule in einigen Bundesländern wie etwa in Baden-Württemberg, Bayern und Nordrhein-Westfalen ablöste.[22] In der Entscheidung zur christlichen Gemeinschaftsschule des Bundesverfassungsgerichts aus dem Jahr 1975 findet sich eine zentrale Argumentationsfigur, die analog auch in der Kruzifixdebatte verwendet wird. Die Schule ist kein Ort der Mission, sondern der Toleranz und Offenheit für religiöse Bekenntnisse. Daher bezieht sich „die Bejahung des Christentums in den profanen Fächern […] in erster Linie auf die Anerkennung des prägenden Kultur- und Bildungsfaktors, wie er sich in der abendländischen Geschichte herausgebildet hat, nicht auf die Glaubenswahrheit".[23] Im Rahmen der Entscheidung zur christlichen Gemeinschaftsschule ist der Bezug auf das Christentum als wirkmächtigem Kultur- und Bildungsfaktor auffällig; als solcher wird er unterschieden von der Glaubenswahrheit, die ihren Ort im schulischen Religionsunterricht oder im Schulgebet findet. Die christliche Prägung der Schule schließt die Toleranz gegenüber Nichtchristen nicht aus, sondern ein. Zugleich wird mit dem Hinweis argumentiert, dass die Mehrheit der Schüler der christlichen Religion angehört.

Das Sekretariat der Deutschen Bischofskonferenz hat dieses Urteil in Form einer Stellungnahme des Bonner Instituts für Staatskirchenrecht kommentiert. Auch der Landeskirchenrat der Evangelisch-Lutherischen Kirche positionierte sich zu der Entscheidung, und zwar in Form eines Gutachtens des Göttinger Instituts für Staatskirchenrecht der Evangelischen Kirche in Deutschland. Das Kruzifix bewirke ihrer Überzeugung nach nicht die Begründung eines christlichen Staats oder einer missionierenden Schule; der Staat habe aber neben den Eltern einen eigenen Erziehungsauftrag und folge keinem laizistischen Neutralitätskonzept, sondern einem offenen, fördernden und positiven Verständnis von Neutralität. Zudem habe die negative Religionsfreiheit keinen Vorrang vor der mehrheitlich positiven Religionsfreiheit der christlichen Schüler.[24]

Das Bundesverfassungsgericht ist in seiner Entscheidung davon überzeugt, dass die Religionsfreiheit nicht zur Folge hat, im öffentlichen Raum nie mit religiösen Inhalten oder Symbolen konfrontiert zu werden.[25] Der Staat müsse sich auch nicht seiner historischen Wurzeln selbst berauben, da die Neutralität des Staates es nicht verbiete, Bezug auf das kulturelle und vom Christentum maßgeblich geprägte Erbe zu verweisen: „Der christliche Glaube und die christlichen Kirchen sind dabei, wie immer man ihr Erbe heute beurteilen mag, von überragender Prägekraft gewesen.

---

[21] Ebd.
[22] Vgl. Werner Simon, Art. „Gemeinschaftsschule", in: *Lexikon für Kirchen- und Staatskirchenrecht*, Bd. 2, S. 45f., sowie Wilhelm Rees, Art. „Bekenntnisschule II. Kath.", in: *Lexikon für Kirchen- und Staatskirchenrecht*, Bd. 1, S. 231–233.
[23] BVerfG, „Beschluss des Ersten Senats vom 17. Dezember 1975", in: *BVerfGE* 41 (1976), S. 51f.
[24] *Vgl. BVerfGE* 93, S. 8.
[25] Vgl. ebd., S. 16.

Die darauf zurückgehenden Denktraditionen, Sinnerfahrungen und Verhaltensmuster können dem Staat nicht gleichgültig sein. Dies gilt in besonderem Maß für die Schule, in der die kulturellen Grundlagen der Gesellschaft vornehmlich tradiert und erneuert werden."[26]

Allerdings können Schüler dem religiösen Symbol, wenn der Staat diese anbringe, nicht ausweichen; sie müssen gleichsam „unter dem Kreuz" lernen.[27] Andersdenkende Schüler können sich dem Symbol nicht entziehen und sollen daher auch in profanen Fächern nicht unter dem Kreuz lernen. Die Unausweichlichkeit ist für das Bundesverfassungsgericht der entscheidende Unterschied zum Schulgebet, dem man sich unter Berufung auf die negative Religionsfreiheit entziehen kann.[28] Die Unausweichlichkeit in Schulen sei noch größer als die in Gerichtssälen. In dieser Frage gab es bereits ein Kruzifixurteil des Bundesverfassungsgericht aus dem Jahr 1973, bei dem es sich um einen jüdischen Kläger handelte, der nicht unter dem Kreuz der Gerichtsverhandlung folgen wollte und dem in Form einer Einzelfallregelung, nicht aber in einem generellen Kruzifixverbot für Gerichtssäle, stattgegeben wurde.[29]

Das Bundesverfassungsgericht qualifiziert in seiner Kruzifixentscheidung aus dem Jahr 1995 das Kreuz nicht als rein kulturelles Symbol – gleichsam nur als ein „Logo" des christlichen Abendlandes. Es führt aus, dass „das Kreuz [...] Symbol einer bestimmten religiösen Überzeugung und nicht etwa nur Ausdruck der vom Christentum mitgeprägten abendländischen Kultur" ist.[30] Das Urteil nimmt Bezug auf die gesellschaftliche Prägekraft der abendländischen christlichen Tradition, sieht aber im vom Staat angebrachten Schulkreuz ein spezifisches Glaubenssymbol, „dem auch Dritte bei Kontakten mit dem Staat ausgesetzt werden, [und dies] berührt die Religionsfreiheit".[31]

Obwohl das Bundesverfassungsgericht seine Entscheidung zu den Simultanschulen aus dem Jahr 1975 heranzieht, in der diese Schulform gerade mit dem Christentum als wichtigem kulturellen Faktor und nicht mit einer Art Bekenntnis des Staates zum christlichen Glauben gerechtfertigt wird, zählt es „das Kreuz [...] zu den spezifischen Glaubenssymbolen des Christentums. Es ist geradezu sein Glaubenssymbol schlechthin [...]".[32] Das Kreuz, so das Bundesverfassungsgericht, sei Glaubenssymbol und dürfe nicht profanisiert werden: „Es wäre eine dem Selbstverständnis des Christentums und der christlichen Kirchen zuwiderlaufende Profani-

---

[26] Ebd., S. 22.
[27] Ebd., S. 18.
[28] Vgl. Hans Michael Heinig, „Religionsfreiheit auf dem Prüfstand: Wie viel Religion verträgt die Schule?", in: *Kirche & Recht* (2013), S. 8–20, hier 13.
[29] Vgl. BVerfG, „Beschluss des Ersten Senats vom 17. Juli 1973", in: *BVerfGE* 35 (1974), Nr. 31. Vgl. den Leitsatz der Entscheidung ebd., 366: „Der Zwang, entgegen der eigenen religiösen oder weltanschaulichen Überzeugung in einem mit einem Kreuz ausgestatteten Gerichtssaal verhandeln zu müssen, kann das Grundrecht eines Prozeßbeteiligten aus Art. 4 Abs. 1 GG verletzen."
[30] *BVerfGE* 93, S. 19.
[31] Ebd.
[32] Ebd.

sierung des Kreuzes, wenn man es [...] als bloßen Ausdruck abendländischer Tradition oder als kultisches Zeichen ohne spezifischen Glaubensbezug ansehen wollte".[33]

Infolgedessen zitiert das Bundesverfassungsgericht einschlägige Artikel aus dem katholischen *Lexikon für Theologie und Kirche* und aus dem *Evangelischen Kirchenlexikon* zum Stichwort „Kreuz". Damit tritt das Gericht als Interpret eines Symbols hinsichtlich seiner religiösen Bedeutung auf.[34] Josef Isensee kritisiert die fünf die Entscheidung tragenden Richter und resümiert, dass „nicht das Kreuz an der bayerischen Schulwand [...] verfassungswidrig [ist], sondern die laientheologische Kreuzes-Exegese der Karlsruher Pentarchie".[35] Man kann hier gleichsam von einer Richtertheologie sprechen, die für Hans Michael Heinig sogar gegen das Verbot der Staatsreligion verstößt.[36] Das Kreuz, so die Richter, sei Symbol für die „im Opfertod Christi vollzogene Erlösung des Menschen von der Erbschuld, zugleich aber auch Sieg über Satan und Tod und seine Herrschaft über die Welt, Leiden und Triumph in einem".[37] Diese Passage ist von Jörg Winter als Kardinalfehler des Bundesverfassungsgerichts bezeichnet worden, da hier der Staat seine Neutralität verlasse.[38] Astrid Reuter sieht demgegenüber gerade durch die Betonung des religiösen Symbolgehalts des Kreuzes durch das Bundesverfassungsgericht gewährleistet, dass das Gericht das Abdriften des Kreuzes zu einem bloßen Symbol einer kulturchristlichen Zivilreligion verhindert habe.[39]

Es verkehren sich mit der Entscheidung aber die Argumentationslinien, da gerade die Vertreter der Kirchen das Kreuz in ihren Stellungnahmen zum rein kulturellen Symbol relativierten, das Bundesverfassungsgericht hingegen den Charakter des Kreuzes als Glaubenssymbol hervorhob.[40] Diejenigen, die das Kreuz als Glaubenssymbol betonen, sind nicht selten von der laizistischen Absicht geleitet, den öffentlichen Raum von religiösen Symbolen zu reinigen.[41] Die entscheidende Frage ist aber keine exklusive Entscheidung für oder gegen das Kreuz als Kultursymbol oder für oder gegen das Kreuz als Glaubenssymbol. Entscheidend ist vielmehr die

---

[33] Ebd.
[34] Vgl. ebd., S. 19 f.
[35] Isensee, *Grundrechtsinterpretation* (Anm. 5), S. 22.
[36] Vgl. Heinig, *Religionsfreiheit* (Anm. 28), S. 13. Vgl. auch Christian Waldhoff, „Das Kreuz als Rechtsproblem", in: *Kirche & Recht* (2011), S. 153–174, hier 173.
[37] BVerfGE 93, S. 19.
[38] Vgl. Jörg Winter, „Die Kopftuchentscheidung – Das Bundesverfassungsgerichtsurteil in der öffentlichen Debatte", in: *Kirche & Recht* (2003), S. 243–254, hier 250.
[39] Vgl. Reuter, *Religion* (Anm. 10), S. 145.
[40] Vgl. die Stellungnahmen der Deutschen Bischofskonferenz und der evangelischen Kirche, in: BVerfGE 93, S. 9–12 sowie Hermann-Josef Blanke, „Religiöse Symbole in Staat und Gesellschaft", in: *Religion und Recht*, hg. von Benedikt Kranemann / Christof Mandry / Hans Friedrich Müller (Vorlesungen des interdisziplinären Forums Religion der Universität Erfurt 10), Münster 2014, S. 86 f., 88–91.
[41] Vgl. zu Recht kritisch Walter Bayerlein, „Eine Attacke auf die Öffentlichkeit unseres Glaubens. Kritische Anmerkungen zum »Schulkreuz-Beschluß« des Bundesverfassungsgerichts", in: *Anzeiger für die Seelsorge* 11 (1995), S. 548.

Frage, wie die Wirkung des Kreuzes auf die Schüler zu bewerten ist und ob erwiesen werden kann, dass die betroffenen Schüler und Schülerinnen in ihrer negativen Religionsfreiheit verletzt werden.[42] Das Bundesverfassungsgericht ist davon überzeugt, dass das Kreuz „appellativen Charakter" hat. Das Kreuz „weist die von ihm symbolisierten Glaubensinhalte als vorbildhaft und befolgungswürdig aus. Das geschieht überdies gegenüber Personen, die aufgrund ihrer Jugend in ihren Anschauungen noch nicht gefestigt sind, Kritikvermögen und Ausbildung eigener Standpunkte erst erlernen sollen und daher einer mentalen Beeinflussung besonders leicht zugänglich sind."[43]

Diese Beeinflussungsthese wird einige Jahre später als Argumentation gegen das Kopftuch beansprucht.[44] Das Bundesverfassungsgericht ist davon überzeugt, dass das Kreuz sich nicht nur im Bekenntnisunterricht zum appellativen Symbol wandelt, sondern *per se* appellativen Charakter aufweist. Damit weicht das Bundesverfassungsgericht von seiner im Jahr 1973 getroffenen Entscheidung zum Kreuz in Gerichtssälen ab. Dieses Urteil hatte das Kreuz im Gerichtssaal noch wegen der Mehrheit der Christen als zumutbar befunden, da das Kreuz von Andersgläubigen weder Identifikation noch Verhalten im Sinne des Christentums fordere.[45]

Im Jahr 1995 indes urteilt das Bundesverfassungsgericht, dass das Kreuz nicht nur „Ausdruck der vom Christentum mitgeprägten abendländischen Kultur" sei, sondern „Symbol einer bestimmten religiösen Überzeugung".[46] Das Symbol des Kreuzes sei Ausdruck des christlichen Glaubens, von dem es nicht entkleidet werden könne. Daher verstoße das Kreuz, da es vom Staat in öffentlichen Schulen angebracht werde und es sich nicht um christliche Konfessionsschulen handele, gegen Art. 4 GG, da der von ihm symbolisierte christliche Glaube von vielen nicht geteilt werden würde. Das unterschiedslose Anbringen des Kreuzes durch den Staat verletze Art. 4 und Art. 6 GG unabhängig davon, ob es sich um ein Kruzifix oder ein Kreuz handele.[47]

Für das Bundesverfassungsgericht ist bedeutsam, dass das Kreuz auch Glaubenssymbol für nichtchristliche Betrachter ist. Hier geschieht demnach eine Weitung des Verständnisses von der konfessionellen Parität hin zu einer Gleichbehandlung der verschiedenen Religionsgemeinschaften, die nicht mehr auf christliche Konfessionen, sondern konsequent auf alle Religionen hin angewandt wird.[48] Dies hat zur Folge, dass unter Berufung auf die negative Religionsfreiheit einzelner Schüler bzw.

---

[42] Vgl. Waldhoff, „Kreuz" (Anm. 36), S. 161 f.
[43] *BVerfGE* 93, S. 20.
[44] Vgl. weiter unten Kap. 3 dieses Beitrags.
[45] Es sah aber im Fall eines jüdischen Rechtsanwalts eine Ausnahmemöglichkeit, wenn in einem konkreten Fall ein Verstoß gegen die Religionsfreiheit vorliegen würde. Vgl. *BVerfGE* 35 (1974), Nr. 31, S. 366–381. Vgl. dazu auch Ihli, *Gretchenfrage* (Anm. 11), S. 249–251. sowie Waldhoff, „Kreuz" (Anm. 36), S. 155–157.
[46] *BVerfGE* 93, S. 19.
[47] Vgl. ebd., S. 17; 24.
[48] Vgl. Reuter, *Religion* (Anm. 10), S. 140.

einzelner Eltern auch gegen den Willen der mehrheitlich christlichen Schüler und gegen deren positive Religionsfreiheit die Entfernung des Kruzifixes durchgesetzt werden kann. Es ist demnach ein Rechtsgüterausgleich zwischen der negativen und positiven Religionsfreiheit unter Berücksichtigung des Toleranzgebotes zu finden.[49]

Hier hat die abweichende Richtermeinung zu Recht angemerkt, dass Art. 4 GG beide Formen der Religionsfreiheit, die positive wie die negative Religionsfreiheit, gewährleiste, sodass die negative Religionsfreiheit kein die positive Religionsfreiheit verdrängendes „Obergrundrecht" sei.[50] Zudem habe das Kreuz für Andersgläubige nicht den Charakter eines Glaubenssymbols, „sondern nur […] [den] eines Sinnbilds für die Zielsetzung der christlichen Gemeinschaftsschule, nämlich für die Vermittlung der Werte der christlich geprägten abendländischen Kultur."[51] Das Argument des ‚christlichen Abendlands' wird demnach in Verbindung mit der Qualifizierung des Kreuzes als Symbol der christlichen Gemeinschaftsschule gesehen, die in einem in öffentlichen Schulen angebrachten Kreuz kein direktes Glaubenssymbol für Nichtchristen erkennen kann.

Faktisch hatte das Urteil des Bundesverfassungsgerichts in Bayern keine drastischen Auswirkungen. In Bayern sieht das Schulgesetz immer noch Kreuze vor. Dies wird in Art. 7, Abs. 4 mit der christlichen Tradition und den entsprechenden Werten des christlichen Abendlands begründet: „Angesichts der geschichtlichen und kulturellen Prägung Bayerns wird in jedem Klassenraum ein Kreuz angebracht. Damit kommt der Wille zum Ausdruck, die obersten Bildungsziele der Verfassung auf der Grundlage christlicher und abendländischer Werte unter Wahrung der Glaubensfreiheit zu verwirklichen."

Kruzifixe können begründet aus dem Elternrecht bzw. der negativen Religionsfreiheit der Schüler aus ernsten und nachvollziehbaren Glaubensgründen oder Weltanschauungsgründen im Einzelfall abgenommen werden. Dies wird auf der Ebene der Schulleitung entschieden. Wenn keine gütliche Einigung möglich ist, ist dies Entscheidung des jeweiligen Schulamtes.[52] Diese Einzelfalllösung hielt auch vor dem Bayerischen Verfassungsgerichtshof und dem Bundesverfassungsgericht, das

---

[49] Vgl. *BVerfGE* 93, S. 21.

[50] Ebd., S. 32.

[51] Ebd.

[52] Vgl. Art. 7,4 des Bayerischen Gesetzes über das Erziehungs- und Unterrichtswesen im ganzen Wortlaut: „Angesichts der geschichtlichen und kulturellen Prägung Bayerns wird in jedem Klassenraum ein Kreuz angebracht. Damit kommt der Wille zum Ausdruck, die obersten Bildungsziele der Verfassung auf der Grundlage christlicher und abendländischer Werte unter Wahrung der Glaubensfreiheit zu verwirklichen. Wird der Anbringung des Kreuzes aus ernsthaften und einsehbaren Gründen des Glaubens oder der Weltanschauung durch die Erziehungsberechtigten widersprochen, versucht die Schulleiterin bzw. der Schulleiter eine gütliche Einigung. Gelingt eine Einigung nicht, hat sie bzw. er nach Unterrichtung des Schulamts für den Einzelfall eine Regelung zu treffen, welche die Glaubensfreiheit des Widersprechenden achtet und die religiösen und weltanschaulichen Überzeugungen aller in der Klasse Betroffenen zu einem gerechten Ausgleich bringt; dabei ist auch der Wille der Mehrheit, soweit möglich, zu berücksichtigen."

weitere Klagen ablehnte, stand.[53] Die Lösung kann insofern als gelungen bezeichnet werden, als das Kreuz als Ausdruck der abendländischen Kultur im Raum der Schule belassen werden kann und nur im konkreten Konfliktfall ein Abhängen des Kreuzes erfolgt. Damit wird der mit guten Gründen jahrzehntelangen Auslegung von Art. 4 GG Rechnung getragen, wonach positive und negative Religionsfreiheit auf gleicher Augenhöhe rangieren, ohne dass die negative Religionsfreiheit der positiven Religionsfreiheit vorgezogen wird.[54] Das Kuriosum der Entscheidung des Bundesverfassungsgerichts ist dennoch, dass das Gericht das Kreuz als Herz des christlichen Glaubens herausgestellt hat und dessen religiösen Sinngehalt gerade nicht „im allgemeinen abendländischen Werthorizont aufgehen [...] lassen" wollte.[55]

Das Kruzifix in Schulen ist kein auf Deutschland beschränktes Thema der Gerichte. Im Jahr 2009 hat die Zweite Sektion des *Europäischen Gerichtshofs für Menschenrechte* (EGMR) im sogenannten Lautsi-Fall[56] geurteilt, dass Kruzifixe in italienischen Schulen gegen die negative Religionsfreiheit und gegen die staatliche Neutralität verstoßen. Die erste Entscheidung des EGMR ist damit überwiegend konkordant mit der Entscheidung des Bundesverfassungsgerichts aus dem Jahr 1995 und wurde auch entsprechend diskutiert.[57]

Im Jahr 2011 urteilte die große Kammer des *Europäischen Gerichtshofs für Menschenrechte* in dieser Sache erneut[58] und wich von der ersten Entscheidung ab. Kruzifixe seien in italienischen Schulen zulässig, solange sie, obwohl sie religiöse Symbole sind, passive Symbole bleiben und nicht indoktrinieren. Ein solcher indoktrinierender Einfluss auf die Schüler sei nicht erwiesen. Eine Referenz des Staates auf eine bestimmte geschichtlich bedeutsame Religion steht im Ermessensspielraum des Staates. Es fällt direkt auf, dass das zweite Lautsi-Urteil des Europäischen Gerichtshofs für Menschenrechte von 2011 zwar im Ergebnis anders urteilt als das Bundesverfassungsgericht 1995, das Kreuz aber wie das Bundesverfassungsgericht als religiöses Symbol wertet. Das zweite Lautsi-Urteil qualifiziert das Kreuz indes als passives und nicht indoktrinierendes Symbol, da eine indoktrinierende Wirkung auf die Schüler nicht erwiesen sei. Das zweite Urteil im Lautsi-Fall wurde von den Kirchen sehr begrüßt und zeigt, dass es aufgrund des geschichtlichen Erbes des

---

[53] Vgl. Burkhard Josef Berkmann, „Höchstgerichtliche Entscheidungen zum Schulkreuz in der Schweiz und in Deutschland", in: *Österreichisches Archiv für Recht & Religion* 57 (2010), S. 431.

[54] Vgl. beispielsweise Stefan Muckel, „Überkreuz mit dem Kreuz – Bemerkungen zum ‚Kruzifix-Beschluß' des BVerfG", in: *Kirche & Recht* (1996), S. 65–80, hier 79 f., sowie Heiner Marré, „Staat und Kirche in Deutschland – eine staatskirchenrechtliche Skizze", in: *Kirche & Recht* (1996), S. 197–207; hier 204 f.; Ute Mager, „Religionsfreiheit im Grundgesetz", in: Matthias Mahlmann / Hubert Rottleuthner (Hg.), *Ein neuer Kampf der Religionen? Staat, Recht und religiöse Toleranz* (Wissenschaftliche Abhandlungen und Reden zur Philosophie, Politik und Geistesgeschichte 39), Berlin 2006, S. 185–208, sowie Blanke, *Religiöse Symbole* (Anm. 40), S. 80–83.

[55] Reuter, *Religion* (Anm. 10), S. 147.

[56] Vgl. EGMR 3.11.2009, Kammer 30814/06 (Lautsi I).

[57] Vgl. ebd. sowie mit weiteren Verweisen Ihli, *Gretchenfrage* (Anm. 11), S. 256–263, sowie Waldhoff, „Kreuz" (Anm. 36), S. 168–170.

[58] Vgl. EGMR 18.03.2011, Große Kammer 30814/06 (Lautsi II).

Christentums, gerade im Schulbereich, legitim ist, dass der Staat in öffentlichen Schulen Kreuze anbringen lässt.[59]

Dies scheint vor dem Hintergrund der Möglichkeit einer Konfliktlösung im Einzelfall die überzeugendste Lösung, da sie damit nur im wirklichen Kollisionsfall eine Lösung vorsieht und nicht grundsätzlich der negativen Religionsfreiheit Vorzug gibt. Damit leistet sie nämlich einem laizistischen Verständnis von staatlicher Neutralität Vorschub, das danach trachtet, religiöse Symbole im öffentlichen Raum grundsätzlich zu entfernen.[60]

3. Ein Textil im Blick des Bundesverfassungsgericht: Die beiden Karlsruher Kopftuchentscheidungen

Kaum ein Textil fand mehr richterliche und infolgedessen auch öffentliche Beachtung als das von weiblichen Muslimen im öffentlichen Raum getragene Kopftuch. Im Jahr 2003 hat das Bundesverfassungsgericht das erste sog. „Kopftuch-Urteil" gefällt.[61] Der Sachverhalt weist eine vielsagende Vorgeschichte auf.

Der muslimischen Lehrerin Fereshta Ludin wurde in Baden-Württemberg nach ihrem erfolgreich abgeschlossenen Referendariat die Verbeamtung auf Probe verweigert,[62] da sie das Tragen eines Kopftuchs im Unterricht der Grund- und Hauptschule nicht unterlassen wollte. Das Kopftuch sei, so das Oberschulamt, nicht nur religiöses, sondern auch politisches Symbol, das mit der staatlichen Neutralität nicht vereinbar sei.[63] Es ist bemerkenswert, dass die Klägerin anfänglich nicht mit ihrer Religionsfreiheit, sondern mit dem Recht auf freie Persönlichkeitsentfaltung argumentierte, indem sie das Kopftuch als Merkmal ihrer Persönlichkeit und nicht als Zeichen ihres Glaubens qualifizierte. Die Vorinstanzen gingen zusätzlich zur subjektiven Einstellung zum Kopftuch auch von einer objektiven Wirkung des Kopftuchs aus, das die Neutralität tangiere.[64] Damit entkoppelte man das Verständnis des Kopftuchs von der Intention seiner Trägerin. Das Stuttgarter Verwaltungsgericht

---

[59] Vgl. ebd. sowie mit weiteren Verweisen Ihli, *Gretchenfrage* (Anm. 11), S. 263–266; Waldhoff, „Kreuz" (Anm. 36), S. 170–172; Berkmann, *Entscheidungen* (Anm. 53), S. 433 sowie Herbert Kalb, „Das Schulkreuz vor dem EGMR. Kommentar zum Urteil der Großen Kammer im Fall Lautsi": *Österreichiches Archiv für Recht & Religion* 57 (2010), S. 384–394.

[60] Vgl. zur Einzelfalllösung und der Gefahr laizistischer Auslegung zu Recht Isensee, *Grundrechtsinterpretation* (Anm. 5), S. 25 f. sowie Berkmann, *Entscheidungen* (Anm. 53), S. 435.

[61] BVerfGE, „Urteil des Zweiten Senats vom 24. September 2003", in: *BVerfGE* 108 (2004), Nr. 14, S. 282–340. Vgl. einführend Stefan Muckel / Reiner Tillmanns, „Religiöse Symbole in der öffentlichen Schule. Entwicklungen im deutschen Staatskirchenrecht am Beispiel des islamischen Kopftuchs", in: *Annuario DiReCom* 6 (2007), S. 91–95.

[62] Vgl. zu dieser Frage immer noch instruktiv Suzanne Mann, *Das Kopftuch der muslimischen Lehramtsanwärterin als Eignungsmangel im Beamtenrecht* (Schriften zum Staatskirchenrecht 18), Frankfurt am Main 2003.

[63] Vgl. *BVerfGE* 108, S. 284.

[64] Vgl. Reuter, *Religion* (Anm. 10), S. 162–164.

verglich in seinem Urteil aus dem Jahr 2000 die Situation mit der des Kruzifixes und des Kruzifixurteils, da die Schüler diesem religiösen Symbol ausweglos ausgesetzt seien.[65] Der Mannheimer Verwaltungsgerichtshof griff ebenfalls die Kruzifixentscheidung auf und betonte insbesondere die Prägekraft des Christentums und die christlichen Wurzeln der tragenden gesellschaftlichen Werte. Das Urteil hebt aber nur auf die Anerkennung des vom konkreten Glaubensbekenntnis zu unterscheidenden Kulturchristentums ab, das nicht die staatliche Neutralität gefährde. Mit ihrem freien und dauernden Bekenntnis verletze die Lehrerin aber die gebotene Neutralität. Konsequent weitergedacht könnte das Mannheimer Urteil auch auf Träger christlicher Symbole angewendet werden.

Die Wirkung des Kopftuchs auf die Schüler wurde vom Mannheimer Verwaltungsgerichtshof so bewertet, dass es von den Schülern als Zeichen der Unterordnung der Frau unter den Mann gewertet werden könnte.[66] Das daraufhin angerufene Bundesverwaltungsgericht tendierte zu strikterer Neutralität im schulischen Raum und gerade nicht zu mehr religiöser Pluralität. Daher votierte das Bundesverwaltungsgericht aufgrund der negativen Wirkung des Kopftuchs auf die Schüler für ein klares Verbot religiöser Symbole im öffentlichen Raum der Schule.[67]

Die entscheidende Differenz zum Kruzifixdiskurs ist folgende: Nicht der Staat setzt in seinem Rahmen ein religiöses Symbol, sondern eine Grundrechtsträgerin nimmt ihr in Art. 4 GG verbürgtes Recht auf Religionsfreiheit wahr. Schüler können sich aber beidem nicht entziehen, da die Lehrerin als Beamtin des Staates auftritt, der zur Neutralität verpflichtet ist. Die Lehrerin sieht im Kopftuch kein religiöses Symbol, das schon bei rein abstrakter Gefährdung ein Verbot rechtfertige, sondern erst bei konkreter Gefährdung im Konfliktfall.

Im Fall des Kopftuchs kollidieren infolgedessen die positive Religionsfreiheit der Lehrerin, die negative Religionsfreiheit der Schüler bzw. das Elternrecht, die Neutralität des Staates und die Neutralität seiner Beamter, der staatliche Erziehungsauftrag und die staatliche Schulaufsicht, der religiöse Schulfriede und die in Art. 33, 3 GG gewährte Zugänglichkeit öffentlicher Ämter unabhängig vom jeweiligen religiösen Bekenntnis.

Das Bundesverfassungsgericht kommt in seiner Entscheidung im Jahr 2003 zu dem Ergebnis, dass im Land Baden Württemberg für ein sogenanntes Kopftuchverbot bislang keine gesetzliche Grundlage bestehe und ohne eine solche gesetzliche Grundlage ein solches Verbot unvereinbar mit Art. 4 GG und Art. 33, 3 GG sei.[68] Das Bundesverfassungsgericht geht davon aus, dass „der mit zunehmender religiöser Pluralität verbundene gesellschaftliche Wandel [...] für den Gesetzgeber Anlass zu einer Neubestimmung des zulässigen Ausmaßes religiöser Bezüge in der Schule

---

[65] Vgl. *BVerfGE* 108, S. 285 f. sowie Reuter, *Religion* (Anm. 10), S. 166 f.
[66] Vgl. *BVerfGE* 108, S. 286–288 sowie Reuter, *Religion* (Anm. 10), S. 168–171.
[67] Vgl. *BVerfGE* 108, S. 288 f., sowie Reuter, *Religion* (Anm. 10), S. 172 f. Zur Vorgeschichte des Falls ausführlich Reuter, *Religion* (Anm. 10), S. 162–173.
[68] Vgl. *BVerfGE* 108, S. 282.

sein" kann.⁶⁹ Es sieht somit die Möglichkeit, dass die Länder eine entsprechende gesetzliche Grundlage für ein Kopftuchverbot schaffen und schiebt die Entscheidung in gewisser Weise dem Landesgesetzgeber zu. Dies wurde zu Recht von Jörg Winter kritisiert, da die Religionsfreiheit zwar vorbehaltlos, aber nicht schrankenlos gilt. Sie kennt allerdings nur Verfassungsschranken und keine Gesetzesschranken, und daher hätte das Gericht als höchstes Verfassungsgericht die Sache selbst entscheiden müssen.⁷⁰

Das Bundesverfassungsgericht hatte zur Bedeutung des Kopftuchs auch eine Sachverständige gehört, die zu dem Ergebnis kam, dass das Kopftuch nicht aus sich heraus religiöses Symbol sei wie das Kreuz, sondern erst im Zusammenhang mit dem subjektiven Verständnis der Trägerin unterschiedliche Bedeutungen erlangen würde. Es könne Zeichen der Identität in der Diaspora oder sogar Ausdruck der Selbstbestimmung der Frau sein, da es dann als Zeichen sexueller Nichtverfügbarkeit fungieren würde. Es könne auch Zeichen gegen den westlichen Wert der Emanzipation der Frau sein. Es dürfe aber keine einseitige politische Verkürzung des Kopftuchs als Zeichen der Unterdrückung der Frau erfolgen.⁷¹ Die damalige Kultusministerin Annette Schavan hatte das Kopftuch seinerzeit als Zeichen kultureller und zivilisatorischer Abgrenzung bezeichnet.⁷²

Das Kopftuch der Lehrerin wird nicht automatisch zur Aussage des Staates. Allerdings üben Lehrende gerade in der Entwicklungsphase junger Menschen auf diese eine herausragende Wirkung aus. Dennoch kapituliert das Bundesverfassungsgericht vor der Vielzahl der möglichen Deutungen des Kopftuchs. Es kapriziert sich auf die mögliche Wirkung des Kopftuchs auf den Betrachter. Entscheidend für die Bewertung des Kopftuchs sei „wie ein Kopftuch auf einen Betrachter wirken kann (objektiver Empfängerhorizont)".⁷³ Die abstrakte Gefährdung unabhängig vom konkreten Gefährdungsfall darf nach Ansicht der Richter ohne eine gesetzliche Grundlage nicht Grund der Nichteinstellung sein.⁷⁴ In den definitorischen Streit um das Kopftuch tritt das Bundesverfassungsgericht nicht ein; in der Kruzifixentscheidung hatte es diese Grenze überschritten.⁷⁵ Das Bundesverfassungsgericht verschiebt damit die Entscheidung auf die Länder und sieht zwei Wege: zum einen der Weg der Pluralität religiöser Symbole und damit die Chance, Toleranz einzuüben, zum anderen der Weg einer strikteren Neutralität und damit des Verbots religiöser Symbole in der Schule. Niemand hat allerdings im öffentlichen Raum – und damit auch in der Schule – das Recht, von religiösen Symbolen verschont zu bleiben. Die Bundesrepu-

---

⁶⁹ Ebd.
⁷⁰ Vgl. Jörg Winter, „Die Kopftuchentscheidung" (Anm. 38), S. 252.
⁷¹ Vgl. *BVerfGE* 108, S. 304 f. sowie Reuter, *Religion* (Anm. 10), S. 154 f.
⁷² Vgl. Reuter, *Religion* (Anm. 10), S. 152 f.
⁷³ *BVerfGE* 108, S. 305.
⁷⁴ Vgl. ebd., S. 306 f. Vgl. kritisch dazu Roman Lehner, „Religionsfreiheit und Neutralität nach ‚Kopftuch II'", in: *Juris* 10 (2015), S. 381 f.
⁷⁵ Vgl. Reuter, *Religion* (Anm. 10), S. 191.

blik ist gerade nicht von einem laizistischen Neutralitätsverständnis bestimmt.[76] Wenngleich das Gericht für den Weg einer Pluralität religiöser Symbole mehr Sympathien hegte, wären klare Leitlinien für die Länder vonnöten gewesen. Eine klare Linie bestand aber nur in der Forderung einer Gleichbehandlung der unterschiedlichen Religionsgemeinschaften.[77]

Die Frucht der ersten Kopftuch-Entscheidung des Bundesverfassungsgerichts sind die im Anschluss daran erlassenen „Kopftuchgesetze" der Länder Baden-Württemberg, Bayern, Berlin, Bremen, Hessen, Niedersachsen, Nordrhein-Westfalen und des Saarlands.[78] Die Länder Hamburg, Rheinland-Pfalz, Sachsen, Sachsen-Anhalt und Schleswig-Holstein haben keine gesetzliche Regelung getroffen. Ebenso sind aus Brandenburg, Mecklenburg-Vorpommern und Thüringen keine entsprechenden gesetzlichen Regelungen bekannt. In Hessen und Berlin erstrecken sich die Verbote auf den gesamten öffentlichen Dienst. Die Berliner Regelung geht mit einem generellen Verbot religiöser Symbole eindeutig über das Neutralitätsverständnis der Bundesrepublik Deutschland hinaus, indem sie einem laizistischen Neutralitätskonzept Vorschub leistet. In einigen Länderregelungen, wie in Bayern, Nordrhein-Westfalen, Hessen und dem Saarland, wird explizit die Besonderheit der christlichen abendländischen Tradition angeführt. Die Gesetze sprechen nicht wörtlich von einem „Kopftuchverbot". Sie argumentieren in unterschiedlicher Weise mit der Neutralität des Staates, der negativen Religionsfreiheit, dem Schulfrieden, der Menschenwürde, der freiheitlich-demokratischen Grundordnung, der Gleichberechtigung und der christlich-abendländischen Kultur.[79]

Das letztgenannte Argument der ‚christlich-abendländischen Kultur' dient auch dazu, christliche Symbole von dem Verbot religiöser Symbole auszunehmen. So kommt es im Jahr 2006 zu einem Urteil des Verwaltungsgerichts Stuttgart, dass eine muslimische Lehrerin ein Kopftuch tragen darf, da dies sonst angesichts des Nonnenhabits und der jüdischen Kippa gegen die Gleichbehandlung gemäß Art. 3, 1 GG und Art. 14 EMRK verstoßen würde. Der Verwaltungsgerichtshof Mannheim hebt

---

[76] Vgl. BVerfGE 108, S. 310f. Zu Recht kritisiert Hans Michael Heinig, „Gerichtliche Auseinandersetzungen um Kreuz und Kopftuch im öffentlichen Raum – Thesen und Beobachtungen", in: Zeitschrift für evangelisches Kirchenrecht 57 (2012), S. 89, die Eröffnung des Weges zu einer strikteren Neutralität.

[77] Vgl. BVerfGE 108, S. 313, sowie Reuter, Religion (Anm. 10), S. 175–179.

[78] Es handelt sich um § 57, 4 Schulgesetz Nordrhein-Westfalen (Fassung vor 2015); § 38, 2 Schulgesetz Baden-Württemberg; Art. 59, 2 Gesetz über das Erziehungs- und Unterrichtswesen Bayern; Gesetz zu Artikel 29 der Verfassung von Berlin; § 59b, 4 Schulgesetz Bremen; § 68, 2 Beamtengesetz Hessen; § 86, 3 Schulgesetz Hessen; § 51, 3 Schulgesetz Niedersachsen sowie § 1 Abs. 2a Schulordnungsgesetz Saarland.

[79] Vgl. zu den Quellen und deren Akzente den Überblick von Ulrich Rhode, „Simboli religiosi nelle istituzioni statali in Germania", in: Annuario DiReCom 6 (2007), S. 83–87; Muckel / Tillmanns, Religiöse Symbole (Anm. 61), S. 95–100; zu Recht kritisch zur Berliner Regelung ebd., S. 105–107; Hinnerk Wißmann, „Religiöse Symbole im öffentlichen Dienst. Kritik der Kopftuchentscheidung und Kopftuchgesetzgebung", in: Zeitschrift für evangelisches Kirchenrecht 52 (2007), S. 53–69, sowie Rudolf Steinberg, Kopftuch und Burka. Laizität, Toleranz und religiöse Homogenität in Deutschland und Frankreich, Baden-Baden 2015, S. 30–34.

das Stuttgarter Urteil am 13. März 2008 auf, weil es sich bei den unterrichtenden Nonnen um einen geschichtlich bedingten Ausnahmefall handele. Der Habit sei keine Bekundung eines christlichen Bekenntnisses, sondern Berufskleidung. Der Begriff des „Christlichen" bezeichne eine von Glaubensinhalten losgelöste, aus der Tradition der christlich-abendländischen Kultur hervorgegangene Wertewelt, die unabhängig von ihrer religiösen Fundierung Geltung beanspruche. Diese Argumentationsfigur der Unterscheidung von religiöser Kultur und religiösem Bekenntnis stammt aus dem bereits erwähnten Urteil des Bundesverfassungsgerichts über die christliche Gemeinschaftsschule vom 17. Dezember 1975.[80] Die Argumentation ist aber zutiefst ambivalent. Sie ist auf einen Gegenstand wie das Kruzifix anwendbar, nicht aber auf einen konkreten Grundrechtsträger, der mit der Kleidung auch eine innere Überzeugung zum Ausdruck bringt und der – im Bild der Argumentation gesprochen – nicht als „kultureller Kleiderständer" unterrichtet.

Die abweichende Richtermeinung zur Kopftuchentscheidung des Bundesverfassungsgerichts aus dem Jahr 2003 macht geltend, dass eine Person, die Beamter werden möchte, als Teil der Staatsorganisation eingeschränkte Grundrechte in Kauf nimmt. Neutralität gehöre zu den Grundsätzen des Berufsbeamtentums. Die abstrakte Gefahr des Kopftuchs reiche schon aus, da das Kopftuch Symbol des politischen Islamismus sei. Die abweichende Richtermeinung weist die Unterscheidung von abstrakter und konkreter Gefahr zurück: die subjektive Deutung des Kopftuchs durch die Trägerin sei irrelevant. Ferner sieht die abweichende Meinung eine klare Differenz des Kopftuchs zum Kruzifix, indem sie das Kreuz als vornehmlich kulturelles Symbol und als Symbol des christlichen Erbes deutet und überdies den Einfluss einer mit Kopftuch lehrenden Person als wesentlich höher und bedeutender einstuft.[81]

Die Mehrheit der Richter aber unterstreicht die Notwendigkeit der praktischen Konkordanz der verschiedenen Grundrechte sowie die Notwendigkeit einer entsprechenden gesetzlichen Grundlage für ein Verbot religiöser Symbole in der Schule. Dabei sollte es keine Privilegierung einer Religionsgemeinschaft geben; vielmehr soll die Gleichbehandlung der unterschiedlichen Religionsgemeinschaften gewährleistet werden. Dies hat die damalige Ministerin Schavan indes schon zwei Tage nach der Entscheidung so umgedeutet, dass christliche Symbole aufgrund ihrer kulturellen Tradition nicht verboten werden müssten.[82] Das entsprechende Verbotsgesetz wurde in Baden-Württemberg schon 2004 erlassen, sodass die Entscheidung des Bundesverfassungsgerichts für die Klägerin nur ein Pyrrhussieg war; denn ihr wurde die Einstellung schlussendlich verweigert.[83]

---

[80] Vgl. dazu mit weiteren Verweisen Reuter, *Religion* (Anm. 10), S. 185–188. Vgl. zum Urteil des Bundesverfassungsgerichts zur christlichen Gemeinschaftsschule Anm. 23.

[81] Vgl. *BVerfGE* 108, S. 314–340.

[82] Vgl. Reuter, *Religion* (Anm. 10), S. 159. Vgl. kritisch zur Privilegierung christlicher Symbole Muckel / Tillmanns, *Religiöse Symbole* (Anm. 61), S. 107 f.

[83] Vgl. Reuter, *Religion* (Anm. 10), S. 159.

Im Jahr 2015 fällte das Bundesverfassungsgericht das zweite Kopftuch-Urteil.[84] Eine an einer Gesamtschule in Nordrhein-Westfalen tätige muslimische Sozialpädagogin trug bis zum Erlass des Kopftuchgesetzes ein Kopftuch. Nach Inkrafttreten des Kopftuchverbots gemäß § 57 Abs. 4 und § 58 Satz 2 des Schulgesetzes von Nordrhein-Westfalen forderte die Schulbehörde, dass die Lehrerin das Kopftuch abzulegen habe. Sie folgte dieser Forderung und substituierte „das Kopftuch durch eine rosafarbene handelsübliche Baskenmütze mit Strickbund, die ihr Haar, den Haaransatz und die Ohren komplett bedeckt. Dies kombinierte sie mit einer Halsbedeckung, etwa einem gleichfarbigen Rollkragenpullover."[85] Nachfragen nach ihrem Motiv für diese Bekleidung beantwortete sie nicht, bestätigte aber, das Kopftuch aus religiösen Motiven heraus getragen zu haben.[86] Das Arbeitsgericht Düsseldorf bestätigte die Entscheidung des Schulamts, dass das dauerhafte Tragen von Baskenmützen, die Haare und Ohren bedecken, gegen das Neutralitätsgebot verstoße. Die Klägerin erlangte auch vom Landesarbeitsgericht Düsseldorf keine andere Entscheidung. Das Bundesarbeitsgericht Erfurt kam auch zu dem Schluss, dass das dauerhafte Tragen einer handelsüblichen Strickmütze eine religiöse Bekundung sei, da sie Haar und Ohren bedecke; in Kombination mit einem gleichfarbigen Rollkragenpullover bekomme diese textile Kombination einen religiösen Bedeutungsgehalt.[87] Der Fall der Baskenmütze landete schlussendlich vor dem Bundesverfassungsgericht.[88]

Das Bundesverfassungsgericht urteilt, dass das Grundrecht der Religionsfreiheit gemäß Art. 4 GG „auch Lehrkräften in der öffentlichen bekenntnisoffenen Gemeinschaftsschule die Freiheit [gewährleistet], einem aus religiösen Gründen als verpflichtend verstandenen Bedeckungsgebot zu genügen, wie dies etwa durch das Tragen eines islamischen Kopftuchs der Fall sein kann".[89] Das Gericht lehnt daher eine pauschale Beurteilung eines Kopftuchs und damit die Annahme einer abstrakten Gefahr ab. Es bezeichnet die Regelung des § 57 Abs. 4 des Schulgesetzes von Nordrhein-Westfalen als nicht verhältnismäßig, wenn allein aufgrund abstrakter „Eignung zur Begründung einer Gefahr für den Schulfrieden oder die staatliche Neutralität in einer öffentlichen bekenntnisoffenen Gemeinschaftsschule [ausgegangen wird], wenn dieses Verhalten nachvollziehbar auf ein als verpflichtend verstandenes religiöses Gebot zurückzuführen ist".[90]

Das Bundesverfassungsgericht weist damit den Weg zur Einzelfalllösung und sieht ein Verbot nur bei konkreter Gefahr, nicht aber bei bloß abstrakter Gefahr als verhältnismäßig an. Es muss eine praktische Konkordanz zwischen der Religions-

---

[84] Vgl. BVerfG, „Beschluss des Ersten Senats vom 27. Januar 2015", in: *BVerfGE* 138 (2016), S. 296–376.
[85] *BVerfGE* 138, S. 302.
[86] Vgl. ebd.
[87] Vgl. ebd., S. 302–307, sowie zur Vorgeschichte des Falles Reuter, *Religion* (Anm. 10), S. 190.
[88] Vgl. zu einem vergleichbaren Baskenmützenfall in Nordrhein-Westfalen, in der diese textile Kombination ebenfalls als appellatives Symbol gedeutet wurde: Reuter, *Religion* (Anm. 10), S. 190f.
[89] *BVerfGE* 138, S. 296.
[90] Ebd.

freiheit der jeweiligen Lehrkraft, dem staatlichen Auftrag zur Erziehung sowie der negativen Religionsfreiheit der Schüler bzw. der jeweiligen Eltern hergestellt werden.[91] Das Gericht sieht aber die Möglichkeit eines generelleren Verbots, wenn „in bestimmten Schulen oder Schulbezirken aufgrund substantieller Konfliktlagen über das richtige religiöse Verhalten bereichsspezifisch die Schwelle zu einer hinreichend konkreten Gefährdung oder Störung des Schulfriedens oder der staatlichen Neutralität in einer beachtlichen Zahl von Fällen erreicht" wird.[92] In diesem Fall könnte eine generelle Verbotsregelung getroffen werden. Ist dies der Fall, dann darf es allerdings keinerlei Privilegierung jüdischer oder christlicher Symbole, sondern nur eine Gleichbehandlung aller Religionen bzw. Weltanschauungen geben.[93] Einer Referenz auf das christliche Abendland und seine Werte als Argument für eine Ungleichbehandlung religiöser Symbole erteilt das Bundesverfassungsgericht unmissverständlich eine Absage: „Tragfähige Gründe für eine Benachteiligung äußerer religiöser Bekundungen, die sich nicht auf christlich-abendländische Kulturwerte und Traditionen zurückführen lassen, sind nicht erkennbar."[94] Daher hat das Bundesverfassungsgericht das Kopftuchgesetz in Nordrhein-Westfalen mit Verweis auf Art. 3, 3 und 33, 3 GG für nichtig erklärt. Die Begründung stützt sich auf den Gleichbehandlungsgrundsatz und auf das Diskriminierungsverbot aufgrund eines religiösen Bekenntnisses, gegen das das bisherige Kopftuchgesetz des Landes Nordrhein-Westfalen verstoße.[95] Das Land hat den entsprechenden Passus mittlerweile aus dem Schulgesetz getilgt, und auch andere Länder beginnen, ihre Kopftuchgesetze zu modifizieren.[96]

Das Gericht lehnt ferner eine Beurteilung des Kopftuchs im Sinne eines einheitlichen objektiven Betrachterhorizonts ab, so dass das Kopftuch nicht pauschal als Ausdruck einer Ablehnung der Gleichstellung von Mann und Frau angesehen werden kann.[97] Das Bundesverfassungsgericht spricht sich zudem für die absolute Gleichbehandlung religiöser Symbole aus und damit gegen eine Privilegierung.[98]

---

[91] Vgl. ebd.
[92] Ebd., S. 297.
[93] Vgl. ebd.
[94] Ebd., S. 348.
[95] Vgl. ebd., S. 298.
[96] Vgl. dazu Steinberg, *Kopftuch* (Anm. 79), S. 44 f.
[97] BVerfGE 138, S. 348 f.: „Wenn vereinzelt in der Literatur geltend gemacht wird, im Tragen eines islamischen Kopftuchs sei vom objektiven Betrachterhorizont her ein Zeichen für die Befürwortung einer umfassenden auch rechtlichen Ungleichbehandlung von Mann und Frau zu sehen und deshalb stelle es auch die Eignung der Trägerin für pädagogische Berufe infrage […], so verbietet sich eine derart pauschale Schlussfolgerung […] Ein solcher vermeintlicher Rechtfertigungsgrund muss darüber hinaus schon daran scheitern, dass er bei generalisierender Betrachtung keineswegs für alle nichtchristlich-abendländischen Kulturwerte und Traditionen einen Differenzierungsgrund anbieten kann."
[98] Ebd., S. 349: „Ebenso wenig ergeben sich für eine Bevorzugung christlich und jüdisch verankerter religiöser Bekundungen tragfähige Rechtfertigungsmöglichkeiten. Die Wahrnehmung des Erziehungsauftrags, wie er in Art. 7 Abs. 1 und Art. 12 Abs. 3 der Verfassung des Landes Nordrhein-Westfalen umschrieben ist, rechtfertigt es nicht, Amtsträger einer bestimmten Religionszugehörigkeit

Das Gericht sieht in diesem Zusammenhang keinerlei Spannung zum Erziehungsauftrag der Schule, da sich etwaige christliche Bezüge „auf säkularisierte Werte des Christentums beziehen" würden.[99]

Damit weist das Bundesverfassungsgericht den Weg, auch auf subjektive mit dem Kopftuch verbundene Einstellungen zu rekurrieren. Nicht jede Kopftuchträgerin bekundet damit ihre Ablehnung der Menschenwürde nach Art. 1 GG, der Gleichberechtigung nach Art. 3 GG oder der freiheitlich-demokratischen Grundordnung. Das Kopftuch wird demnach nicht per se als missionierendes und indoktrinierendes Textil bzw. als religiöses Symbol betrachtet, das generell gegen die weltanschauliche und religiöse Neutralität des Staates verstößt und den Schulfrieden stört. Es besteht selbstverständlich das sogenannte Überwältigungsverbot gegenüber den Schülern. Dies ist im Einzelfall zu prüfen. Unabhängig vom Selbstverständnis der Grundrechtsträgerin lässt sich das Kopftuch nicht beurteilen, und daher muss eine Prüfung des Einzelfalls im Fall konkreter Gefährdung vorgenommen werden.[100]

4. Resümee

Kann man mit dem ‚christlichen Abendland' rechtlich argumentieren? Warum erscheint ‚das Abendland' als hinreichendes Argument bei der Kruzifixfrage, nicht aber bei der Kopftuchfrage? Der entscheidende Unterschied liegt darin, dass der Staat mit dem Kreuz auf die kulturelle Bedeutung des Christentums hinweist, und dass das Kreuz zugleich ein passives Glaubenssymbol darstellt, das nicht per se indoktrinierenden Einfluss ausübt. In einem aus der negativen Religionsfreiheit eines Schüler oder von Eltern begründeten Konfliktfall muss im Sinne der praktischen Konkordanz eine Lösung gefunden werden, die nicht die negative Religionsfreiheit über die positive Religionsfreiheit erhebt, sondern beiden Formen der Religionsfreiheit gerecht wird.[101]

In der Kopftuchdebatte geht es indes um einzelne Grundrechtsträger der Religionsfreiheit, in der die Privilegierung einer Religion dem Gleichheitsgrundsatz und dem Diskriminierungsverbot eindeutig widerspräche. Deshalb kann auch das christliche Abendland und dessen kulturelles Erbe nicht als Argument zur Privilegierung christlicher Symbole herangezogen werden. Nur die Betrachtung des Ein-

---

bei der Statuierung von Dienstpflichten zu bevorzugen. Soweit diesen landesverfassungsrechtlichen Bestimmungen ein christlicher Bezug des staatlichen Schulwesens entnommen werden kann, soll sich dies auf säkularisierte Werte des Christentums beziehen. Zudem wird das landesverfassungsrechtliche Erziehungsziel in Art. 7 Abs. 1 Verf NW (‚Ehrfurcht vor Gott') nach wohl überwiegender Auffassung nicht nur auf den christlichen Glauben bezogen; es soll offen sein für ein persönliches Gottesverständnis, also nicht nur das christliche, sondern auch das islamische Gottesverständnis ebenso umfassen wie polytheistische oder unpersönliche Gottesvorstellungen."
[99] Ebd., S. 349.
[100] Vgl. in diesem Sinn bereits Reuter, *Religion* (Anm. 10), S. 189.
[101] Vgl. Blanke, *Religiöse Symbole* (Anm. 40), S. 105.

zelfalls kann im Fall des Kopftuchs eine gerechte Beurteilung der Situation ermöglichen. Sonst wird die Diskussion über ein religiöses Symbol selbst zum Symbol, indem in die Kopftuchfrage all das projiziert wird, was es an Befürchtungen gegenüber dem Islam gibt. Die Kopftuchfrage würde damit zum Stellvertreterkonflikt, der den konkreten Einzelfall vollkommen aus dem Blick verlöre.[102] Die Integration des Islams in unser Religionsrecht schreitet demgegenüber voran, wie Religionsverträge mit muslimischen Gemeinschaften und die Einrichtung von islamischem Religionsunterricht und islamischer Theologie zeigen.[103] Anhand der Integrationsfähigkeit von Muslimen wird man messen können, wie pluralitätsfähig unser Religionsrecht ist. Die Bundesrepublik folgt keinem Verständnis eines laizistischen Neutralismus, sondern einem Konzept fördernder Neutralität,[104] wie das zweite Kopftuchurteil des Bundesverfassungsgerichts betont: „Die dem Staat gebotene religiös-weltanschauliche Neutralität ist indes nicht als eine distanzierende im Sinne einer strikten Trennung von Staat und Kirche, sondern als eine offene und übergreifende, die Glaubensfreiheit für alle Bekenntnisse gleichermaßen fördernde Haltung zu verstehen."[105] Gerade diese Offenheit für alle Bekenntnisse bewahre die staatliche Neutralität. Die Pluralität religiöser Symbole kann eher produktiv zur Ausbildung eines eigenen Standpunkts der Schüler und Schülerinnen genutzt werden, um Toleranz einzuüben. Diesen offen-integrativen Grundansatz sowie die öffentliche Dimension der Religionsfreiheit des deutschen Religionsrechts gilt es weiter zu verfolgen, um ein pluralitätsfähiges und damit zukunftsfähiges Religionsrecht zu gewährleisten, das den gesellschaftlichen Herausforderungen der religiösen Pluralisierung nicht nur Stand hält, sondern im Stande ist, im Sinne des religiösen Friedens diese mit zu gestalten.[106]

---

[102] In diesem Sinn wäre Reuter, Religion (Anm. 10), S. 192 zuzustimmen, dass der Streit um das Kopftuch „vielleicht mehr über seine Umwelt [aussagt] als über seine Trägerinnen".

[103] Vgl. beispielsweise den Vertrag zwischen der Freien Hansestadt Bremen und den Islamischen Religionsgemeinschaften im Lande Bremen vom 15.01.2013; den Vertrag zwischen der Freien und Hansestadt Hamburg, dem DITIB-Landesverband Hamburg, SCHURA – Rat der Islamischen Gemeinschaften in Hamburg und dem Verband der Islamischen Kulturzentren vom 13.11.2012 oder den Vertrag zwischen der Freien und Hansestadt Hamburg und der Alevitischen Gemeinde Deutschland e.V. vom 13.11.2012. Vgl. zum Religionsunterricht beispielsweise Christian Grethlein, „Islamischer Religionsunterricht in Deutschland. Aktuelle Fragen und Probleme", in: *Zeitschrift für Theologie und Kirche* 108 (2011), S. 355–380.

[104] Vgl. auch Waldhoff, „Kreuz" (Anm. 36), S. 163–168.

[105] *BVerfGE* 138, S. 339.

[106] Vgl. in diesem Sinn auch Hans Michael Heinig, „Religionsfreiheit auf dem Prüfstand" (Anm. 28), S. 19 f., sowie Waldhoff, „Kreuz" (Anm. 36), S. 172.

Die Identität Europas im Zeitalter der Migration

CHRISTOF MANDRY

Die Zuwanderung von vielen Menschen hält nicht nur eine Menge politisch-gesellschaftlicher Herausforderungen bereit, die direkt mit der Integration von Menschen in eine Gesellschaft zusammenhängen, die ihnen in vielerlei Hinsicht fremd und befremdlich erscheint. Zuwanderung verschärft auch manche sozialen und ökonomischen Probleme, mit der die empfangende Gesellschaft bereits beschäftigt ist. Migration ist nicht nur ein gesellschaftlicher Gewinn, sondern auch mit Verlusterfahrungen verbunden, wie der niederländische Soziologe Paul Scheffer betont: Die Migrierenden verlieren nicht nur ihre Heimat, ihr soziales Umfeld und häufig auch ihren Besitz, sondern lassen ihre bisherigen alltäglich-kulturellen Selbstverständlichkeiten hinter sich; für die Menschen in den Aufnahmegesellschaften wird ebenfalls Vertrautes in Frage gestellt, Herkömmliches verändert sich und ist mit den Erfahrungen von Unsicherheit verbunden.[1] Diese Verunsicherungen berühren die Identität der Menschen, wenn für sie in diesem Zusammenhang fraglich wird, wer sie sind, also etwa ob sie fremd oder zugehörig sind, ob sie sich überhaupt einer anerkannten Gemeinschaft zugehörig fühlen können, oder auch, wenn ihnen die ehemals selbstverständliche Zugehörigkeit plötzlich bedroht erscheint und fremd zu werden droht.

In mehrfach besonderer Weise trifft dies auch auf die europäischen Staaten zu. Sie sind zum einen, wenn auch in unterschiedlichem Ausmaß, durch Migration gekennzeichnet, sei es als ehemalige Kolonialmächte, aufgrund von Gastarbeiter-Programmen in der Vergangenheit oder als Entsende- oder Zielland durch die europäische Binnenmigration. Zum anderen sind sie Mitglieder der Europäischen Union – freilich mit stark unterschiedlicher Mitgliedsdauer. Die Fragen nach Zugehörigkeit und gesellschaftlicher Identität werden also doppelt herausgefordert: sowohl durch die europäische Integration, die nationalstaatliche Horizonte überschreitet und in Frage stellt, als auch durch die Erfahrungen mit gesellschaftlicher Pluralität aufgrund von Migration, die in den einzelnen Mitgliedstaaten der Europäischen Union seit geraumer Zeit kontrovers diskutiert werden und teilweise zu politischer Polarisation führen.

Inmitten der aktuellen Migrationsströme nach Europa, die in Deutschland zunächst nur über die Medien beobachtet wurden, seit dem Sommer 2015 und nach der Ankunft von bisher über einer Million Menschen auch direkt verspürt werden,

---

[1] Vgl. Paul Scheffer, *Die Eingewanderten. Toleranz in einer grenzenlosen Welt*, München 2007, S. 11–64.

ist nun mit einem Mal wieder vom „christlichen Abendland" die Rede. Bis dahin schien dieses Ideal antiquiert, von der europäischen Entwicklung überholt und zu einer bloßen Floskel konservativer Sonntagsreden geschrumpft zu sein. Mit einem Mal hat die Abendland-Vokabel wieder Aktualität gewonnen und man begegnet ihr auf Demonstrationen und in publizistischen Äußerungen, die sich skeptisch und ablehnend gegenüber der Aufnahme von Flüchtlingen geben. Dabei steht das Abendland für das Ideal einer geeinten, irgendwie homogenen Gesellschaft und scheint folglich dazu geeignet, alles Fremde zu delegitimieren und abzuwehren. Fragt man nach, wie es um die Gehalte dieses Abendlandes bestellt ist, erhält man keine präzisen Antworten – außer vielleicht der vagen Vorstellung, dass Europa nun einmal christlich geprägt sei und Muslime nicht zu uns passen. Ganz offenkundig trifft hier zu, was Seyla Benhabib generell zu Identitätsfragen festgestellt hat. Erst die Erfahrung von Pluralität und Diversität lässt Identität zu einem Thema werden.[2] Dabei sind es nicht Unterschiede schlechthin, die die Frage nach der eigenen Identität wachrufen, sondern solche Diversitäten, die nahekommen, denen man nicht ausweichen kann und die das eigene Sein tatsächlich in seiner vorbewussten Selbstverständlichkeit in Frage stellen.

Es ist vermutlich nicht sehr ertragreich, eine Untersuchung anzustellen, welches Europabild bei den Abendlandrufern gemeint ist und welche europäische Einigung sie sich wünschen. Als Europaskeptiker bewegen sie sich im nationalen Horizont und beschwören das Abendland nur in diffus-abwehrender Weise; eine transnational-europäische Ausrichtung des Abendlands, wie sie am Beginn des europäischen Einigungsprozesses einmal eine Rolle gespielt hat,[3] ist ihnen ohnehin zuwider. In welchen Kategorien sollten Zuwanderungsgegner aber auch sonst das ausdrücken, was sie als das nationale Eigene verstehen? Außer einer Bezugnahme auf Religion und Geschichte (die sich im „Abendland" verbirgt) scheint allein noch eine völkische Semantik zur Verfügung zu stehen, die ja in der Tat auch bemüht wird.[4]

Es ist allerdings auch fraglich, ob das heutige Europa jene klare Identitätsvergewisserung liefern könnte, die angesichts der Verunsicherung gesucht wird. Denn das europäische Bewusstsein, das sich in der europäischen Einigungsbewegung kulturell und politisch artikuliert, bezieht sich ja gerade nicht auf eine eindeutig-ein-

---

[2] Vgl. Seyla Benhabib, *Kulturelle Vielfalt und demokratische Gleichheit. Politische Partizipation im Zeitalter der Globalisierung*, Frankfurt am Main 1999.

[3] Vgl. dazu Christof Mandry, „Auf der Suche nach Europas Werten. Der Beitrag von Religionsgemeinschaften zum europäischen Wertediskurs", in: *Politische Bildung* 45 (2012), Heft 2, S. 62–82, vor allem 63–65; außerdem Philipp Hildmann (Hg.), *Vom christlichen Abendland zum christlichen Europa. Perspektiven eines christlich geprägten Europabegriffs für das 21. Jahrhundert*, München 2009, sowie Michael Hüttenhoff (Hg.), *Christliches Abendland? Studien zu einem umstrittenen Konzept*, Leipzig 2014.

[4] Vgl. Samuel Salzborn, „Demokratieferne Rebellionen. Pegida und die Renaissance völkischer Verschwörungsphantasien", in: Wolfgang Frindte u. a. (Hg.), *Rechtsextremismus und „Nationalsozialistischer Untergrund". Interdisziplinäre Debatten, Befunde und Bilanzen*, Wiesbaden 2015, S. 359–366. Zu den Berührungsflächen zwischen Rechtsextremismus und Katholizismus vgl. Sonja Angelika Strube (Hg.), *Rechtsextremismus als Herausforderung für die Theologie*, Freiburg/Br. 2015.

heitliche Identität, sondern betont die innere Pluralität. „In Vielfalt geeint" lautet bekanntlich das Motto der Europäischen Union. Sie liegt damit erheblich näher bei der „pluralistischen Identität", die der Titel dieses Sammelbandes als polares Gegenüber zum „christlichen Abendland" identifiziert. Die Europäische Union hat sich mit ihrem Motto „In Vielfalt geeint" offenkundig vom Wahlspruch der Vereinigten Staaten von Amerika inspirieren lassen, die „E pluribus unum" auf ihr Siegel und die Dollarnote schreiben. Aber die Europäer trauen ihrer Einheit deutlich weniger zu, da sie nicht vom Unum als Ergebnis sprechen, sondern bei ihnen die Vielfalt das vorherrschende Substantiv bleibt. Es entspricht ja auch unserer gegenwärtigen Erfahrung – Europafreunde würden vielleicht sogar sagen: unserer Befürchtung – dass die Einheit der Europäischen Union sich angesichts der gegenwärtigen Migrationskrise als wenig belastbar und sogar zerbrechlich erweist. Wenn aber die Einheit Europas nicht krisenfest ist, worin besteht dann die Identität Europas? Gibt es überhaupt eine europäische Identität? Und inwiefern kann sie pluralistisch und dabei doch eine gemeinsame Identität sein? Oder ist das alles zu viel verlangt?

Um diesen Fragen nachzugehen, ist eine Klärung hilfreich, worum es geht und von welcher Identität die Rede ist. Weiterführend ist es etwa, kulturelle und politische Identität zu unterscheiden. Die fragliche Identität Europas wird dadurch vielleicht nicht weniger problematisch, aber wir gewinnen ein klareres Bild der Situation.

Dabei geht es um die Einstellungen von Menschen: Sie haben Vorstellungen von sich selbst und von Europa, und dies ist relevant für sie. Es wird also zunächst etwas zur Identität von Personen generell zu sagen sein und anschließend zur Identität von Kollektiven. Denn um Europa geht es uns ja nicht rein persönlich und individuell, sondern mit Europa meinen wir einen gemeinsamen Kultur- und Geschichtsraum, mit dessen Bestimmung wir zugleich etwas darüber aussagen, inwiefern wir uns als Europäer verstehen. Wenn wir über Europa reden, sprechen wir zugleich über uns selbst.

1. Identität von Einzelpersonen

Spricht man von der Identität einer Person, so geht es uns um das, was diese Person ausmacht, woran wir sie erkennen und identifizieren und wie sie uns und anderen in ihrem charakteristischen Sosein erscheint.[5] Ihre Identität umfasst dabei zum einen äußere Merkmale wie Aussehen und Gangart, ihren Namen und ihre Abstammung, aber auch innere Merkmale wie ihre grundlegenden Ansichten, Überzeugungen und Wertvorstellungen. Weil Personen soziale Lebewesen sind, die zu dem, wer sie sind, im Kontakt mit anderen geworden sind und weiterhin werden, gehört ihre Lebensgeschichte zu ihrer Identität und diese wird häufig erst aus jener wirklich verständlich. Die Identität von Personen ist also eine keineswegs spannungsfreie Kombina-

---

[5] Vgl. dazu Michael Quante, *Person* (Grundthemen Philosophie 11), Berlin ²2012, S. 135–157.

tion aus Fremdzuschreibung von außen und der inneren Selbstzuschreibung jenes Bildes, das die Person von sich selbst hat. Es ist Personen nicht rundheraus gleichgültig, als wen die anderen sie sehen, vielmehr wollen sie in der Regel von anderen anerkannt werden, und zwar gerade in den Hinsichten, die ihnen selbst wichtig sind. Das Interesse an eigener und fremder Identität kann man auch als Interesse an Identifizierbarkeit beschreiben, wenn man dies so versteht, dass es über die Feststellung äußerer Personenstandsmerkmale hinausgeht. Unser Interesse an Identität ist nämlich in einem weiteren Sinne ein praktisches Interesse. Wir wollen wissen, wie wir mit anderen umgehen können, wie wir sie behandeln müssen, und dafür müssen wir wissen, wofür sie eigentlich stehen. Was kann man mit dieser Person anfangen? Zeigt sie sich auch künftig als jene Person, die sie zu sein vorgibt oder die sie bisher zu sein versprach? Die Identität einer Person ist also auch in praktischer Hinsicht mit Temporalität verknüpft. Dies gilt auch für die Frage nach der Identität in der Perspektive der ersten Person. Hier verbinden sich Fremd- und Selbstzuschreibung zur Frage nach dem authentischen Selbstsein, jenem Verhältnis zum eigenen Lebensweg und zum eigenen Lebensentwurf. Beides ist sowohl angewiesen auf die Anerkennung durch andere, als auch auf eine grundlegende Selbstschätzung, um in einem umfassenden Sinne handlungsfähig – im weiteren Sinne „orientiert" – zu sein.[6]

2. Kollektive Identität

Bei Kollektiven wie bei Gruppen oder auch Nationen verhält es sich ähnlich, allerdings erhält die Abgrenzung von anderen Gruppen und Kollektiven einen erheblichen Stellenwert. Eine kollektive Identität besteht darin, dass sich ein „Wir" konstituiert, indem die Mitglieder sich in einem Verbindenden zusammenfinden. Sie verfügen über geteilte Vorstellungen, die sie für wichtig ansehen und deren Gemeinsamkeit ihnen zugleich bewusst ist. Das Wir der Gruppenidentität besteht im Bewusstsein einer gemeinsamen Sichtweise, in geteilten Überzeugungen und Werten, einer gemeinsam erlebten, erlittenen oder erinnerten Geschichte. Bei aller Verschiedenheit der Personen anerkennen die Mitglieder einer Gruppe sich gegenseitig als gleichgesinnt in Bezug auf signifikante Gemeinsamkeiten an. Gleichzeitig teilen sie das Bewusstsein, wer nicht zu ihnen gehört. Die Gemeinsamkeit erhält ihr Profil in Abgrenzung vom Anderen. Damit wird dieses Andere gewissermaßen auf negative Weise mit der eigenen Identität verbunden.

Kollektive Identitäten sind also Gruppenzugehörigkeiten, deren Identitätsmerk-

---

[6] Zum ethischen Selbstverhältnis von Personen vgl. Christof Mandry, *Ethische Identität und christlicher Glaube. Theologische Ethik im Spannungsfeld von Theologie und Philosophie*, Mainz 2002, sowie Christof Mandry, „Moralische Identität, Gabe und Anerkennung. Die Philosophie von Paul Ricœur und ihre Bedeutung für die theologische Ethik", in: Josef Schuster (Hg.), *Die Bedeutung der Philosophie für die Theologische Ethik* (Studien zur theologischen Ethik 128), Freiburg/Ue. – Freiburg/Br. 2010, S. 281–294.

male in geteilten Vorstellungen bestehen; ihren Bestand verdanken sie der Stärke und Belastbarkeit dieses gemeinsamen Bezugs, der ansonsten unter ihnen bestehende Differenzen zu überbrücken und auszugleichen vermag.[7] Daher sind Kollektive innerlich immer plural, wenn auch in unterschiedlichem Maße: Die Mitglieder verfügen ja noch über individuelle Identitäten, die ihrerseits von der Gruppenidentität differieren. Hinzu gehört außerdem, dass kollektive Identitäten in der Regel geteilte Identitäten im Sinne von Teilidentitäten sind: Wir gehören meistens mehreren verschiedenen Gruppen an. Neben unserer beruflichen Identität steht etwa die Zugehörigkeit zu freiwilligen und interessenbasierten Kollektiven wie Sportvereinen, zu regionalen Identitäten und zu einer oder mehreren nationalen Gemeinschaften, die gewissermaßen als Schicksalsgemeinschaften aufgefasst werden. Gerade umfassende kollektive Identitäten wie die Zugehörigkeit zu einer Nation zeichnen sich zum einen durch ihren hohen Imaginationsgrad aus: Wir kennen die anderen Deutschen in der überwiegenden Mehrzahl nicht und fühlen uns ihnen dennoch verbunden. Zum anderen ist ihr Zusammenhalt durch einen hohen Solidaritätsgrad ausgezeichnet. Den Angehörigen der eigenen Nation gegenüber sind die Menschen in viel höheren Maß zu Unterstützungsleistungen und zur Umverteilung bereit als gegenüber anderen Personen, auch wenn diese beiden Gruppen ihnen gleichermaßen persönlich unbekannt sind. Dieser Zusammenhalt besteht, obwohl notorisch umstritten ist, worin die nationalen Gemeinsamkeiten eigentlich genau bestehen. Er ist eben, das ist charakteristisch für umfassende Identitäten, nicht begrifflich-definitorisch, sondern nur narrativ und symbolisch bestimmbar und bleibt darin vieldeutig. Vieldeutig, aber eben nicht unbestimmt – was sich nicht zuletzt an seiner Fähigkeit zur Abgrenzung zeigt.

3. Europäische Identität

Die grundsätzliche Pluralität kollektiver Identitäten, also die Eigenschaft, dass sie mit der Zugehörigkeit zu mehreren Kollektiven vereinbar sind, trifft gerade auch für die europäische Identität zu.

Europa ist zunächst und vor allem ein Sammelausdruck für kulturelle Zuschreibungen. Europa ist eine historisch-kulturelle Größe. Natürlich kann man von Europa auch als Landmasse und als geografischem Begriff reden, aber dies steht meistens nicht im Vordergrund. Es geht viel eher um die Fragen: Was hat Europa hervorgebracht, was zeichnet Europa aus, was hat Europa – was haben europäische Kultur

---

[7] Entscheidend für das Kollektiv ist nicht die tatsächliche Gemeinsamkeit oder die historisch-kritisch verbürgte Herkunftsgeschichte, sondern die Überzeugung, diese Gemeinsamkeiten und Herkünfte bestünden; Benedict Anderson spricht daher von „imagined communities". Vgl. Benedict Anderson, *Die Erfindung der Nation. Zur Karriere eines folgenreichen Konzepts*, Berlin 1998. Gemeinsam mit Ernest Gellner und Eric Hobsbawn ist Anderson ein wichtiger Gewährsmann für die „konstruktivistische Wende" in der Nationalismusforschung; vgl. Samuel Salzborn (Hg.), *Staat und Nation. Die Theorien der Nationalismusforschung in der Diskussion*, Stuttgart 2011.

und Geschichte, was hat europäischer Geist – der Welt gebracht? Wie lässt sich zum Ausdruck bringen, was Europa ausmacht? Europa ist hier also keine irgendwie objektive Größe, die unabhängig von jeglichem Sprechen oder Schreiben über sie existierte. Was Europa ist, zeigt sich darin, was es Europäern bedeutet. Nennen wir das etwas abkürzend die Frage nach der kulturellen Identität Europas.

Eine kulturelles Europa-Bild und ein europäisches Bewusstsein gibt es schon länger, allerdings zumeist beschränkt auf kleine Kreise bestimmter Eliten. Das Grundverständnis Europas verändert sich jedoch grundlegend im 20. Jahrhundert, seitdem es um die politische Einigung Europas geht.[8] Sie stand zunächst als politische Utopie im Raum, um dann, nach 1945, zunehmend die Gestalt eines realistischen politischen Projekts anzunehmen. Diese Einigung Europas, die wir als europäische Integration kennen, nämlich als den Prozess der bisweilen stockenden, aber mehr oder weniger fortschreitenden Vernetzung und Verknüpfung der Wirtschaften, der politischen Systeme, der Infrastruktur und teilweise auch der Gesellschaften, verändert auch den Horizont, vor dem nach der kulturellen Identität Europas gefragt wird. Weiter unten wird noch von der Unterscheidung zwischen einer europäischen kulturellen und einer politischen Identität die Rede sein. Aber bereits jetzt muss festgehalten werden, dass in dem Moment, in dem das europäische Einigungsprojekt im Raum steht, auch die Frage nach der kulturellen Eigenheit Europas eine politische Frage ist. Sie ist nämlich unweigerlich auf die Frage nach der politischen Gestaltung der Kulturgemeinsamkeit bezogen.

Die Frage nach der kulturellen Identität Europas interessiert sich also dafür, wovon wir eigentlich sprechen, wenn wir über Europa reden. Um welches Europa geht es? Und wieso stellt sich die Frage im Zusammenhang mit Migration? Von welchem Europa reden die Flüchtenden und die Migrierenden? Und welches Europa wollen manche vor genau dieser Zuwanderung retten?

Zur Kultur Europas findet sich eine Menge an Auskünften. Sie sollen hier – zugegebenermaßen in sehr zugespitzter Weise – in Form von Typen Darstellung finden. Typ eins ist die kulturelle Leistungsschau, Typ zwei ist die dialektische Leistungsschau und Typ drei bezieht sich auf Kultur als Erinnerung und Verpflichtung.

Der erste Typ, die „kulturelle Leistungsschau", sieht Europa als das kulturelle Bassin, in das sich drei erhabene Traditionsströme ergießen, die Jerusalem, Athen und Rom genannt werden. Christlich-jüdische Spiritualität, griechische Kultur und Geistigkeit und römische Rechtsarchitektur haben einen einzigartigen Nährboden erzeugt, der in Renaissance und Aufklärung schließlich das moderne individuelle Menschenbild erbracht hat. Die Vorstellung einer unverlierbaren Menschenwürde, die Idee der Menschenrechte, der Rechtsstaat, aber auch moderne Wissenschaften und Technik haben sich von Europa aus über den Globus verbreitet. Die europäische Geistesgeschichte ist gekennzeichnet durch eine Folge von Läuterungen, die quasi vom Mythos zum Logos führen, dabei aber das Beste der verschiedenen Traditionen

---

[8] Vgl. Gerhard Brunn, *Die Europäische Einigung von 1945 bis heute*, Stuttgart 2002, S. 20–34; Michael Gehler, *Europa. Von der Utopie zur Realität*, Innsbruck – Wien 2014, S. 11–101.

wahren. Gemeineuropäische Strömungen wie die mittelalterliche Gotik, die neuzeitliche humanistische Aufklärung und schließlich die moderne Wissenschaft bezeugen die gemeineuropäische kulturelle Fruchtbarkeit, die in einer bewundernswerten Wirkungsgeschichte schließlich in Form des Menschenrechtsdenkens der gesamten Menschheit zugutekommt.[9]

Diese Art der kulturellen Leistungsschau mutet heute, angesichts der Krisen Europas, etwas naiv an. Summarisch und letztlich willkürlich werden kulturelle Ergebnisse aufgeführt und wie Trophäen auf dem Kaminsims aufgereiht. Bei allen Brüchen wird Europa als Fortschrittsgeschichte erzählt, die zu dem heutigen modernen, demokratischen Menschenrechtseuropa geführt hat. Naiv ist dies dort, wo ein angebliches Europäischsein als schlichtes So-sein dargestellt wird, ohne die erhebliche Selektion zu reflektieren, die der Erzählung zugrunde liegt. Je nach konkreter Ausgestaltung zeigen sich auch ästhetische und moralische Gewichtungen, die unweigerlich ein innereuropäisches kulturelles Zentrum und entsprechend eine Peripherie definieren. Sicherlich sind etwa Gotik und Barock, römische Bauwerke und Rechtstradition, Mozart, Bach und Beethoven schätzenswerte Kulturgüter, aber für die kulturelle Essenz Europas können sie wohl nur von einem sehr spezifischen mitteleuropäischen kulturellen Hochsitz aus gehalten werden.[10] Zudem sind sie sicherlich schön, aber was sagen sie uns für heute, außer dass sie erhaltenswert sind? Hinsichtlich der Menschenrechte sind zudem Zweifel geäußert wurden, ob sie wirklich als genuin europäische Errungenschaft gelten können, oder nicht eher einen Re-Import aus den USA darstellen.[11] Außerdem bleiben wesentlich ambivalentere kulturelle Exportschlager Europas wie etwa der Nationalismus ausgeblendet, obwohl sie doch fraglos die globale Gegenwart beeinflussen.

Wesentlich dialektischer geht der zweite Typ beim Bestimmen kultureller Identität vor. Rémi Brague hat Europa als Kontinent der Zweitrangigkeit gezeichnet.[12] Europa ist nämlich, so sein Gedankengang, kulturell gar nicht so originell, sondern es ist vor allem rezeptiv. Die Frage nach einer kulturellen Mitte Europas führt ihm

---

[9] Dies ist natürlich eine leicht karikierende Zusammenfassung, die sich in wissenschaftlicher Literatur so nicht direkt wiederfindet (aber sehr wohl in kultureller Rhetorik und Publizistik). Vgl. Anton Rauscher, „Die christlichen Wurzeln der europäischen Einigung", in: Dieter Blumenwitz u. a. (Hg.), *Die Europäische Union als Wertegemeinschaft*, Berlin 2005, S. 17–27; Walter Brandmüller, „Integration Europas und Katholische Kirche", in: Ralf Elm (Hg.), *Europäische Identität. Paradigmen und Methodenfragen*, Baden-Baden 2002, S. 33–49.

[10] Vgl. Peter Wagner, „Hat Europa eine kulturelle Identität?" in: Hans Joas / Klaus Wiegandt (Hg.), *Die kulturellen Werte Europas*, Frankfurt am Main 2005, S. 494–511, v.a. 496–499.

[11] Vgl. Hans Joas, *Die Sakralität der Person. Eine neue Genealogie der Menschenrechte*, Berlin 2011, S. 40–54. Die These, dass die amerikanische Unabhängigkeitserklärung die Menschenrechte nicht nur früher erklärte als die französische Erklärung der Menschen- und Bürgerrechte, sondern diese auch direkt beeinflusste, geht zurück auf Georg Jelinek.

[12] Vgl. Rémi Brague, *Europa. Eine exzentrische Identität*, Frankfurt am Main 1993; in ähnlicher Richtung, aber in eigenständiger Weise, spricht Prole von der „Responsivität" Europas: Dragan Prole, „Europäische Responsivität. Verschränkung der Gedächtnisse und Werte", in: Moritz Csáky / Johannes Feichtinger (Hg.), *Europa – geeint durch Werte? Die europäische Wertedebatte auf dem Prüfstand der Geschichte*, Bielefeld 2007, S. 75–88.

zufolge in die Irre, denn Europa hat sich vor allem kulturelle Einflüsse von anderen angeeignet. Europa hat sowohl seine Zivilisation als auch seinen Glauben von anderen übernommen, nämlich von den Griechen und den Juden, vermittelt durch Rom. Die Römer sind daher auch sein Modell für europäische Kultur. Sie ist Brague zufolge zweitrangig, was ihn zur Vermutung führt, Expansionsstreben und Kolonialismus seien als Ausdruck eines Minderwertigkeitsbewusstseins zu deuten. Der Clou der europäischen Rezeptionen sei jedenfalls, dass die Originale bewahrt wurden. So wurde eine kulturelle Rückwendung auf die Quellen stets möglich, und deshalb kam es immer wieder zu Renaissancen. Europas Identität sei daher wesentlich exzentrisch, offen für Fremdes und auf Rezeption aus. Kulturelle Vielheit wird in Bragues Europamodell also deshalb erträglich, weil sie auf ein einendes Strukturmoment, nämlich die exzentrische Aneignung des Fremden bei Wahrung seiner Originalität, bezogen ist. Die Identität europäischer Kultur besteht damit nicht in spezifischen Ergebnissen, sondern gewissermaßen in ihrer Form, nämlich der besonderen Weise der Rezeption und Aneignung des Fremden, für die bildlich das Palimpsest steht.

Das dritte Modell erinnert daran, dass Europa nicht nur hell scheint, sondern auch dunkle Flecken hat. Der britische Historiker Mark Mazower spricht geradezu vom „dunklen Kontinent".[13] Die faschistischen und nationalsozialistischen Ideologien waren keine insularen Entgleisungen der europäischen Kultur, sondern innerlich eng mit modernen und rationalen Organisationsprinzipien von Gesellschaft, Industrie und Technik verbunden. Die Frage nach der kulturellen Identität Europas wandelt sich unter diesem Eindruck von einer rückwärtsgewandten Frage „Wie wurden wir Europäer zu dem, was wir sind?" zu der Frage nach dem Bestehen der Zukunft „Welcher Auftrag folgt für uns Europäer aus der europäischen Kulturgeschichte?". Angesichts der europäischen Katastrophen kann die Frage: Wer sind wir Europäer und worin besteht der kulturelle, zivilisatorische Auftrag Europas für die Zukunft? nur eine Antwort haben, nämlich „Nein!" – Nein zur Barbarei. Europas Identität findet sich im „Nie Wieder!", das im erschaudernden Rückblick und in der verpflichtenden Erinnerung an den Holocaust, an die europäische Teilung und an den blutigen Nationalismus Europas gerufen oder auch geflüstert wird. Europa hat der Welt zwei Weltkriege gebracht, maßloses Leid und abgrundtiefes Entsetzen. Es ist bestürzend, wie ein Kontinent, der so viel auf seine Zivilisation und seine religiöse und säkulare Sendung hielt, einen solchen Abgrund an Vernichtungswillen und Ausgrenzung hat hervorbringen können. Da hilft dann auch keine Balance, neben all dem Schrecklichen habe Europa doch auch die Menschenrechte hervorgebracht, herrliche Kunstwerke und wundervolle Musik, die Wissenschaft und technischen Fortschritt. Die Bejahung dieser Kulturleistungen lässt sich nur aufrechterhalten, wenn sie mit dem Bekenntnis, ja dem Versprechen verbunden ist, Hass, Gewalt, Entrechtung und Entwürdigung nicht mehr zuzulassen.

Bei allen drei Modellen liegt – in unterschiedlicher Ausdrücklichkeit – ein Schema von „Erbe und Auftrag" vor; dieses dritte Modell legt den Akzent dezidiert

---

[13] Vgl. Mark Mazower, *Der dunkle Kontinent. Europa im 20. Jahrhundert*, Berlin 2000.

auf den Aspekt des „Auftrags". Alle drei Modelle nehmen eine Deutung europäischer Geschichte vor und müssen mit der Schwierigkeit umgehen, wer eigentlich das Subjekt dieser Geschichtsdeutung ist. Das dritte Modell, das in den Diskursen des europäischen Einigungsprozesses ebenfalls eine gewisse Rolle gespielt hat, ist damit konfrontiert, dass die europäische Katastrophengeschichte zwar tatsächlich alle Europäer betroffen hat und betrifft, aber dass sie aus sehr unterschiedlichen Perspektiven erlebt und erzählt werden – etwa als Täter-, Opfer-, oder Mittätergeschichten. Das Wiedererstarken des Nationalismus in Europa zeigt, wie schwer die Europäer sich damit tun, sich in einer Großerzählung der europäischen Geschichte wiederzufinden, und wie sehr sie auf ihre eigenen, nationalen, vielleicht sogar regionalen Geschichten und Identitäten bestehen.

Alle drei Typen haben somit ihre Stärken und Schwächen. Alle drei nehmen auch immer eine Selbstbeschreibung derer vor, die über Europa reden. Sie werden auf ihre jeweilige Weise sowohl von der europäischen Binnenmigration als auch von der Einwanderung von Menschen herausgefordert, die ihre kulturelle Identität nicht-europäisch beschreiben. Wie integrationsfähig und wie kulturell attraktiv zeigt sich europäische Identität? Dies wird sich weder definieren noch prognostizieren lassen, sondern muss sich *zeigen*.

Im Sinne eines ersten Zwischenfazits kann festgehalten werden, dass es eine kulturelle Identität Europas nur in der Pluralität von Deutungen und Erzählungen gibt. Was Europa ausmacht, ist umstritten. Denn wer über die europäische Kultur redet, spricht zum einen über sich selbst und weist zum anderen doch auch über sich hinaus. Was Europa bedeutet, verlangt nach einer Deutung, und diese Deutung erhebt den Anspruch darauf, Wesentliches über Europa und über Europäer auszusagen. Bei einer europäischen kulturellen Identität geht es eben nicht um eine neutrale Beschreibung historischen Gewordenseins und geschichtlich-ideeller Zusammenhänge und Abhängigkeiten, sondern um normative Synthesen, die immer auch anderes als nicht-wesentlich ausscheiden. Hier begegnen wir wieder jener Doppelfunktion von Identität, die sowohl Zugehörigkeit als auch Fremdheit konstituiert. Sie ist auch innerhalb Europas wirksam.

Das wurde bei der letzten großen europäischen Identitätsdebatte überdeutlich, die ungefähr zwischen 1999 und 2004 parallel zum Europäischen Konvent, der einen Verfassungsvertrag für die Europäische Union ausarbeiten sollte (2002–2003), in Europa stattfand.[14] Während dieses Konventes wurde in Europa erbittert über europäisches Selbstverständnis gestritten. Strittig waren dabei weniger Dinge, die im engeren Sinne als Verfassungsfragen zu bezeichnen sind, sondern die Deutung Europas: Verdankt sich Europa wesentlich der Aufklärung und dem Humanismus?

---

[14] Zum Europäischen Konvent vgl. Peter Becker / Olaf Leiße (Hg.), *Die Zukunft Europas. Der Konvent zur Zukunft der Europäischen Union*, Wiesbaden 2005; zu den damaligen Identitätsdiskursen und dem sog. „Präambelstreit" vgl. Christof Mandry, *Europa als Wertegemeinschaft. Eine theologisch-ethische Studie zum politischen Selbstverständnis der Europäischen Union*, Baden-Baden 2009, S. 54–79.

Oder gehört Religion wesentlich und unaufgebbar zu Europa hinzu – und wenn ja, welche Religion? Christentum und Judentum – hieße das nicht den europäischen Muslimen den Stuhl vor die Tür zu setzen? Der sogenannte Gottesbezug in der Verfassung und die Nennung von Religion in der Präambel erwiesen sich als schier unlösbares Problem, das schließlich nur durch Beschweigen gelöst werden konnte. Strittig war aber auch das Verständnis des 20. Jahrhunderts. Zu verschieden waren die Erfahrungen als Täter oder Opfer des 2. Weltkriegs, als Urheber, Mittäter, Zuschauer, Widerstehende oder Opfer der Judenverfolgung, als Gewinner oder Verlierer des Kalten Krieges, als Bewohner Europas östlich oder westlich des Eisernen Vorhangs, als dass man sich auf eine verbindende und verbindliche Deutung hätte einigen können. Schon damals hätte bemerkt werden können, dass die Europäer über Europa zutiefst uneinig sind. Am Motto „In Vielfalt geeint" ist eigentlich nur die Vielfalt allgemein zustimmungsfähig. Die Perspektive der Einung kann jedoch kaum benannt werden. Denn das Beschwören einer bedeutenden Vergangenheit und eines gemeinsamen Erbes ergibt eine Identität nur dann, wenn sie zugleich als handlungsrelevant, orientierend und motivierend für eine gemeinsame Zukunft aufgefasst werden. Sonst verbleiben sie auf der Ebene des Konstatierens eines im Übrigen belanglosen Faktischen. Erneut wird deutlich, dass die Identitätsfrage praktisch motiviert ist; es geht nicht darum, zu klären, was Europa *an sich* bedeutet, sondern was es *uns* bedeutet.

Oder bleibt allein der kleinste gemeinsame Nenner einer Interessenkoalition? Aber ein Europa, das sich als Interessengemeinschaft versteht, kann nur so lange fortbestehen, als es tatsächlich gemeinsame Interessen gibt und solange Einvernehmen darüber herrscht, dass diese Interessen koordiniert-gemeinschaftlich bearbeitet werden sollen. Auch als Interessengemeinschaft benötigt Europa eine Basis, auf der das dafür notwendige gegenseitige Vertrauen, wahrscheinlich sogar die notwendige Solidarität, aufbauen kann. Kann die europäische Zusammengehörigkeit nicht auch ohne kulturelle Identität begründet werden, wenn diese sich als notorisch strittig darstellt? Auch die hegemonialen Tendenzen, die kulturellen Identitäten innewohnen, legen die Suche nach alternativen Identitätsformen nahe. Kulturidentitäten sind nämlich deshalb tendenziell hegemonial, weil sie eine umfassende Deutung des Wir und unserer Geschichte und unseres Auftrags zu formulieren beanspruchen. Damit grenzen sie sich nicht nur gegen äußere Fremde ab, sondern auch gegen innere Andere, deren Kulturverständnis zurückgewiesen und denen damit ein peripherer Platz zugewiesen wird.

4. Politische Identität

Aus dieser Problematik könnten pluralistische Identitätsformen hinausführen. Schließlich haben wir alle vielfältige Identitäten. Dies eröffnet die Möglichkeit, Teilidentitäten auszumachen und sich für unseren Fall auf die politische oder Bürgeridentität zu konzentrieren. Worin besteht die europäische Identität, wenn es sich nicht um eine umfassende kulturelle, sondern nur um eine europäische politische Identität handeln soll?

Politische Identität ist eine spezielle Teilidentität des Individuums und zugleich eine spezielle Form der kollektiven Identität. Die Bürger anerkennen sich wechselseitig als Gleiche an und betrachten sich verantwortlich für das, was sie alle betrifft. Der Begriff politischer Identität konzentriert sich also auf eine wesentlich schmalere Identität als die kulturelle, nämlich allein auf jene Anerkennungsmerkmale, die erforderlich sind, um die Bürgersolidarität zu begründen.[15] Unter postnationalen Bedingungen, so etwa Jürgen Habermas, stehen allgemein geteilte, umfassende Identitäten – also das, was wir kulturelle Identität nannten –, nicht mehr zur Verfügung. Sie sind auch nicht nötig, denn die Bürger verschieben ihre Identifikation von der nationalen Schicksalsgemeinschaft auf die abstrakteren Verfassungsgrundsätze ihres freien und gleichen Zusammenlebens und begründen darin ihre Solidarität (also ihre Zusammengehörigkeit), die erforderlich ist, um den demokratischen Prozess und die in ihm erfolgende Vorteils- und Lastenzuteilung mitzumachen.[16] Denn auch in der Demokratie werden Interessenkonflikte ja nicht zu allseitigem Wohlgefallen gelöst, sondern entschieden; sie bringen Gewinner und Verlierer hervor. Die grundsätzliche Akzeptanz ruht auf dem Zugehörigkeitsbewusstsein zu einem Wir, das in der gemeinsamen Identifikation mit der Verfassung begründet ist. Diese relativ schmale Identifikationsbasis ermöglicht es den Bürgern, ihre vielfältigen Zugehörigkeiten zu unterschiedlichen Gemeinschaften aufrechtzuerhalten und gleichwohl erfolgreich zusammenzuleben. Dieser Verfassungspatriotismus beschränkt sich auf Grundsätze der gleichen Freiheit und ist dennoch hinreichend in einen nationalen Geschichtskontext eingebettet, um gewissermaßen konkreter Universalismus zu sein. Eine europäische politische Solidarität muss auf der solchermaßen verstandenen, abstrakten rechtlich-politischen Solidarität aufbauen, um die auf die europäischen politischen Zuständigkeitsebenen verlagerten politischen Kompetenzen demokratisch wieder einzuholen. Der notwendige Prozess einer Verfassungsgebung für Europa und die echte Demokratisierung der Europäischen Union bringen die europäische Bürgeridentität gewissermaßen mitlaufend hervor, ohne dass ein europäisches Volk vorher hätte existieren müssen. Aus der Praxis der demokratischen Prozeduren entstehen, so die Hoffnung, das Zusammengehörigkeitsbewusstsein und damit eine europäische politische Identität. Das Vertrauen unter den Europäern wächst dieser Idee zufolge mit der Demokratisierung mit, ohne in so etwas wie einem dichten kulturellen Zusammenhang vorausgesetzt sein zu müssen. „Nur auf dem Rücken demokratischer Prozesse kann sich heute ein politisches Selbstverständnis der Europäer, natürlich auch einer nicht-pejorativen Abgrenzung von Bür-

---

[15] Ausführlicher, als es hier möglich ist, habe ich die Begriffe der kulturellen und der politischen Identität Europas an anderer Stelle erörtert: Mandry, *Europa als Wertegemeinschaft*, S. 103–125.
[16] Vgl. Jürgen Habermas, „Ist die Herausbildung einer europäischen Identität nötig, und ist sie möglich?" in: Ders., *Der gespaltene Westen* (Kleine politische Schriften 10), Frankfurt am Main 2004, S. 68–82.

gern anderer Kontinente, herausbilden", so Habermas.[17] Allerdings, das sieht auch Habermas, bringt politische Identität aus der demokratischen Praxis nicht nur Vertrauen über einstige Grenzen hinweg hervor. Sie setzt es auch voraus, um überhaupt starten zu können. Er spricht hier von einem angesparten Vertrauenskapital und einem zirkulären Prozess wechselseitiger Verstärkung. Das angesparte Vertrauenskapital gründet, wie er andeutet, nicht einfach in einer als vorhanden vorausgesetzten gemeinsamen Kultur, sondern in einer historischen Praxis der Kommunikation und der Kooperation. Aber hier hängen politische und kulturelle Identität dann offenbar doch zusammen, denn das erforderliche politisch verwertbare Vertrauen hängt ja gerade von einer bewussten und als signifikant erfahrenen gemeinsamen Kooperationsgeschichte ab, die mehr als rein interessegeleitete Beziehungen umfasst.

Kulturelle und politische Identität sind folglich nicht völlig zu trennen; damit wird ihre Unterscheidung natürlich nicht obsolet. Sie zu unterscheiden und diese Unterscheidung in politischen Debatten zu beachten, setzt freilich die belastbare Bereitschaft dazu voraus, also eine spezielle politische Einstellung. Die gegenwärtige Renationalisierung in Europa verweigert jedoch gerade diese Unterscheidung und Separierung. Sie beharrt im Gegenteil auf der notwendigen kulturellen, teilweise auch auf der ethnischen Voraussetzung für politische Anerkennung.

Diese Rückkehr zum nationalen Paradigma, die weite Teile Europas erfasst hat, hat vielerlei Ursachen. Die gegenwärtige Migrationswelle ist sicherlich ein verstärkender Faktor. Denn die Begegnung mit Fremden verstört – neben den mit massenhafter Migration auch objektiv verbundenen erheblichen politisch-praktischen und gesellschaftlichen Problemen. Aber sie verunsichert Gesellschaften, die bereits verunsichert waren. Die europäische Solidarität ist bereits mit der Finanzkrise enorm unter Druck geraten. Vielleicht wurde auch nur offenbar, dass eine belastbare politische Solidarität in der Europäischen Union nicht oder sogar nie bestanden hat, sondern als politische Vision nur von bestimmten Gruppierungen innerhalb europäischer Eliten geteilt und geglaubt wurden. Große Teile der Einwohner Europas und ihre Regierungen wollten vielleicht nie wirklich eine solidarische europäische Gemeinschaft, sondern nur ein Bündnis zum wechselseitigen nationalen Vorteil. Von diesem Verdacht kann man auch die Deutschen nicht gänzlich ausnehmen. Sie hätten sonst nach innereuropäischer Solidarität schon gerufen, als die Migranten in Italien, Griechenland, Malta und Spanien ankamen, und nicht erst, als sie in Massen in München aus dem Zug stiegen.[18]

Also ist doch der Nationalismus das vorherrschende europäische Charakteristikum? Sind die Europäer in geradezu tragischer Weise in einer nationalen Orientierung gefangen, die sie zugleich voneinander trennt? Ist das europäische Projekt zum

---

[17] Ebd., S. 81.
[18] Zur europäischen Asyl- und Migrationspolitik vgl. Christof Mandry, „Die Migrationspolitik der Europäischen Union. Kritischer Blick auf ein transnationales Politikfeld", in: *Amos international* 9 (2015), Heft 1, S. 20–26.

Scheitern verurteilt, weil der europäische Nationalismus als die faktisch mächtigere Identität Europas ihr auf die Dauer entgegensteht? Das zu bejahen wäre nicht nur fatalistisch. Es hieße auch, Identität schließlich doch missszuverstehen.

Ein Missverständnis liegt hier deshalb vor, weil Identitäten nicht auf Tatsachen beruhen, sondern ein praktisch relevantes Selbstverhältnis darstellen. Identitäten bestehen nicht darin, ein faktisch Gegebenes kognitiv abzubilden. Vielmehr ist jede Identität eine Deutungsleistung, also eine Konstruktion. Stets wird etwas aus dem dichten historischen und kulturellen Erfahrungszusammenhang ausgeblendet, anderes wird hervorgehoben, Genealogien und Legitimationsketten werden konstruiert. Kulturelle und politische Identitäten sind selbst ein kulturelles Werk, nämlich Gegenstand und Produkt einer Selbstverständigung. Die Identitätsdebatten sind Teil einer Sinnsuche, die den Sinn herbringt oder jedenfalls gestaltet. Zwei Aspekte sind allerdings wichtig: Identitäten stehen nicht völlig frei zur Wahl im Sinne einer vollständigen identitären Selbstbestimmung. Außerdem bedeutet Konstruktion nicht, dass es sich um Fiktion handelt.

Zum ersten Aspekt: Was Europa bedeutet, kann nicht einfach frei gewählt werden. Identität entsteht nur im Wechselspiel von Selbstzuschreibung und Fremdzuschreibung. Europa muss erkennbar sein, auch aus der Perspektive der Nicht-Europäer. Etwa aus der Sicht der ehemaligen Kolonien ehemaliger europäischer Kolonialmächte. Ihre Geschichte ist mit europäischer Geschichte unauflöslich verwoben. Keine Bestimmung dessen, was uns Europa sein soll, kommt daran vorbei. Geschichte und geschichtliche Erfahrungen sind widerständig. Ebenso wenig kommt europäische Identität am inneren Fremden vorbei, an der gar nicht so schönen, sondern vielmehr blutigen Gewaltgeschichte Europas. Diese Opfer Europas verpflichten zur Erinnerung. Sie können nicht einfach zur Vorgeschichte europäischer Einigung und Friedenssicherung degradiert werden.

Zum zweiten Aspekt: Eine Konstruktion zu durchschauen, bedeutet noch nicht, auf sie verzichten zu können. Als Intellektueller kann man sich nach der Entlarvung aller Identitäten als historisch-kulturelle Konstruktionen nicht zurücklehnen und auf die identitätsbedürftigen Massen hinabblicken. Denn auch wer kulturelle Identität in ihrer Konstruktivität in der Beobachterposition erkennt, will doch in der Ich-Perspektive ebenfalls in dem, was ihm wichtig ist, anerkannt werden. Um entscheidungs- und handlungsfähig zu sein, wird eine Identität im Sinne einer werthaften Perspektive auf sich selbst benötigt. Wer nicht weiß, wer er ist, kann sich auch nicht verantworten, kann nicht verantwortlich sein. Auch auf eine europäische Identität kann nur verzichten, wem Europa gänzlich gleichgültig ist. Der Verzicht auf Europa bedeutet aber für den politischen Vorstellungsraum, dass allein ein nationalstaatlicher Horizont verbleibt, will man sich nicht auf eine universal-globale Ebene flüchten. Die weltpolitische Ebene ist aber zum einen weitaus weniger politisch verfasst, als es die Europäische Union (noch) ist, und zum anderen geben auf dem internationalen Parkett die Nationalstaaten die maßgeblichen Akteure ab. Der europäische Nationalstaat ist jedoch, allen neuen Nationalismen in Europa zum Trotz, überfordert. Nicht erst die Massenmigration nach Europa hat es gezeigt, sondern in nahezu allen zentralen Politikfeldern wird es unübersehbar: Der Nationalstaat kann sein politisches Steuerungsversprechen nicht mehr alleine erfüllen. Er kann die Umwelt- und Klimaprobleme nicht wirksam bearbeiten, er kann keine demographischen Herausforderungen lösen, er kann keine längst globalen Wirtschafts- und Finanzmarktströme regulieren, er kann auch keine Migration steuern. Oder nur um den Preis massiver Menschen- und Völkerrechtsverletzungen. Nationalstaaten, die dazu bereit sind, widersprechen jedoch dann einem fundamentalen Versprechen des neuzeitlichen europäischen Staatsgedankens, nämlich die Macht an das Recht zu binden.

Soll die politische Zukunft also nicht auf einen nationalstaatlichen Horizont eingeschränkt sein, kommt man als Europäer an Europa nicht vorbei. Man muss sich zu Europa verhalten, also sich über europäische Identität klarwerden. Damit sind wir gewissermaßen wieder am Ausgangspunkt der Überlegung: Was bedeutet uns gemeinsam, was bedeutet jedem von uns Europa? Wo wollen wir Europäer mit uns hin?

5. Verantwortung für Europa muss ergriffen werden

Europäer kommen nicht darum herum, Verantwortung für Europa zu übernehmen. Kein Wissenschaftler kann wissenschaftlich-methodisch feststellen, was Europa ist. Aber als Europäerinnen und Europäer können wir an dem Versuch mitwirken, eine Antwort zu finden, welche Art des Zusammenlebens in Europa uns wichtig ist. Dann steht Europa vorschlagsweise für Folgendes: Europa ist die Chiffre für ein universalistisches Projekt von Politik, das den Nationalstaat, seine eingeschränkte Sicht und seine beschränkten Mittel relativiert. Europa ist das mühsame Versprechen auf eine Herrschaft von Recht und Vernunft. Europa ist die Entschiedenheit zur Solidarität mit den Schwachen, nicht nur mit den Starken. Europa ist ein regionaler Universalismus, der sich der europäischen Erinnerung an die Opfer verpflichtet weiß, die europäische Macht, europäische Kultur und europäische Vernunft bereits gefordert haben.

Die Identität Europas gibt keine Antwort auf die Frage nach der Zukunft Europas, sondern reformuliert dieser Frage. Europäische Identität steht nicht bereits fest, und sie kann damit keine Richtung vorgeben, die die europäische Geschichte zu nehmen hat. Das hieße Identität zu naturalisieren. Denn Identität würde damit als eine quasi-Natur aufgefasst, nämlich als ein Vorgegebenes, das kulturell zum Ausdruck kommt und Zugehörigkeit letztlich unabweisbar zuweist. Kultur heißt aber auch Distanz: Europa als Kultur zu betrachten, bedeutet, es als nicht-natürlich zu sehen. Alle europäische Kultur ist ja belanglos, wenn sie nicht als wertvoll und richtungweisend von jemandem bejaht wird. Damit führt aber kein Weg um die Einsicht herum, dass Identitäten immer auch ein Wille, also eine Entscheidung innewohnt. Die Entscheidung, ein kulturelles Erbe anzunehmen und als Aufgabe aufzufassen. Bei Europa kommt es also wesentlich darauf an, was aus der Vielfalt europäischer

Kultur als Vermächtnis angenommen und als verbindlich und verbindend aufgefasst wird. Die damit einhergehende Auswahl bedarf einer Begründung. Eine solche Begründung kann nicht *more geometrico* zwingend-rational erfolgen, sondern muss sich aus der Sinnhaftigkeit und Attraktivität ihres Vorschlags heraus plausibilisieren lassen.

Aus theologischer Sicht muss zum Abschluss die Rolle des Christentums in diesem Zusammenhang zur Sprache kommen. Die Vision von Europa, die soeben skizziert wurde, ist christlich-theologisch begründbar. Dies kann hier nicht ausgeführt werden. Festzuhalten ist jedoch, dass es sich hierbei um eine persönliche christliche Lektüre Europas, europäischer Geschichte und europäischer Kultur handelt. Diese Lesart stellt weder fest, was Europa ist – sie schlägt vielmehr vor, was Europa sein könnte –, noch stellt sie fest, was die christliche Identität Europas ist. Der Streit über das christliche Erbe Europas, inwiefern Europa sich dem Christentum verdankt oder ein christlicher Kontinent ist oder nicht (mehr) ist, hat meiner Einschätzung zufolge in die Irre geführt und war einem hegemonialen Skript verpflichtet. Entscheidend ist vielmehr, was der christliche Glaube von Europäerinnen und Europäern zur Gegenwart und zur Zukunft Europas beiträgt. Das Christliche im Erbe Europas ist kein Besitz, dessen Anteil an europäischer Geschichte ein Anrecht auf einen Anteil an der Gegenwart begründen würde. Es gehört vielmehr zur europäischen Erfahrungsgeschichte des christlichen Glaubens, die universalistische Dimension des Christentums deutlicher wahrzunehmen und für den Bereich des Politischen zu formulieren. Die Würde und der Wert eines jeden Menschen, die unveräußerlichen Rechte von Menschen, die Bedeutsamkeit gerade jener Menschen, die in elementarer Weise hilfsbedürftig sind, und die Relativierung politischer Macht – gerade auch der Macht des Nationalstaats – zu einer Dienstfunktion, sind elementare Bestandteile dieser Erfahrungsgeschichte. Zu diesen Überzeugungen sollten Europäer stehen, auch angesichts von verunsichernden Entwicklungen. Dann gelingt es auch, für Europa als einen Kontinent des Rechts, der Freiheit und der Hoffnung zu streiten.

Autorenverzeichnis

AGAI, BEKIM, geboren 1974 in Essen; Studium der Islamwissenschaft, Geschichte und Psychologie in Kairo, Bonn und Bochum; 2003 Promotion mit einer Arbeit über das Bildungsnetzwerk um Fethullah Gülen; seit 2013 ordentlicher Professor für Kultur und Gesellschaft des Islam in Geschichte und Gegenwart an der Goethe-Universität Frankfurt am Main sowie geschäftsführender Direktor des Instituts für Studien der Kultur und Religion des Islam.

AKASOY, ANNA, geboren 1977; Studium der Orientalistik, Geschichte und Philosophie in Frankfurt am Main; 2005 Promotion ebendort in Orientalistik mit einer Arbeit über den Philosophen und Mystiker Ibn Sabʿīn; anschließend Wissenschaftliche Mitarbeiterin am Warburg Institute in London, Dozentin für islamische Geschichte und Kultur und British Academy Postdoctoral Fellow an der Orientalischen Fakultät der Universität Oxford; derzeit Professorin für islamische Geistesgeschichte am Hunter College und Graduate Center der City University of New York.

ANSORGE, DIRK, geboren 1960 in Gelsenkirchen; 1980–1986 Studium der Katholischen Theologie, Philosophie und Physik in Bochum, Jerusalem und Straßburg; 1987–1992 Mitarbeiter am Lehrstuhl für Dogmatik in Tübingen; 1993 Promotion mit einer Arbeit über den karolingischen Theologen Johannes Scottus Eriugena; 1993–2011 Dozent an der Katholischen Akademie des Bistums Essen in Mülheim an der Ruhr; 2008 Habilitation in Münster mit einer Studie über das Verhältnis von Gerechtigkeit und Barmherzigkeit Gottes; 2008–2011 Lehraufträge in Köln, Essen, Wuppertal und Bochum; 2009/10 Gastprofessur in Wien; 2011/12 zunächst Dozent, seit 2012 ordentlicher Professor für Dogmatik und Dogmengeschichte an der Philosophisch-Theologischen Hochschule Sankt Georgen in Frankfurt am Main.

BECK, WOLFGANG, geboren 1974 in Hildesheim; 1993–1999 Studium der Katholischen Theologie und Philosophie in Frankfurt am Main und München; nach der Priesterweihe 2002 Kaplan in Braunschweig; von 2005 an Hochschulseelsorger der Katholischen Hochschulgemeinde Hannover, zugleich Schulseelsorger und Kaplan; 2008 Promotion an der Karl-Franzens-Universität Graz mit einer Arbeit über „Die unerkannte Avantgarde im Pfarrhaus"; 2008–2015 Pfarrer in Hannover; seit 2011 Dozent für Homiletik im Bistum Hildesheim und Sprecher beim „Wort zum Sonntag" in der ARD; seit 2015 Juniorprofessor für Pastoraltheologie und Homiletik an der Philosophisch-Theologischen Hochschule Sankt Georgen in Frankfurt am Main.

BRAGUE, RÉMI, geboren 1947 in Paris; Studium der Philosophie und der klassischen Sprachen; Promotion 1976; ergänzendes Studium in mittelalterlichem Hebräisch an der Hochschule für praxisorientierte Sozialwissenschaften und Arabisch an der Hochschule für orientalische Sprachen und Zivilisationen; 1986 Habilitation; 1988–1990 Professor an der Universität von Burgund; seit 1991 Professor für Philosophie des Mittelalters an der Université Paris 1 Panthéon-Sorbonne in Paris; zugleich 2002–2012 Inhaber des Guardini-Lehrstuhls für Philosophie der Religionen Europas an der Ludwig-Maximilians-Universität München.

GLEI, REINHOLD, geboren 1959 in Remscheid; Studium der Klassischen Philologie, mittellateinischen Philologie, Byzantinistik und Philosophie an der Universität Köln; 1983 Promotion an der Universität zu Köln mit einer Arbeit über den „Froschmäusekrieg" (Batrachomyomachie), eine späthellenistische Parodie auf die Epen Homers; 1989 Habilitation in Bochum mit einer Arbeit über politische, literarische und kulturelle Dimensionen des Krieges bei Vergil. Seit 1996 ordentlicher Professor für Lateinische Philologie am Seminar für Klassische Philologie der Universität Bochum und Herausgeber des *Corpus Islamo-Christianum*.

HEIL, JOHANNES, geboren 1961 in Frankfurt am Main; Studium der Mittleren und Neueren Geschichte, Kunstgeschichte und Religionsphilosophie in Frankfurt am Main; Judaistikstudien in Frankfurt, Tel Aviv und Haifa. 1994 Promotion in Frankfurt mit einer Arbeit über die Juden in Pauluskommentaren des 9. Jahrhunderts; 2003 Habilitation im Fach Mittelalterliche Geschichte am Zentrum für Antisemitismusforschung der Technischen Universität Berlin mit einer Studie zu den Theorien einer jüdischen Weltverschwörung vom 13. bis 16. Jahrhundert. Seit 2005 Inhaber der Ignatz Bubis-Stiftungsprofessur für Geschichte, Religion und Kultur des europäischen Judentums an der Hochschule für Jüdische Studien Heidelberg; seit 2013 Rektor der Hochschule.

JUSSEN, BERNHARD, geboren 1959; Studium der Geschichte, Philosophie und Katholischen Theologie in München und Münster; 1988 Promotion in Münster mit einer Studie über „künstliche Verwandtschaft als soziale Praxis" (Patenschaft und Adoption) im frühen Mittelalter; 1999 Habilitation in Göttingen mit einer Arbeit über die Semantik der mittelalterlichen Bußkultur; 2001–2008 zahlreiche (Gast-)Professuren und Fellowships in Dresden, Bielefeld, Berlin, Paris, Oxford, Ann Arbor, Harward; seit 2008 ordentlicher Professor für Mittelalterliche Geschichte an der Johann Wolfgang Goethe-Universität in Frankfurt am Main; 2007 Leibniz Preis der Deutschen Forschungsgemeinschaft.

KALLSCHEUER, OTTO, geboren 1950; 1968–1975 Studium der Philosophie, Soziologie Geschichte in Bonn, Bochum und Berlin. Wissenschaftlicher Assistent für politische Theorie am Otto-Suhr-Institut der FU Berlin; 1984 Promotion in Frankfurt mit einer philosophischen Arbeit über das Verhältnis von Marxismus und Erkenntnistheorie in Westeuropa. 1997 Habilitation in Gießen. Internationale Gastdozenturen und Gastprofessuren in Neapel, Gießen, Bochum, Luzern, Berlin, Sassari und Rom sowie in New York, Princeton und Basel. 2012 Visiting Research Fellow am Bochumer Käte Hamburger Kolleg „Dynamiken der Religionsgeschichte zwischen Asien und Europa".

KROCHMALNIK, DANIEL, geboren 1956 in München; 1976–1981 Studium der Philosophie und Judaistik in München; 1988 Promotion in Philosophie an der Hochschule für Philosophie München, anschließend wissenschaftlicher Mitarbeiter und Lehrbeauftragter in Heidelberg, Frankfurt Sankt Georgen und Mainz; 1999 Lehrbefugnis für Jüdische Philosophie und Geistesgeschichte durch die Ruprecht-Karls-Universität Heidelberg sowie Ernennung zum Privatdozenten und außerordentlichen Professor für Philosophie; seit 2003 ordentlicher Professor für moderne jüdische Philosophie und Geistesgeschichte und für jüdische Religionspädagogik an der Hochschule für Jüdische Studien Heidelberg; 2009 Verleihung der Ehrendoktorwürde durch die Fakultät für Katholische Theologie der Universität Bamberg.

MANDRY, CHRISTOF, geboren 1968 in Stuttgart; Studium der Katholischen Theologie und der Philosophie in Tübingen und am Centre Sèvres in Paris; 2001 Promotion mit einer Arbeit über das Verhältnis von sittlicher Identität und christlichem Glauben; 2009 Habilitation im Erfurt mit einer Arbeit zum Selbstverständnis der Europäischen Union als Wertegemeinschaft. Gastprofessuren in Berlin, Erfurt und Saarbrücken; seit 2015 ordentlicher Professor für Moraltheologie / Sozialethik am Fachbereich Katholische Theologie der Goethe-Universität in Frankfurt am Main.

MECKEL, THOMAS, geboren 1981 in Wiesbaden; 2001–2006 Studium der Katholischen Theologie in Mainz und Rom; 2003–2007 Studium der Germanistik, katholischen Religionslehre und der Bildungswissenschaften; 2011 Promotion in Würzburg mit einer Studie über die staatskirchenrechtlichen und kirchenrechtlichen Grundlagen des Religionsunterrichts. 2012–2013 kirchenrechtliches Lizentiatsstudium an der Katholieke Universiteit Leuven; anschließend Vertretungen und Lehraufträge in Bamberg und Frankfurt. 2014 Habilitation in Würzburg mit einer Arbeit über das Verhältnis von Zweitem Vatikanischen Konzil und Kirchenrecht. Seit 2015 ordentlicher Professor für Kirchenrecht an der Philosophisch-Theologischen Hochschule Sankt Georgen in Frankfurt am Main.

UNTERBURGER, KLAUS, geboren 1971 in Wunsiedel; 1991–1998 Studium der Katholischen Theologie und der Philosophie an der Ludwig-Maximilians-Universität München; 2004 Promotion in katholischer Theologie mit einer Arbeit über die Neuorientierung der päpstlichen Deutschlandpolitik nach dem Konzil von Trient; 2008 Habilitation in Münster mit einer Studie zum Verhältnis von universitärer Lehre und Papsttum unter Papst Pius XI. (1922–1939). Lehraufträge und Vertretungsprofessuren in Regensburg, Linz und Münster; seit 2012 ordentlicher Professor für Historische Theologie / Mittlere und Neue Kirchengeschichte an der Universität Regensburg.

WATZKA, HEINRICH, geboren 1954 in Elz bei Limburg an der Lahn; seit 1980 Mitglied des Jesuitenordens, 1985 Priesterweihe; 1975–1980 Studium der katholischen Theologie in Mainz und Frankfurt am Main, 1982–1985 Philosophiestudium in München, 1985–88 Germanistikstudium an der Goethe-Universität Frankfurt am Main; 1998 Promotion in Philosophie an der Humboldt-Universität Berlin mit einer Arbeit über Metaphysik und Sprachkritik bei Wittgenstein. Seit 1998 Lehraufträge für Philosophie in Frankfurt Sankt-Georgen, Innsbruck und München; 2007 Habilitation in Innsbruck mit einer Studie über eine Theorie der Begriffe im Anschluss an Frege und Berufung zum ordentlichen Professor für Philosophie an der Philosophisch-Theologischen Hochschule Sankt Georgen.

WUCHERPFENNIG, ANSGAR, geboren 1965 in Hannover; seit 1991 Mitglied des Jesuitenordens, 1997 Priesterweihe; 1986–1991 Studium der Katholischen Theologie in Frankfurt am Main und Tübingen; 1994–1996 Lizenziat in Bibelwissenschaften am Päpstlichen Bibelinstitut in Rom; 2001 Promotion in Würzburg mit einer Arbeit über das Johannesevangelium und die Gnosis; zwischen 2002 und 2008 Lehrbeauftragter und Dozent für Neutestamentliche Einleitung und Exegese an der Philosophisch-Theologischen Hochschule Sankt Georgen in Frankfurt am Main, 2007 Habilitation in Mainz mit einer Studie über die Gestalt des Josef am Anfang des Matthäusevangeliums; seit 2008 ordentlicher Professor für Neues Testament und seit 2014 Rektor der Philosophisch-Theologischen Hochschule Sankt Georgen.

Namensregister

Aufgeführt sind im Text der Beiträge genannte oder zitierte Personen.

Abbot, George Frederick 164
Abraham 41 55
Adenauer, Konrad 7 178–181 184 f.
Adorno, Theodor Wiesengrund 204
Agobard von Lyon 168
Alexander der Große 42 100
al-Fārābī (Alpharabius) 94
Alfons X. der Weise 94
Alfonsus Bonihominis 76
al-Ġazālī (Algazel) 96
al-Ma'mūn 93
Alonso de Espina (Alphonso de Spina) 82
Amenábar, Alejandro 93
Amulo von Lyon 168
Anderson, Glaire 99
Angenendt, Arnold 31 104
Anselm von Canterbury 69 f.
Apollos von Alexandria 211
Aristoteles 37 100 f. 108 111
Assmann, Jan 60 210
aṭ-Ṭahṭāwī, Rifāʿa Rāfiʿ 137–141 143 145
Augustinus, Aurelius 45 f. 111 169 203 213 216
Awerbuch, Marianne 74

Bach, Johann Sebastian 269
Bacon, Francis 196 200
Balduin I. von Bouillon 87
Bartholomaeus Picenus 81
Bauer, Thomas 114
Baum, Wolfgang 64–66
Beccaria, Cesare 147
Becker, Carl Lotus 203
Bellini, Gentile 97
Benda, Julien 181 f.
Benedikt XVI. (Josef Ratzinger) 87 231
Benhabib, Seyla 264
Benz, Wolfgang 26 f.
Bernhard von Clairvaux 79
Bhabha, Homi 31
Bihlmeyer, Karl 104
Böckenförde, Wolfgang 218

Boethius, Anicius Manlius Severinus 108
Bohemund von Tarent 87
Boockmann, Hartmut 112
Brague, Rémi 192 269 f.
Braudel, Fernand 91
Briand, Aristide 184
Brubaker, Rogers 29
Buber, Martin 167
Bucher, Rainer 234 f.
Buddha 101
Burnett, Charles 94
Butler, Judith 239

Cajetan [s. v. Thomas de Vio]
Çelebi, Evliyā 121 125–133 136–140 144
Çelebi, Yirmisekiz Mehmed 121 134–137 139 f. 144 f.
Chakrabarty, Dipesh 20 30–32
Chesterton, Gilbert Keith 205 f.
Coralnik, Abraham 166
Cusanus [s. v. Nicolaus von Kues]
Cyprian von Karthago 212 f.

d'Holbach, Paul Henri Thiry 147
Dante Alighieri 48
Darwin, Charles 49
David [König] 129 236
Dawson, Christopher 27
De Coulanges, Numa Denis Fustel 46
De Gasperi, Alcide 7 180 184 f.
De Gaulle, Charles 185
De Maistre, Joseph 197
Deissmann, Adolf 62
Demetrios Kydones 81
Descartes, René 183 200
Diokletian 15
Dominicus Gundissalinus 94
Dostojewskij, Fjodor Michailowitsch 199
Dubnow, Simon 164

Echnaton (Amenophis IV.) 63
Eco, Umberto 93

Elbogen, Ismar 167
Eliaschoff (Eliayshev), J. (Israel Isidor) 165 f.
Emerson, Ralph Waldo 196

Ferdinand I. 118
Fichte, Johann Gottlieb 181 224 f.
Franz von Assisi 194
Franziskus (Jorge Bergoglio) 194 223 f. 228
Friedman, Yvonne 74 f.
Friedrich II. [Kaiser] 94 171
Friedrich II. [österr. Herzog] 171
Friedrich II. [preuss. König] 209
Fuchs, Ottmar 241

Galilei, Galileo 200
Gamaliel I. 70
Gilbert Crispin 70
Ginzburg, Carlo 113
Gottfried von Bouillon 87
Gregor I. der Große 169
Gutas, Dimitri 92 95

Habermas, Jürgen 10 38 146 f. 160 273 f.
Hegel, Georg Wilhelm Friedrich 21 153–156 160 187 192 208 224 f.
Heimerl, Theresia 239 f.
Heinemann, Gustav 178 184
Heinemann, Heinrich 60
Heinig, Hans Michael 250
Heinrich von Gent 108
Herodot 14 64
Heuss, Theodor 17 f.
Hillebrand, Bernd 240
Hirsch, Samson Raphael 56
Hitler, Adolf 177
Hobbes, Thomas 41 f.
Hobsbawm, Eric 188
Homer 48
Horaz (Quintus Horatius Flaccus) 45
Horkheimer, Max 204
Husserl, Emund 176 182 f.
Hypatia 93

Ibn Rušd (Averroës) 92
Ibn Sīnā (Avicenna) 94
Ignatius von Antiochien 212
Ignatius von Loyola 194 224
Innozenz III. 12
Irenäus von Lyon 61 f.
Isensee, Josef 243 f. 250

Jacob, Benno 53
James, William 35 f.
Jan Hus 110 f.
Jefferson, Thomas 147
Jehuda Halevi 199
Johann Tetzel 110
Johannes Duns Scotus 108 f.
Johannes Katakouzenos 81
Johannes Paul II. (Karol Józef Wojtyła) 186 194 221
Johannes von Damaskus 77 f. 80
Johannes von Segovia 81 90
Juan de Torquemada 82
Justinian I. 93

Kallscheuer, Otto 32 f.
Kant, Immanuel 18 f. 21 36 147–161 184 186
Karl der Große 85
Karl V. 14 117
Kaspar Hedio 14
Katharina II. die Große 14 f.
Kennedy, Hugh 98
Kennedy, John F. 202
Kermani, Navid 238 f.
Kippenberger, Martin 231
Kogon, Eugen 179 f.
Kohn, Hans 167
Kolumbus, Christoph 31
Korn, Salomon 173 f.
Kreutzer, Ansgar 232 f.
Krings, Hermann 225

Le Beau, Charles 25
Lefebvre, Marcel 220 f.
Leibniz, Gottfried Wilhelm 41
Lessing, Gotthold Ephraim 67 147
Lewis, Bernard 21 120–123 126 133 144
Lewis, Clive Staples 46 199
Livius, Titus 211 f.
Lortz, Joseph 104
Lublinski, Samuel 166
Ludin, Fereshta 254
Ludwig I. der Fromme 168
Luhmann, Niklas 199
Luther, Martin 14 81 110 f. 153 177 214
Lydia 61
Lyotard, Jean-François 201

Machiavelli, Niccolò 199
Machschoves, Baal [s. v. Eliaschoff]
Madison, James 36

Mağmumi, Şerefeddin 121 141–145
Maimonides 95
Manfred [sizil. König] 94
Mann, Thomas 177
Manuel II. Palaiologus 81 87
Maritian, Jacques 184
Marquard, Odo 36
Maximilian II. 111
Mazower, Mark 270
Mehmed (Mehmet) II. 82 84 89 f. 96 f.
Mendelssohn, Moses 21 150 f.
Menenius Agrippa 211 f.
Merkel, Angela 230
Meserve, Margaret 88
Metz, Johann Baptist 234
Michael Scotus 94
Mill, John Stuart 49 201
Möhler, Johann Adam 214
Monnet, Jean 179 f. 183 185
Montaigne, Michel de 196 201
Moore, George Edward 50
Moses 47 236
Mosse, George L. 188
Mozart, Wolfgang Amadeus 269
Muḥammad ʿAlī Pascha 137 f.
Muḥammad 42 77 f. 89 92 f.

Naameh, Philip 31 f.
Nancy, Jean-Luc 239–241
Nestorius 78
Neuwirth, Angelika 65
Nietzsche, Friedrich 182 201 205
Niketas von Byzanz 80
Nikolaus von Kues 82–86 90 208
Nirenberg, David 83
Nordhofen, Eckhard 20 60 65 f.
Norman, Daniel 88
Novalis (Friedrich von Hardenberg) 16 103 176
Nüchtern, Michael 13

Odo von Cambrai 70

Paret, Rudi 92
Paulus 47 59 61 f. 65 f. 70 211 f. 236
Péguy, Charles 205
Perez, Leon 165 f.
Petrus Alfonsi (Moshe ha-Sephardi) 70 f.
Petrus Venerabilis 71–75 77–81
Petrus von Bruys 71
Petrus 41 f. 211

Philo von Alexandrien 59
Pinturicchio (Bernardino di Betto di Biagio) 90
Pius II. (Aeneas Silvius Piccolomini) 82 84–91 97 f. 100–102
Pius IX. 217
Pius XII. 214 217
Platon 36 f. 48
Pohl, Walther 29
Polybios von Megalopolis 37
Prierias, Silvester 111
Protagoras 37

Rabbah bar Nahamani (Neemias) 73 f.
Raby, Julian 96
Raimundus Lullus 90
Raimundus Martini 76
Rashi (Rabbi Shlomo ben Jizchaqi) 70
Reimitz, Helmuth 29
Reuter, Astrid 250 253
Ricoldus de Montecrucis 81
Riesser, Gabriel 162 f. 167
Ritter, Gerhard 178 f.
Rosenberg, Felix 165
Rosenthal, Franz 99
Rossi, Ernesto 185
Rousseau, Jean-Jacques 47 196 f.
Rüdiger Huozmann von Speyer 169 f.
Rudolph, Kurt 63
Rumsfield, Donald 192

Said, Edward 26 31 86
Saliba, George 92
Samuel von Nehardea 167
Sander, Hans-Joachim 232–235 238
Sarkozy, Nicolas 190
Schavan, Annette 256 258
Scheffer, Paul 263
Schelling, Friedrich 16
Schestow, Lew (Lev Isaakovič Šestov) 44
Schildt, Axel 26 f.
Schiller, Friedrich 56
Schlegel, August Wilhelm 16
Schlegel, Friedrich 16 103
Schnädelbach, Herbert 152 160 f.
Schuman, Robert 7 180 183–185
Selden, John 58
Seneca, Lucius Annaeus 45 211 f.
Sergius [Mönch] 77 f.
Shakespeare, William 197 206
Siebenrock, Roman 218

Sievernich, Michael 215 f. 232
Söding, Thomas 212
Sollmann, William F. 178
Sommer, Martin 230 f.
Spengler, Oswald 16 26 177
Spinelli, Altiero 179 f. 184 f.
Spivak, Gayatri Chakravorty 26 31
Stalin, Josef 177–179 181
Stein, Siegfried 164 f.
Stresemann, Gustav 184

Tertullian 44 56
Theodor Bibliander 77
Theodor von Antiochien 94
Theodosius I. 15
Thomas [Apostel] 67
Thomas de Vio Cajetan 111
Thomas von Aquin 94 108 111 194 227
Tiefensee, Eberhard 233
Tüchle, Hermann 104
Turgot, Anne Robert Jacques 147 197

Ulbricht, Walter 181
Urban II. 87

van Beethoven, Ludwig 269
Vattimo, Gianni 238 242
Vergil 48
von Baader, Franz 16

Weber, Max 36 160
Westergaard, Kurt 230
Wieland, Christoph Martin 147
Wilhelm de la Mare 108
Wilhelm von Ockham 109
Winkler, Heinrich August 192
Winter, Jörg 250 256
Wolf, Immanuel 165

Xenophanes von Kolophon 63 f.

Yaḥyā ibn ʿAdī 95

Zweig, Arnold 166